리눅스 커널 내부구조

Linux Kernel Internal

백승재, 최종무

리눅스 해커를 위한 지침서

리눅스 커널 내부구조

2015년 1월 30일 개정 초판 1쇄 발행
2020년 8월 5일 개정 초판 3쇄 인쇄
2020년 8월 10일 개정 초판 3쇄 발행

펴낸이 | 김정철
펴낸곳 | (주)아티오
지은이 | 백승재 · 최종무
전　화 | 031-983-4092
팩　스 | 031-983-4093
등　록 | 2013년 2월 22일
정　가 | 25,000원
홈페이지 | www.atio.co.kr
내용문의 | 저자 이메일 : baeksj@dankook.ac.kr

*아티오는 Art Studio의 줄임말로 혼을 깃들인 예술적인 감각으로 도서를 만들어 독자에게 최상
 의 지식을 전달해 드리고자 하는 마음을 담고 있습니다.

이 도서의 국립중앙도서관 출판시도서목록(CIP)은 서지정보유통지원시스템 홈페이지
(http://seoji.nl.go.kr/kolisnet)에서 이용하실 수 있습니다.
(CIP제어번호 : CIP2015001534)

:: 머리말

리눅스에 관심이 있는 사람들이 보다 '쉽게' 리눅스를 접할 수 있게 한다는 생각에서 이 책을 저술하였다. 그러나 이 한 권의 책으로 리눅스 커널 전체를 다 설명한다는 것은 불가능하다는 것을 너무도 잘 알고 있는 저자의 풍부한 '겁' 때문에, 꼭 알아야 한다고 생각되는 것들만을 중심으로 기술하였다.

책을 쓰면서 "리눅스 커널의 오해"라 우스갯소리로 불리는 책보다 많은 내용을 다룰 수는 없을지라도 리눅스 커널에 대한 "오해"는 없길 바라는 마음으로 원고 작업을 하였다. 운영체제를 자동차로 비유 한다면 이 책을 읽은 후에 자동차를 완전 분해하여 조립하거나 혹은 새로운 엔진을 구현 할 수 없을지라도 무엇이 엔진이고 바퀴이고 핸들인지 정도는 알 수 있는, 즉 운영체제의 전체 윤곽과 동작원리를 알 수 있도록 하였다.

리눅스도 어차피 하드웨어에서 수행되는 하나의 프로그램에 불과하다. 모든 프로그램은 내가 원하는 대로 수정할 수 있기에, 리눅스에서 안 되는 것은 내가 게으른 것이라고 생각할 수 있다. 리눅스에 관심이 있는 분들께서 게으르지 않으려 할 때 아주~쪼끔 이나마 보탬이 될 수 있는 책이 될 수 있기를 바란다.

비록 저자들이 리눅스로 먹고 살지만 "리눅스가 항상 최고다"라고 말 할 수는 없을지라도 리눅스가 운영체제 공부를 시작하기에 좋은 동네 놀이터인 동시에 세계 최고의 올림픽 경기장이 될 수도 있음을 알려주고 싶었다. "리눅스 좀(사실 아주~쪼끔) 한다" 하는 저자들도 따라가기 힘들만큼 매 버전 너무도 달라지는 리눅스 커널일 지라도, 그래서 책의 내용이 모두 최신 커널의 내용이라고는 말할 수 없을지라도 되도록 최신 커널을 기준으로 설명하려 노력했다(부득이한 경우를 제외하곤 현재 최신 버전인 3.18을 기준으로 작성되었다).

리눅스를 모르는 사람도 재밌게 읽을 수 있도록 만들고 싶은 욕심 때문에 각 장에 운영체제의 개념과 원리를 이해하는데 도움이 될 것이라 생각되는 실습 문제를 넣었다. 특히 10장에는 운영체제의 핵심적인 요소인 스케줄러, 메모리 관리자, 파일시스템, 디바이스 드라이버와 쉘을 직접 만들어 볼 수 있도록 각각의 소스와 개발에 필요한 모든 시뮬레이팅 환경을 수록하였다.

끝으로 이 책의 소스를 만들고 테스트하는데 도움을 준 희권, 성우, 대석, 종화, 경문, 유미, 동우, 성민, 해천 등 연구실 식구들과, 셀 수조차 없을 만큼 많은 도움을 받은 이름 모를 리눅스의 해커들께 고마움을 전한다.

이 책의 초판이 2008년에 발행되었으니 벌써 햇수로 7년의 시간이 지났습니다. 저자가 아는 내용만큼은 독자가 쉽게 이해 할 수 있도록 써보자는 생각 하나로 집필했던 책이 분에 넘칠 정도로 많은 분들에게 사랑을 받았습니다. 더 많은 유용한 내용과 최신 정보가 반영된 개정판을 꾸준히 만드는 것이 그 분들에게 보답할 수 있는 유일한 방법이라는 것을 너무도 잘 알고 있기에 늦게나마 이렇게 출간합니다. 이번 개정판은 더 재미있는 실습 예제들과 최근 커널에서 변경된 여러 가지 흥미로운 내용들이 추가되어 있습니다. 이를 통해 막연히 이론으로만 배워왔던 운영체제, 그중에서도 리눅스라는 운영체제에 대해 보다 심도 있는 이해가 가능하길 바랍니다. 또한 부디 '많이 팔린 책' 보다는 '좋은 책' 으로 기억될 수 있길 바랍니다.

끝으로, 내가 석사 신입생일 때 처음 만나, 박사 신입생일 때 결혼해 주었고, 남편 따라 팔자에도 없던 외국 생활에 고생이 많았을 텐데도 아직 불평 한 마디 없이 남편과 남편 꼭 닮은 아들 둘까지 총 세 명의 철없는 남자들 뒷바라지 하느라 고생하는 나의 아내 옥, 언제 들어올지 모르는 아빠임에도 얼굴만 보면 환하게 웃으며 달려와 반겨주는 나의 아들 호와 준에게 감사의 마음을 전합니다.

백승재

리눅스가 탄생된 지 벌써 23년이 지났다. 젊은 대학원생의 취미로 시작되었던 리눅스는 현재 스마트폰, 태블릿, TV, 서버, 가상 머신, 데이터 센터 등 다양한 분야에서 활용되고 있으며, 리눅스를 채택한 장치도 매년 기하급수적으로 증가하고 있다. 이에 따라 리눅스에 관심을 가지고 그 내부를 깊게 이해해 보려는 사람들도 증가하고 있다. 사실 리눅스는 개인이나 특정 회사가 개발한 운영체제라기보다는 전 세계의 많은 개발자들이 자발적인 참여로 개발되고 진화하고 있는 운영체제이다. 이 책을 읽고 있는 독자들도 리눅스 개발자로 참여할 수 있으며 발전에 기여할 수 있다. 이 책은 이러한 독자들에게 힘이 되기를 바라는 마음에서 출판되었다.

리눅스를 이해한다는 것은 결코 쉽지 않다. 리눅스를 공부한지 15년 가까이 되어가고 있는 본인에게도 여전히 흥미로운 도전이다. 여기에는 여러 가지 이유가 있다. 첫째, 리눅스는 하드웨어, 소프트웨어, 네트워크, 알고리즘 등 컴퓨터 분야의 종합적인 지식을 필요로 하는 시스템 소프트웨어이다. 둘째, 리눅스가 많은 분야에 적용되어 있으며, 각 분야에 특화된 정보들이 함께 녹아있다. 셋째, 리눅스는 완성된 것이 아니라 현재도 진화하고 있는 시스템이다. 2014년 8월 25일 리눅스 생일에 나왔던 기사에는 "Linus started a revolution in 1991, but it hasn't ended. In fact, it's just getting started."라고 되어 있다. 늘 새로운 리눅스, 이것이 리눅스를 더욱 매력적이게 한다. 사실 리눅스를 공부한다는 것은 동전의 양면이다. 배우는 과정은 힘들지만, 그렇기에 더욱 큰 영향을 끼칠 수 있다. 기쁘게도 최근 국내 주요 회사에서 리눅스 공개 소스에 기여하는 횟수가 증가하고 있으며, 더욱 많은 전문가들을 찾고 있다.

이 책의 완성에는 많은 사람들의 기여가 있었다. 우선, 함께 연구하고 기뻐하는 대학원생들의 적극적인 도움으로 이 책의 내용이 더욱 알차게 되었다. 또한, 수업 시간에 많은 질문으로 이 책의 내용을 더욱 풍부하게 해준 학부생들에게도 고마움을 전한다. 책이 완성될 때까지 지속적인 격려해 주신 출판사 분들께도 감사드린다. 마지막으로 나의 사랑하는 다솔, 정웅 그리고 아내에게 이 책을 바친다.

최종무

Linux Kernel Internal

CONTENTS

Chapter 0

운영체제 이야기

운영체제란 무엇일까요? 필자들은 운영체제를 컴퓨터 용어가 아닌 일반 용어로 소개하고 싶었습니다. 그래서 '0장'이라는 특별한 장을 만들어 '운영체제란 무엇인가'에 대한 '일반'적인 설명을 하려 합니다. 우선 운영체제의 기본적인 동작 과정을 간단한 시나리오를 통해 애니메이션 형식으로 설명하고 (이때는 어쩔 수 없이 컴퓨터 용어가 사용됩니다), 이때 설명된 내용을 일반 용어로 풀면 어떤 이야기로 비유될 수 있는지 기술합니다. 이를 통해 독자들이 운영체제 내부의 동작을 보다 직관적으로 이해할 수 있기를 기대합니다.

1. 운영체제 동작 사례

운영체제는 일반적으로 자원 관리자(resource manager)라고 정의됩니다. 운영체제는 컴퓨터에 있는 처리기(CPU), 메모리, 디스크 등의 자원을 관리하여, 일반 사용자들이 컴퓨터를 사용할 수 있도록 지원해 줍니다. 마치 농부들이 땅과 물을 관리하여 일반 가정에서 쌀과 채소를 먹을 수 있도록 제공하는 것, 또는 항공 관제사가 활주로와 공항 터미널을 관리하여 여러 항공기들이 공항을 효과적으로 공유할 수 있도록 서비스를 제공하는 것과 유사합니다. 이제부터 운영체제가 사용자의 요청에 따라 각 자원을 어떻게 관리하는지 간단한 시나리오를 따라가면서 살펴보도록 합시다.

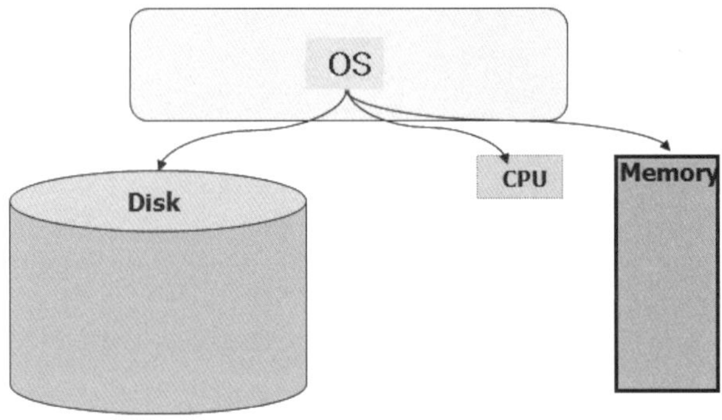

■ 그림 0.1 운영체제 동작 사례: 초기 상태

그림 0.1은 운영체제의 초기 상태를 보여줍니다. 이 그림에서 운영체제는 CPU, 메모리, 디스크라는 3개의 자원을 관리하고 있습니다. 현재 각 자원은 아무도 사용하지 않는 상태(예를 들어 처음 운영체제를 설치한 상태)로 가정하고 있으며, 따라서 텅 비어 있습니다. 이제 사용자가 문서 편집, 인터넷 검색, 프로그램 작성, 게임 등의 작업을 수행하면, 이를 위해 필요한 자원을 운영체제가 제공해 주게 됩니다.

우선 우리가 C 언어 시간에 배웠던 간단한 프로그램을 하나 작성해 봅시다. 그림 0.2는 이러한 과정을 보여줍니다. 그림 0.2의 가운데에는 점선이 있고 그 아래에는 그림 0.1에서 본 운영체제와 자원들이, 그 위에는 test.c라는 이름의 프로그램을 edit라는 편집기를 사용하여 작성하는 것이 나타나 있습니다. 본 필자들은 점선을 기준으로 위는 사용자의 명령을, 아래는 명령에 따른 운영체제의 변화를 기술하려 합니다 (다르게 표현하면 점선의 위는 사용자 수준의 동작이고 점선의 아래는 커널 수준의 동작으로 보셔도 됩니다).

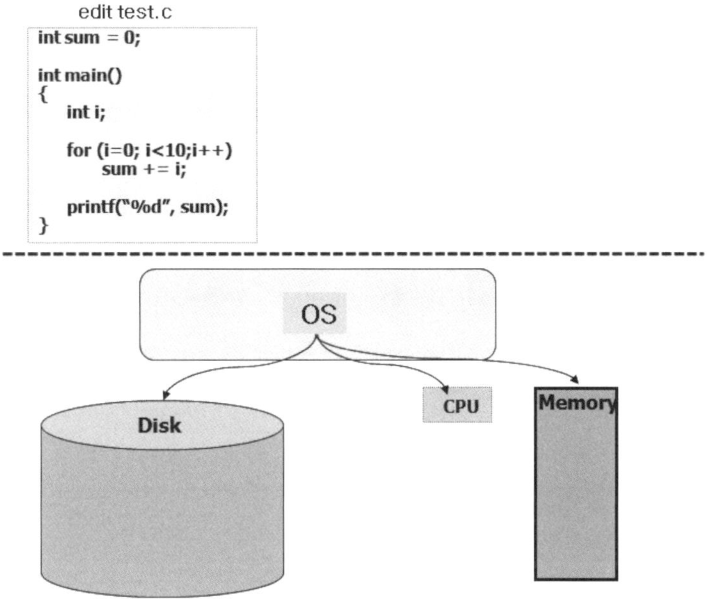

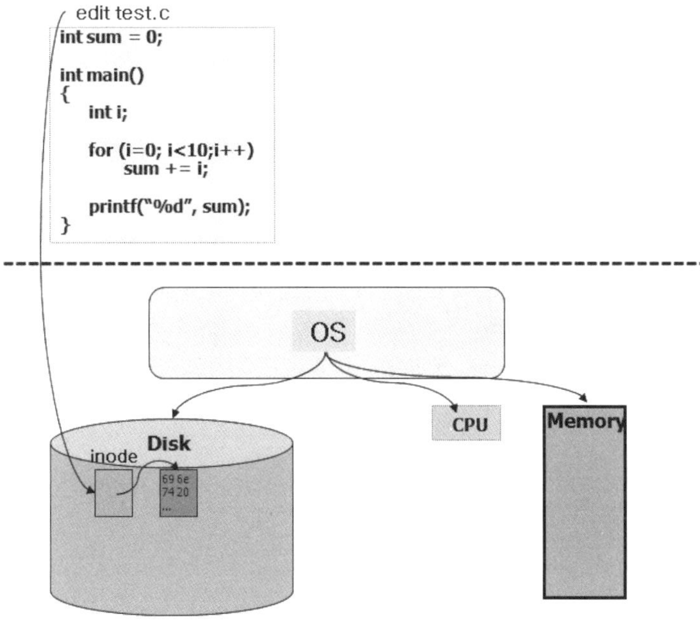

■ 그림 0.2 운영체제 동작 사례: 프로그램 작성

　다음 단계로 사용자는 자신이 작성한 프로그램을 저장하려 합니다. 사용자의 저장 요
청은 운영체제로 전달되고, 운영체제는 비휘발성 저장 매체인 디스크에 이 프로그램을
저장합니다. 일반적으로 저장되는 내용은 파일(file)이라는 객체로 관리되며, 이러한 과
정이 그림 0.3에 나타나 있습니다.

■ 그림 0.3 운영체제 동작 사례: 파일 관리

리눅스 커널 내부구조

운영체제는 우선 디스크의 일부 공간을 할당 받습니다(일반적으로 4KB 크기의 공간을 할당 받으며, 이것을 디스크 블록이라 합니다). 그리고 여기에 파일의 내용을 저장합니다. 또한 파일의 속성 정보(만들어진 시간, 만든 사람, 접근 제어 정보 등)를 저장하기 위한 공간을 디스크에 할당합니다. 그림 0.3에서 이 공간을 inode라고 표현하였습니다. 이때 inode는 리눅스 용어로써 5장에서 자세히 설명됩니다. 마지막으로 파일 이름인 test.c와 inode간에 연결을 만들고 inode와 파일의 내용이 들어있는 디스크 블록을 연결합니다. 따라서 파일 이름만 알면 그 파일에 포함된 내용, 파일을 만든 시간 정보 등을 찾아 갈 수 있습니다.

test.c라는 프로그램의 작성이 완료되면, 그 다음은 무엇을 해 볼까요? 이 프로그램을 컴파일하여 수행 가능한 바이너리를 만들어 봅시다. 그림 0.4는 이 과정을 보여줍니다.

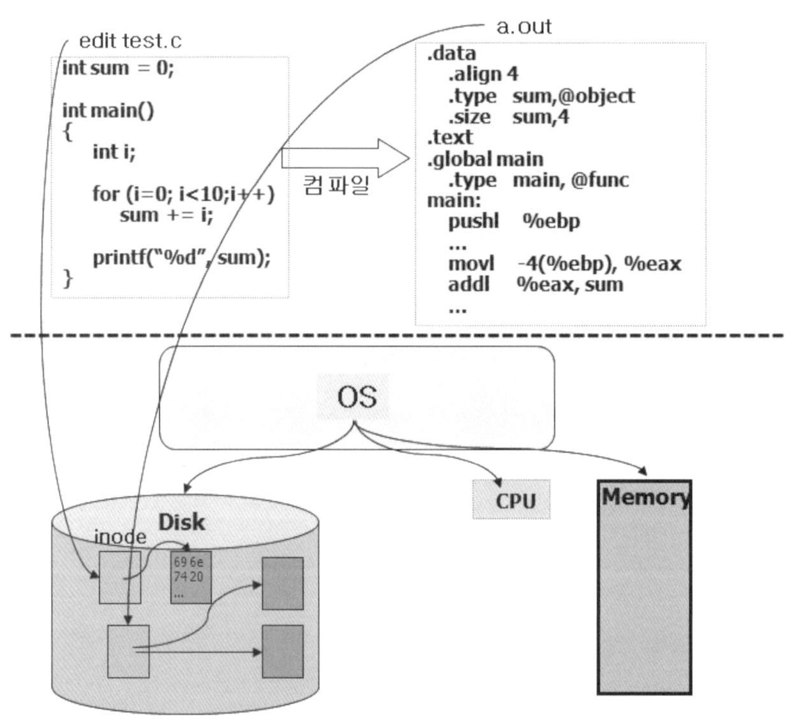

■ 그림 0.4 운영체제 동작 사례: 컴파일

그림 0.4에서는 사용자가 만든 test.c라는 프로그램을 컴파일러를 사용하여 수행 가능한 바이너리 파일로 만드는 과정을 보여줍니다. 리눅스 환경에서는 컴파일 후 만들어지는 바이너리의 기본(default) 이름이 'a.out'이기 때문에 그림 0.4에서도 a.out으로 나타냈습니다. 운영체제 입장에서 이 바이너리는 결국 a.out이라는 이름을 갖는 파일입

니다. 따라서 운영체제는 디스크에서 디스크 블록을 할당받아 여기에 파일 내용을 기록하고, inode를 할당받아 여기에 파일의 속성 정보를 기록하고, 마지막으로 파일 이름과 inode와 디스크 블록을 연결합니다. 그림 0.4를 자세히 보시면 test.c 파일은 디스크 블록을 한 개 사용하고 a.out 파일은 디스크 블록을 두 개 사용하는 것을 볼 수 있습니다. 필자들은 test.c 파일의 크기가 4KB보다 작아 하나의 디스크 블록이면 충분하지만 (디스크 블록의 크기를 4KB로 가정), a.out 파일의 경우 크기를 7KB로 가정하였고, 이 때문에 두 개의 디스크 블록이 필요함을 보여주기 위해 의도적으로 서로 다른 개수의 디스크 블록을 그렸습니다.

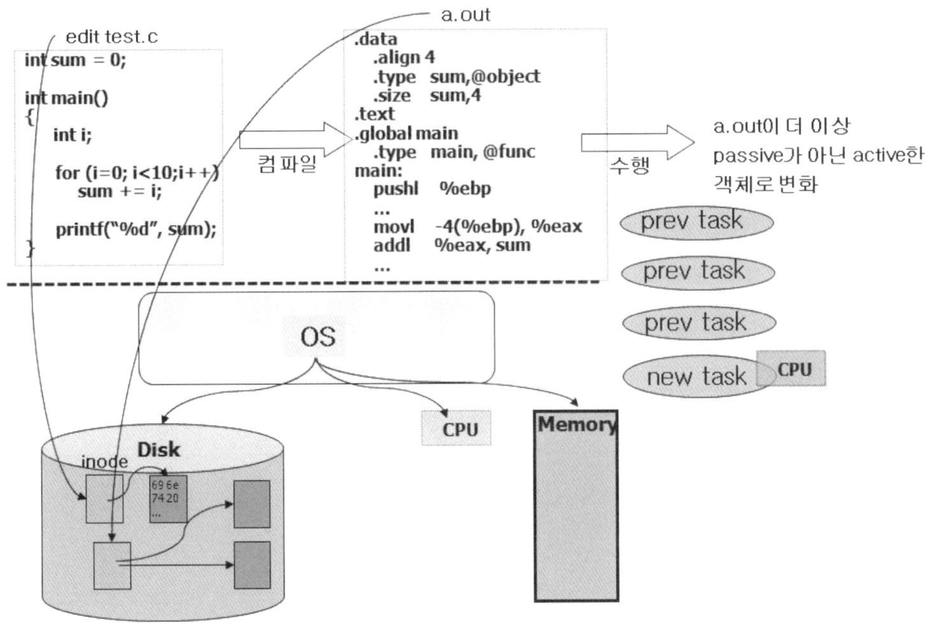

■ 그림 0.5 운영체제 동작 사례: 프로그램 수행과 태스크

그림 0.5는 컴파일 이후 만들어진 a.out 이라는 바이너리를 수행하는 과정을 보여줍니다. 바이너리를 수행하면 그 결과 태스크(task)라는 새로운 객체가 생성됩니다. 이 객체는 수행 중인 프로그램으로 정의되고, 살아 움직이며 활동하는 객체입니다. 그리고 기존에 존재하던 태스크들(그림에서 prev task로 나타나·있습니다)과 서로 경쟁하며 CPU를 사용하려 합니다. 운영체제는 CPU 자원을 모든 태스크들에게 공평하게 나누어 주려고 노력합니다. 대표적인 방법은 라운드-로빈(round-robin)이라는 방식입니다. 이것은 한 태스크가 정해진 시간동안 CPU를 사용하고, 그 시간이 지나면 다음 태스크가 CPU를 사용하고, ... 하는 단계가 반복적으로 모든 태스크들에게 적용되는 스케줄링 방식입니다.

그림 0.5에서 한 가지 고려해야 할 것은 바이너리 파일이 태스크로 수행되기 위해서는, 파일을 구성하고 있는 내용들이 메모리로 적재(load)되어야 한다는 것 입니다. 즉, CPU는 디스크를 직접 접근할 수 없으며, 우선 디스크의 내용이 메모리로 적재되어야 합니다. 이를 위해 운영체제는 메모리 자원도 관리를 해야 하며, 이 과정이 그림 0.6에 나타나 있습니다.

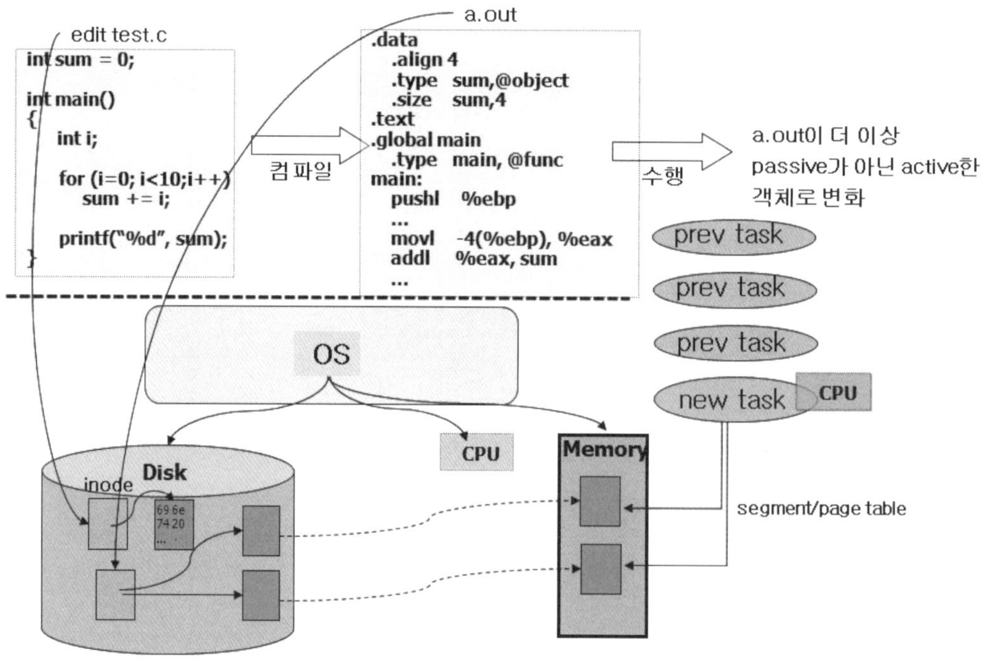

■ 그림 0.6 운영체제 동작 사례: 태스크 메모리 관리

그림 0.6에서 새로운 태스크는 우선 메모리의 일부 공간(페이지 프레임이라 부르며 4장에서 자세히 설명됩니다)을 할당 받습니다. 그리고 여기에 바이너리 파일의 수행 이미지를 적재합니다. 그리고 각 태스크는 세그먼트 테이블과 페이지 테이블을 이용해 자신에게 할당된 페이지 프레임을 관리합니다.

이제 그림 0.1과 그림 0.6을 비교해 봅시다. 그림 0.1의 단순했던 그림이 운영체제의 동작에 따라 그림 0.6과 같은 비교적 복잡한 그림으로 바뀌었습니다. 다시 그림 0.1, 0.2, 0.3, 0.4, 0.5, 0.6을 순차적으로 비교해 봅시다. 사용자가 프로그램 작성, 컴파일, 프로그램 수행이라는 일련의 요청을 수행함에 따라 운영체제가 디스크, CPU, 메모리 자원을 할당하여 변화하는 모습이 일련의 과정으로 그려져 있습니다.

필자들은 독자들이 이 그림들을 애니메이션처럼 연속된 과정으로 파악하고, 그 속에서 운영체제의 역할을 전체적으로 이해하기를 기대합니다. 각 세부적인 내용은 앞으로 이 책을 읽어 나가면서 명확해질 것입니다.

2. 운영체제 동작 비유

필자들은 강의 과정에서 학생들에게 운영체제의 동작을 일상생활의 모습으로 비유해 보라고 과제를 낸 적이 있습니다. 그 결과 상당히 재미있는 비유가 많이 제안 되었는데, 대표적인 것 5개만 소개하면 다음과 같습니다.

비유 1 : 회사

<< 일상생활 모습 >>

얼마 전 회사를 차린 A씨는 요즘 행복한 고민에 빠졌다. 처음 회사를 차릴 때 우려했던 바와는 달리 회사는 날로 번창하여 수입은 계속 늘어났지만, 이에 비례해서 일거리도 계속 늘어나면서 더 이상 모든 일을 혼자 처리하기엔 역부족이었기 때문이었다.

어쩔 수 없이 A씨는 회사의 운영을 책임질 사장을 뽑기로 결정한다. 그래서 A씨는 인력회사에 전화하여 컴퓨터 활용과 외국어 구사가 가능하며 성실한 사람을 보내달라고 요청하였다. 그런 뒤 A씨는 새로 회사에 출근할 사람을 위해 책상과 의자, 그리고 사무를 보는데 필요한 기타 용품을 준비해 두었다. 다음날, A씨의 회사로 출근한 B씨는 A씨로부터 어떻게 회사를 끌어가라는 지시를 받았다.

그러자 B씨는 원래 A씨가 했던 수많은 귀찮은 일들을 모두 처리해 주었다. A씨는 너무도 편했고, 이에 따라 자신 본연의 임무에 충실할 수 있었다.

B씨는 A씨가 시킨 일들을 모두 완수하기 위해 부하직원을 채용했다. 24시간 근무하며 회사의 전화를 받는 C씨와, D씨. C씨와 D씨는 평소 할 일이 없을 땐 그저 사무실에서 쉬고 있었다. 그러나 C씨는 누가 일을 시키지 않더라도 회사로 전화가 걸려오면 언제든 그 전화를 받아 응대하는 일을 수행하였고, D씨는 A씨가 시키는 일이 있을 때마다 그 일을 수행하였다.

A씨의 회사가 날로 번창하자 B씨는 더 많은 부하직원을 채용하기로 결심하였다. 우선 C씨의 업무가 너무 과중한 것 같아 C씨와 동일한 일을 수행하는 C2씨와, 제품을 조립하는 E씨, 조립된 제품을 포장하는 F씨, 포장된 제품을 발송하는 G씨를 추가로 채용하였다.

C, C2, D, E, F, 그리고 G씨는 한정된 사무실 공간에 있었지만 E씨가 제품을 조립해야 할 때에는 남들보다 더 많은 공간을 쓸 수 있도록 배려하였다. 또한 제품을 포장해야 할 때에는

F씨가, 제품을 발송할 때는 G씨가 공간을 더 쓸 수 있도록 B씨가 항상 공간 배정을 해 주었기에 모두들 사무실이 좁다는 생각을 하지 않고 자신의 맡은바 임무를 완수할 수 있었다.

<< 운영체제 동작 >>

Firmware Level의 프로그래머 A씨는 여러 가지 기능을 하는 프로그램을 만들고 있다. 프로그램의 흐름을 계획하며 모든 것을 Firmware Level에서 코딩하다 보니 이젠 더 이상 모든 것을 다 직접 코딩하기엔 역부족임을 느끼게 되었다.

어쩔 수 없이 프로그래머 A씨는 귀찮은 이런 저런 일들을 대신 해주는 운영체제(Operating System) 리눅스를 사용하기로 결정한다. 그래서 A씨는 Configuration 하여 스케줄링과 파일 시스템, 메모리 관리 기능을 가지고 있는 zImage를 생성하였다. 그런 뒤 A씨는 zImage를 동작시키기 위해 Root Filesystem을 만들었다. 그리고, 리눅스를 위한 Bootloader도 작성하였다.

그러자 리눅스는 원래 Firmware Level의 프로그래머 A씨가 일일이 코딩해야 했던 수많은 귀찮은 일들을 모두 대신 처리해 주었다. 프로그래머 A씨는 너무도 편했고, 이에 따라 시스템 디자인에만 충실할 수 있었다.

리눅스는 Firmware Level의 프로그래머 A씨가 해야 했던 모든 일들을 완수하기 위해 태스크를 생성했다. 시스템이 정지되기 전까지 계속 동작하는 백그라운드 데몬(Daemon)과, 쉘(Shell) 태스크. 태스크는 할 일이 없을 땐 계속 idle 상태를 유지하며 쉬게 된다. 그러나 데몬은 누가 일을 시키지 않더라도 해야 할 일이 생기면 Running 상태가 되어 자신에게 주어진 일을 수행하였고, 쉘은 A씨가 시키는 일이 있을 때마다 Running 상태가 되어 시킨 일을 수행하였다.

해야 할 일들이 점점 다양해지자 리눅스는 더 많은 태스크를 생성하였다. 우선 기존의 데몬을 fork()하여 데몬2를 만들었고, fork()후 exec()하여 태스크 E, F, G를 생성하였다.

데몬, 데몬2, E, F, G 그리고 쉘 태스크는 한정된 메모리상에서 돌고 있지만, B는 각각의 태스크가 필요로 할 때마다 메모리를 잘 할당/해제해 주었기 때문에 모든 태스크가 성공적으로 자신의 작업을 완료할 수 있었다.

비유 2 : 카사노바 박씨 이야기

<< 일상생활 모습 >>

카사노바 박씨에겐 24명의 여자 친구가 있다. 모두 내일 꼭 만나달라고 아우성이었다. 대체 내일 누굴 만날 것인가?

친구들에게 물어보았다. 하지만 친구들마다 다른 충고를 해주었다. 친구 이씨는 가장 예쁜 여자를 만나겠다고 하였고, 또 다른 친구 김씨는 가장 착한 여자를 만나겠다고 하였다.

하지만 진정한 카사노바 박씨는 어떻게 하면 더 많은 여자 친구를 만날 수 있을까 고민하던 중, 24명의 여자 친구를 가장 예쁜 순서대로 줄을 서게 하고 순서대로 정해진 시간 만큼씩만 만나기로 하였다. 따라서 단 한명의 여자 친구만 카사노바 박씨를 만나는 상태이고, 다른 모든 여자 친구는 박씨를 기다리는 상태이다.

그런데 문제가 생겼다. 얼마나 오랫동안 만날 것인가? 1시간으로 고정하면 어떨까? 할 얘기가 많은 여자 친구와도 1시간, 할 얘기가 별로 없는 여자 친구와도 1시간 만난다는 것은 비효율 적이었다. 그래서 카사노바 박씨는 할 얘기가 많은 여자 친구와는 보다 더 오랜 시간 만나기로 결정하였다.

또 다른 문제가 생겼다. 오늘 새로 알게 된 여자 친구가 급히 만나달라고 조르기 시작했다. 카사노바 박씨는 고민에 빠졌다. 여자 친구를 만나던 중 다른 여자 친구가 급히 만나자고 하면 응할 것인가 말 것인가. 카사노바 박씨는 급한 일이 있는 경우에만 다른 여자 친구를 만나기로 결정하였다.

그렇게 여러 여자 친구를 만나고 있던 카사노바 박씨는 여러 여자친구를 만나고 있는 사실을 들키지 않게 치밀한 준비를 하였다. 지난번에 만났을 때 어디까지 얘기 했는지 수첩에 꼼꼼히 기록해 두었던 것이다. 그래서 박씨는 여러 여자친구를 만나더라도 했던 얘기를 또 하는 등의 실수를 범하지 않을 수 있었다.

<< 운영체제 동작 >>

Linux에겐 24개의 태스크가 있다. 모두 CPU 스케줄링을 요청하고 대기 중이었다. Linux는 대체 어떤 태스크를 스케줄링 해줄 것인가?

다른 OS는 어떻게 하고 있는지 살펴보았다. 어떤 운영체제는 FIFO(First-In First-Out) 정책을 사용하고 있었고 어떤 운영체제는 RM(Rate Monotonic)정책을 사용하고 있었다.

하지만 효율성이 높은 Linux는 어떻게 하면 가장 많은 태스크를 수행시켜 줄 수 있을까 고민하던 중, 24개의 태스크를 우선순위 순서대로 정렬한 뒤, 정해진 time slice만큼씩만 CPU 자원을 할당하기로 하였다. 따라서 단 하나의 태스크만 실제 Running상태이고, 나머지 태스크는 모두 대기 중인 상태이다.

그런데 문제가 생겼다. time slice를 어떻게 결정할 것인가? 100ms 정도로 고정하면 어떨까? 수행할 작업이 많은 태스크에게도 100ms, 수행할 작업이 적은 태스크에게도 100ms씩 CPU자원을 할당하는 것은 비효율 적이었다. 그래서 Linux는 태스크의 속성을 고려하여 time slice를 결정한다.

또 다른 문제가 생겼다. 지금 새로 생성된 우선순위가 높은 태스크가 선점(Preemtion)을 요청하였다. Linux는 고민에 빠졌다. 우선순위가 높은 태스크의 우선순위가 낮은 태스크선점을 허용할 것인가 말 것인가? Linux는 선점 기능을 지원한다.

동시에 여러개의 태스크를 하나의 CPU에서 수행 시키고 있는 Linux는 시스템의 원활한 동작을 위해 치밀한 준비를 하였다. 문맥 전환(Context Switch)시 현재 태스크가 어디까지 수행되었는지를 꼼꼼히 기록해 두었던 것이다. 그래서 Linux는 여러개의 태스크를 동시에 수행시키더라도 문제없이 시스템을 운영할 수 있었다.

비유 3 : 철수와 영희 이야기

<< 일상생활 모습 >>

철수는 오늘도 영희가 만나고 싶었다. 그래서 철수는 영희네 집 앞으로 찾아가 만나 달라고 영희 방 창문에 돌을 던졌다.

돌을 던지면 창문은? 기본적으로는 깨진다.

창문이 깨지는 것이 싫다면, 영희는 누군가 돌 던질 때를 대비해서 항상 받을 준비를 하고 있어야 한다.

그런데 영희는 갑자기 궁금해졌다. 철수가 왜 돌을 던졌을까? 보고 싶으니 나오라 고? 채팅 하고 싶으니 메신져에 들어오라고? 아님 화가 나서 그냥? 그래서 철수와 영 희는 왜 돌을 던졌는지를 나타내는 번호를 돌에 쓰기로 결정하였다.

한편, 철수가 던진 돌을 받은 영희는 만나자는 번호가 써 있음을 알게 되었다. 그래 서 세수도 하고 옷도 갈아입고, 만날 준비를 하고 있었다. 이때 철수가 만나달라고 또 돌을 던지면 어떨까? 준비하고 있는데 또 돌을 던지니 매우 짜증이 날 것이다. 그래서 영희는 '나갈 준비하고 있으니 또 돌 던지지 마시오' 라고 창문에 써서 붙여 놓기로 하 였다.

돌을 통해 간단한 번호라는 정보를 주고받던 철수와 영희는 문득 돌을 던지는 것이 빠르고 간단하긴 하지만 자세한 정보를 주고 받을 수 없다는 생각을 하게 되었다. 편지 를 쓰면 어떨까? 전화를 하는 건 어떨까?

<< 운영체제 동작 >>

A 태스크는 B 태스크에게 전달해 줄 사건이 발생했다. 그래서 A 태스크는 B 태스크 에게 시그널(Signal)을 보냈다.

시그널을 받은 태스크는? 기본적으로 종료(Terminating)된다.

태스크가 종료되는게 싫다면 시그널 핸들러를 등록시켜 두어야 한다.

그런데 시그널을 받은 태스크는 왜 시그널을 보냈는지 궁금할 수 있다. 종료 시키려 고? IPC(Inter Process Communication)을 위해서? 그래서 태스크 간 시그널을 보낼 때는 시그널의 이유별로 번호를 정한 뒤 그 번호를 보내주기로 하였다.

한편, A 태스크가 보낸 시그널을 받은 B 태스크는 해당 시그널 번호에 걸맞는 핸들 러 함수를 호출하여 적당한 작업을 수행 중이었다. 그런데 이때 같은 시그널이 또 배달 되지 않도록 해당 시그널을 블록(Block) 시켜놓기로 결정하였다.

시그널을 통한 통신 기법은 간단하고 빠르지만 자세한 혹은 대량의 정보를 주고받을 수 없다는 단점을 가진다. 메시지 큐(Message Queue)는 어떨까? 소켓(Socket)은 어 떨까?

비유 4 : 통신병 김군

<< 일상생활 모습 >>

오늘은 새벽 6시부터 훈련이 시작되었다. 다른 소대/중대/대대와 연락을 주고받을 필요가 없는 특수한 훈련이 아닌 이상 통신병 김군은 훈련의 시작부터 끝까지 반드시 지휘관 옆에 상주해야 한다.

언제 다른 부대에서 연락이 올지 몰랐기 때문에 통신병 김군은 항상 무전기를 지니고 다녔다. 그러다 연락이 오면 그 내용을 지휘관에게 보고하는 것이 바로 통신병의 임무였기 때문에...

그런데 갑자기 김군의 상관이 지시했다. "야~! 옆 중대랑 연락 좀 해봐라~." 그래서 김군은 무전기를 들고 연락을 시도했다. "여기는 1중대, 2중대 나오라 오버" 그러자 바로 응답이 왔다. "여기는 2중대. 1중대 말하라 오버". 그러자 김군은 말했다. "잠시만 기다리시지 말입니다~~ 오버." 그리곤 상관에게 무전기를 넘겼다.

한참 뒤 하고 싶은 대화를 끝낸 김군의 상관은 무전기를 김군에게 돌려주었다. 김군은 "이상 무전끝~"이라고 말했고, 상대방은 "무전끝, 확인~"이라고 대답했다. 그래서 김군은 "그럼 수고하시지 말입니다~"라고 익살스럽게 무전을 보냈다.

<< 운영체제 동작 >>

컴퓨터에 전원이 켜졌다. 다른 컴퓨터와 통신할 필요가 없는 특수한 시스템이 아닌 이상 네트워크를 담당하고 있는 TCP/IP 스택은 컴퓨터가 종료될 때까지 활성화 되어 있어야 한다.

언제 다른 컴퓨터에서 패킷이 전송되어 올지 몰랐기 때문에 TCP/IP 스택은 항상 랜카드(Lan Card)를 살펴보고 있었다. 그러다 패킷이 전송되어 오면 그 내용을 커널에게 보고하는 것이 바로 TCP/IP의 임무중 하나였기 때문에...

그런데 갑자기 응용프로그램에 의해 요청을 받은 커널이 지시했다. "다른 컴퓨터와 통신하게 연결 좀 설정해봐라~". 그래서 TCP/IP 스택은 다른 컴퓨터와 통신 연결을 시도했다. 'SYN(Synchronization)'을 보냈고, 이에 대한 응답으로 'ACK(Acknowledge-ment)+SYN'을 받았으며, 최종적으로 다시 'ACK'를 전송하였다. 그리곤 통신이 가능한 소켓을 해당 응용프로그램에게 넘겼다.

한참 뒤 통신을 끝낸 응용 프로그램은 연결을 종료하려 하였다. 그래서 TCP/IP 스택은 'FIN(Finalizing)'을 전송하였고, 이에 대한 응답으로 'FIN+ACK'을 받았으며, 최종적으로 다시 'ACK'를 수신하였다.

리눅스 커널 내부구조

비유 5 : 크게 성공할 미래의 주방장 이군

<< 일상생활 모습 >>

식사 시간이 되어 주방장은 주방 보조 이군을 불렀다. "야~! 어서 창고에 가서 재료 가져와" 라고 이군에게 지시했다.

이군은 급히 창고로 이동하여 식량을 찾기 시작했다. 사실 이군은 전혀 당황하지 않았다. 각종 물건들을 창고 안에 여기 저기 대충 쌓아 놓으면 나중에 찾기가 불편할 것이라고 판단한 이군은 평소 물건을 창고에 넣어둘 때 기가 막히게 정리를 해두었던 것이다.

우선 창고의 문 앞에는 창고 안에 어떤 물건들이 들어있고, 어떤 방식으로 정리되어 있으며, 또한 창고 안 어디에 빈 공간이 있는지를 나타내는 장부를 붙여 두었고, 창고 내부는 저장한 물건 종류별로 정리가 되어 있었으며, 각 종류별로 어떤 물건이 얼마나 있는지를 나타내는 정리표를 완벽하게 만들어서 붙여 놓았다.

<< 운영체제 동작 >>

커널은 파일시스템(File System)에게 A.txt라는 파일을 읽어오라고 명령을 내렸다.

파일시스템은 급히 하드디스크에서 A.txt 라는 파일을 찾기 시작했다. 사실 파일시스템은 전혀 당황하지 않았다. 각종 파일들을 하드디스크 안에 여기 저기 대충 저장해 놓으면 나중에 찾기가 불편할 것이라고 판단한 파일시스템은 평소 파일을 디스크에 저장할 때 Ext2(혹은 FAT, 혹은 LFS, 혹은 여러분이 알고 있는 어떠한 파일시스템) 형식에 맞게 저장해 두었던 것이다.

우선 하드디스크의 제일 첫 부분에는 수퍼블록(Super Block)을 통해 해당 하드디스크를 위해 구축된 파일시스템의 전역적인 메타데이터를 담았고, 블록 할당/해제 정보를 담아 놓는 영역도 기록해 두었으며, 나머지 하드디스크 공간은 디렉토리 개념을 통해 정리가 되어 있었고, 파일 별로 메타데이터를 기록해 두었다.

Chapter 1

리눅스 소개

1991년에 탄생한 리눅스는 이제 유닉스 계열의 대표적인 운영체제가 되었다. 이 장에서는 유닉스 계열 운영체제의 종류와 특징을 살펴보고, 리눅스의 역사와 장점을 논의한다. 또한 쉘의 사용 방법을 알아본다.

1. 리눅스의 탄생

핀란드 헬싱키 대학에서 전산학을 전공하던 학생이었던 리누스 토발즈(Linus Benedict Torvalds)는 1988년에 386 보호모드에서 두 프로그램 A와 B를 스위칭하는 작업 전환기를 만들게 되었다. 여기에 재미를 붙여 페이징, 타이머 인터럽트 핸들러 등을 만들고 그 외 여러 가지 디바이스 드라이버와 기초적인 파일시스템 등을 만들어 1991년 8월 26일 리눅스 0.0.1을 개발하게 되었다. 곧이어 1991년 10월 5일, 리누스는 첫 번째 공식 버전인 0.0.2를 발표하였다. 그가 처음 자신의 운영체제를 세상에 공개했던 뉴스 그룹의 글을 소개한다.

Linus Benedict Torvalds

Hello everybody out there using minix -

I'm doing a (free) operating system (just a hobby, won't be big and professional like gnu) for 386(486) AT clones. This has been brewing since april, and is starting to get ready. I'd like any feedback on things people like/dislike in minix, as my OS resembles it somewhat (same physical layout of the file-system (due to practical reasons) among other things).

I've currently ported bash(1.08) and gcc(1.40), and things seem to work. This implies that I'll get something practical within a few months, and I'd like to know what features most people would want. Any suggestions are welcome, but I won't promise I'll implement them :-)

       Linus (torvalds@kruuna.helsinki.fi)

PS. Yes - it's free of any minix code, and it has a multi-threaded fs. It is NOT portable (uses 386 task switching etc), and it probably never will support anything other than AT-harddisks, as that's all I have :-(.

토발즈의 겸손한 말투... 아마 그도 지금의 리눅스를 예상하진 못했을 것이다. 여기에 리차드 스톨만(Richard M. Stallman)이 설립한 자유 소프트웨어 재단(Free Software Foundation: FSF)이라는 단체의 GNU(Gnu is Non Unix) 프로젝트가 합세하면서 이 단체와 뜻을 같이 하는 전 세계 프로그래머들의 도움으로 현존하는 최고의 운영체제 중 하나인 리눅스가 탄생하게 된 것이다.

자유 소프트웨어 재단은 컴퓨터 전반의 모든 분야에 공개(Free) 소프트웨어를 개발하고 사용하게 함으로써 상용 소프트웨어 프로그램에 대한 복사, 배포, 이해, 수정에 대한 모든 제한을 없애기 위해 노력하는 단체이다. 특히 이 재단은 GNU라는 이름으로 유닉스와 쉽게 호환되며 기능이 우수한 통합 환경의 소프트웨어들을 계속 개발하고 있다. 이 재단은 이미 운영체제의 기본이 되는 많은 소스코드를 공개했으며, 특히 그들이 공개한 프로그램 중에는 gcc 라고 불리는 C/C++ 컴파일러와 강력한 데이터 베이스인 Postgre SQL 등이 있다. 즉, 이 재단은 자유로운 컴퓨팅 환경을 꿈꾸면서 누구의 지배도 받지 않는 새로운 프로그램을 개발하고 있는 것이다.

리누스에 의해 80386용 커널이 개발되고 자유 소프트웨어 재단의 gcc가 이 커널에 포팅되면서 이미 공개되었던 많은 GNU 프로그램들과 기타 프로그램들이 리눅스에서 수행될 수 있게 되었다. 이렇게 해서 리눅스는 세상에 그 모습을 본격적으로 드러내게 되었다.

리눅스는 GNU 정신에 따라 완전 공개로 배포되며 모든 프로그램의 소스 또한 공개되어 있다. 원하는 사람은 누구나 그 소스를 수정하여 성능을 향상시킬 수 있으며, 물론 GNU 정신에 따라서 수정한 내용도 역시 공개해야 한다. 이런 이유로 리눅스는 전 세계의 수많은 사람들에 의해 테스트되고 개선, 개발되어 왔으며, 막강한 성능과 안정성을 가지게 되었다.

리눅스의 가능성이 보이게 되자 세계 곳곳의 유닉스 천재들(Guru)과 해커들이 리눅스에 매달리기 시작하였다. 곧이어 1996년 6월 9일 오전 10시 18분(핀란드 시간) linux-2.0.tar.gz 라는 파일을 올려놓음으로써 리눅스 역사에 새로운 장을 맞이하게 되었고 2014년 11월 현재 공식 리눅스 커널 사이트인 www.kernel.org에 최신 버전인 3.17.3까지 발표된 상태이다.

2. 유닉스와 리눅스

리눅스는 유닉스 계열의 운영체제이다. 그렇다면 유닉스(UNIX)란 무엇인가? 유닉스란 1969년 AT&T 벨 연구소의 켄 톰슨(Ken Thompson)과 데니스 리치 (Dennis Ritchie)가 만든 운영체제이다. 대표적인 컴퓨터 저널인 Communications of the ACM에 "The UNIX Time-Sharing System"이라는 논문으로 최초 발표되었다.

유닉스는 그 조상 격인 Multics의 실패를 교훈삼아 매우 간결하게 설계되었다. 생명을 제공하는 태스크와 장소를 제공하는 파일이라는 두 가지 객체로 모든 것을 지원한다. 또한 대부분의 소스 코드가 C라는 고급 언어로 작성되었다. 더욱 좋았던 것은 유닉스 운영체제의 소스가 공개되었다는 것이며, 많은 학교와 연구소, 기업으로부터 환영을 받으며 발전되었다. 그 결과 BSD, System V, Solaris, AIX 등 다양한 이름의 유닉스 계열 (UNIX-like) 운영체제가 발표되었다. 이때 유닉스 계열이라는 의미는 운영체제가 SUS(Single UNIX Specification)를 따른다는 의미이며, 업계에서는 IEEE가 정의한 POSIX(Portable Operating System Interface) 표준을 따르는 운영체제를 유닉스 계열 운영체제라고 한다.

그림 1.1은 유닉스 계열 운영체제의 대표적인 예를 보여준다. 유닉스 계열 운영체제들은 크게 System III/V 계열과 BSD 계열로 구분할 수 있다. System III/V 계열은 AT&T에서 개발한 Version 1,...,10, System III, System V, 그리고 이를 기반으로 다양한 회사에서 개발한 HP-UX, AIX, Unixware, IRIX 등을 포함한다. 반면 BSD 계열은 University of California, Berkeley에서 개발한 BSD와 이를 기반으로 발전한 OpenBSD, NetBSD, SunOS 등이 포함된다. BSD 계열은 TCP/IP 통신 프로토콜이 최초로 구현되어 유명해 졌으며, 그 외에도 C 쉘, Job control 등의 기능 제공을 특징으로 한다. 반면 System III/V 계열은 IPC (Inter Process Communication), STREAM, Remote file sharing 등의 기능 제공을 특징으로 한다. 이 두 계열의 운영체제는 1990년대와 2000년대 초를 거치면서 다양한 경쟁 및 법정 소송에 휘말렸다 (이 시기를 UNIX War 시기라고도 한다). 하지만 최근에는 두 계열이 상대편의 특징들을 대부분 포함하여 차이가 거의 없어졌다.

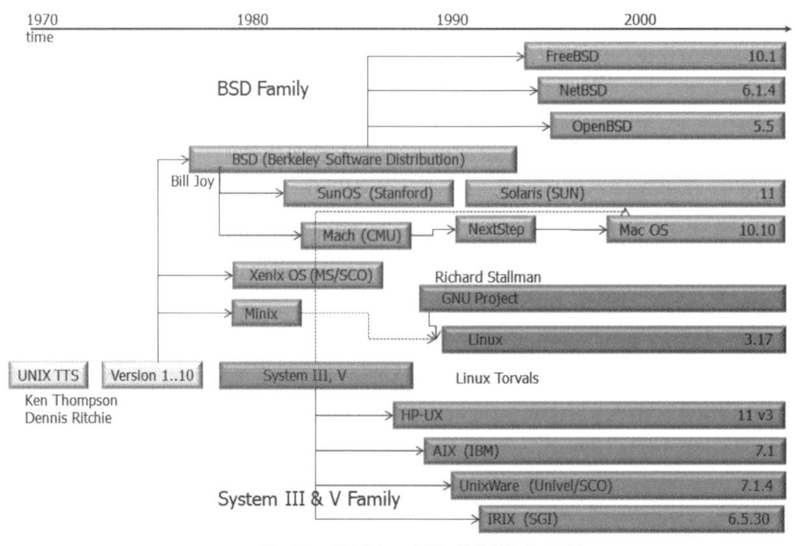

■ 그림 1.1 유닉스 계열 운영체제 종류

유닉스 역사에서 주목할 만한 운영체제로는 1986년 CMU(Carnegie Mellon University)에서 개발된 Mach가 있다. Mach는 마이크로 커널(micro kernel)이라는 새로운 커널 구조(kernel architecture)를 채택하였다. 마이크로 커널은 운영체제의 기능 중에서 커널 공간에 꼭 필요한 기능(인터럽트 처리, 페이지 부재 결함 처리, 스케줄링과 문맥 교환, IPC 등)만 커널 수준에 포함하고 나머지는 사용자 수준에서 동작하는 서버로 구현한다. 이 결과 커널 크기가 작아지고 신뢰성, 이식성, 확장성이 좋아지며, 분산 환경에 적용이 쉬워지는 등 다양한 장점을 얻게 된다. 이후 Mach 개발자들 중 일부는 마이크로소프트사에서 Windows NT를 개발하였으며(이 때문인지 Windows NT도 마이크로 커널 구조를 채택), 다른 일부는 Apple사에서 Mac OS를 개발하였다.

토발즈는 Minix를 사용하다가 이 지식을 배경으로 리눅스를 개발하였다. Minix는 앤드류 타넨바움(Andrew Tanenbaum) 교수가 개발한 유닉스 계열의 작은 운영체제이다. 당시 Minix는 교육용 운영체제로 인기가 높았으며, 토발즈가 다니던 핀란드 헬싱키 대학에서도 수업중에 Minix를 이용해 프로젝트를 진행한 것 같다. 비록 리눅스가 Minix의 지식을 많이 참조하기는 했지만, 코드는 Minix와 많이 달랐다. 이는 comp.os.minix 뉴스 그룹에서 발생한 토발즈와 타넨바움 교수의 논쟁에서 알 수 있듯이, Minix와 리눅스는 설계 방법이 다르기 때문이다. 구체적으로 Minix는 마이크로 커널 구조를 기반으로 설계되었으며, 리눅스는 마이크로 커널이 아닌 구조(모노리딕(monolithic) 구조라고 한다)를 기반으로 설계되었으며 모듈(module)을 도입하여 마이크로 커널의 장점을 활용한다.

유닉스와 관련된 흥미로운 것 하나만 더 언급하고 이 절을 마무리하자. 1969년 유닉스를 개발한 데니스 리치(Dennis Ritchie)는 어떤 사람일까? 프로그래밍 언어에 관심 있는 사람은 쉽게 맞출 수 있을 것이다. 바로 C 언어를 개발한 사람이다. 그럼 다른 질문 하나, 켄 톰슨(Ken Thompson)은 지금 무엇을 하고 있을까? 이분은 1943년생이니 현재 71세이다. Wikipedia에 따르면 켄 톰슨은 여전히 구글(google)에서 엔지니어(distinguish engineer)로 연구를 하고 있다고 한다. 40이 넘으면 은퇴를 걱정해야하는 현재 우리 현실을 보면서… 우리도 꾸준히 자신이 좋아하는 일을 계속할 수 있는 환경이 되었으면 하고 기대해 본다.

3. 리눅스의 배포판

　컴퓨터 시스템은 크게 하드웨어와 소프트웨어로 구분된다. 소프트웨어는 운영체제와 응용 프로그램으로 다시 구분된다. 운영체제는 다시 커널(kernel)과 시스템 프로그램으로 세분할 수 있다. 커널이란 항상 메모리에 상주하면서 동작하는 운영체제의 핵심 부분으로 코어(core) 또는 뉴클리어스(nucleus) 라고도 한다. 반면 시스템 프로그램은 라이브러리, 컴파일러, 파일 관련 명령어, 태스크 관련 명령어, 네트워크 관련 명령어, 시스템 관리 명령어 등으로 구성된다.

　사실 단순히 커널만 가지고는 운영체제로서 의미가 없다. 즉, 사용자와 직접 상호 작용하는 시스템 프로그램이 없이는 천하제일의 리눅스라 할지라도 아무런 일도 수행할 수 없다는 것이다. 리눅스의 경우에는 도스(MS-Dos)와 달리 실제 리눅스 커널 그 자체만으로는 파일 하나 조차도 제대로 복사할 수가 없다. 기본적으로 쉘이라는 명령어 해석기가 있어야 하고, 파일 복사를 하려면 cp라는 시스템 프로그램이 따로 있어야 하며, 파일을 지우기 위해서는 rm이라는 시스템 프로그램이 있어야 한다.

　우리가 리눅스라는 이름으로 쉽게 접할 수 있는 것은 리눅스 커널이 아니라 CD-ROM이나 DVD 등으로 Anonymous ftp 사이트에서 받을 수 있는 배포판(Distrubution)이다. 이들 배포판은 공개된 리눅스 커널을 기초로 리눅스 시스템을 기본적으로 운영할 수 있도록 여러 가지 시스템 프로그램들을 통합적으로 모아 놓은 뒤, 이를 사용자의 컴퓨터에 쉽게 설치 할 수 있는 기능을 제공하는 것이다. 레드햇(www.redhat.com), 페도라(fedoraproject.org), 젠투(www.gentoo.org), 우분투(www.ubuntu.com), 슬랙웨어(www.slack.com), 데비안(www.debian.org) 등 여러 가지 리눅스의 배포판이 존재한다.

　각각의 배포판은 각자 고유의 설치 프로그램들을 가지고 있고, 기본적인 시스템 운영에 있어서도 미세한 차이를 보이고 있다. 따라서 같은 리눅스를 쓴다 할지라도 한 배포판을 쓰다가 다른 배포판으로 옮기는 것은 약간의 적응 과정이 필요하다. 더군다나 젠투 같은 배포판은 초보자의 경우 설치하는 것 만으로도 며칠씩 걸릴 수 있다. 그러나 배포판마다 각각의 장단점을 빼고는 디렉토리 운영 등에서 서로 동일한 전통을 따르고 있다. 또한 리눅스 커널 측면에서 보면 모두 같은 커널을 사용하므로 이 책에서 설명하는 모든 내용이 동일하게 적용된다. 최근에는 배포판 마다의 차이점들을 통합하여 표준화하려는 움직임도 있다.

4. 리눅스의 장점

리눅스의 우수성은 이미 널리 알려졌기 때문에 굳이 하나씩 설명할 필요는 없을 것이다. 다만 리눅스의 장점을 다음과 같이 요약할 수 있다. 다음의 장점들은 이 책을 통해 하나하나 발견할 수 있을 것이다.

- ◉ 사용자 임의대로 재구성이 가능하다
- ◉ 열악한 환경에서도 H/W 자원을 적절히 활용하여 동작한다
- ◉ 커널의 크기가 작다
- ◉ 완벽한 멀티유저, 멀티태스킹 시스템
- ◉ 뛰어난 안정성
- ◉ 빠른 업그레이드
- ◉ 강력한 네트워크 지원
- ◉ 풍부한 소프트웨어
- ◉ 사용자를 위한 여러 가지 공개 문서들

사실 다른 운영체제에 비해 상용화된 제품이 적다는 점과, '믿을 수 있나?' 하는 불안감 등을 단점으로 꼽는 사람도 있다. 하지만 최근 google 폰 같은 휴대폰, TV, 라우터 등에 리눅스가 활발하게 채택되면서 전자의 지적은 점차 사라지고 있다. 또한 후자의 경우 유럽의 입자 가속 방사광 설비나 훈련 시스템 등 신뢰성과 고가용성이 요구되는 시스템에서 리눅스가 사용되고 있는 점을 본다면 이러한 문제점은 개발자의 몫이라고 보는 것이 맞을 것이다.

"It's under your control"

운영체제의 소스 자체가 오픈 되어 있는데 불가능한 것이 대체 무엇인가? 안 된다면 내가 되게 하면 그만이다. 리눅스에서 불가능한 것은 없다. 어느 오픈소스 커뮤니티에서 소스가 공개되어 있지 않은 운영체제를 'Bonnet을 열 수 없는 차' 로 비유한 것을 본적이 있다. 그렇다면 거꾸로 Bonnet을 열어 볼 수 있는 차는 리눅스이다. 열어볼 수 있다면 이제 고칠 때이다. 고칠 수 있는 기술을 습득하기 위한 과정이 바로 리눅스 커널 내부구조에 대한 이해일 것이다. 이 책은 바로 그러한 사람들을 위해 쓰여졌다.

5. 쉘(Shell) 사용해보기

사용자는 쉘(shell)을 통해 리눅스와 대화한다. 쉘은 명령어 해석기라고 정의되며, 사용자 입장에서 보면 리눅스 세상에서 살아가는데 필요한 도우미, 일종의 비서라고 볼 수 있다. 이제 우리의 비서, 쉘의 사용방법을 살펴보자. 만약 한국인 비서를 고용했다면 우리는 '한국어'로 일을 시켜야 하고, 미국인 비서를 고용했다면 '영어'로 일을 시켜야 한다. 리눅스에서는 보통 GNU 나라의 쉘을 사용하므로 GNU스러운 언어, 즉 쉘 상의 명령어를 배워야 한다.

우선 독자들이 비교적 익숙한 마이크로소프트사의 윈도 시스템과 비교해 보도록 하자. 나의 디렉토리(윈도우 용어로는 폴더라고도 한다)에 저장된 문서를 보기 위해 우선 바탕화면의 '내 문서'를 더블 클릭해 보자. 이 결과가 그림 1.2에 나타나 있다.

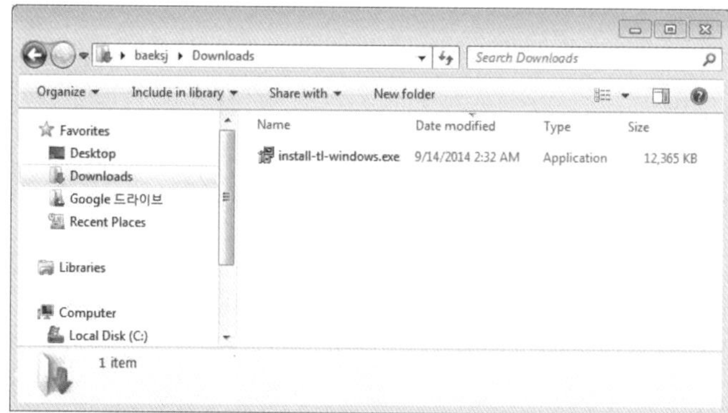

■ 그림 1.2 윈도우 환경에서 디렉터리 내용 보기

리눅스에서 디렉터리의 내용을 보려면 어떻게 해야 할까? 그림 1.3에 나타나 있는 것 처럼 쉘 상태에서 'ls'라고 명령을 내리면 된다.

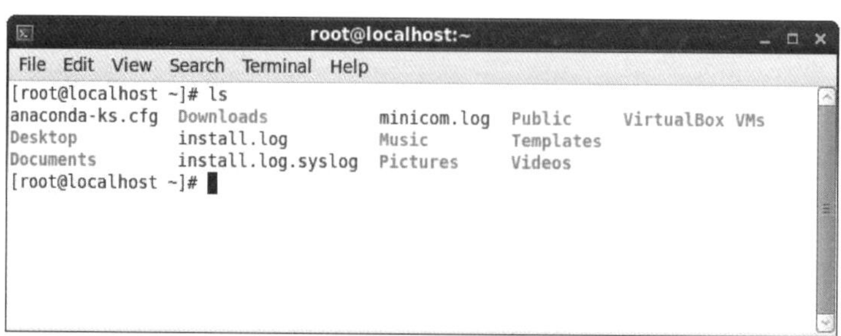

■ 그림 1.3 리눅스 환경에서 디렉터리 내용 보기

'ls' 라는 명령어는 영어 단어의 list에서 나온 이름으로 현재 디렉토리의 내용을 보여준다(리스팅한다는 이유 때문에 list, 즉 ls를 사용). 리눅스는 'ls' 같은 다양한 명령어를 제공한다. 대표적으로 'cp', 'rm', 'vi', 'gcc', 'ps' 등이 있다. 이 명령어들의 기능은 이 책을 계속 읽어가면서 알아가게 될 것이다. 한가지만 더 언급하자. 리눅스는 'man' 이라는 명령어를 제공하는데, 이것은 다른 명령어의 기능을 설명해준다. 그림 1.4는 'man' 을 이용해 'ls' 의 기능을 확인하는 것을 보여준다.

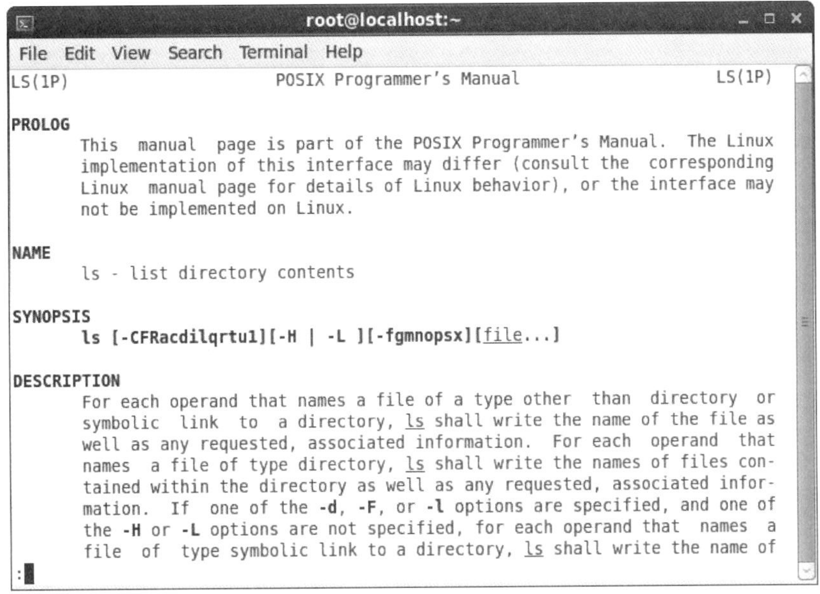

■ 그림 1.4 man 명령어 사용 예

그림 1.4에서 우리는 'ls' 가 경로 의 내용을 나열(결국 현재 디렉토리에 속한 파일 이름들을 보여줌)하는 명령임을 알 수 있다. 이처럼 만일 독자가 모르는 명령이 나오면 'man' 을 이용해 그 명령의 기능과 사용법을 확인할 수 있다.

● 리눅스 커널 내부구조

Memo

Chapter 2

리눅스 커널 구조

커널이란 운영체제의 핵심을 이루는 부분으로, CPU나 메모리 그리고 기타 디바이스 등의 시스템 리소스를 관리하고, 사용자 프로그램이 이를 사용할 수 있도록 한다. 리눅스 커널을 수정하기 위해서는 커널의 전반적인 소스 구조와 컴파일 방법 그리고 소스 분석 방법 등을 알아야 한다. 본 장에서는 이러한 전반적인 소스 구조와 커널 컴파일 방법, 소스 분석 방법 등에 대해 구체적으로 하나하나 살펴보도록 한다.

1. 리눅스 커널 구조

리눅스 커널 구조를 설명하기에 앞서 잠시 소크라테스의 문답법을 차용해 보자. 운영체제란 무엇인가?(쉽게 다음 문장으로 넘어가지 말고 잠시 생각해 보길 바란다)운영체제는 여러 가지로 정의가 가능한데 가장 일반적인 정의는 "운영체제는 자원관리자(resource manager)이다"라는 것이다(물론 여러분이 생각한 대답이 더 적절할 수도 있다). 그럼 또 다른 의문이 생긴다. 자원(resource)이란 무엇인가?

운영체제가 관리해야 할 자원은 크게 물리적인 자원(physical resource)과 추상적인 자원(abstract resource)으로 구분할 수 있다. 물리적인 자원은 CPU, 메모리, 디스크, 터미널, 네트워크 등 시스템을 구성하고 있는 요소들과 주변 장치 등이 있다. 반면에 추상적인 자원은 위의 물리적인 자원을 운영체제가 관리하기 위해 추상화 시킨 객체들이다. 대표적인 추상적 자원에는 CPU를 추상화시킨 태스크(task), 메모리를 추상화시킨 세그먼트와 페이지, 디스크를 추상화시킨 파일, 네트워크를 추상화시킨 통신 프로토콜, 패킷 등이 있다. 이러한 용어들이 생소할지 모르지만 걱정하지 않아도 좋다. 이 책의 목표는 바로 이 추상적인 자원을 자세히 설명하는 것에 있으며, 이 책을 모두 읽어갈 때쯤 독자는 이러한 용어에 대해 익숙해질 것이다.

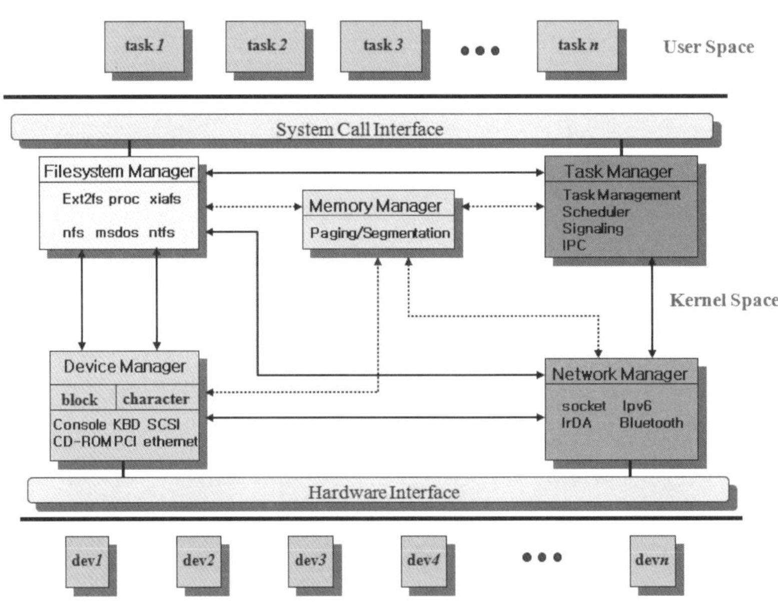

(Source : Linux Kernel Internals)

■ 그림 2.1 리눅스의 개념적 구조

한편 물리적인 자원에 대응되지 않으면서 추상적인 객체로만 존재하는 자원도 있다. 보안(security)이나 사용자 ID에 따른 접근 제어(access control) 등이 이러한 자원의 예이다.

그림 2.1은 리눅스 커널 내부를 논리적인 구성 요소로 구분하여 그린 것이다. CPU라는 물리적인 자원을 태스크라는 추상적인 자원으로써 제공해주는 태스크 관리자가 존재하며, 메모리를 세그먼트나 페이지라는 개념으로 제공해주는 메모리 관리자, 디스크를 파일이라는 개념으로 제공해주는 파일시스템, 네트워크 장치를 소켓이라는 개념으로 제공해주는 네트워크 관리자, 그리고 각종 장치를 디바이스 드라이버를 통해 일관되게 접근하도록 해주는 디바이스 드라이버 관리자 등 크게 5가지 부분으로 나뉜다. 커널은 자원 관리자이며 커널이 관리하는 자원에는 물리적인 자원과 추상적인 자원이 있음을 기억하라. 그러면 위 그림 2.1이 자연스럽게 떠오를 것이다.

조금 더 구체적으로 태스크 관리자는 태스크의 생성, 실행, 상태 전이(state transition), 스케줄링, 시그널 처리, 프로세스 간 통신(Inter Process Communication) 등의 서비스를 제공한다. 메모리 관리자는 물리 메모리 관리, 가상 메모리 관리 그리고 이들을 위한 세그멘테이션, 페이징, 페이지 부재 결함 처리 등의 서비스를 제공한다. 파일시스템은 파일의 생성, 접근 제어, inode 관리, 디렉터리 관리, 수퍼 블록 관리 등의 서비스를 제공한다. 네트워크 관리자는 소켓(socket) 인터페이스, TCP/IP 같은 통신 프로토콜 등의 서비스를 제공한다. 디바이스 드라이버는 디스크나 터미널, CD, 네트워크 카드 등과 같은 주변 장치를 구동하는 드라이버들로 구성된다.

그럼 운영체제는 무엇을 위하여 이렇게 자원을 관리하는 것일까? 사용자에게 서비스를 제공하기 위해서이다. 이때 사용자는 그림 2.1의 user space에서 동작하는 태스크를 의미하며, 서비스는 시스템 호출(system call)을 의미한다. 따라서 지금까지의 내용을 요약해 본다면 '운영체제는 시스템 호출을 통해 태스크가 자원을 사용할 수 있게 해주는 자원관리자' 인 것이다.

지금까지 리눅스 커널이 어떤 구조를 가지고 있는지 그리고 각 구성 요소들은 어떻게 연동하는지 개념적으로 알아보았다. 그렇다면 이제부터 진짜 무기를 살펴볼 시간이다. 그림 2.2는 리눅스 커널의 소스 트리 구조를 나타낸 것이다.

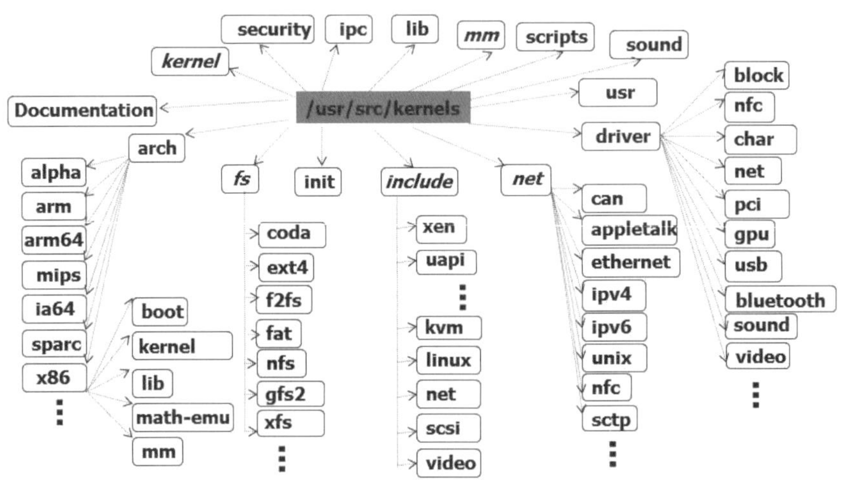

■ 그림 2.2   리눅스의 소스레벨 구조

리눅스를 설치한 독자라면 /usr/src/kernels/ 디렉터리 밑에서 리눅스의 소스를 볼 수 있을 것이다(리눅스 커널 버전 2.6 이전까지는 /usr/src/ 하위 디렉터리에 리눅스 커널 소스가 존재했었으나 최근에는 /usr/src/kernels/ 디렉터리에 존재한다). 리눅스가 설치된 PC가 없더라도 걱정하지 말기 바란다. ftp://ftp.kernel.org에서 원하는 커널의 소스를 직접 다운 받거나 linux lxr과 같은 리눅스 소스를 제공하는 사이트를 통해서도 그림 2.3과 같이 리눅스의 소스를 살펴볼 수 있다.

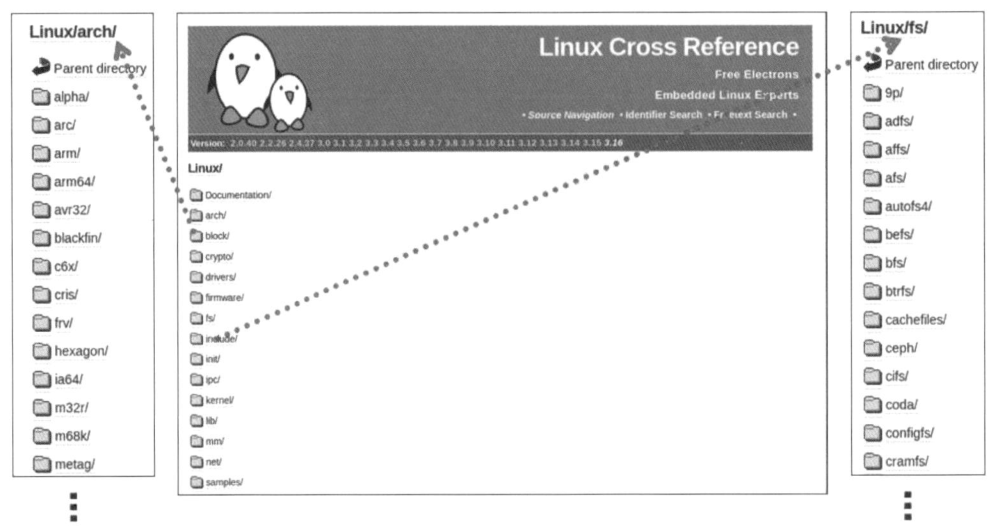

■ 그림 2.3   LXR(Linux Cross Reference)사이트를 통한 리눅스 소스 확인

그림 2.2 또는 2.3의 소스 구조를 보면서 그림 2.1의 논리적인 구조와 연결시켜 보기 바란다. 만일 '그림 2.1의 filesystem manager와 그림 2.2의 fs 디렉터리가 뭔가 연결이 되어 있을 것 같다' 라는 느낌이 오는 독자는 대단한 직관을 가진 분이다. 이러한 직관을 키우기 위해 리눅스 커널 소스 트리 구조에서 각 디렉터리의 내용을 조금 자세히 살펴보자.

kernel 디렉터리

그림 2.1에서 설명한 태스크 관리자가 구현된 디렉터리이다. 태스크의 생성과 소멸, 프로그램의 실행, 스케줄링, 시그널 처리 등의 기능이 이 디렉터리에 구현되어 있다. 이 부분에 대한 자세한 분석은 이 책의 3장에서 기술된다. 한편 문맥 교환(context switch)과 같은 하드웨어 종속적인 태스크 관리 부분은 arch/$(ARCH)/kernel 디렉터리에 구현되어 있다. 이 때 $(ARCH)는 i386, arm 등의 CPU를 의미한다.

arch 디렉터리

리눅스 커널 기능 중 하드웨어 종속적인 부분들이 구현된 디렉터리이다. 그래서 이름도 architecture를 의미하는 arch이다. 이 디렉터리는 CPU의 타입에 따라 하위 디렉터리로 다시 구분된다. 대표적으로 인텔의 i386, ARM(Advanced RISC Machine)의 ARM계열(저전력 특징이 있어 휴대폰 등 모바일 장치에 많이 사용됨), 모토로라의 68시리즈, SUN의 Sparc, IBM의 PPC(Power PC) 등이 있다. 이 중에서 PC환경에 대표적인 i386을 기준으로 arch/x86 디렉터리를 좀 더 자세히 살펴보자. arch/x86/boot 디렉터리에는 시스템의 부팅 시 사용하는 부트스트랩 코드가 구현되어 있다. arch/x86/kernel 에는 태스크 관리자 중에서 문맥 교환이나 쓰레드 관리 같은 기능, arch/x86/mm에는 메모리 관리자 중에서 페이지 부재 결함 처리 같은 기능 등의 하드웨어 종속적인 부분이 구현되어 있다. arch/x86/lib에는 커널이 사용하는 라이브러리 함수가 구현되어 있으며, arch/x86/math-emu에는 FPU(Floating Point Unit)에 대한 에뮬레이터가 구현되어 있다. 이 부분에 대한 설명은 6장에서 기술된다.

fs 디렉터리

리눅스에서 지원하는 다양한 파일시스템과 open(), read(), write() 등의 시스템 호출이 구현된 디렉터리이다. 현재 리눅스에는 약 60가지 정도의 파일시스템이 구현되어 있으며 계속 새로운 파일시스템이 개발중이다. 각 파일시스템은 이 디렉터리의 하부 디렉터리에 들어 있는데, 대표적인 파일시스템으로는 ext2, ext3, ext4, nfs, fat, proc, sysfs, devfs, isofs, ntfs, reiserfs, f2fs, xfs 등이 있다. 이처럼 다양한 파일 시스템을 사용자가 일관된 인터페이스로 접근할 수 있도록 하기 위해 리눅스가 도입한 가상 파일시스템(virtual file system)도 이 디렉터리에 존재한다. 이에 대한 자세한 설명은 이 책의 5장에서 기술된다.

mm 디렉터리

메모리 관리자가 구현된 디렉터리이다. 물리 메모리 관리, 가상 메모리 관리, 태스크마다 할당되는 메모리 객체 관리 등의 기능이 구현되어 있다. 이 부분에 대한 자세한 설명은 이 책의 4장에서 기술된다.

driver 디렉터리

리눅스에서 지원하는 디바이스 드라이버가 구현된 디렉터리이다. 디바이스 드라이버란 디스크, 터미널, 네트워크 카드 등 주변 장치를 추상화시키고 관리하는 커널 구성 요소이다. 리눅스를 처음 설계하던 당시에는 주변 장치의 종류가 지금처럼 많지는 않았고, 따라서 디바이스 드라이버를 3가지 종류로 구분하였다. 파일시스템을 통해 접근되는 블록 디바이스 드라이버, 사용자 수준 응용 프로그램이 장치파일을 통해 직접 접근하는 문자 디바이스 드라이버, 그리고 TCP/IP를 통해 접근되는 네트워크 디바이스 드라이버이다. 하지만 이러한 구분은 현재의 시스템에서는 충분하지 않다. USB, LCD, DSP, Sound 등의 다양한 장치들이 사용되고 있기 때문이다. 이에 대한 자세한 설명은 8장에서 기술한다.

net 디렉터리

리눅스 커널 소스 중 상당히 많은 양을 차지하는 이 디렉터리는 리눅스가 지원하는 통신 프로토콜이 구현된 디렉터리이다. 리눅스는 대표적인 프로토콜인 TCP/IP 뿐만 아니라 UNIX 도메인 통신 프로토콜, 802.11, IPX, RPC, AppleTalk, bluetooth 등 다양한 통신 프로토콜을 구현해 놓았다. 한편 다양한 통신 프로토콜의 추상화 계층이며 사용자 인터페이스를 제공하는 소켓(socket) 역시 이 디렉터리에 구현되어 있다. 이 부분에 대한 자세한 분석은 이 책의 9장에서 기술된다.

ipc 디렉터리

리눅스 커널이 지원하는 프로세스간 통신 기능이 구현된 디렉터리이다. 대표적인 프로세스간 통신에는 파이프, 시그널, SYS V IPC(Inter Process Communication), 소켓 등이 있는데, 이 디렉터리에는 message passing, shared memory, semaphore가 구현되어 있다. 직관력이 빠른 독자들은 이미 눈치 챘겠지만, 파이프는 fs 디렉터리에, 시그널은 kernel 디렉터리에, 그리고 소켓은 net 디렉터리에 구현되어 있다.

init 디렉터리

커널 초기화 부분, 즉 커널의 메인 시작 함수가 구현된 디렉터리이다. 하드웨어 종속적인 초기화가 arch/$(ARCH)/kernel 디렉터리 하위에 있는 head.S와 mics.c에서 이뤄지고 나면, 이 디렉터리에 구현되어 있는 start_kernel()이라는 C함수로 제어가 넘어온다. 이 함수가 커널 전역적인 초기화를 수행하게 된다.

include 디렉터리

리눅스 커널이 사용하는 헤더 파일들이 구현된 디렉터리이다. 헤더 파일 중에서 하드웨어 독립적인 부분은 include/linux 하위 디렉터리에 정의되어 있으며, 하드웨어 종속적인 부분은 include/asm-$(ARCH) 디렉터리에 정의되어 있다. 이 부분에 대한 설명은 이 책 전반에 걸쳐 기술된다.

others 디렉터리

리눅스 커널의 주요 기능이 구현된 디렉터리 외에도 리눅스 커널 소스에는 여러 다른 디렉터리가 존재한다. 대표적으로 리눅스 커널 및 명령어들에 대한 자세한 문서 파일들이 존재하는 Documentation 디렉터리, 커널 라이브러리 함수들이 구현된 lib 디렉터리, 커널 구성 및 컴파일 시 이용되는 스크립트 들이 존재하는 scripts 디렉터리 등이 리눅스 커널소스에 존재한다. 특히 필자의 경험상 Documentation 디렉터리에는 매우 귀중한 자료들이 많다.

2. 리눅스 커널 컴파일

리눅스 커널 컴파일이란 왜, 무엇을 하는 것일까? 한 가지 예를 들어 보도록 하겠다. 얼마 전 Windows Vista가 발표되었다. 그럼 Windows 7 사용자들이 Windows 8에서 제공하는 새로운 기능을 이용하기 위해서는 어떻게 해야 할까? 처음부터 새로 설치해야 한다. 리눅스라면 어떨까? 리눅스의 경우 윈도처럼 새로 설치하는 소모적인 작업이 필요 없다. 그저 새로운 커널을 컴파일 하고, 컴파일 된 커널로 재부팅하면 그만인 것이다. 너무도 매력적이지 않은가? 그럼 이제부터 커널 소스를 이용해 새로운 리눅스 커널을 만들어 보자.

리눅스 커널을 어떻게 만들 수 있을까? 처음 대하는 독자에게는 좀 어려울지도 모르겠다. 그럼 쉬운 것부터 해보자. 리눅스에서 실행파일은 어떻게 만들 수 있는가? 대부분의 독자들은 이 질문에 대해서는 그리 어렵지 않게 대답할 수 있을 것이다. 리눅스 또는 유닉스 환경에서 C 프로그램을 해본 독자들은 모두 알겠지만 vi같은 편집기로 C 프로그램을 작성하고 gcc를 이용해 컴파일하면 실행 파일을 만들 수 있다. 간단히 예를 들어 그림 2.4와 같은 순서로 여러분이 C를 처음 배울 때 프로그램 했던 hello.c 파일을 작성하고 실행 파일을 만들 수 있다.

```
$vi hello.c
$gcc -O -o hello hello.c
$ls
hello    hello.c
$./hello
Hello Linux
```

```
#include <stdio.h>

int main(void)
{
        printf("Hello Linux\n");
        return 0;

}
```

■ 그림 2.4 실행 파일 생성

우리는 그림 2.4에서 예시된 것처럼 vi 편집기와 gcc 컴파일러를 이용해 간단히 hello 실행파일을 만들 수 있으며, ls 명령어를 이용해 만들어진 실행파일 hello를 확인할 수 있다. 그럼 다시 원래 질문으로 돌아가서 리눅스 커널은 어떻게 만들 수 있나? hello 실행파일을 만들 때와 마찬가지이다. 2.1절에서 설명했던 커널 소스들을 gcc로 컴파일해서 리눅스 커널을 만들면 된다.

사실 리눅스 커널을 만드는 방법과 hello 실행 파일을 만드는 방법은 같다. 단지 차이가 있다면 커널은 상당히 많은 파일들을 컴파일 해야 한다는 것과(그림 2.2에서 설명했던 모든 디렉터리 내의 파일들을 가지고 컴파일 한다) 컴파일 결과가 hello라는 이름이 아니라 bzImage(또는 zImage)라는 것이 다를 뿐이다. 물론 hello와 bzImage는 만들 때에는 같은 방법으로 만들어지지만 수행될 때에는 매우 다른 방식으로 동작한다. 우선 커널은 메모리에 상주하지만 사용자 수준 응용인 hello는 필요할 때 메모리에 적재된다. 한편 hello는 수행 시 사용자 권한(user level)으로 동작하며, 커널은 사용자 권한보다는 더 강력한 커널 권한(kernel level)으로 동작한다. 또한 커널을 만들 때는 많은 소스 파일들을 기반으로 컴파일 해야 하기 때문에 make 유틸리티를 사용하게 된다.

구체적으로 리눅스 커널을 만드는 과정은 다음의 3단계로 이루어진다.

- ⊙ 커널 구성(Kernel configuration)
- ⊙ 커널 컴파일(Kernel compile)
- ⊙ 커널 인스톨(Kernel installation)

커널 구성이란 새로 만들어질 리눅스 커널에게 현재 시스템에 존재하는 하드웨어 특성, 커널 구성 요소, 네트워크 특성 등의 정보를 알려주는 과정이다. 보통 이 과정은 매우 복잡하며 자신이 가지고 있는 시스템의 하드웨어 정보들에 대한 사전 지식이 필요하다. 커널 구성을 수행하는 방법은 make config, make menuconfig, make xconfig 등의 방법이 있다. 커널 구성 단계에서 사용자가 선택한 사항은 include/linux/autoconf.h와 .config라는 파일에 저장되며, 이후 커널 컴파일 단계에서 사용하게 된다.

커널 구성이 완료되면 그 다음 단계는 커널 컴파일이다. 이 단계는 커널 소스 파일을 이용해 실행 가능한 커널을 만드는 과정으로 "make bzImage"나 "make zImage" 등의 명령으로 생성될 수 있다(bzImage와 zImage는 커널 이미지 크기만 차이가 있을 뿐 커널 자체는 동일하다). 커널 버전 2.6 이후부터는 단순히 "make"만을 타이핑해도 된다. 커널 컴파일이 끝나면 새로운 커널이 i386 CPU를 기준으로 했을 때 kernel/arch/x86/boot/ 디렉터리에 생성된다.

그 다음으로 커널 인스톨을 수행해야 하는데, 커널 인스톨이란 생성된 커널로 시스템이 부팅될 수 있도록 만드는 과정이다. 구체적으로 커널 인스톨은 생성된 커널 이미지를 루트 파일시스템으로 복사, 모듈 인스톨, 그리고 부트 로더(예를 들면 grub) 수정 등의 과정으로 이루어진다.

그림 2.5는 커널 구성과 컴파일, 그리고 인스톨 과정을 명령어 수준에서 정리한 것이다. 기술된 명령들은 Makefile을 기반으로 수행된다. 커널 소스가 /usr/src/kernels/linux-3.16에 존재한다고 가정하면 이들을 위한 최상위 Makefile은 /usr/src/kernels/linux-3.16/Makefile이 될 것이다. 이 파일이 존재하는 디렉터리로 이동하여 커널 구성을 위해 "make menuconfig" 명령을 수행한다. 이 명령은 여러분에게 수많은 질문을 하는 커널 구성 스크립트를 실행한다. 여러분은 각 질문에 대해 보통 'y' (yes) 또는 'n' (no)으로 대답한다. 또한 리눅스의 주요 특징 중의 하나인 모듈 기능으로 커널 구성 요소를 컴파일 할 경우에는 'n'으로 대답할 수도 있다.

```
/* /usr/src 디렉토리에 커널 소스를 받은 뒤 압축 해제 한다 */
$cd /usr/src/kernels/linux-3.16/

/* 커널 구성 */
$make menuconfig

/* 커널 컴파일 */
$make

/* 모듈로 선택한 커널 구성 요소를 컴파일 및 인스톨 */
$make modules
$make modules_install

/* 커널 인스톨 */
$make install
```

■ 그림 2.5   커널 컴파일 단계

커널 구성에서 대답해야 할 질문들은 모듈 사용 여부, 일반적인 시스템 정보, 시스템에 존재하는 블록 디바이스 특성, 네트워크 통신 프로토콜, SCSI 디바이스 특성 등에 대한 문의로 이루어진다. 질문들은 자신의 시스템에 대한 지식을 요구하므로 좀 어려울 수도 있다. 하지만 자신의 시스템에 적합하면서 깔끔한 리눅스 커널을 만들기 위해서는 커널 구성 질문에 적절히 답해야 한다.

배포판을 사용해 리눅스를 설치할 때 배포판이 사용한 config 파일은 /boot 디렉터리 내에 존재한다. 따라서 초보자의 경우 정확한 커널 구성을 하는 것이 어렵다면 /boot 디렉터리 내에 존재하는 config 파일을 커널 소스 디렉터리에 .config라는 이름으로 복사하여 사용하는 것도 좋은 방법이다.

일단 커널 구성이 완료되면 "make" 명령을 이용해 커널 컴파일을 할 수 있다. 2.6 이전 커널 버전에서는 커널 구성이 완료된 뒤 선택한 구성 요소간의 의존성이 있는지를 체크하고 이 결과를 각 디렉터리에 .depend라는 이름으로 생성하여 커널 컴파일시 사용하기 위해 "make dep"같은 명령을 사용했으나 2.6 이후부터는 불필요해졌다. "make"는 꽤 긴 시간이 걸리는 작업이며, 컴파일 결과 bzImage라는 이름을 가진 새로운 리눅스 커널이 Intel 64 bit CPU를 기준으로 ~/arch/x86/boot 라는 디렉터리에 생성된다.

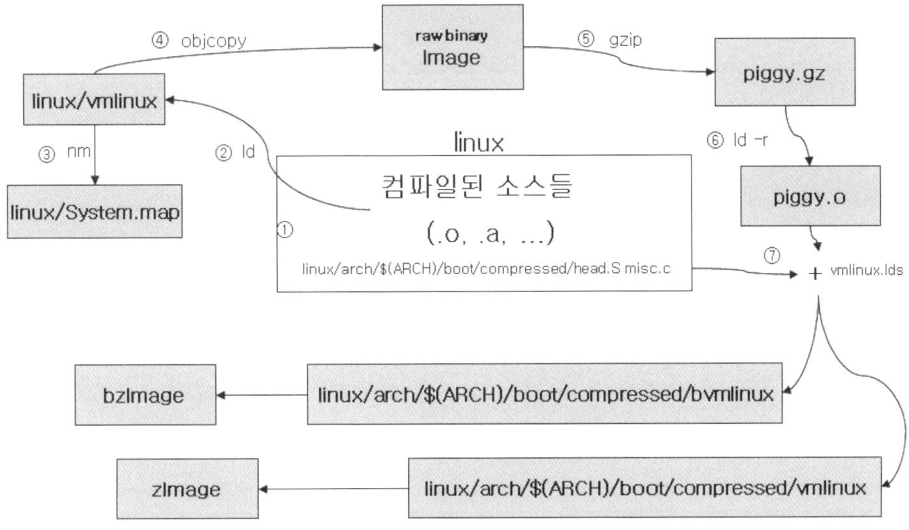

■ 그림 2.6 커널 내에 생성되는 각 파일들의 관계

그림 2.6은 커널 소스를 컴파일 하여 bzImage, 혹은 zImage라는 파일을 생성하기 위한 작업 단계 및 이때 생성되는 파일들을 보여준다. 우선 그림 2.2에 설명되었던 커널 소스들을 컴파일하여 .o파일(오브젝트 파일)과 .a파일(라이브러리 파일)을 생성한다(그림 2.6의 ①단계). 이들을 링킹하여('ld' 사용) vmlinux라는 파일을 생성하고(그림 2.6의 ②단계), 'objcopy' 명령어를 이용하여 .note와 .comment 섹션(section)을 삭제하고 재배치(relocation) 정보와 심볼 정보를 삭제한 뒤 바이너리 포맷의 파일을 출력한다(그림 2.6의 ④단계). 이를 gzip 압축 알고리즘을 이용해 압축하여 piggy.gz 를 생성한다(그림 2.6의 ⑤단계). 여기서 디버깅 정보 등을 삭제하여 piggy.o를 생성한다(그림 2.6의 ⑥단계). 다음으로 커널의 압축을 해제시켜주는 코드(head.s, misc.c)를 커널 앞부분에 덧붙여서 링커를 통해 bvmlinux나 vmlinux파일을 생성한다(그림 2.6의 ⑦단계). 이 파일들이 바로 bzImage와 zImage가 되는 것이다. 이 둘은 모두 gzip 알고리즘을 통해 압축되어 있는 파일이다. 차이점은 물리 메모리의 1M 위치에 로드될 수 있는 작은 크기의 커널인 경우 zImage 형태로 파일을 생성하며, 그렇지 않은 경우 bzImage 형태로 파일을 생성한다.

커널 컴파일이 완료되어 새로운 커널을 만들었다면 이제 모듈로 선택한 커널 구성 요소를 컴파일하고 설치할 단계이다. 이것은 "make modules"와 "make modules_install"이라는 명령으로 수행된다. 이 명령은 모듈로 구성된 커널 내부 구성 요소를 알려주고, 이후 그 구성 요소들이 사용될 때 자동으로 커널에 적재될 수 있도록 설정하는 것이다.

다음으로 부트스트랩 루틴에게 새로운 커널이 어디에 위치하는지 알려주어야 한다. 2.6이전에는 직접 lilo.conf나 grub.conf를 수정해 주었다. 하지만 현재는 "make install" 명령어를 통해 이러한 과정을 자동으로 수행할 수 있다.

위와 같은 과정으로 커널 인스톨까지 마치면 새로 만들어진 리눅스 커널을 이용해 시스템을 부팅할 수 있다. 시스템을 새로 만든 커널로 재시작 시켜 보자. 정상적으로 부팅되는가? 잘 부팅된다면 약간의 기쁨을 맛볼 수 있을 것이다. 하지만 아직은 허전하다. 우리가 직접 커널의 내용을 수정한 것이 없기 때문이다. 이 책을 읽어나가며 우리는 커널의 내용을 직접 수정해 보는 실습을 하게 되며, 이때 우리는 진정한 커널 해커로서 기쁨을 맛보게 될 것이다.

커널 구성과정에서 'm' 또는 'y'로 선택한 사항들이 어떻게 자동으로 컴파일 되는지에 대해 조금 더 자세히 살펴보도록 하겠다. 아래 그림은 "make menuconfig"명령을 통해 커널 구성을 하고 있는 상황이다. 추후 설명될 loop back 디바이스를 사용하기 위해 Device Driver의 하위 메뉴인 Block device에서 'Loopback device support' 라는 기능을 선택했다고 가정해보자. 이를 아래 그림 2.7에 보였다.

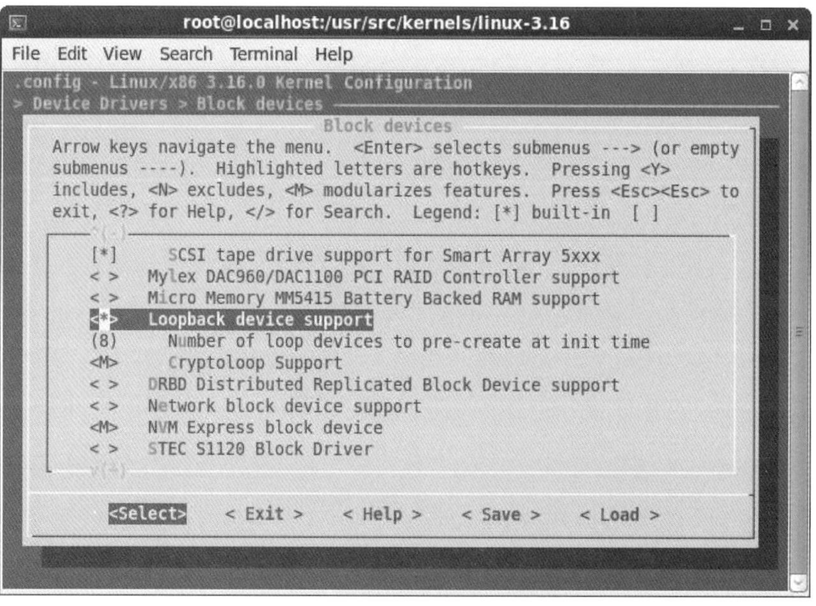

■ 그림 2.7 menuconfig 화면

화면에 나타난 문자열들은 대체 어디서 나타난 것일까? 해답은 바로 Kconfig 파일이다. 커널 소스 디렉터리에서 drivers/block/Kconfig 파일을 vi 편집기를 통해 열어보자. 그럼 아래 그림 2.8과 같은 내용을 볼 수 있을 것이다.

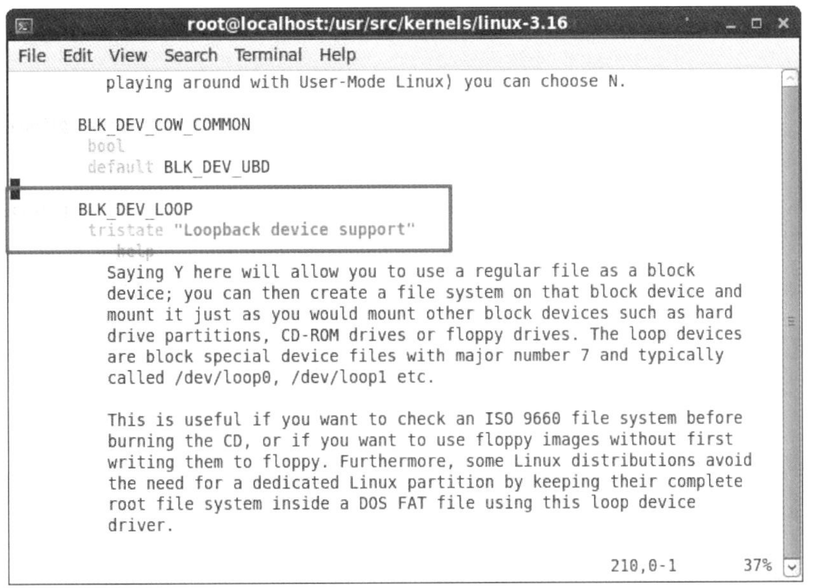

■ 그림 2.8 Kconfig 파일의 내용

그림 2.8이 의미하는 바는 다음과 같다. 하나의 메뉴로써 'Loopback device support'를 화면에 출력한다. 또한 'y', 'm', 'n' 세 가지 중 하나를 선택할 수 있도록 tristate 라는 지시자가 설정되어 있다. 'y' 혹은 'm'으로 선택되면 .config 파일에 CONFIG_BLK_DEV_LOOP라는 변수를 config시에 설정한 값으로 저장한다. 만일 'm'을 선택했다면 config를 종료한 뒤 .config 파일을 열어 본 결과는 그림 2.9와 같다.

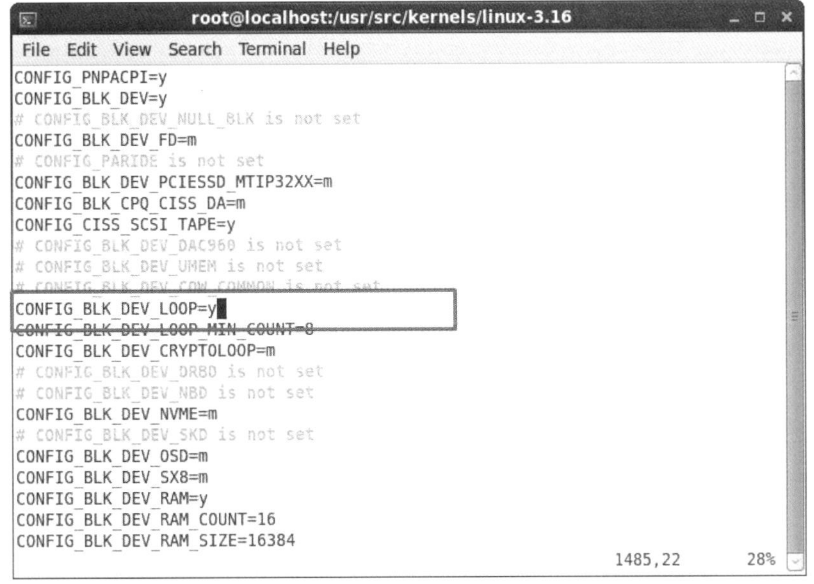

■ 그림 2.9   .config 파일의 내용

그림 2.9의 .config 내용을 보면 config에서 설정한 대로 CONFIG_BLK_DEV_ LOOP 변수가 m으로 설정되어 있음을 알 수 있다. 만일 우리가 "make menuconfig"에서 'y'를 선택했다면 이 변수 값은 y로 설정된다. 사실 .config 파일이 커널 컴파일 시 사용되는 것은 아니다. 실제 컴파일 시엔 ~/indude/generated/autoconf.h 파일이 생성되며 이를 기반으로 컴파일 된다. 하지만 지금은 그저 내가 선택한 사항이 잘 저장되어 있는지만 확인하고 넘어가도록 하자. 그럼 이렇게 선택된 내용은 어떻게 자동으로 컴파일 될까? 아래 그림 2.10은 drivers/block/Makefile을 나타낸 것이다.

```
root@localhost:/usr/src/kernels/linux-3.16

File  Edit  View  Search  Terminal  Help
#
# 12 June 2000, Christoph Hellwig <hch@infradead.org>
# Rewritten to use lists instead of if-statements.
#

obj-$(CONFIG_MAC_FLOPPY)        += swim3.o
obj-$(CONFIG_BLK_DEV_SWIM)      += swim_mod.o
obj-$(CONFIG_BLK_DEV_FD)        += floppy.o
obj-$(CONFIG_AMIGA_FLOPPY)      += amiflop.o
obj-$(CONFIG_PS3_DISK)          += ps3disk.o
obj-$(CONFIG_PS3_VRAM)          += ps3vram.o
obj-$(CONFIG_ATARI_FLOPPY)      += ataflop.o
obj-$(CONFIG_AMIGA_Z2RAM)       += z2ram.o
obj-$(CONFIG_BLK_DEV_RAM)       += brd.o
obj-$(CONFIG_BLK_DEV_LOOP)      += loop.o
obj-$(CONFIG_BLK_CPQ_DA)        += cpqarray.o
obj-$(CONFIG_BLK_CPQ_CISS_DA)   += cciss.o
obj-$(CONFIG_BLK_DEV_DAC960)    += DAC960.o
obj-$(CONFIG_XILINX_SYSACE)     += xsysace.o
obj-$(CONFIG_CDROM_PKTCDVD)     += pktcdvd.o
obj-$(CONFIG_MG_DISK)           += mg_disk.o
obj-$(CONFIG_SUNVDC)            += sunvdc.o
obj-$(CONFIG_BLK_DEV_NVME)      += nvme.o
                                        17,38-43        7%
```

■ 그림 2.10 Makefile의 내용

물론 커널 내부에서 사용하는 Makefile 문법이라 조금은 어색할 수도 있겠지만 .config 파일에 저장된 대로 CONFIG_BLK_EDV_LOOP가 m또는 y로 설정되어 있다면 자동으로 컴파일 될 항목 리스트(obj-y 혹은 obj-m)에 loop.o가 추가될 것이다. make 유틸리티는 이를 기반으로 loop.* 이라는 이름을 가지는 파일을 찾아, 파일의 확장자를 통해 적절한 컴파일 과정을 거쳐 loop.o를 생성한다. "make menuconfig", .config 파일, Kconfig, 그리고 Makefile의 관계를 다시 한 번 생각해 보기 바란다.

리눅스의 가장 큰 장점 중의 하나는 커널이 꾸준히 업그레이드된다는 것이다. 이것은 운영체제의 핵심 부분이 계속해서 발전되는 것으로 개발자에게는 상당한 도움이 된다. 또한 리눅스를 간단한 도구로 생각하지 않고, 해킹과 개발을 겸비하는 것을 목표로 삼고 있는 사용자에게는 커널이 상당히 매력적인 부분일 것이다. 앞서 살펴본 커널 컴파일 과정을 통해 우리는 우리 자신에게 최적의 리눅스 커널을 선물해 줄 수 있다.

실습문제

1. 리눅스가 설치되어 있는 PC에서 /usr/src/kernels 디렉터리의 내용을 살펴보고 그림 2.2및 그림 2.6에 설명되어 있는 내용을 확인해 보자. 리눅스가 설치된 PC가 없거나 해당 위치에 소스가 존재하지 않는다면 그림 2.3에 설명된 인터넷 사이트를 통해 확인해 보자.

2. 리눅스 환경에서 그림 2.4의 C프로그램을 작성하고 gcc를 이용해 컴파일 해보자.

3. GNU에서 만든 강력한 프로그램 개발도구 중에 하나인 gdb를 사용해 컴파일 된 프로그램을 step 별로 수행시켜 보자.

4. 2번에서 작성한 C 프로그램을 make 유틸리티를 이용해 컴파일 해보자.

5. 자신의 PC에 리눅스를 설치해보자(이후 설명되는 내용을 효과적으로 이해하기 위해서는 직접 프로그램을 작성해 보아야 하므로 이를 위해서 반드시 자신의 PC에 리눅스를 설치하길 권장한다. 리눅스와 윈도즈 운영체제를 함께 사용하고 싶으면 부록 A에 설명된 바와 같이 가상화 기법을 활용하여도 좋다).

6. 이 장에서 설명된 방식대로 커널을 컴파일 하고 새로 생성된 커널로 부팅시켜 보자.

7. init/main.c 파일의 start_kernel() 함수의 뒤쪽에 자신의 이름을 printk()로 출력해 보자 (printf가 아닌 printk이다). 부팅 중에 자신의 이름이 보이는가? 어째서 부팅 메시지의 맨 마지막에 찍히지 않는 것인가?

Memo

Chapter 3

태스크 관리

리눅스는 태스크를 통해 다양한 생명과 변화를 제공한다. 이 장에서는 태스크의 정의, 구조, 생성과 수행, 문맥 교환 등을 알아본다. 또한 리눅스 특유의 쓰레드 지원 기법과 스케줄링 정책 등을 살펴본다.

1. 프로세스와 쓰레드 그리고 태스크

태스크(task)란 무엇일까? 프로세스(process)나 쓰레드(thread)와의 차이점은 무엇일까? 일반적인 운영체제 서적에서는 태스크를 '자원소유권의 단위'로 쓰레드를 '수행의 단위'로 정의하고 있으며, 프로세스를 '동작중인 프로그램(running or runnable program)'으로 정의한다. 이때 프로그램(program)은 디스크에 저장되어 있는 실행 가능한 형태의 파일이다. 실행 가능한 형태의 파일은 컴파일 과정을 거쳐 얻어진 바이너리 기계 명령어와 수행에 필요한 자료들의 집합으로 구성된다.

그림 3.1을 통해 프로그램과 프로세스의 차이를 좀 더 구체적으로 살펴보자. 그림 3.1의 좌측 창은 vi 에디터를 이용해 test.c라는 이름의 C 소스를 작성한 예를 보여준다. test.c는 'start'라는 문자열을 출력한 후 5초간 잠들었다가, 'end'라는 문자열을 출력하는 간단한 프로그램이다. 그런 뒤 gcc를 이용해 test.c 소스를 컴파일 하여 test라는 이름의 바이너리 프로그램을 생성한다. file 명령어를 이용하여 test가 어떤 파일인지 구체적으로 살펴보면 화면에서와 같이 Intel x86 계열의 CPU에서 수행 가능한 64bit ELF(Executable Linking Format)의 실행 파일 임을 알 수 있다.

test 프로그램을 수행시켜 보았다. 그리고 test 프로그램을 백그라운드로 수행시킨 뒤 ps 명령을 통해 수행중인 프로세스를 살펴보았다. 무엇이 보이는가? test라는 프로세스가 있으며 이 프로세스의 식별자(pid)가 5360임을 알 수 있다. 이때 주의해야 할 것은 ps 명령의 결과로 보이는 test와 ls명령의 결과로 보이는 test는 전혀 다른 객체라는 것이다. 전자는 프로세스이고 후자는 실행 파일이다.

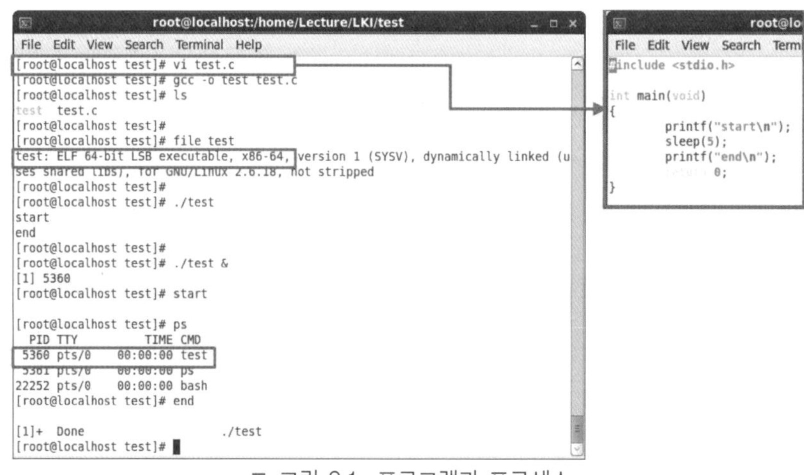

■ 그림 3.1 프로그램과 프로세스

실행 파일 자체는 그저 디스크에 저장되어 있는 수동적인 존재에 불과하다. 파일 형태로 존재하고 있는 프로그램이 수행되기 위해서는 리눅스 커널로부터 CPU 등의 자원을 할당받을 수 있는 동적인 객체가 되어야 한다. 이 동적인 객체가 프로세스이다.

결국 프로세스는 동작중인 프로그램이며, 커널로부터 할당받은 자신만의 자원을 가지고, CPU가 기계어 명령들을 실행함에 따라 끊임없이 변화하는 동적인 존재이다. 커널이 시스템에 존재하는 여러 개의 프로세스 중 CPU라는 자원을 어느 프로세스에게 할당해 줄 것인가를 결정하는 작업을 스케줄링이라고 부른다. 이에 대해서는 3.7절에서 자세히 살펴보도록 하자.

2. 사용자 입장에서 프로세스 구조

프로세스는 어떻게 생겼을까? 일반적으로 사용자 입장에서 프로세스의 생김새를 논할 때는 가상 주소 공간에서의 모양을 이야기 한다. 사용자 프로세스가 수행되기 위해서는 여러 가지 자원들을 커널로부터 할당 받아야 한다. 각각의 프로세스별로 주어지는 가상 주소 공간 역시 이러한 자원 중 하나이다.

32bit CPU의 경우 운영체제는 각 프로세스에게 총 4GB 크기의 가상공간을 할당한다. 리눅스는 이 중에서 0GB~3GB의 공간을 사용자 공간으로 사용하고, 나머지 3GB~4GB를 커널 공간으로 사용한다(64 bit의 경우 2^{64}=16EB 크기의 가상 공간 중 약 128TB의 공간을 사용자 공간으로 사용한다). 가상공간에 대한 자세한 설명은 4장에서 다루고 있으며 이 장에서는 프로세스와 관련된 내용들에 집중해 보도록 하자. 사용자 입장에서의 프로세스의 구조를 쉽게 이해하기 위해 간단한 프로그램의 예를 들어보자.

그림 3.2의 좌측 하단에 나타낸 프로그램에는 하나의 전역 변수(glob)와 하나의 지역변수(local), 그리고 동적 할당 받은 공간을 가리키기 위한 포인터 변수(dynamic)가 존재한다. main() 함수 내에서는 malloc() 함수를 통해 메모리를 동적 할당 받아 포인터 변수로 치환한다. 그런 뒤 printf() 함수를 호출하여 지역변수 local의 주소, 동적 할당 받은 dynamic의 주소, 전역 변수 glob의 주소, 그리고 코드영역인 main 함수의 주소를 출력한다.

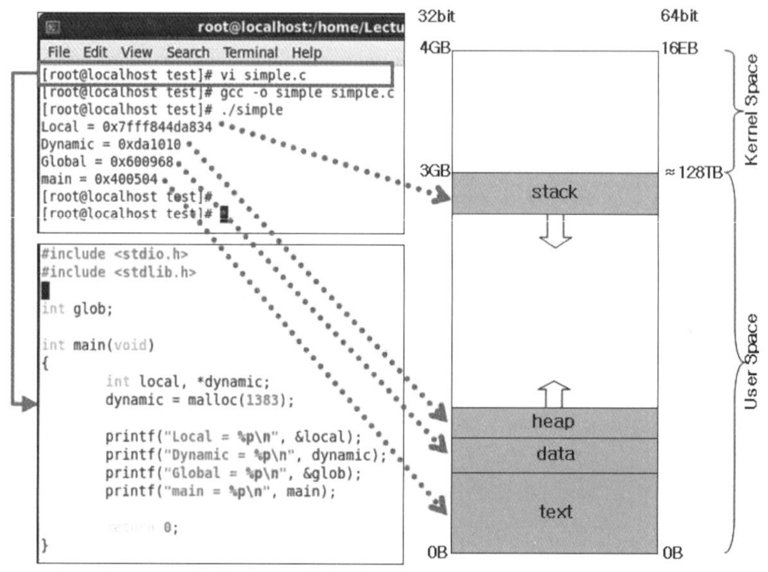

■ 그림 3.2 프로세스 구조

그림 3.2의 우측 하단에는 이 프로그램을 수행시켰을 때 화면에 출력된 내용을 바탕으로 사용자 입장에서의 주소 공간 구조를 나타내었다. 사용자 프로그램 중에서 명령, 함수 등으로 구성되는 텍스트 영역(region)은 프로세스의 주소 공간 중 가장 하위 공간을 차지한다. 텍스트 영역 다음에는 전역변수 등을 담아놓는 데이터 영역이 차지한다.

한편 함수의 지역변수 등을 담는 스택 영역은 사용자 공간과 커널 공간의 경계 위치부터 아래 방향으로 공간을 차지한다(32bit CPU인 경우 3GB, 64bit CPU인 경우 약 128TB). 스택은 프로그램이 수행됨에 따라 동적으로 변한다. 즉 스택은 함수를 호출할 때 인자나 호출된 함수의 지역 변수를 저장하기 위하여 아래 방향으로 크기가 커진다. 반면 함수에서 리턴되면 스택의 크기가 줄어든다. 그런데 왜 3GB 혹은 약 128TB부터 시작할까? 이 역시 4장에서 다루게 되므로 너무 걱정하지 말기 바란다.

한편 프로세스는 수행 중에 malloc()/free() 등의 함수를 사용하여 동적으로 메모리 공간을 할당 받을 수 있다. 이때 메모리가 할당되는 공간을 힙(heap) 영역이라 부르며, 힙은 데이터 영역의 다음 부분을 차지한다. 스택은 프로세스의 구조에서 볼 때 위에서 아래 방향으로 자라며, 힙은 아래에서 위쪽 방향으로 자라난다.

결국 프로세스는 크게 텍스트, 데이터, 스택, 힙이라는 네 영역(region)으로 구분할

수 있다. 텍스트 영역에는 CPU에서 직접 수행되는 명령어(instructions)가, 데이터
영역에는 전역변수가 들어있다. 스택 영역에는 지역변수와 인자 그리고 함수의 리턴
주소 등이 존재하며, 힙 영역에는 동적 할당받은 내용이 존재한다. 이때 각 영역을 세
그먼트(segment) 또는 가상 메모리 객체(vm_area_struct)라고도 부른다.

3. 프로세스와 쓰레드의 생성과 수행

프로세스는 어떻게 생성되는가? 유닉스 계열의 운영체제에 어느 정도 익숙하고 시
스템 프로그래밍을 좀 공부해 본 독자라면 그리 어렵지 않게 fork() 또는 vfork()라고
대답할 수 있을 것이다. 그림 3.3은 새로운 프로세스를 생성하는 예제 프로그램을 보
여준다.

```
#include <sys/types.h>
#include <unistd.h>
#include <stdio.h>
#include <stdlib.h>

int g = 2;

int main(void)
{
        pid_t pid;
        int l = 3;

        printf("PID(%d): Parent g=%d, l=%d \n", getpid(), g, l);

        if((pid=fork())<0) {
                perror("fork error");
                exit(1);
        } else if(pid == 0) {
                g++;
                l++;

        } else {
                wait();
        }

        printf("PID(%d): g=%d, l=%d \n", getpid(), g, l);

        return 0;
}
```

```
root@localhost:/home/Lecture/LKI/Chap3

File  Edit  View  Search  Terminal  Help

[root@localhost Chap3]# gcc -o fork fork.c
[root@localhost Chap3]# ./fork
PID(10404): Parent g=2, l=3
PID(10405): g=3, l=4
PID(10404): g=2, l=3
[root@localhost Chap3]#
```

■ 그림 3.3 프로세스 생성

그림 3.3의 프로그램은 전역변수 g와 지역변수 l을 가지고 있으며 fork() 함수를 통해 새로운 프로세스를 생성한다. 그림의 결과를 통해 10404번 pid를 가지는 부모 프로세스가 10405번 pid를 가지는 자식 프로세스를 생성하였음을 알 수 있다. 또한 이 프로그램에서는 자식 프로세스가 전역 변수와 지역 변수를 각각 1씩 증가시키고 있으며, 그 결과 자식 프로세스에서 g와 l 변수 값을 출력하면 각각 3과 4로 증가되어 있음을 알 수 있다. 반면 부모 프로세스에서 g와 l 변수 값을 출력하면 각각 원래 값인 2와 3이 출력됨을 알 수 있다. 이를 통해 프로세스가 생성되면 주소공간을 포함하여 이 프로세스를 위한 모든 자원들이 새로이 할당됨을 알 수 있다. 따라서 자식 프로세스의 연산 결과는 자식 프로세스 주소 공간의 변수에만 영향을 줄 뿐 부모 프로세스 주소 공간의 변수에는 영향이 없으며, 결국 지역 변수, 전역 변수 등의 값이 다르게 출력된 것이다.

만일 쓰레드의 생성이었다면 수행 결과에 어떤 차이가 있을까? 리눅스에서는 쓰레드 생성을 위해 clone()이라는 시스템 호출을 제공한다. 또는 pthread (POSIX thread)라는 라이브러리를 사용하여 쓰레드를 생성할 수도 있다. 그림 3.4는 쓰레드 생성의 예를 보여준다.

```c
#include <unistd.h>
#include <stdio.h>
#include <stdlib.h>
#include <sched.h>

int g=2;

int sub_func(void *arg)
{
    g++;
    printf("PID(%d) : Child g=%d \n", getpid(), g);
    sleep(2);
```

```c
        return 0;
}

int main(void)
{
        int pid;
        int child_stack[4096];
        int l = 3;
        printf("PID(%d) : Parent g=%d, l=%d \n", getpid(), g, l);
        clone (sub_func, (void *)(child_stack+4095), CLONE_VM | CLONE_THREAD | CLONE_SIG
HAND, NULL);
        sleep(1);
        printf("PID(%d) : Parent g=%d, l=%d \n", getpid(), g, l);
        return 0;
}
```

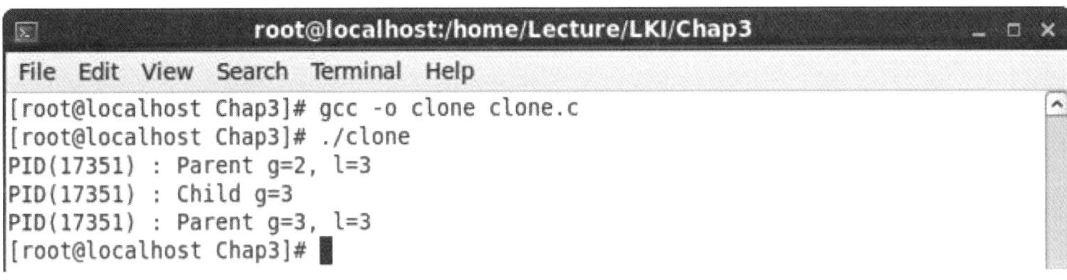

■ 그림 3.4   쓰레드 생성

그림 3.4의 프로그램도 우선 기존 프로세스가 자신의 pid와 전역 변수 g, 지역 변수 l의 초기 값을 출력한다. 그 결과 pid는 17351, g와 l는 각각 2, 3으로 출력되었다(이 때까지는 그림 3.5와 동일). 그 이후 clone()을 호출하여 새로운 쓰레드를 생성한다. 이 쓰레드는 sub_func()이라는 함수를 수행한 후 종료한다. 이 함수를 보면 우선 g 값을 증가시키고 자신의 pid와 g값을 출력한다. 이 프로그램은 새로운 쓰레드를 생성한 것이며, 새로운 프로세스를 생성한 것이 아니다. 그리고 쓰레드는 자신을 생성한 태스크와 동일한 pid를 갖는다. 따라서 출력된 pid는 17351이며 g 값은 3이다. 그리고 이 쓰레드는 함수의 끝을 만나면 종료된다. 1초간 잠들었던 기존의 쓰레드는 깨어나 자신의 pid와 g, l 값을 출력한다. 이때 g 값이 기존의 2가 아닌 3으로 바뀐 것을 알 수 있다. 즉, 기존에 수행되던 쓰레드는 자신이 생성한 쓰레드가 변수를 수정하면 그 수정된 결과를 그대로 볼 수 있는 것이다.

그림 3.3과 3.4의 수행 결과에서 우리는 다음과 같은 것을 알 수 있다. 첫째, 새로운 프로세스를 생성하면, 생성된 프로세스(자식 프로세스)와 생성한 프로세스(부모 프로

세스)는 서로 다른 주소 공간을 갖는다. 반면, 새로운 쓰레드를 생성하면 생성된 쓰레드(자식 쓰레드)와 생성한 쓰레드(부모 쓰레드)는 서로 같은 주소 공간을 공유한다. 둘째, 같은 프로세스에서 새로운 쓰레드를 생성할 경우 기존 쓰레드와 생성된 다른 쓰레드가 함께 동작하고 있는 것으로 볼 수 있다. 즉 한 프로세스에 2개의 쓰레드가 동작하는 것이다. 한 프로세스에 여러 쓰레드가 동작하는 모델을 다중 쓰레드 시스템이라고 한다. 쓰레드 생성은 새로이 모든 자원을 생성해 주어야 했던 프로세스에 비해 생성에 드는 비용이 비교적 적다. 셋째, 자식 쓰레드에서 결함이 발생하면 그것은 부모 쓰레드로 전파된다. 반면 자식 프로세스에서 발생한 결함은 부모 프로세스에게 전파되지 않는다. 결국 쓰레드 모델은 지원공유에 적합하며, 프로세스 모델은 결함 고립에 적합한 프로그래밍 모델이다.

이제부터 새로운 프로세스의 수행에 대해 알아보자. 리눅스는 태스크의 수행을 위해 execl()이라는 시스템 호출을 제공한다. 그림 3.5는 execl( )의 예를 보여준다.

```c
#include <sys/types.h>
#include <unistd.h>
#include <stdio.h>
#include <stdlib.h>

int main(void)
{
        pid_t pid;
        int exit_status;

        if((pid=fork())<0) {
                perror("fork error");
                exit(1);
        } else if(pid == 0) {
                printf("Before exec\n");
                execl("./fork", "fork", (char *)0);
                printf("After exec\n");
        } else {
                pid = wait(&exit_status);
        }
        printfc("Parent\n");
        return 0;
}
```

```
root@localhost:/home/Lecture/LKI/Chap3
File  Edit  View  Search  Terminal  Help
[root@localhost Chap3]# gcc -o fork_exec fork_exec.c
[root@localhost Chap3]# ./fork_exec
Before exec
PID(17453): Parent g=2, l=3
PID(17454): g=3, l=4
PID(17453): g=2, l=3
Parent
[root@localhost Chap3]#
```

■ 그림 3.5   새로운 프로세스 수행

그림 3.5에서는 우선 fork()로 새로운 프로세스를 생성하고, 생성된 프로세스에서 "Before exec"라는 문자열을 출력하고 execl()를 호출하여 그림 3.3에서 만들었던 fork라는 바이너리 파일을 수행한다. 그 결과 그림 3.3에서 출력되었던 내용이 출력된다(단, 이때 부모 프로세스와 자식 프로세스의 pid는 달라졌다. 이는 수행 시기마다 pid를 동적으로 할당하기 때문이다). 그리고 "After exec"라는 문자열은 출력되지 않았다. 이는 execl()이 성공적으로 수행되면 프로세스의 수행 이미지(텍스트, 데이터, 스택 등)가 기존의 것(이 예에서는 3.5 프로그램)에서 새로운 것(이 예에서는 그림 3.3 프로그램)으로 바뀌며, 이 때문에 After exec를 출력하는 printf()는 수행되지 않게 된다.

마지막으로 프로세스 생성 및 수행과 관련되어 한 가지 만 더 언급해 보자. fork()와 vfork()는 어떤 차이가 있는가? 둘 다 프로세스를 생성한다. 단 fork()는 부모 프로세스의 주소 공간을 복사하여 자식 프로세스의 주소 공간을 따로 만들지만, vfork()의 경우 일단은 같은 주소 공간을 가리킨다. 이때 execl()가 자식 프로세스에서 호출되었다고 가정해 보자. execl()는 기존에 사용하던 프로세스의 주소 공간을 모두 없애고, 요청된 바이너리를 기반으로 새로운 주소 공간을 생성한다. fork() 이후 바로 execl()이 되었다면 결국 fork() 때 수행했던 부모 프로세스의 주소 공간을 복사하여 자식 프로세스의 주소 공간을 따로 만들어 주었던 작업이 불필요한 작업이 되고 만다. 이 단점을 해결하기 위해 제공되는 것이 vfork()이다. 최근 리눅스는 COW (Copy On Write) 기법을 도입하여 fork() 할 때 야기되는 주소 공간 복사 비용을 많이 줄였다.

4.   리눅스의 태스크 모델

지금까지 우리는 사용자 입장에서 프로세스와 쓰레드를 어떻게 생성하는지 살펴보았다. 이제부터 리눅스 커널에서 이러한 객체들을 어떻게 구현하는지 살펴보자. 그림 3.6은 리눅스 환경에서 프로세스와 쓰레드의 생성 및 이를 지원하기 위한 커널 자료 구조를 보여준다.

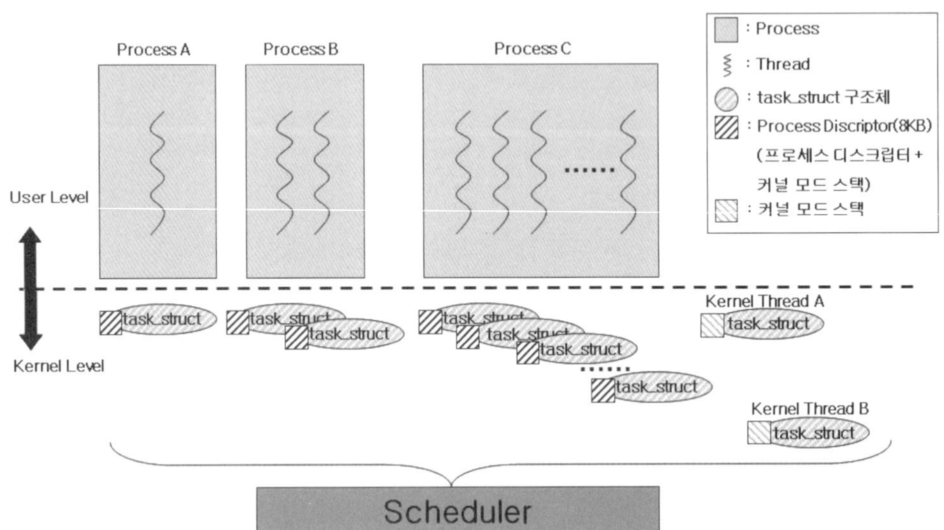

■ 그림 3.6 리눅스의 태스크 관리 구조

프로세스는 자신이 사용하는 자원과 그 자원에서 수행되는 수행 흐름으로 구성된다. 그리고 리눅스에서는 이를 관리하기 위해 각 프로세스마다 task_struct라는 자료 구조를 생성한다. 그림 3.6에서 프로세스 A가 새로운 프로세스 D를 생성한다고 가정해 보자(그림 3.3 처럼). 그럼 자원을 의미하는 사각형이 하나 그려지고(생성되고) 이 자원에서 수행되는 수행의 흐름을 의미하는 실선이 하나 생성된다. 그리고 리눅스에서는 task_struct 자료 구조가 하나 생성되어 이를 관리하게 된다. 만일 프로세스에서 새로운 쓰레드를 하나 생성하면 어떻게 될까(그림 3.4 처럼)? 그럼 사각형은 그대로 있고, 그 내부에 새로운 수행 흐름을 의미하는 실선이 하나 더 생성된다(그림 3.6의 Process B 경우임). 그리고 리눅스에서는 새로운 쓰레드를 위해 task_struct 자료 구조를 하나 더 생성한다. 결국 리눅스에서는 프로세스가 생성되든 쓰레드가 생성되든 task_struct라는 동일한 자료 구조를 생성하여 관리한다.

결국 리눅스 커널은 프로세스 또는 쓰레드 중에서 어떤 것이 요청될 지라도, 모두 task_struct 자료 구조로 동일하게 관리한다. 단지 task_struct 자료 구조 중에서 수행 이미지를 공유하는가, 같은 쓰레드 그룹에 속해 있는가 등의 여부에 따라 프로세스, 또는 쓰레드로 사용자에게 해석되는 차이가 있을 뿐이다. 결국 리눅스는 1대 1 모델을 기반으로 한다. 즉, 사용자 수준에서 쓰레드를 생성하면 그 쓰레드의 존재를 커널도 안다는 것이다(반면 n 대 1 모델에서는 사용자 수준 쓰레드 n개에 커널 수준 자료구조 1개가 대응되므로, 사용자 수준 쓰레드 생성을 커널이 모를 수도 있다).
이러한 구현은 기존의 운영체제와는 다른 리눅스 특유의 태스크 개념을 유도한다.

프로세스가 수행되려면 자원(resource)과 수행 흐름(flow of control)이 필요한데, 기존 운영체제 연구자들은 자원을 태스크로 제어 흐름을 쓰레드로 정의하였다(특히 Mach 연구자들이 이렇게 정의). 반면 리눅스에서는 프로세스이던 쓰레드이던 커널 내부에서는 태스크라는 객체로 관리된다. 태스크가 관리하는 자원을 어떻게 공유하고 접근 제어하느냐에 따라 프로세스로 해석될 수도 있고 쓰레드로 해석될 수도 있는 것이다.

이러한 특성은 실제 함수들이 구현된 방식에서도 나타난다. 그림 3.7은 리눅스에서 fork(), vfork(), clone(), pthread_create() 등의 함수들이 구현되어 있는 방법을 보여준다.

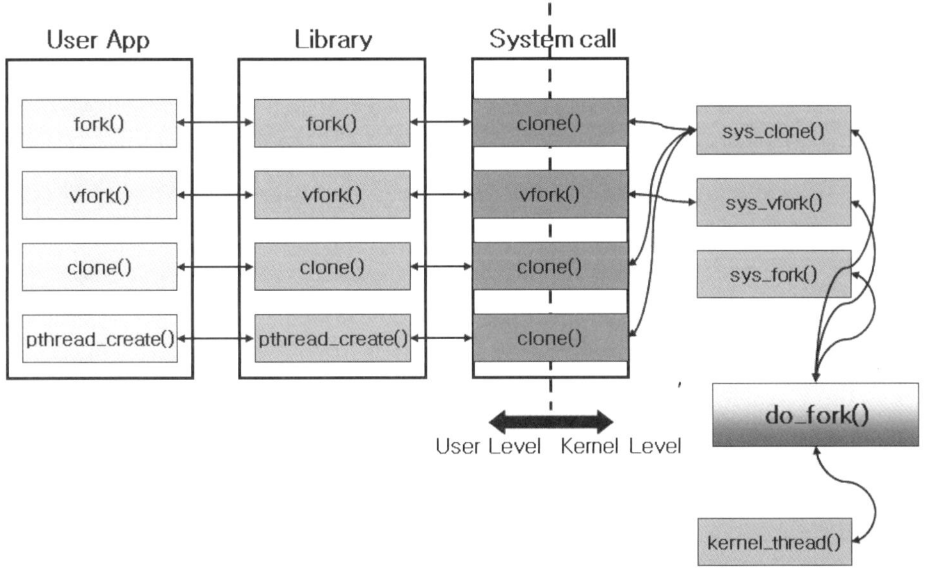

■ 그림 3.7 태스크 생성과 관계된 함수의 흐름

사용자의 프로세스 혹은 쓰레드 생성 요청은 라이브러리를 거쳐 시스템 호출을 통해 리눅스 커널에 전달된다. 전달되는 제어 흐름은 그림 3.7과 같다. fork(), clone(), pthread_create()는 커널에 구현되어 있는 sys_clone() 시스템 호출을 사용하며, vfork()는 sys_vfork()를 사용한다. sys_clone()과 sys_vfork()는 모두 커널 내부 함수인 do_fork()를 호출한다.

fork()는 프로세스를 생성하는 함수이고, clone()은 쓰레드를 생성하는 함수인데 커널 내부에서 마지막으로 호출되는 함수 do_fork()로써 동일하다. 어떻게 이런 일이 가능할까? 리눅스 입장에서 본다면 모두 '태스크'를 생성하기 때문이다. fork()는 비교적 부모 태스크와 덜 공유하는 태스크이고, clone()으로 생성되는 태스크는 비교적 부모 태스크와 많이 공유하는 태스크이다. 즉, do_fork()를 호출할 때 이 함수의 인자로 부모 태스크와 얼마나 공유할지를 정해 줌으로써 fork()와 clone() 함수 둘 다를 지원할 수 있는 것이다.

그렇다면 do_fork()는 어떤 일을 수행할까? 우선 새로 생성되는 태스크를 위해 일종의 이름표를 하나 준비한다. 이 이름표에 새로이 생성된 태스크의 이름과 태어난 시간, 부모님 이름, 소지품 등 매우 자세한 정보를 기록해 둔다. 그래야만 나중에 새로 생성된 태스크를 쉽게 찾아내고 그 태스크의 정보를 알 수 있을 것이다. 바로 이 '이름표' 라는 것을 리눅스 용어로 바꾼다면 그것이 바로 task_struct 구조체이다. 그런 뒤 이 태스크가 수행되기 위해 필요한 자원 등을 할당한 뒤 수행 가능한 상태로 만들어준다.

프로세스와 쓰레드의 구분 없이 커널의 관리 구조가 동일하기 때문에 리눅스 내부적으로 쓰레드는 그다지 '경량' 일 것 같지 않을 수도 있다. 하지만 그림 3.8에서 볼 수 있듯이 리눅스 커널 2.6에서 소개된 NPTL(Native POSIX Thread Library)은 기존 2.4의 LinuxThread나 2.5에서 도입되었던 n:1 모델에 기반한 NGPT(Next Generation POSIX Threads)와 비교했을 때 매우 뛰어난 성능을 보이고 있음을 알 수 있다. 이는 태스크의 속성에 따라 쓰레드는 자원 공유의 장점을 충분히 이용하도록 구현되었기 때문이다.

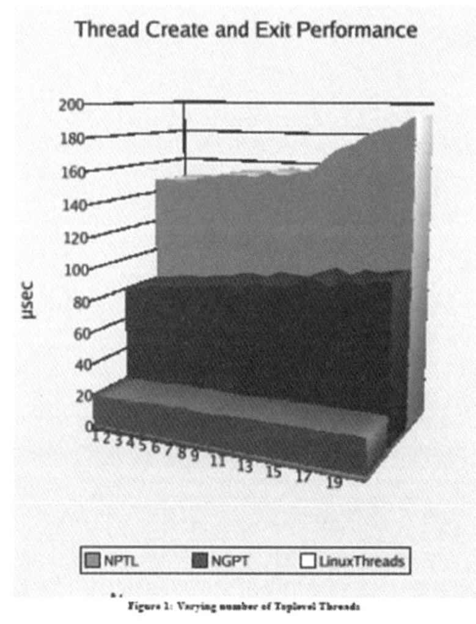

■ 그림 3.8 NPTL, NGPT, LinuxThreads 비교
(출처 : http://people.redhat.com/drepper/nptl-design.pdf)

이제부터 조금 다른 방향에서 리눅스의 태스크를 살펴보자. 일반적으로 말하는 프로세스이던 쓰레드이건, 심지어 커널 내부에서 생성하는 커널 쓰레드이던 간에 리눅스에선 모두 task_struct 구조체로 표현된다고 했다. 그렇다면 사용자들은 어떤 조건이 만족될 때 태스크를 프로세스라고 부르며 반대로 어떤 조건이 만족될 때 태스크를 쓰레드라고 부를까?

시스템에 존재하는 모든 태스크는 유일하게 구분이 가능해야 한다. 태스크 별로 유일한 이 값은 task_struct 구조체 내의 pid 필드에 담겨있다. 그런데 POSIX 표준에 의하면 '한 프로세스 내의 쓰레드는 동일한 PID를 공유해야 한다' 라고 명시 되어 있다. 리눅스에선 이를 위해 tgid(Thread Group ID)라는 개념을 도입했다.

태스크가 생성되면 이 태스크를 위한 유일한 번호를 pid로 할당해 준다. 그런 뒤 만약 사용자가 프로세스를 원하는 경우라면 생성된 태스크의 tgid 값을 새로 할당된 pid 값과 동일하게 넣어준다. 따라서 tgid 값도 유일한 번호를 갖게 된다. 사용자가 쓰레드를 원하는 경우라면 부모 쓰레드의 tgid 값과 동일한 값으로 생성된 태스크의 tgid를 설정한다. 결국 부모 태스크와 자식 태스크는 동일한 tgid를 갖게 되며 동일한 프로세스에 속해 있는 것으로 해석된다. 그림 3.9~12는 이러한 예들을 보여준다.

```c
#include <unistd.h>
#include <stdio.h>
#include <stdlib.h>
#include <linux/unistd.h>

int main(void)
{
        int pid;

        printf("before fork \n \n");

        if((pid = fork()) < 0) {
                printf("fork error \n");
                exit(-2);
        }else if (pid == 0) {
                printf("TGID(%d), PID(%d) : Child \n", getpid(), syscall(_NR_gettid));
        }else {
                printf("TGID(%d), PID(%d) : Parent \n", getpid(), syscall(_NR_gettid));
                sleep(2);
        }
```

```
        printf("after fork \n \n");

        return 0;
}
```

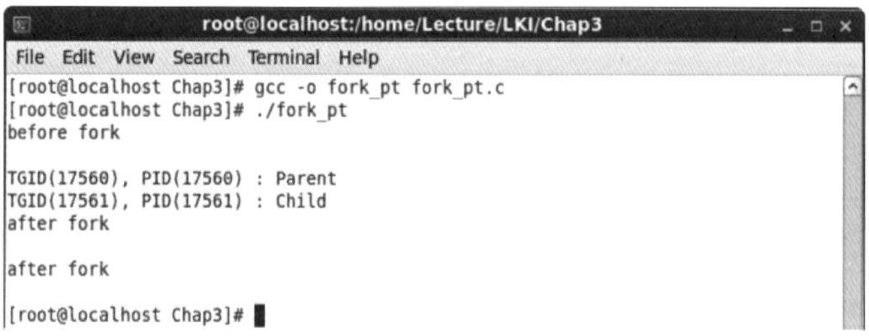

■ 그림 3.9   fork와 pid, tgid


```
#include <unistd.h>
#include <stdio.h>
#include <stdlib.h>
#include <linux/unistd.h>

int main(void)
{
        int pid;

        printf("before vfork \n \n");

        if((pid = vfork()) < 0) {
                printf("fork error \n");
                exit(-2);
        }else if (pid == 0) {
                printf("TGID(%d), PID(%d) : Child \n", getpid(), syscall(_NR_gettid));
                _exit(0);
        }else {
                printf("TGID(%d), PID(%d) : Parent \n", getpid(), syscall(_NR_gettid));
        }

        printf("after vfork \n \n");

        return 0;
}
```

```
root@localhost:/home/Lecture/LKI/Chap3                    _  □  ×

File  Edit  View  Search  Terminal  Help
[root@localhost Chap3]# gcc -o vfork_pt vfork_pt.c
[root@localhost Chap3]# ./vfork_pt
before vfork

TGID(17585), PID(17585) : Child
TGID(17584), PID(17584) : Parent
after vfork

[root@localhost Chap3]# █
```

■ 그림 3.10　　vfork와 pid, tgid

63


```c
#include <unistd.h>
#include <stdio.h>
#include <stdlib.h>
#include <linux/unistd.h>
void *t_function(void *data)
{
    int id;
    int i=0;
    pthread_t t_id;
    id = *((int *)data);
    printf("TGID(%d), PID(%d), pthread_self(%d) : Child  \n", getpid(), syscall(__NR_gettid),
                                    pthread_self());
    sleep(2);
}
int main(void)
{
    int pid, status;
    int a = 1;
    int b = 2;
    pthread_t p_thread[2];
    printf("before pthread_create \n \n");
    if((pid = pthread_create(&p_thread[0], NULL, t_function, (void*)&a)) < 0) {
            perror("thread create error : ");
            exit(1);
    }
    if((pid = pthread_create(&p_thread[1], NULL, t_function, (void*)&b)) < 0) {
            perror("thread create error : ");
            exit(2);
    }
    pthread_join(p_thread[0], (void **)&status);
    printf("pthread_join(%d) \n", status);
    pthread_join(p_thread[1], (void **)&status);
    printf("pthread_join(%d) \n", status);
    printf("TGID(%d), PID(%d) : Parent \n", getpid(), syscall(__NR_gettid));
    return 0;
}
```

```
root@localhost:/home/Lecture/LKI/Chap3
File  Edit  View  Search  Terminal  Help
[root@localhost Chap3]# gcc -o pthread_pt pthread_pt.c -lpthread
[root@localhost Chap3]# ./pthread_pt
before pthread_create

TGID(17672), PID(17673), pthread_self(356116224) : Child
TGID(17672), PID(17674), pthread_self(347723520) : Child
pthread_join(0)
pthread_join(0)
TGID(17672), PID(17672) : Parent
[root@localhost Chap3]#
```

■ 그림 3.11   pthread와 pid, tgid

```c
#include <unistd.h>
#include <stdio.h>
#include <stdlib.h>
#include <linux/unistd.h>
#include <sched.h>

int sub_func_b(void *arg)
{
        printf("TGID(%d), PID(%d) : Child \n", getpid(), syscall(_NR_gettid));
        sleep(2);
        return 0;
}

int main(void)
{
        int pid;
        int child_a_stack[4096], child_b_stack[4096];

        printf("before clone \n \n");
        printf("TGID(%d), PID(%d) : Parent \n", getpid(), syscall(_NR_gettid));

        clone (sub_func, (void *)(child_a_stack+4095), CLONE_CHILD_CLEARTID |
CLONE_CHILD_SETTID, NULL);
        clone (sub_func, (void *)(child_b_stack+4095), CLONE_VM |
CLONE_THREAD | CLONE_SIGHAND, NULL);

        sleep(1);

        printf("after clone \n \n");
        return 0;
}
```


리눅스 커널 내부구조

```
root@localhost:/home/Lecture/LKI/Chap3
File  Edit  View  Search  Terminal  Help
[root@localhost Chap3]# gcc -o clone_pt clone_pt.c
[root@localhost Chap3]# ./clone_pt
before clone

TGID(17750), PID(17750) : Parent
TGID(17750), PID(17752) : Child
TGID(17751), PID(17751) : Child
after clone

[root@localhost Chap3]#
```

■ 그림 3.12   clone과 pid, tgid

그림 3.9, 3.10의 fork(), vfork()에서는 각 태스크의 pid와 tgid가 부모 태스크와 자식 태스크 간에 서로 다른 것을 알 수 있다. 즉 사용자 입장에서는 서로 다른 프로세스가 만들어진 것이다. 반면 그림 3.11의 pthread_create()에서는 각 태스크의 pid는 서로 다르지만 tgid는 서로 동일함을 알 수 있다. 즉, 같은 프로세스 내부에 2개의 서로 다른 쓰레드가 생성된 것이다. 그림 3.12는 실제 리눅스의 clone()을 이용해 프로세스와 쓰레드를 만드는 예를 보여 준다. clone()의 인자로 CLONE_CHILD_CLEARID와 CLONE_CHILD_SETTID를 설정하면 리눅스 커널은 태스크를 생성할 때 프로세스로 해석될 수 있도록 자원 공유가 되지 않는 형태로 생성하며, clone()의 인자로 CLONE_THREAD를 설정하면 태스크를 생성할 때 쓰레드로 해석될 수 있도록 자원 공유가 되는 형태로 생성한다. 사실 리눅스에서는 pid, tgid, 자원 공유 여부의 선택이 자유로워, 어떤 형태의 태스크라도 만들 수 있다.

위 프로그램들에서 printf() 함수의 인자 순서를 유심히 살펴보기 바란다. task_struct내의 tgid 값을 출력하는 함수는 여태껏 우리가 pid를 출력해 준다고 알고 있던 getpid() 함수이다. 실제 task_struct의 pid 값을 출력해 주는 함수는 gettid()이다. 실제 커널 내에서 getpid() 함수의 구현을 살펴보면 그림 3.13과 같은 형태를 가지게 된다.

```
/**
 * sys_getpid - return the thread group id of the current process
 *
 * Note, despite the name, this returns the tgid not the pid.  The tgid and
 * the pid are identical unless CLONE_THREAD was specified on clone() in
 * which case the tgid is the same in all threads of the same group.
 *
 * This is SMP safe as current->tgid does not change.
 */
SYSCALL_DEFINE0(getpid)
{
        return task_tgid_vnr(current);
}
```

■ 그림 3.13   getpid 시스템 콜의 실제 구현

current라는 매크로는 커널 내부에 정의되어 있는 매크로로써 현재 태스크의 task_struct 구조체를 가리킬 수 있게 해주며(3.6절 참조), task_tgid_vnr()은 해당

task_strvct 구조체의 tgid 필드를 리턴한다. 따라서 이 함수는 task_struct 구조체의 tgid 필드 값을 리턴 하는 단순한 함수라고 볼 수 있다

5. 태스크 문맥

우리는 그림 3.2에서 프로세스의 메모리 구조를 살펴보았다. 그리고 그림 3.9에서 각 태스크마다 pid와 tgid 같은 식별자를 관리해야 함을 배웠다. 또한 그림 3.6에서 우리는 모든 프로세스 또는 쓰레드마다 task_struct라는 태스크를 관리하기 위한 자료 구조가 필요함을 배웠다. 리눅스 커널은 태스크들마다 이러한 정보들을 관리하고 있다.

사실 태스크마다 필요한 정보는 이보다 훨씬 많다. 예를 들어 태스크가 실행되면서 여러 파일을 오픈할 수가 있고 그 결과 파일 디스크립터(file descriptor, 흔히 fd)를 리턴 받는데, 이 또한 커널이 태스크마다 관리해 주어야 할 정보이다. 또한 태스크를 스케줄링하기 위해 필요한 정보인 우선순위, CPU 사용량 등의 정보 등도 필요하며, 태스크의 가족관계, 태스크에게 전달된 시그널, 태스크가 사용하고 있는 자원 등의 정보도 관리를 해야 한다. 운영체제 연구자들은 태스크와 관련된 이러한 '모든' 정보를 문맥(context)이라고 부른다. 아래 그림 3.14는 태스크의 문맥을 개념적으로 나타낸 것이다.

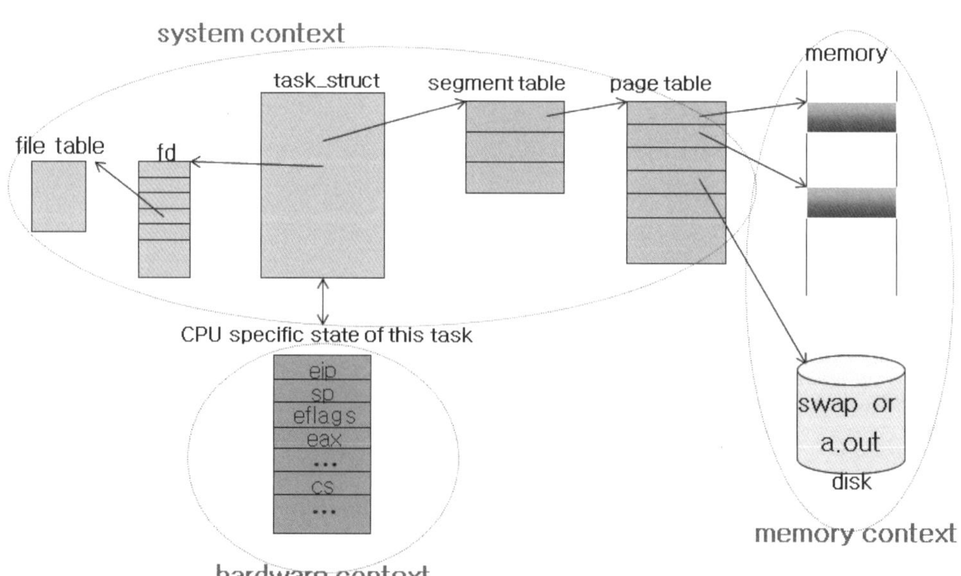

■ 그림 3.14 태스크의 문맥

태스크의 문맥은 크게 세 부분으로 구분할 수 있다. 첫 번째 부분은 시스템 문맥(System Context)으로 태스크의 정보를 유지하기 위해 커널이 할당한 자료구조들이다. 대표적인 자료 구조로는 task_struct, 파일 디스크립터, 파일 테이블, 세그먼트 테이블, 페이지 테이블 등이 있다. 두 번째 부분은 메모리 문맥(Memory Context)으로 텍스트, 데이터, 스택, heap 영역, 스왑 공간 등이 여기에 포함된다. 세 번째 부분은 하드웨어 문맥(Hardware Context)으로 문맥 교환(context switch)할 때 태스크의 현재 실행 위치에 대한 정보를 유지하며, 쓰레드(thread) 구조 또는 하드웨어 레지스터 문맥이라고 불린다. 이 부분은 실행 중이던 태스크가 대기 상태나 준비 상태로 전이할 때 이 태스크가 어디까지 실행했는지 기억해 두는 공간으로, 이후 이 태스크가 다시 실행될 때 기억해 두었던 곳부터 다시 시작하게 된다.

그럼 이제부터 task_struct 자료구조의 내용을 자세히 살펴보도록 하자. 사실 task_struct의 내용은 아무리 쉽게 정리되었다 하더라도 처음 대하는 사람에게는 매우 어려울 것이다. 일단 마음의 준비를 하기를..., 그리고 다음 문단을 읽기 전에 우선 ~/include/linux/sched.h라는 파일에서 task_struct 자료구조의 각 변수 이름들을 한 번 살펴보길 바란다. 각 변수를 관련 있는 것끼리 구분하여 간단히 정리하면 다음과 같다.

가. task identification

태스크를 인식하기 위한 변수들이다. 대표적으로 태스크 ID를 나타내는 pid, 태스크가 속해있는 쓰레드 그룹 ID를 나타내는 tgid, pid를 통해 해당 태스크의 task_struct를 빠르게 찾기 위해 커널이 유지하고 있는 해쉬 관련 필드 등의 변수가 있다. 한편, audit_context 구조체를 통해 이 태스크에 대한 사용자 접근 권한을 제어할 때 이용되는 uid(사용자 ID), euid(유효 사용자 ID), suid(저장된 사용자 ID), fsuid(파일시스템 사용자 ID)등이 있다. 또한 사용자 그룹에 대한 접근 제어에 이용되는 gid, egid, sgid, fsgid 등의 변수들도 유지된다.

나. state

태스크는 생성에서 소멸까지 많은 상태를 거치며, 이를 관리하기 위한 state변수가 존재한다. 이 변수에는 TASK_RUNNING(0), TASK_INTERRUPTIBLE(1), TASK_UNINTERRUPTIBLE(2), TASK_STOPPED(4), TASK_TRACED(8), EXIT_DEAD(16), EXIT_ZOMBIE(32) 등의 값이 들어간다.

다. task relationship

태스크는 생성되면서 가족 관계를 갖는다. 대표적으로 현재 태스크를 생성한 부모 태스크의 task_struct 구조체를 가리키는 real_parent와 현재 부모 태스크의 task_struct 구조체를 가리키는 parent필드가 존재한다. 또한 자식과 형제를 리스트로 연결한 뒤 그 리스트의 헤드를 각각 children, sibling 필드에 저장해 놓았다. 이러한 가족 관계를 그림으로 나타내면 그림 3.15와 같다.

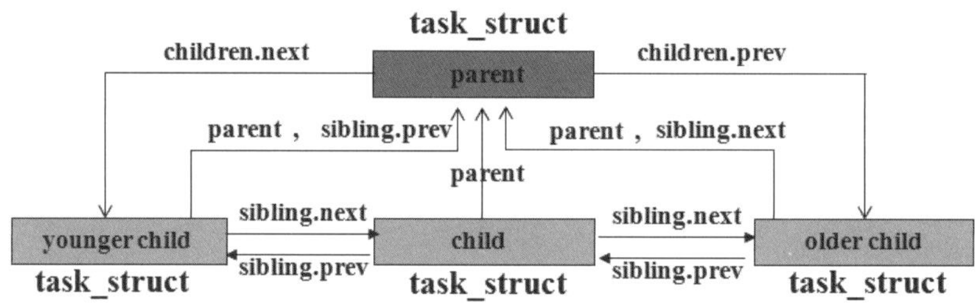

■ 그림 3.15 태스크의 가족 관계

한편 리눅스 커널에 존재하는 모든 태스크들은 이중 연결 리스트로 연결되어 있는데 이 연결 리스트의 시작은 init_task로부터 시작되며, task_struct 구조체의 tasks라는 리스트 헤드를 통해 연결된다. 또한 이들 태스크 중에 TASK_RUNNING 상태인 태스크들은 run_list 필드를 통해 따로 이중 연결 리스트로 연결되어 있다.

라. scheduling information

task_struct에서 스케줄링과 관련된 변수는 prio, policy, cpus_allowed, time_slice, rt_priority등이다. 스케줄링 정책 및 이 변수들에 대한 자세한 설명은 3.7절에서 기술된다.

마. signal information

시그널은 태스크에게 비동기적인 사건의 발생을 알리는 매커니즘이다. task_struct에서 시그널과 관련된 변수는 signal, sighand, blocked, pending등이다. 이 변수들은 3.9절에서 설명된다.

바. memory information

태스크는 자신의 명령어와 데이터를 텍스트, 데이터, 스택, 그리고 힙 공간 등에 저장한다. task_struct에는 이 공간에 대한 위치와 크기, 접근 제어 정보 등을 관리하는 변수들이 존재한다. 또한 가상 주소를 물리 주소로 변환하기 위한 페이지 디렉터리와 페이지 테이블 등의 주소 변환 정보들도 task_struct에 존재한다. 이러한 정보들은 task_struct에서 mm_struct라는 이름의 변수로 접근할 수 있으며, 이 변수에 대한 자세한 설명은 4장에서 기술된다.

사. file information

태스크가 오픈한 파일들은 task_struct에서 files_struct구조체 형태인 files라는 이름의 변수로 접근할 수 있다. 그리고 루트 디렉터리의 inode와 현재 디렉터리의 inode는 fs_struct 구조체 형태인 fs라는 변수로 접근할 수 있다. 이 변수에 대한 자세한 설명은 5장에서 기술된다.

아. thread structure

쓰레드 구조(thread_struct: TSS)는 문맥 교환을 수행할 때 태스크가 현재 어디까지 실행되었는지 기억해놓는 공간이다. 이 공간에 대해서는 3.8절에서 자세히 설명한다.

자. time information

태스크의 시간 정보를 위한 변수로는 태스크가 시작된 시간을 가리키는 start_time, real_start_time 등이 있으며, 사용한 CPU 시간의 통계를 담는 필드도 있다.

차. format

리눅스는 Linux exec 도메인뿐만 아니라 BSD나 SVR4 exec 도메인도 지원한다. 즉 BSD나 SVR4 커널에서 컴파일 된 프로그램도 리눅스에서 재 컴파일 없이 수행될 수 있다는 의미이다. 이를 위해 personality와 같은 변수가 사용된다. 또한 다양한 이진 포맷(binary format)을 지원하기 위한 필드가 추후 설명될 thread_info 내에 존재한다.

카. resource limits

태스크가 사용할 수 있는 자원의 한계를 의미한다. rlim_max는 최대 허용 자원의 수, 그리고 rlim_cur은 현재 설정된 허용 자원의 수를 의미한다. 자원의 한계가 배열로 구현되어 있으며, 현재 리눅스 커널에는 회대 16개의 자원에 대한 한계를 설정할 수 있다.

6. 상태 전이(State Transition)와 실행 수준 변화

태스크는 생성된 뒤, 자신에게 주어진 일을 수행하며, 이를 위해 디스크 I/O나 락 (Lock) 등 CPU 이외의 자원을 요청하기도 한다. 만약 태스크가 당장 제공해 줄 수 없는 자원을 요청한다면 커널은 이 태스크를 잠시 '대기' 하도록 만든 뒤 다른 태스크를 먼저 수행시키며, 태스크가 요청했던 자원이 사용 가능해지면 다시 '수행' 시켜 줌으로써 보다 높은 시스템 활용률을 제공하려 한다. 따라서 태스크는 상태 전이(state transition)라는 특징을 가지게 된다.

그림 3.16은 태스크의 상태 전이 과정을 그림으로 나타낸 것이다. 그림에서 EXIT_ZOMBIE와 EXIT_DEAD는 task_struct 구조체의 exit_state 필드에 저장되는 값이며, 그 외의 상태들은 state 필드에 저장된다. 사실 실제 커널 소스에는 (~/include/linux/sched.h) 보다 많은 상태가 정의되어 있으나 중요한 것 위주로 정리하였다.

일단 태스크가 생성되면 그 태스크는 준비 상태(TASK_RUNNING)가 된다. 스케줄러는 여러 태스크 중에서 실행시킬 태스크를 선택하여 수행시킨다. 따라서 TASK_RUNNING 상태는 구체적으로 준비(TASK_RUNNING(ready)) 상태와 실제 CPU를 배정받아 명령어 들을 처리하고 있는 실행(TASK_RUNNING(running)) 상태 두 가지로 나뉘게 된다. 즉, n개의 CPU를 갖는 시스템에서는 임의의 시점에 최대 n개의 태스크가 실제 실행 상태에 있을 수 있다.

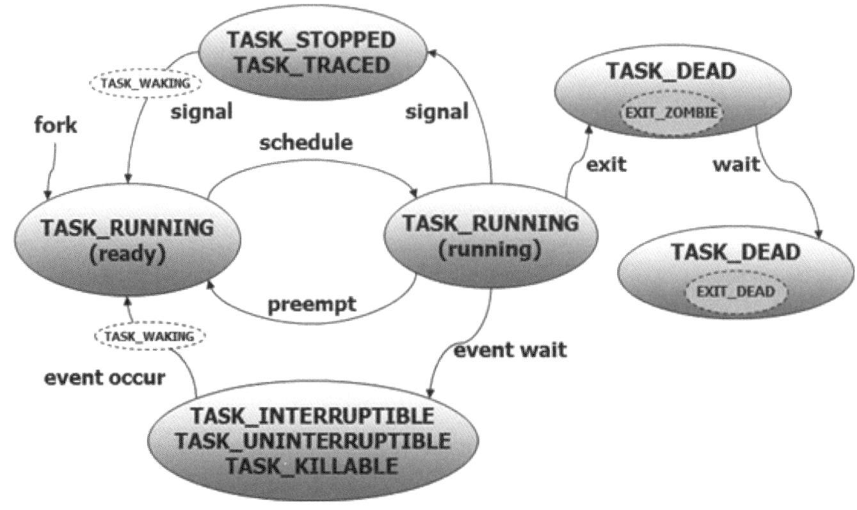

■ 그림 3.16 태스크의 상태 전이

실행 상태에 있는 태스크들은 발생하는 사건에 따라 다음과 같은 상태로 전이 할 수 있다. 첫째, 태스크가 자신이 해야 할 일을 다 끝내고 exit()를 호출하면(혹은 kill 되거나) TASK_DEAD 상태로 전이된다. 보다 구체적으로는 task_struct 구조체 내에 존재하는 exit_state 값과 조합하여 TASK_DEAD(EXIT_ZOMBIE) 상태로 전이 된다. ZOMBIE 상태는 말 그대로 죽어있는 상태로써, 태스크에게 할당되어 있던 자원을 대부분 커널에게 반납한 상태이다. 그러나 자신이 종료된 이유(예 : error번호), 자신이 사용한 자원의 통계 정보 등을 부모 태스크에게 알려주기 위해 유지 되고 있는 상태이다. 추후, 부모 태스크가 wait()등의 함수를 호출하면 자식 태스크의 상태는 TASK_DEAD(EXIT_DEAD) 상태로 바뀌게 되며, 부모는 자식의 종료 정보를 넘겨받게 된다. 그런 뒤 TASK_DEAD(EXIT_DEAD) 상태의 자식 태스크는 자신이 유지하고 있던 자원을 모두 반환하고 최종 종료된다.

그럼, 만약 부모 태스크가 자식 태스크에게 wait()등의 함수를 호출하기 전에 먼저 종료되어 없어지면 어떻게 될까? 부모가 없는 ZOMBIE 상태의 자식 태스크 즉, 고아 태스크가 시스템에 영원히 존재하게 되어 시스템의 오버헤드로 작용되진 않을까? 이러한 문제를 해결하기 위해 커널은 고아 태스크의 부모를 init 태스크로 바꾸어 주며 (이 때문에 task_struct 구조체에 real_parent와 parent라는 2개의 필드가 존재), init 태스크가 wait()등의 함수를 호출할 때 고아 태스크는 최종 소멸된다.

둘째, 실행(TASK_RUNNING(running)) 상태에서 실제 수행되던 태스크가 자신에게 할당된 CPU시간을 모두 사용하였거나, 보다 높은 우선순위를 가지는 태스크로 인해 준비(TASK_RUNNING(ready)) 상태로 전환되는 경우이다. 리눅스는 여러 태스크들이 CPU를 '공평하게' 사용할 수 있도록 해주기 위해 일반 태스크인 경우 CFS(Completely Fair Scheduling) 기법을 사용한다. 이는 3.7절에서 자세하게 설명된다.

셋째, SIGSTOP, SIGTSTP, SIGTTIN, SIGTTOU 등의 시그널을 받은 태스크는 TASK_STOPPED 상태로 전이되며, 추후 SIGCONT 시그널을 받아 다시 TASK_RUNNING(ready) 상태로 전환된다. 한편, 디버거의 ptrace() 호출에 의해 디버깅 되고 있는 태스크는 시그널을 받는 경우 TASK_TRACED 상태로 전이 될 수 있다.

넷째, 실행(TASK_RUNNING(running)) 상태에 있던 태스크가 특정한 사건을 기다려야 할 필요가 있으면 대기 상태(TASK_INTERRUPTIBLE, TASK_UNINTER-RUPTIBLE, TASK_KILLABLE)로 전이 한다. 태스크가 디스크 같은 주변 장치에 요청을 보내고 그 요청이 완료되기까지 기다리거나, 사용 중인 시스템 자원 대기 등이 대표적인 예이다. TASK_UNINTERRUPTIBLE과 TASK_INTERRUPTIBLE 상태 모두 특정 사건을 기다린다는 면에서는 유사하나 TASK_UNINTERRUPTIBLE 상태 는 시그널에 반응하지 않는다는 점에서 TASK_INTERRUPTIBLE과 구분된다. 이때 TASK_UNINTERRUPTIBLE 상태의 태스크가 시그널에 반응하지 않기 때문에 생기 는 문제점 (예: 쉘에서 'kill -9 PID '등의 명령을 수행해도 태스크가 종료되지 않는 상황) 등으로 인해 SIGKILL과 같은 중요한 시그널 (fatal signal)에만 반응하는 TASK_KILLABLE 상태가 도입되었다.

대기 상태로 전이한 태스크는 기다리는 사건(event)에 따라 특정 큐(queue)에 매달 려 대기 하게 된다. 실행 중이던 태스크가 대기 하게 되면 다시 스케줄러가 호출되며, 스케줄러는 준비(TASK_RUNNING(ready))상태에 있는 태스크 중 하나를 선택하여 다시 실행(TASK_RUNNING(running))상태로 만든다. 결국, 사건을 기다려야 하는 태스크를 사건이 발생할 때까지 대기 상태로 전이시키고, 준비 상태에 있던 다른 태스 크를 실행시킴으로써 CPU의 효율을 높인 것이다.

언젠가 태스크가 기다리고 있던 사건(event)이 발생하면 대기 상태에 있던 태스크 가 다시 준비(TASK_RUNNING(ready))상태로 전이하게 되며 (이때 멀티 코어 시스 템에서 발생 가능 한 데드락(deadlock)을 방지하기 위해 내부적으로 TASK_WAK-ING 상태가 사용된다), 다시 다른 태스크들과 함께 스케줄링 되기 위해 경쟁하게 된 다. 결국 생성된 태스크는 위 그림 3.16과 같은 상태를 동적으로 전이하며 실행되다가 결국 자신의 임무를 다하면 TASK_DEAD 상태를 거쳐 소멸되는 것이다.

실행 중인 TASK_RUNNING(running)상태의 태스크는 실행 권한에 따라 사용자 수준 실행(user level running)상태와 커널 수준 실행(kernel level running)상태로 구분 할 수 있다. 사용자 수준 실행 상태는 CPU에서 사용자 수준 프로그램의 제작자 가 만든 응용 프로그램이나 라이브러리 코드를 수행하고 있는 상태로, 당연히 사용자 수준의 권한으로 동작한다. 반면에 커널 수준 실행 상태는 CPU에서 커널 코드의 일 부분을 수행하고 있는 상태로, 사용자 수준 권한보다는 더 강력한 커널 권한으로 동작 한다. 커널 수준 권한이 사용자 수준 권한보다는 더 강력하다는 말의 의미는 사용자 수준 권한에서는 접근이 금지된 커널 내부 자료 구조를 접근하거나 수행이 금지된 특권 명령어를 커널 수준 권한에서 수행할 수 있다는 의미이다.

사용자 수준 실행상태에서 커널 수준 실행 상태로 전이 할 수 있는 방법은 두 가지가 있다. 첫 번째 방법은 시스템 호출의 사용이다. 태스크가 시스템 호출을 요청하면 리눅스의 커널에 트랩이 걸리게 되고 그 결과 태스크의 상태가 커널 수준 실행 상태로 전이 되며 커널의 시스템 호출 처리 루틴으로 제어가 넘어가게 된다. 두 번째 방법은 인터럽트의 발생이다. 시스템 호출과 마찬가지로 인터럽트가 발생되면 리눅스 커널에 인터럽트가 걸리게 된다. 이때 실행 중이던 태스크가 사용자 수준에서 동작하고 있었다면 커널 수준 실행 상태로 전이되고, 커널의 인터럽트 처리 루틴으로 제어가 넘어가게 된다.

사용자 수준 수행과 커널 수준 수행의 존재는 좀 더 복잡한 스택 관리를 요구한다. 그림 3.2에서 본 것처럼 사용자 수준에서 프로그램이 수행될 때에는 32bit CPU를 기준으로 0~4GB까지의 주소 공간 중 3GB 아래 부분에 스택을 배치하고 수행된다. 그럼 CPU가 커널 수준 코드를 수행할 때는 어떨까?

커널 수준에서 수행되는 코드는 바로 리눅스 그 자체이다. 리눅스도 C와 어셈블리로 작성된 소프트웨어이기 때문에 수행되기 위해서는 스택을 필요로 한다. 그럼 이 스택은 어디에 있을까? 바로 이러한 용도로 사용하기 위해 리눅스 커널은 태스크가 생성될 때마다 태스크 별로 8KB 혹은 16KB의 스택을 할당해 준다(물론 이 크기는 커널 버전과 설정에 따라 변하기도 한다). A라는 태스크가 시스템 호출을 요청 했다면 이를 처리하기 위해 리눅스 커널은 A에게 할당해 주었던 커널 스택을 사용하여 요청된 작업을 수행해주고, B라는 태스크가 시스템 호출을 요청했다면 역시 이를 처리하기 위해 B에게 할당해 주었던 커널 스택을 사용하여 요청된 작업을 처리해준다. 결론적으로 태스크가 생성되면 리눅스는 task_struct 구조체와 커널 스택을 할당하게 된다.

태스크 당 할당되는 커널 스택은 thread_union이라 불리며, thread_info 구조체를 포함하고 있다. 이 관계를 그림으로 나타내면 그림 3.17과 같다(사실 이 thread_info 구조체를 리눅스에선 프로세스 디스크립터라 부르기도 한다). 이 구조체 안에는 해당 태스크의 task_struct를 가리키는 포인터와, 스케줄링의 필요성 여부를 나타내는 플래그, 태스크의 포맷을 나타내는 exec_domain등의 필드가 존재한다.

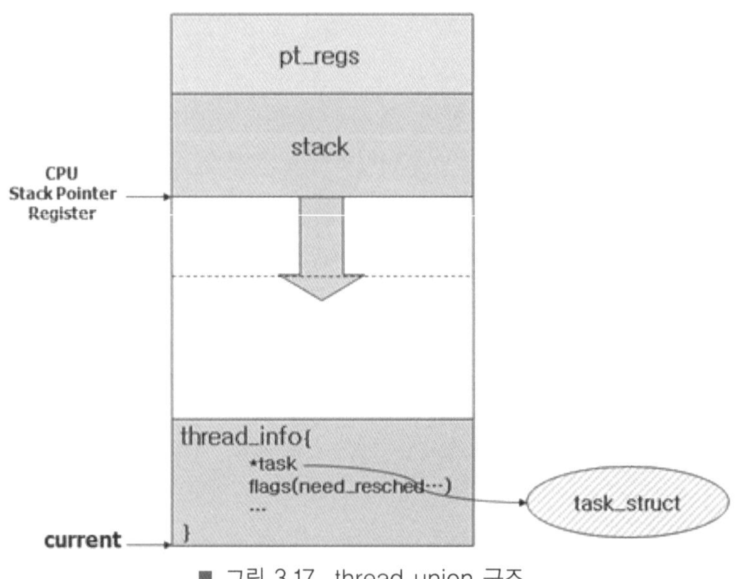

■ 그림 3.17 thread_union 구조

만약 태스크가 시스템 호출 등을 통해 커널 수준 실행 상태로 진입한 뒤, 수행해야 할 일을 모두 마쳤다면, 다시 사용자 수준 실행상태로 복귀하여 수행하던 곳에서부터 다시 작업을 시작해야 할 것이다. 그러기 위해서는 커널과 사용자 수준간의 변화 시에 현재까지의 작업 상황을 어딘가에 저장해 놓아야 한다. 이는 커널로 진입되는 시점에 커널 스택 안에 현재 레지스터의 값들을 구조체를 이용하여 일목요연하게 저장함으로써 이뤄진다. 그림 3.17의 가장 상단부에 pt_regs라는 이름으로 표시된 공간이 이 목적으로 사용된다.

예를 들어 open()이라는 시스템 콜을 사용자 태스크가 호출하는 상황을 가정해 보자(시스템 콜에 대한 자세한 설명은 6장에서 소개되므로 지금은 수준전이에 초점을 맞추어 보자). 이때 open()이라는 시스템 호출의 번호는 unistd.h라는 헤더 파일에 정해져 있고, 인텔 CPU를 기준으로 본다면 eax 레지스터에 저장한다. open()이라는 시스템 콜의 실제 핸들러 함수는 아래 그림 3.18에서 볼 수 있듯이 세 가지 인자를 받는데 이 인자들은 각각 ebx, ecx, edx에 저장한다. 결국 시스템 호출 도중에 이 레지스터들의 내용이 바뀌게 되며 따라서 원래의 레지스터 내용을 pt_regs 구조체에 담아서 커널 스택 내에 저장하는 것이다. sys_open()함수가 수행을 끝내고 사용자 수준으로 다시 리턴 될 때 이 구조체의 내용을 사용하여 이전 실행 상태를 복원할 수 있다.

```
struct pt_regs {          SYSCALL_DEFINE3(open, const char __user *, filename, int, flags, umode_t, mode)
    long ebx;             {
    long ecx;                     (force_o_largefile())
    long edx;                         flags |= O_LARGEFILE;
    long esi;
    long edi;                     do_sys_open(AT_FDCWD, filename, flags, mode);
    long ebp;
    long eax;             }
    int  xds;
    int  xes;
    int  xfs;
    int  xgs;
    long orig_eax;
    long eip;
    int  xcs;
    long eflags;
    long esp;
    int  xss;
};
```

■ 그림 3-18 pt_regs 구조 설명

커널이 시스템 호출의 서비스를 완료하거나 인터럽트 처리를 완료하면 커널 수준 실행 상태에서 사용자 수준 실행 상태로 전이한다. 이때 리눅스 커널은 몇 가지 중요한 일들을 처리한다. 첫째, 커널은 현재 실행 중인 태스크가 시그널을 받았는지 확인하며, 받았다면 필요한 경우에 한 해 시그널 처리 핸들러를 호출한다. 둘째, 다시 스케줄링 해야 할 필요가 있다면 (현재 태스크의 need_resched 플래그가 1로 set되어 있는 경우: 이에 대해서는 3.7절에서 알아본다) 스케줄러를 호출한다. 셋째, 커널 내에서 연기된(delayed) 루틴들이 존재하면 이들을 수행한다.

7. 런 큐와 스케줄링

여러 개의 태스크들 중에서 다음번 수행시킬 태스크를 선택하여 CPU라는 자원을 할당하는 과정을 스케줄링이라 부른다. 리눅스의 태스크는 실시간 태스크와 일반 태스크로 나뉘며 각각을 위해 별도의 스케줄링 알고리즘이 구현되어 있다. 리눅스가 제공하는 140단계의 우선순위 중 실시간 태스크는 0~99단계를 사용하며(숫자가 낮을수록 높은 우선순위를 나타냄), 일반 태스크는 100~139까지 총 40단계의 우선순위를 사용한다. 따라서, 실시간 태스크는 항상 일반 태스크 보다 우선하여 실행됨을 의미한다. 우선, 스케줄링과 관련된 전체 구조와 실시간 태스크 스케줄링 기법에 대해 살펴본 뒤, 일반 태스크의 스케줄링에 대해 알아보도록 하자.

7-1 런 큐와 태스크

일반적으로 운영체제는 스케줄링 작업 수행을 위해, 수행 가능한 상태의 태스크를 자료구조를 통해 관리한다. 리눅스에서는 이 자료구조를 런 큐(Runqueue)라 한다.

운영체제의 구현에 따라 런큐는 한 개 혹은 여러 개 존재할 수 있으며, 자료구조의 모양이나 관리 방법 역시 달라진다. 리눅스의 런큐는 ~/kernel/sched/sched.h 파일 내에 struct rq 라는 이름으로 정의되어 있으며, 부팅이 완료된 이후 각 CPU별로 하나씩의 런큐가 유지된다. 그림 3.19는 복수개의 CPU를 가진 시스템에서 리눅스의 런큐 자료 구조와 태스크의 관계를 개념적으로 보여준다.

태스크가 처음 생성되면 init_task를 헤드로 하는 이중 연결 리스트에 삽입된다. 이를 그림 3.19에서는 간단히 tasklist라고 부르도록 하겠다. 결국 리눅스 시스템에 존재하는 모든 태스크들은 tasklist에 연결되어 있다. 이 중에서 TASK_RUNNING상태인 태스크는 시스템에 존재하는 런 큐 중 하나에 소속된다. 그림 3.19에서 wake_up_new_task()는 새로 생성되어 TASK_RUNNING 상태가 된 태스크가 런 큐로 삽입되는 과정을 보여주며, wake_up()함수는 이벤트를 대기하다 깨어나서 런 큐로 삽입되는 과정을 보여준다.

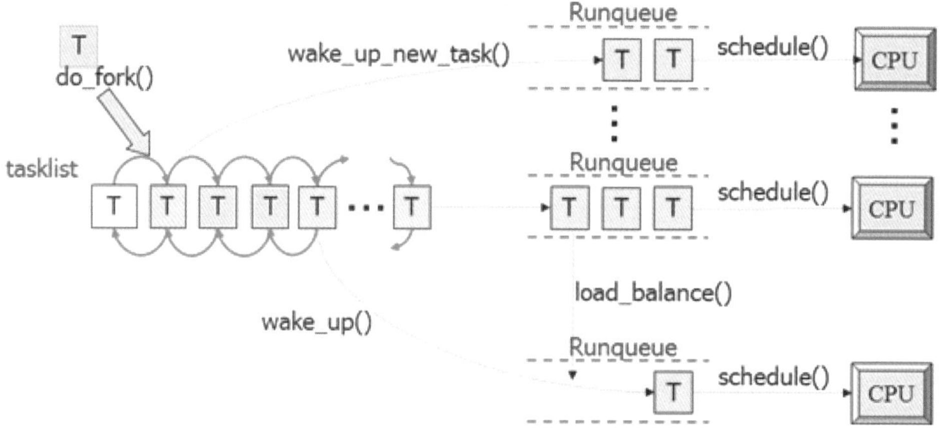

■ 그림 3.19 복수개의 CPU를 가진 시스템의 런 큐 구조와 태스크

다중 CPU 환경에서 런 큐가 여러 개라면 새로이 생성된 태스크는 어느 런 큐에 삽입될까? 일반적으로, 새로 생성되는 태스크는 부모 태스크가 존재하던 런 큐로 삽입된다. 이는 자식 태스크가 부모 태스크와 같은 CPU에서 수행될 때 더 높은 캐시 친화력(cache affinity)을 얻을 수 있기 때문이다. 대기 상태에서 깨어난 태스크는 대기 전에 수행되던 CPU의 런 큐로 삽입된다. 이 또한 캐시 친화력을 활용하기 위함이다. 리눅스에서는 task_struct의 cpus_allowed 필드에 태스크가 수행될 수 있는 CPU의 번호가 들어있고, 이를 이용해 삽입될 런 큐를 결정하게 된다. 새로 생성된 태스크의 cpus_allowed 필드는 wake_up_new_task()가 수행될 때 바로 다음 문단에서 설명될

부하 균등을 고려하여 수정된다.

스케줄러가 수행되면 해당 CPU의 런 큐에서 다음번 수행시킬 태스크를 골라낸다. 이때 두 가지 고려사항이 있다. 첫째, 어떤 태스크를 선택할 것인가 이다. 이를 위해 리눅스는 일반 태스크를 위해 CFS(Completely Fair Scheduler)를 사용하며 실시간 태스크를 위해서는 FIFO, RR, DEADLINE 정책을 제공한다. 구체적인 스케줄링 알고리즘에 대해서는 뒤 쪽에서 구체적으로 살펴보도록 하자. 두 번째 문제는 런 큐간의 부하가 균등하지 않은 경우 어떻게 할 것 인가하는 문제이다. 이를 위해서 리눅스에서는 부하 균등(load balancing)기법을 제공하며, 그림 3.19의 load_balance()함수가 이를 담당하고 있다. 이 함수에서는 특정 CPU가 많은 작업을 수행하고 있느라 매우 바쁘고 다른 CPU들은 한가하다면 다른 CPU로 태스크를 이주(migration) 시켜서 시스템의 전반적인 성능 향상을 시도한다.

특정 태스크를 이주시키기로 결정했다면 남은 문제는 '어느 CPU'로 이주시킬 것인지 결정하는 일이다. 이를 위해 리눅스는 그림 3.20에 보이고 있는 자료구조를 유지한다. 그림 3.20의 좌측 편에는 하이퍼 쓰레딩 (hyper-threading)을 지원하는 dual-core 칩이 두 개 장착되어 있는 시스템을 개념적으로 나타내었다. 리눅스가 부팅 과정을 정상적으로 종료한 뒤에는, 0~7번까지 총 8개의 논리적인 CPU가 존재하는 것으로 인식하게 된다. 만약 0번 CPU에서 태스크를 이주시키려 한다고 가정하면, 하이퍼 쓰레딩으로 인해 논리적으로 존재하는 2번 CPU가 태스크 이주에 의한 성능 저하를 최소화 시킬 수 있다. 만약, 2번 CPU도 부하가 높아 다른 CPU를 물색해야 한다면, L3 캐시를 공유하고 있기에 성능저하가 적은 1, 3번 CPU가 다음 고려대상이 될 수 있다. 마찬가지로, 다음 고려대상은 4, 6, 5, 7번 CPU가 될 수 있다.

이러한 관리를 위해 리눅스는 그림 3.20의 우측 편에 나타낸 바와 같이, 각 최소 연산 단위 (지금의 경우라면 8개의 논리적인 CPU)를 '그룹'이라 부르며, 이를 위해 struct sched_group이라는 자료구조를 사용한다. 또한, '그룹'을 하드웨어적인 특성에 따라 '도메인'으로 분류하며, 이는 각 레벨별로 struct sched_domain이라는 자료구조 관리된다. 이를 통해 태스크의 이주 대상 CPU 선정 시 성능 저하를 최소화할 수 있는 CPU 검색을 가능케 한다.

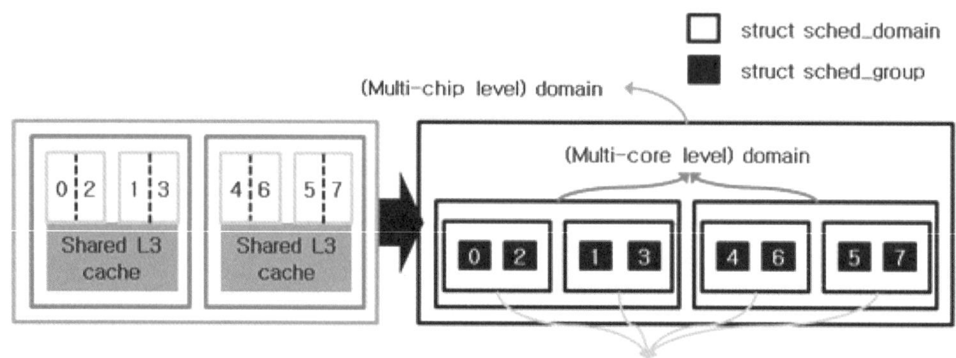

■ 그림 3.20 CPU 구조와 스케줄링 도메인/그룹

사실 위 설명은 SMP 구조의 시스템을 위한 리눅스인 경우에 해당된다. SMP란 Symmetric Multi Processor로써 각 CPU가 동등하기 때문에 태스크가 어느 곳에서든 수행될 수 있다(심지어 리눅스도 어느 CPU에서든지 수행될 수 있다). 한편 NUMA(Non-Uniform Memory Access) 구조의 시스템에서는 load_balance()함수에서 CPU 부하뿐만 아니라 메모리 접근 시간의 차이 등도 고려하여 부하 균등을 시도한다(NUMA는 4장에서 다시 논의된다). load_balance() 함수는 tick 타이머 인터럽트에 기반 하여 주기적으로 호출되거나, 특정 CPU의 런 큐가 비게 되는 경우, 혹은 바로 다음 절에서 소개될 실시간 태스크의 상태 전이에 의해 호출된다.

7-2 실시간 태스크 스케줄링 (FIFO, RR and DEADLINE)

그럼 이제 리눅스의 스케줄링 동작원리를 살펴보도록 하자. 컴퓨터 시스템의 가장 중요한 자원 중 하나인 CPU를 어떤 태스크가 사용하도록 해줄 것인가? 공정해야 여러 태스크들이 불평하지 않을 것이며, 효율적이어야 가장 높은 처리율(throughput)을 낼 수 있을 것이다. 또한 가장 급한 태스크를 한가한 태스크보다 먼저 수행될 수 있도록 해준다면 보다 높은 반응성을 보일 수 있을 것이다.

어떤 기준에 근거하여 태스크를 골라 낼 것인가? 이를 위해 task_struct 구조체는 policy, prio, rt_priority 등의 필드가 존재한다. policy 필드는 이 태스크가 어떤 스케줄링 정책을 사용하는지를 나타낸다. 리눅스의 태스크는 실시간 태스크와 일반 태스크로 나뉘며, 실시간 태스크를 위해 3개, 일반 태스크를 위해 3개, 총 6개의 스케줄링 정책이 존재한다. 구체적으로, 실시간 태스크를 위해서는 SCHED_FIFO, SCHED_RR, SCHED_DEADLINE 정책이 사용된다. 일반 태스크를 위해서는

SCHED_NORMAL 정책이 사용되며, 이와 더불어 중요하지 않은 일을 수행하는 태스크가 CPU를 점유하는 것을 막기 위해 가장 낮은 우선순위로 스케줄링되는 SCHED_IDLE 정책, 사용자와의 상호 작용이 없는 CPU 중심의 일괄 작업 (batch job) 태스크를 위한 SCHED_BATCH 정책이 존재한다. 일반 태스크를 위한 CFS 스케줄링 기법은 다음 절에서 자세하게 설명된다. 이번 절에서는 실시간 태스크를 위한 스케줄링 기법을 먼저 살펴보도록 하자.

리눅스의 실시간 태스크란 SCHED_FIFO, SCHED_RR, SCHED_DEADLINE 정책을 사용하는 태스크를 의미한다. 즉, 실시간 태스크를 생성하는 별도의 함수가 존재하는 것이 아니라 sched_setscheduler() 등의 함수를 통해 태스크의 스케줄링 정책을 위 세 가지 중 하나로 바꾸게 되면 실시간 태스크가 되는 것이다. 실시간 태스크는 우선순위 설정을 위해 task_struct 구조체의 rt_priority 필드를 사용한다. rt_priority는 0~99까지의 우선순위를 가질 수 있으며, 태스크가 수행을 종료하거나, 스스로 중지하거나, 혹은 자신의 타임 슬라이스를 다 쓸 때까지(이 경우는 SCHED_RR 정책만 해당됨) CPU를 사용한다. 즉, RR인 경우 동일 우선순위를 가지는 태스크가 복수개인 경우 타임 슬라이스 기반으로 스케줄링 된다. 만약, 동일 우선순위를 가지는 RR 태스크가 없는 경우라면 FIFO와 동일하게 동작된다. 또한 실시간 정책을 사용하는 태스크는 고정 우선순위를 가지게 된다. 따라서 우선순위가 높은 태스크가 낮은 태스크보다 먼저 수행된다는 것을 보장한다.

그럼 이제 FIFO 혹은 RR 스케줄링 정책을 사용하는 실시간 태스크 중 우선순위가 가장 높은 태스크를 어떻게 찾는 것이 가장 효율적일지 생각해 보자. 이런 방법은 어떨까? 앞서 살펴본 바와 같이 시스템에 존재하는 모든 태스크는 tasklist라는 이중 연결 리스트에 연결되어 있으므로, 이 리스트를 이용하면 시스템내의 모든 태스크를 접근하는 것이 가능하다. 따라서 tasklist를 순서대로 뒤지면서 시스템에 존재하는 실시간 태스크 (FIFO나 RR을 스케줄링 정책으로 사용하고 있는) 중 가장 높은 우선순위의 태스크를 골라내면 된다. 하지만 이러한 스케줄링 방식에는 문제가 있다. 태스크의 개수가 늘어나면 그만큼 스케줄링에 걸리는 시간도 선형적으로 증가 하게 되며 (O(n)의 시간복잡도), 따라서 스케줄링에 소모되는 시간을 예측할 수 없다. 이것이 바로 과거 리눅스 커널 버전 2.4의 스케줄러였다.

그렇다면 리눅스는 이러한 단점을 해결하기 위해 어떤 방법을 도입했을까? 아래 그림 3.21이 바로 그 해결책을 보여준다. 우선 FIFO 혹은 RR 정책을 사용하는 실시간 태스크들이 가질 수 있는 모든 우선순위 레벨(0~09)을 표현할 수 있는 비트맵을 준비한다. 태스크가 생성되면 비트맵에서 그 태스크의 우선순위에 해당하는 비트를 1로 set한 뒤, 태스크의 우선순위에 해당되는 큐에 삽입된다. 스케줄링 하는 시점이 되면 커널은 비트맵에서 가장 처음으로 set되어 있는(존재하는 태스크들 중 가장 우선순위가 높은)비트를 찾아 낸 뒤, 그 우선순위 큐에 매달려 있는 태스크를 선택하게 된다. 고정된 크기의 비트맵에서 최우선 비트를 찾아내는 것은 상수시간 안에 가능하므로 스케줄링 작업은 고정시간 내에 완료되게 된다.

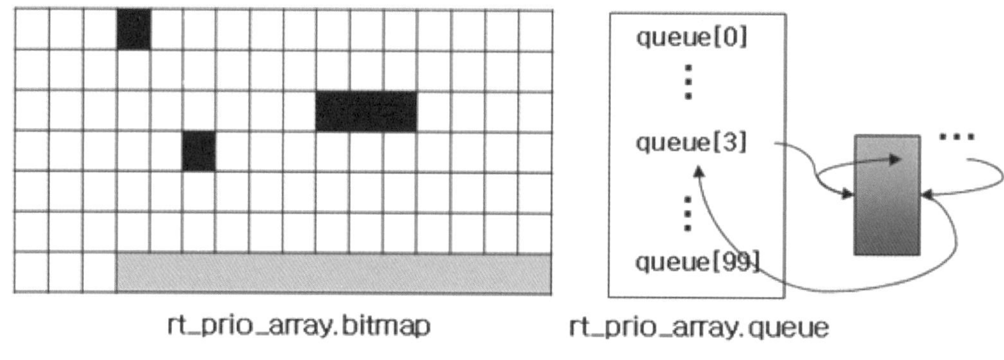

■ 그림 3.21 FIFO와 RR 정책을 위한 비트맵과 큐

DEADLINE 정책은 잘 알려진 실시간 태스크 스케줄링 기법 중 하나인 EDF(Earliest Deadline First) 알고리즘을 구현한 것으로 비교적 최근에 (커널 버전 3.14) 리눅스에 추가되었다. 앞서 살펴본 바와 같이 기존 리눅스의 실시간 태스크 스케줄링 정책은 우선순위에 기반하여 스케줄링 대상을 선정하는데 반해, DEADLINE 정책은 잠시 후 설명될 deadline이 가장 가까운 (즉, 가장 급한) 태스크를 스케줄링 대상으로 선정한다.

예를 들어, 동영상을 재생하는 태스크가 수행중 이라고 가정해보자. 만약, 끊김 없이 화면을 재생하기 위해 초당 30프레임을 디코딩 하여 화면에 출력해야 한다면, 이 태스크는 1초당 30 번씩 '해야하는 일' 을 가지고 있다고 볼 수 있다. 각각의 '해야하는 일' 이 1초당 30회 씩 수행되어야 한다면, 그 '해야하는 일' 은 적어도 (1초/30) 보다는 적은 시간 내에 수행 될 수 있는 '작업량' 을 가지고 있을 것이다. 또한, 각각의 '해야하는 일' 은 언제까지는 반드시 수행이 완료되어야 한다는 '완료시간' 이 정해져 있음을 의미한다. 이때, 리눅스의 DEADLINE 정책에서는 '완료시간' 을 deadline, '작업량' 은 runtime, 초당 30회라는 주기성을 period라고 부른다.

정상적인 동작을 위해서는 태스크의 runtime과 deadline은 (현재시간 + runtime 〈 deadline)의 조건을 만족해야 하며, DEADLINE 정책을 사용하는 태스크들의 runtime 합은 CPU의 최대 처리량을 넘어선 안 된다. 이는 결국, 새로운 태스크가 DEADLINE 정책을 사용하려 할 때, DEADLINE 정책을 사용하는 기존 태스크들의 runtime과 period를 이용해 해당 태스크의 성공적인 완료 여부를 확정적(deterministic)으로 결정 할 수 있다는 의미이며, 이러한 확정성은 실시간 스케줄링 기법의 가장 중요한 요소 중 하나이다.

실제 스케줄링 과정은 비교적 간단하다. DEADLINE 정책을 사용하는 각 태스크들은 deadline을 이용하여 RBTree (Red-Black Tree)에 정렬되어 있으며, 스케줄러가 호출되면 가장 가까운 deadline을 가지는 태스크를 스케줄링 대상으로 선정한다. 즉, DEADLINE 정책을 사용하는 태스크의 경우 우선순위는 의미가 없다. 이에 따라, FIFO나 RR등 기존의 우선순위 기반 스케줄링 정책 대비, 기아현상(starvation) 등의 문제에 효율적이며, 주기성을 가지는 실생활의 많은 프로그램들 (영상, 음성, 스트리밍 등)과 제약 시간을 가지는 수많은 응용들에 효과적으로 적용이 가능하다.

각 스케줄링 기법이 사용하는 자료구조를 런 큐 자료구조와 함께 그림 3.22에 나타내었다. CPU당 하나씩 존재하는 런 큐 자료구조인 struct rq내에는 FIFO, RR, DEADLINE 스케줄링 기법에서 사용하는 자료구조가 담겨있는 struct rt_rq, struct dl_rq가 존재한다. struct rt_rq내에는 우선 순위 별로 태스크를 관리하기 위한 비트맵과 큐가 존재하며, struct dl_rq자료구조내에는 deadline에 따라 태스크를 정렬해두기 위한 RBtree 관련 자료구조가 존재한다. 또한 그림 3.20에서 설명된 그룹과 도메인을 관리하기 위한 자료구조 역시 연결되어 있음을 확인 할 수 있다. 그럼 이제 그림 3.22에서 아직 설명되지 않은 CFS, 즉 일반 태스크를 위한 스케줄링 기법에 대해 살펴보도록 하자.

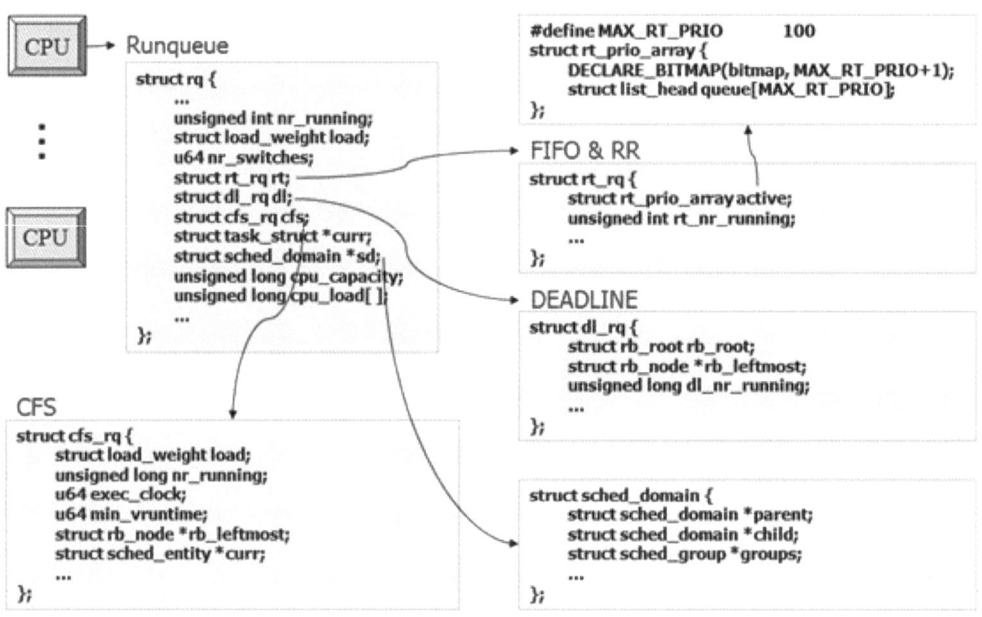

■ 그림 3.22 런 큐와 스케줄링 관련 주요 자료구조

7-3   일반 태스크 스케줄링 (CFS)

리눅스가 일반 태스크를 위해 사용하고 있는 스케줄링 기법은 CFS(Completely Fair Schedluer)라 불린다. 우선 CFS의 기본적인 개념에 대해 살펴본 후 구체적인 구현에 대해 알아보도록 하자. 이 스케줄러는 기법의 이름이 의미하듯 완벽하게 공평한 스케줄링을 추구한다. 그럼 어떤 스케줄링이 완벽하게 공평한 스케줄링일까? 보통은 CPU 사용시간의 공평한 분배를 의미한다. 만약 A, B 두 개의 태스크가 수행 중이라면, A와 B의 CPU 사용시간이 항상 1:1로 같아야 하는 것이다.

그러나 두 태스크가 번갈아 가며 수행되므로 임의의 시점에 두 태스크의 CPU 사용시간이 항상 1:1로 같을 수는 없다. 따라서 CFS는 정해진 '시간 단위'로 봤을 때, 시스템에 존재하는 태스크들에게 공평한 CPU 시간을 할당하는 것을 목표로 한다. 만약, 1초를 '시간 단위'로 한다면, 0.5초 동안 A 태스크를 수행시키고, 그런 뒤 0.5초간 B 태스크를 수행시킴으로써 1초가 지난 이후 A와 B의 CPU 사용시간이 1:1이 되도록 하는 것이다 (만약 '시간 단위'가 너무 길면 태스크의 반응성이 떨어질 것이고, 반대로 너무 짧다면 스케줄링과 추후 설명될 문맥교환으로 인한 오버헤드가 높아질 것이므로 적절한 값을 설정하는 것이 중요하다).

즉, 런 큐에 N개의 태스크가 존재한다면, 정해진 '시간 단위'를 N으로 나누어 N개의 태스크에게 할당해 주면 되는 것이다. 그러면, 태스크의 우선순위는 어떻게 반영할 수 있을까? 우선순위가 높은 태스크에게 가중치를 두어 좀 더 긴 시간 CPU를 사용할 수 있도록 해주면 어떨까? 예를 들어 우선순위가 높은 태스크 A(high)와 낮은 태스크 B(low)가 존재한다면, CPU시간을 2:1로 나누어 분배하는 것이다. 그러면 A(high)는 B(low) 보다 많은 CPU시간을 사용할 수 있게 되고 결과적으로 우선순위가 낮은 태스크 대비 비교적 일찍 자신에게 주어진 일을 완료할 수 있게 될 것이다.

이를 위해 리눅스는 vruntime 개념을 도입했다. 각 태스크는 자신만의 vruntime 값을 가지며, 이 값은 스케줄링되어 CPU를 사용하는 경우 사용시간과 우선순위를 고려하여 증가된다. 일반 태스크의 우선순위는 별도의 지정(nice()같은 시스템 호출)이 없다면 부모의 우선순위와 같다. 일반 태스크는 사용자 수준에서 볼 때 −20~0~19 사이의 우선순위를 갖게 되며, 이 값은 커널 내부적으로 (priority + 120)으로 변환된다. 따라서 일반 태스크의 실제 우선순위는 100~139에 해당되며, 항상 실시간 태스크의 우선순위보다 낮은 것이 보장된다.

그림 3.23은 task_struct에 저장되는 vruntime 필드와, vruntime 갱신 시 사용되는 우선순위에 따른 가중치를 보여주고 있다. 만약 사용자가 태스크에 −20의 우선순위를 부여했다면 88761의 가중치 값이, 0을 지정했다면 1024의 가중치 값이 해당 태스크의 task_struct로부터 접근가능 한 weight필드에 저장되는 것이다.

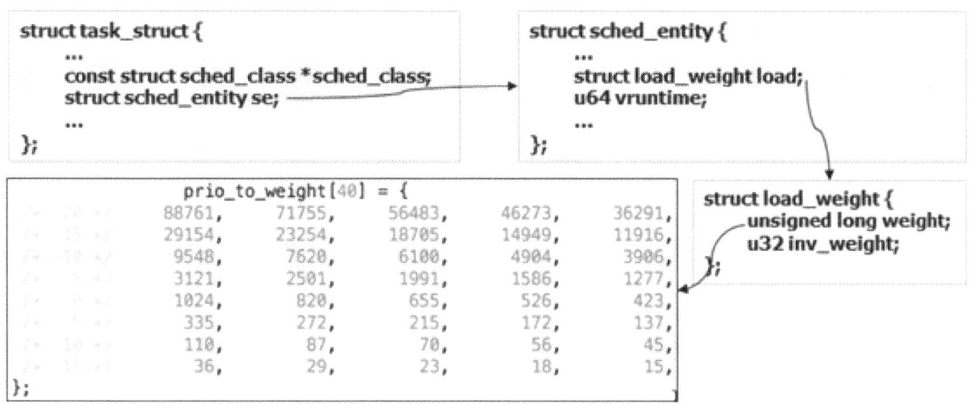

■ 그림 3.23 문맥교환과 문맥저장

리눅스는 주기적으로 발생되는 타이머 인터럽트 핸들러에서 scheduler_tick() 함수를 호출함으로써 현재 수행중인 태스크의 vruntime 값을 갱신한다. 이때 vruntime 값의 증가분은 다음과 같이 계산된다.

리눅스 커널 내부구조

$$vruntime\mathrel{+}=physicalruntime \times \frac{weight_0}{weight_{curr}}$$

이때 $weight_{curr}$은 현재 태스크의 weight값, $weight_0$은 우선 순위 0에 해당하는 weight값을 의미한다. 예를 들어, 현재 수행 중인 태스크의 우선순위가 −20이고 1초간 수행되었다면 vruntime은 약 0.0115초 증가되며, 우선순위가 10인 태스크가 1초간 수행되었다면 vruntime은 약 9.3091초 가량 증가된다. 즉, 우선순위가 높은 태스크의 경우 (좀 더 긴 시간 CPU를 사용할 수 있도록) 시간이 느리게 흘러가는 것처럼 관리하고, 우선순위가 낮은 태스크의 경우 (좀 더 짧은 시간 동안 CPU를 사용할 수 있도록) 시간이 빠르게 흘러가는 것처럼 관리하는 것을 의미한다 (그래서 필드명이 virtual runtime을 의미하는 vruntime이다).

그럼 이제 남은 문제는 스케줄링 대상이 되는 태스크 어떻게 빠르게 골라낼 것인가 하는 문제이다. 눈치가 빠른 독자라면 이미 예상했겠지만, 가장 작은 vruntime 값을 가지는 태스크가 가장 과거에 CPU를 사용했음을 의미한다. 따라서 리눅스는 이러한 태스크를 다음번 스케줄링의 대상으로 선정함으로써 공평한 스케줄링을 수행하려 노력한다. 구체적으로, 리눅스는 가장 낮은 vruntime 값을 가지는 태스크를 빠르게 찾아내기 위해 RBtree 자료구조를 사용한다. 각 태스크는 vruntime 값을 키로 하여 RBtree에 정렬되어 있으며, 이 트리에서 가장 좌측에 존재하는 태스크(vruntime 값이 가장 작은 태스크)가 다음번 스케줄링의 대상이 된다(rb_leftmost 필드). 스케줄링된 태스크는 수행 될수록 키 값이 증가되며 따라서 트리의 가장 좌측에서 점차 우측으로 이동된다. 반면 스케줄링 되지 않은 태스크는 대기하는 동안 점점 자신의 키 값이 (상대적으로)감소되며 따라서 점차 트리의 좌측으로 이동하게 된다.

그런데 한 가지 문제가 더 남아있다. 수행된 시간만큼 태스크의 vruntime 값이 증가되며, 항상 가장 작은 vruntime값을 가지는 태스크가 스케줄링 된다면, 너무 자주 스케줄링이 발생되지는 않을까? 그래서 리눅스는 각 태스크별로 선점되지 않고 CPU를 사용할 수 있는 시간(타임 슬라이스)이 미리 지정되어 있으며, 타임슬라이스가 작은 태스크 간의 빈번한 스케줄링을 막기 위해 스케줄링간 최소 지연 시간도 정의되어 있다. 그럼 이제 리눅스가 태스크의 우선순위에 따라 각 태스크에게 타임 슬라이스를 어떻게 분배 하는지 알아보자.

리눅스는 앞서 언급한 '시간 단위'를 태스크의 우선순위, 즉 가중치에 기반하여 각 태스크에게 분배한다. 예를 들어, 시스템에 A와 B 두 개의 태스크가 존재할 때, A 태스크의 우선순위가 −20, B 태스크의 우선순위가 0 이라면, A의 타임 슬라이스는 '시간 단위'$\times\dfrac{88761}{(88761+1024)}$ 가 되며, B의 타임 슬라이스는 '시간 단위'$\times\dfrac{1024}{(88761+1024)}$ 가 된다. 이러한 계산 과정은 커널의 sched_slice() 함수에 구현되어 있다. 이때 '시간 단위' 는 너무 잦은 스케줄링으로 인한 오버헤드를 최소화하기 위해 시스템에 존재하는 태스크의 개수를 고려하여 정해지며, 커널의 __sched_period()함수에서 계산된다.

지금까지 살펴본 스케줄링 과정을 요약하면 다음과 같다. 태스크가 처음 생성되면 시스템에 존재하는 태스크들의 vruntime 값 중 가장 작은 값을 자신의 vruntime 값으로 가지게 되며, 이를 통해 새로이 생성된 태스크의 빠른 수행을 시도한다. 수행 중인 태스크의 vruntime 값은 주기적으로 발생되는 타이머 인터럽트를 통해 우선순위를 고려하여 갱신된다. 모든 태스크는 vruntime 값을 키로 RBtree에 정렬되어 있으며, 가장 작은 vruntime 값을 가지는 태스크가 다음번 수행 대상으로 선정된다. 단, 현재 수행중인 태스크의 vruntime 값이 다른 태스크보다 커지더라도, 해당 태스크의 타임 슬라이스 혹은 스케줄링간 최소 지연 시간 내에서는 계속 수행을 보장한다.

그럼 스케줄러는 언제 어떻게 호출될까? '어떻게' 의 답은 두 가지이다. 직접적으로 schedule() 함수를 호출하는 방법이 있고, 현재 수행되고 있는 태스크의 thread_info 구조체 내부에 존재하는 flags필드 중 need_resched 라는 필드를 설정하는 방법이다.

'언제' 의 답 은 여러 가지이다. 첫째, 주기적으로 타이머 인터럽트가 발생하는데 이 인터럽트의 서비스 루틴이 종료되는 시점에 현재 수행되고 있는 태스크의 need_resched 필드를 살펴보고 스케줄링 할 필요가 있다면 스케줄러를 호출한다. 둘째, 현재 수행되고 있는 태스크가 자신의 타임 슬라이스를 모두 사용했거나, 이벤트를 대기하는 경우이다. 셋째, 새로 태스크가 생성되거나, 대기 상태의 태스크가 깨어나는 경우이다. 넷째, 현재 태스크가 sched_setscheduler() 같은 스케줄링 관련 시스템 콜을 호출할 때이다.

CFS와 관련된 사항을 한 가지 더 알아보도록 하자. 만약 철수가 99개의 태스크를 만들었고 영희가 1개의 태스크를 생성했다면 어떻게 될까? 철수가 99/100의 CPU를 사용하게 되는 불공평한 상황이 발생하진 않을까? 이러한 상황을 해결하기 위해 CFS 는 그룹 스케줄링 정책을 지원한다(config시 CONFIG_FAIR_GROUP_SCHED가 설정되어 있어야 하며 태스크는 SCHED_NORMAL, SCHED_BATCH정책 중 하나를 사용해야 함). 그룹 스케줄링 기법은 다시 사용자 ID 기반 그룹 스케줄링과 cgroup 가상 파일시스템 기반 그룹 스케줄링으로 나뉜다. ID 기반 그룹 스케줄링은 특정 사용자 간에 공평하게 CPU를 배분하는 정책을 의미한다. cgroup 가상 파일시스템 기반 그룹 스케줄링 기법은 사용자가 지정한 태스크들을 하나의 그룹으로 취급하며 그룹 간에 공평하게 CPU를 배분하는 정책이다.

리눅스는 그림 3.24에 나타낸 바와 같이 CFS와 함께 스케줄링 클래스라는 개념을 도입하였다. 이를 통해 구체적인 스케줄러의 '구현'과 '인터페이스'를 분리하였는데 현재 사용되는 스케줄링 클래스는 크게 ~/kernel/sched/fair.c에 구현된 fair_sched_class (CFS) 와 ~/kernel/sched/rt.c에 구현된 rt_sched_class (FIFO & RR), ~/kernel/sched/deadline.c에 구현된 dl_sched_class로 나뉜다. 이들 클래스는 각각의 스케줄링 정책이 구현되어 있는 함수에 대한 포인터를 담고 있는 구조체이다. 따라서 임의의 시점에 스케줄링 관련 함수를 호출해야 할 때에는 구체적인 함수의 이름이 아닌 이 구조체를 이용하여 일관된 인터페이스를 유지할 수 있다. task_struct 구조체는 자신이 속해있는 스케줄링 정책에 따라 적절한 sched_class를 가리킨다.

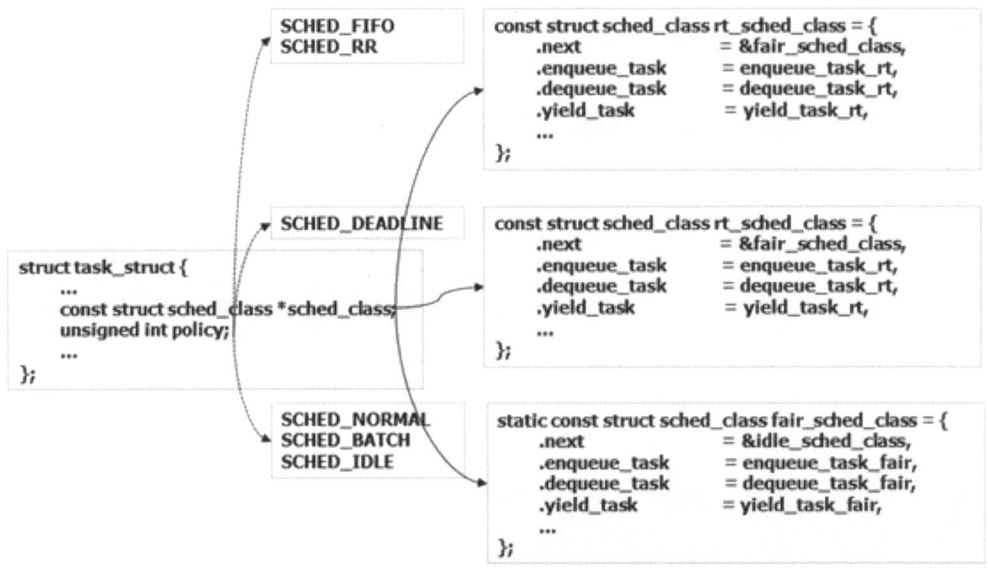

■ 그림 3.24 스케줄링 정책에 따른 스케줄러 클래스

8.　문맥 교환

　수행 중이던 A라는 태스크에게 할당되어 있던 타임 슬라이스가 모두 소진되거나, 혹은 수행 중이던 A라는 태스크가 특정 사건을 기다리기 위해 잠들어야 하는 경우 리눅스 커널은 새로이 수행할 태스크 B를 선택하여 CPU라는 자원을 배정해준다. 이렇게 수행 중이던 태스크의 동작을 멈추고 다른 태스크로 전환하는 과정을 문맥 교환(context switch)이라 부른다. 그림 3.25는 인텔 CPU를 기준으로 문맥교환 과정을 보여준다.

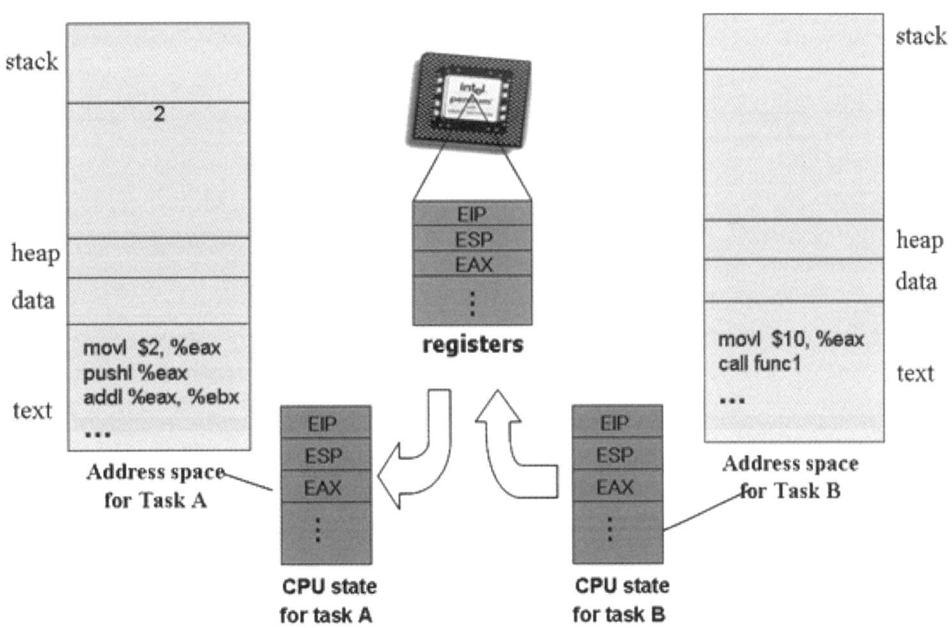

■ 그림 3.25　문맥교환과 문맥저장

　우선 태스크 A가 eax레지스터에 2라는 값을 넣은 뒤, 연산을 수행하다가 태스크 B로 문맥 교환이 된다고 가정해보자. 태스크 B는 eax레지스터에 10이라는 값을 넣고, 다시 여러 연산을 수행하게 될 것이다. 그런데 B라는 태스크가 수행되던 중 이제 다시 A가 수행될 차례가 되었다면? 태스크 A가 eax레지스터에 넣어 두었던 2라는 값은 어떻게 되었을까? A를 어디서부터 다시 수행시키면 좋을까? 당연히 잠들기 전에 수행한곳 바로 다음부터 수행시켜 줘야 할 것이다. 즉 eax는 태스크 A가 문맥교환되기 전의 저장 값인 2를 가져야 한다.

　요약해 보면 리눅스 커널은 태스크가 문맥교환 되는 시점에 어디까지 수행했는지, 현재 CPU의 레지스터 값은 얼마인지 등을 저장해 둔다. 이를 문맥 저장(context save)이라 한다. 즉, 스케줄링이 일어나면 문맥 교환이 발생하고, 문맥 교환 시엔 현재 수행 중이던 태스크의 문맥을 저장해 두어야 한다. 이때 문맥은 CPU 레지스터 즉, H/W context를 뜻한다. 그럼 H/W context는 어디 저장해 두면 좋을까? 이를 위해 task_struct에 H/W context를 담아 두기 위한 필드를 만들어 두었다. 이 필드의 이름이 thread이며, 그림 3.26에 보인 struct thread_struct 형태로 정의된다.

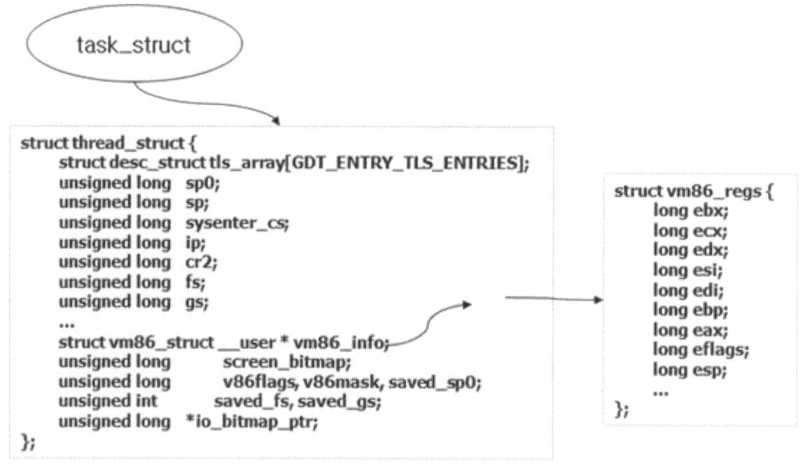

■ 그림 3.26   쓰레드 구조

thread_struct 구조는 태스크가 실행하다가 중단되어야 할 때 태스크가 현재 어디까지 실행했는지 기억하는 공간이다. 태스크는 실행 중에 다양한 상태 전이를 겪는다. 실행 중에 사건을 기다릴 필요가 있으면 대기 상태로 전이하고, 시간 할당량이 지나 타임 아웃되면 준비 상태로 전이한다. 이때 자신이 어디까지 실행했는지 기억해야 한다. 그래야만 이후 다시 스케줄링 되어 실행될 때 중지한 다음부터 실행할 수 있기 때문이다. 한편, 실행 중에 인터럽트가 발생할 때에도 자신이 어디까지 실행했는지 기억해야 한다. 그래야만 인터럽트 처리가 끝난 후 중지한 이후부터 다시 실행할 수 있기 때문이다.

그럼 태스크가 어디까지 실행했는지 기억하기 위해서는 어떤 정보를 유지해야 할까? 잠시 생각해 보자. 우선 태스크가 어떤 명령어까지 수행했으며, 다음에 수행해야 할 명령어가 어디인지 알아야 한다. 이 정보는 CPU의 pc(program counter, 인텔 CPU에서는 eip 레지스터라고 불린다)레지스터를 이용해 알 수 있다. 한편 태스크는 수행 중에 자신의 스택을 빈번하게 사용하며, 따라서 중지할 때 현재 스택의 사용 위치(top)가 어디인지 알아야 한다. 이 정보는 CPU의 sp(stack pointer) 레지스터를 이용해 알 수 있다. 뿐만 아니라 태스크가 실행 중에 이용한 CPU의 범용 레지스터 값들도 기억해 두어야 한다. 이는 태스크가 중지되면 다른 태스크가 CPU를 사용할 것이며, 따라서 다른 태스크가 CPU의 레지스터 내용을 변경할 수 있기 때문이다. 그 외에 CPU 상태를 나타내는 eflags, 세그먼트를 관리하는 cs, ds 등의 레지스터 내용도 기억해야 한다. 결국 thread_struct가 이러한 정보를 기록할 수 있는 필드들로 구성되어 있는 것이다.

마지막으로, A 태스크가 수행 중 B 태스크로 문맥교환이 일어난다면, 실제로는 몇 번의 CPU 레지스터 정보 저장/복원이 필요한지 생각해 보자. 스케줄링 및 문맥 교환 코드는 모두 커널에 구현되어 있다. 따라서 우선 A 태스크가 수행되고 있던 사용자 수준에서 커널 수준으로 상태 전이를 해야 한다. 이때 태스크의 A를 위해 할당되어 있는 커널 스택에 CPU 레지스터 정보가 저장된다(1. Save #1). 그런 뒤 커널이 스케줄링 코드를 수행하고 다음번 수행 대상으로 Task B를 선정하여 문맥 교환을 하게 되면, 여지껏 사용하던 CPU 레지스터 정보를 Task A의 task_struct.thread 구조에 저장한다 (2. Save #2). Task B 역시 동일한 과정을 거쳐 문맥을 저장해 두었을 것이므로 저장의 역순으로 Task B의 task_struct.thread 구조를 이용하여 CPU 레지스터 정보를 복원한다 (3. Restore #1). 그런 뒤 커널 수준에서의 작업이 모두 종료되었다면, 사용자 수준 응용 프로그램을 수행하기 위해 다시 사용자 수준으로 복귀한다. 이는 Task B의 커널 스택에서 CPU 정보를 복원시킴으로써 이뤄진다 (4. Restore #2). 즉, 두 태스크 간의 문맥 교환은 실행 수준 변화에 따른 CPU 레지스터 정보 저장/복원 및 태스크 간의 문맥 교환에 따른 CPU 레지스터 정보 저장/복원이 필요하므로, 총 4번의 CPU 레지스터 정보 저장/복원이 발생된다.

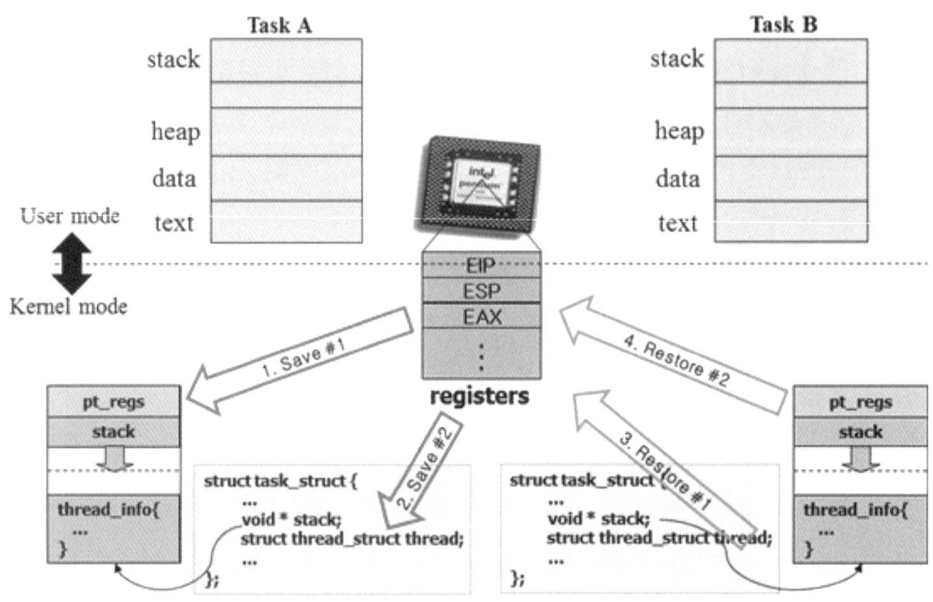

■ 그림 3.27 태스크 간의 문맥 교환 및 CPU 레지스터 정보 저장/복원

9. 태스크와 시그널

시그널은 태스크에게 비동기적인 사건의 발생을 알리는 메커니즘이다. 태스크가 시그널을 원활히 처리하려면 다음과 같은 3가지 기능을 지원해야 한다. 첫째, 다른 태스크에게 시그널을 보낼 수 있어야 한다. 이를 위해 리눅스 커널은 sys_kill()이라는 시스템 호출을 제공한다. 둘째, 자신에게 시그널이 오면 그 시그널을 수신할 수 있어야 한다. 이를 위해 task_struct에는 signal, pending이라는 변수가 존재한다. 셋째, 자신에게 시그널이 오면 그 시그널을 처리할 수 있는 함수를 지정할 수 있어야 한다. 이를 위해 sys_signal()이라는 시스템 호출이 존재하며, task_struct 내에 sighand라는 변수가 존재한다.

리눅스는 시그널을 두 가지로 구분하는데 이는 리눅스에서 기본적으로 지원하는 일반 시그널 32개와 POSIX 표준을 위해 도입한 실시간 시그널 32개이다(실제 리눅스 커널에서는 실시간 시그널이 사용되지는 않는다). 결국 리눅스는 총 64개의 시그널을 지원한다. 리눅스에서 지원하는 정규 시그널의 목록은 kernel/include/asm-$(ARCH)/signal.h에서 확인 가능하다.

이제 시그널을 위해 task_struct에 존재하는 변수들의 기능을 자세히 살펴보도록 하자. 이 변수들을 그림으로 표현하면 아래 그림 3.28와 같다.

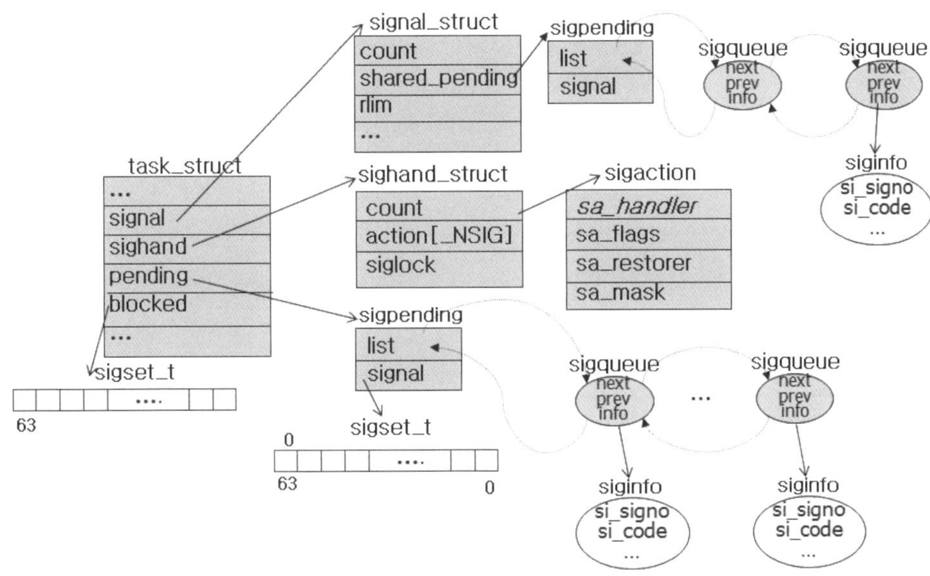

■ 그림 3.28 시그널 처리 관련 자료 구조

사용자가 쉘 프롬프트에서 '$ kill PID'와 같은 명령어를 사용하여 특정 PID를 가지고 있는 태스크를 종료시키려 한다고 가정해 보자. 이때 사용자는 PID를 공유하고 있는 쓰레드들(즉, 쓰레드 그룹)이 모두 종료되는 것을 기대할 것이다. 리눅스에서 PID는 실제로는 tgid를 의미한다는 것을 살펴본 바 있다. 따라서 PID가 같은 태스크들은 의미상 같은 쓰레드 그룹임을 의미한다. 그러므로 PID를 공유하고 있는 모든 쓰레드들(쓰레드 그룹)간에 시그널을 공유하는 메커니즘이 필요하다. 이렇게 여러 태스크들 간에 공유해야 하는 시그널이 도착하게 되면 이를 task_struct 구조체의 signal 필드에 저장해 둔다. 이러한 시그널을 보내는 작업은 아래 그림 3.29에서 볼 수 있듯이 sys_kill()과 같은 시스템 호출을 통해 이뤄진다.

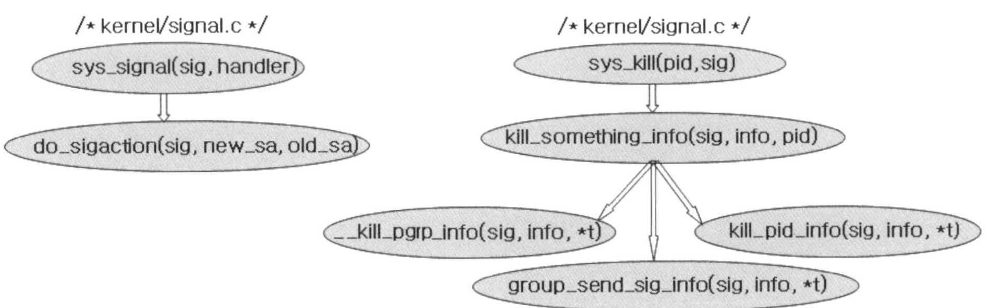

■ 그림 3.29 시그널 처리 관련 함수

반대로 특정 태스크에게만 시그널을 보내야 하는 경우라면 어떨까? 이런 경우를 위해 공유하지 않는 시그널은 task_struct 구조체의 pending 필드에 저장해 둔다. 시그널을 signal필드나 pending필드에 저장할 때는 시그널 번호 등을 구조체로 정의하여 큐에 등록시키는 구조를 택하고 있으며, 이를 위해 sys_tkill()과 같은 시스템 호출을 도입하였다.

한편 각 태스크는 특정 시그널이 발생했을 때 수행될 함수 즉, 시그널 핸들러를 지정할 수 있다. 이때 사용자 지정 시그널 핸들러를 설정하게 해주는 함수가 sys_signal()이다. 태스크가 지정한 시그널 핸들러는 task_struct 구조체의 sighand 필드에 저장된다. 또한 태스크는 특정 시그널을 받지 않도록 설정할 수 있는데 이는 task_struct 구조체의 blocked필드를 통해 이뤄진다. 태스크에서 sigprocmask()와 같은 함수를 사용하면 인자로 넘긴 시그널 번호에 해당되는 비트를 blocked 필드에서 설정함으로써 특정 시그널을 받지 않도록 할 수 있다. 그런데 시그널 중에 SIGKILL과 SIGSTOP라는 시그널은 받지 않도록 설정하거나, 무시할 수 없다. 그 외의 시그널은 별도의 핸들러를 등록시키거나, 받지 않거나 혹은 무시하는 것이 가능하다.

이제부터 다른 태스크에게 시그널을 보내는 과정을 구체적으로 알아보자. 시그널을 보내는 과정은 우선 해당 태스크의 task_struct 구조체를 찾아내고, 보내려는 시그널 번호를 통해 siginfo 자료 구조를 초기화 하고, 시그널의 성격에 따라 task_struct의 signal이나 pending 필드에 매달아 준다. 이때 blocked 필드를 검사하여 받지 않도록 설정한 시그널이 아닌지 검사하게 된다.

수신한 시그널의 처리는 태스크가 커널 수준에서 사용자 수준 실행 상태로 전이할 때 이루어진다. 즉 커널은 pending 필드의 비트맵이 켜져 있는지, 혹은 signal필드의 count가 0이 아닌지 검사를 통해 처리를 대기 중인 시그널이 있는지 확인할 수 있다. 만일 이들 변수가 0이 아니라면 어떤 시그널이 대기 중인지 검사하고, 이 시그널이 블록되어 있지 않다면 시그널 번호에 해당되는 시그널 핸들러를 sighand필드의 action 배열에서 찾아서 수행시켜주게 된다. 만약 태스크가 명시적으로 핸들러를 등록하지 않은 경우 커널은 시그널 무시, 태스크 종료, 태스크 중지 등과 같은 디폴트 액션을 취하게 된다.

끝으로 한 가지 더 생각해 보도록 하자. 인터럽트와 트랩과 시그널 간의 차이점은 무엇일까? 인터럽트와 트랩이 사건의 발생을 커널에게 알리는 방법이라면, 시그널은 사건의 발생을 태스크에게 알리는 방법이다.

실습문제

1. fork()와 exec() 함수를 이용하여 새로운 태스크를 생성하고 프로그램을 수행시키는 프로그램을 작성해 보자.

2. pthread_create()를 이용하여 새로운 쓰레드를 생성한 뒤, 자식 쓰레드에서 exec() 혹은 exit() 등의 함수를 수행하여 fork()와 차이점을 알아보자.

3. /proc 가상 파일시스템 하위에 존재하는 숫자 엔트리들은 어떤 의미를 가지는가?

4. 총 10개의 태스크를 생성한 뒤 7개와 3개의 태스크를 갖는 그룹으로 만들어 각각의 그룹이 공평하게 CPU를 사용하고 있는지 확인하여 보자.

5. SCHED_FIFO, SCHED_RR, SCHED_DEADLINE 정책을 사용하는 실시간 태스크를 만들어 보자.

6. root 사용자의 태스크인 경우 보다 자주, 오래 CPU 할당을 받을 수 있도록 기존 CFS 스케줄러를 수정해 보자.

리눅스 커널 내부구조

Memo

Chapter 4

메모리 관리

이 장에서는 운영체제가 사용하는 메모리 관리 정책에 대해 알아본다. 우선 리눅스에서 시스템의 모든 물리 메모리를 효율적으로 관리하기 위한 구조와 물리 메모리를 할당/해제 하는 기법을 알아본다. 그리고 가상 메모리를 할당/해제 하는 기법에 대해 살펴본다. 끝으로 가상 메모리 공간을 물리 메모리 공간으로 변환하는 기법에 대해 논의한다.

1. 메모리 관리 기법과 가상 메모리

초창기에 컴퓨터가 개발될 때부터 사용자는 시스템에 물리적으로 존재하는 것보다 더 많은 양의 메모리를 필요로 해 왔다. 물리 메모리의 한계를 극복하기 위해 여러 가지 기법들이 개발되었는데, 그 중에서 가장 성공적이며 지금도 대부분의 시스템에서 사용하는 방법이 가상 메모리(virtual memory)이다.

가상 메모리는 실제 시스템에 존재하는 물리 메모리의 크기와 관계없이 가상적인 주소 공간을 사용자 태스크에게 제공한다. 얼마만큼의 가상 주소 공간을 제공해 주어야 할까? 어차피 '가상'적으로 줄 것이라면 기왕이면 되도록 넓은 공간을 주는 것이 좋을 것이다. 따라서 32비트 CPU의 경우 주소 지정할 수 있는 최대 크기인 2^{32} 크기 (4GB)의 가상 주소 공간을 사용자에게 제공하며, 64비트 CPU의 경우 2^{64} 크기 (16EB[1])의 주소 공간을 사용자에게 제공한다. 그래서 3.2절에서 태스크의 구조를 살펴볼 때, 32bit CPU에서는 각 태스크마다 4GB의 공간을 가지고 있다고 설명하였다.

그런데 한 가지 주의해야 할 것은 물리적으로 4GB의 메모리를 모두 사용자 태스크에게 제공하는 것은 아니라는 점이다. 4GB라는 공간은 프로그래머에게 개념적으로 제공되는(그래서 가상이다) 공간이며 실제로는 사용자가 필요한 만큼의 물리 메모리를 제공한다. 결국 가상 메모리는 사용자에게 개념적으로 4GB의 큰 공간을 제공함과 동시에 물리 메모리는 필요한 만큼의 메모리만 사용되므로 가능한 많은 태스크가 동시에 수행될 수 있다는 장점을 제공한다. 이외에도 메모리 배치 정책이 불필요하며 태스크 간 메모리 공유/보호가 손쉽고, 태스크의 빠른 생성이 가능하다는 장점을 가진다.

2. 물리 메모리 관리 자료 구조

물리 메모리는 시스템에 없어서는 안 될 귀중한 자원이다. 그러므로 무엇보다 먼저 리눅스는 시스템에 존재하는 전체 물리 메모리에 대한 정보를 가지고 있어야 한다. 우선 메모리라는 물리적 자원이 리눅스에서 어떻게 표현되고 있는지를 알아본 후, 한정된 용량의 메모리를 효율적으로 사용하기 위해 어떤 정책을 사용하고 있는지 알아보도록 하자

---

1) 2^{10} = Killo Byte, 2^{20} = Mega Byte, 2^{30} = Giga Byte, 2^{40} = Tera Byte, 2^{50} = Peta Byte, 2^{60} = Exa Byte.

요즘 복수 개의 CPU를 가지고 있는 구조의 컴퓨터 시스템이 점차 일반화 되어 가고 있다. 복수 개의 CPU를 가지고 있는 컴퓨터 시스템 중 모든 CPU가 메모리와 입출력 버스 등을 공유하는 구조를 SMP(Symmetric Multiprocessing)라 부른다. 그런데 복수 개의 CPU가 메모리 등의 자원을 공유하기 때문에 성능상 병목 현상이 발생할 수 있다. 따라서 CPU들을 몇 개의 그룹으로 나누고 각각의 그룹에게 별도의 지역메모리를 주는 구조가 생겨났다. 이러한 구조를 NUMA(Non-Uniform Memory Access)라 부르며, 이에 반해 기존 시스템을 UMA(Uniform Memory Access)라고 한다[2].

UMA구조라면 별 상관이 없겠지만, NUMA구조에서는 CPU에서 어떤 메모리에 접근 하느냐에 따라 성능의 차이가 생길 수 있다. 예를 들어 CPU는 자신에게 가까운 곳에 위치하고 있는 메모리를 주로 사용해야 다른 버스에 있는 메모리를 접근할 때 보다 빠르게 데이터를 읽어올 수 있을 것이다. 즉, 각각의 구조에 적합한 메모리 정책을 사용해야 한다는 것을 의미한다. 리눅스는 다양한 하드웨어 지원을 목표로 하며, 리눅스개발자는 UMA 구조에서도 NUMA 구조에서도 모두 효율적으로 수행될 수 있도록 리눅스를 설계하였다.

2-1 Node

리눅스에선 접근 속도가 같은 메모리의 집합을 뱅크(bank)라 부른다. 즉, 그림 4.1에서 볼 수 있듯이 UMA구조라면 한 개의 뱅크가 존재하고, NUMA구조라면 복수개의 뱅크가 존재하게 된다. 리눅스에서 뱅크를 표현하는 구조가 노드(node, ~/include/linux/mmzone.h)이다. 만약 UMA구조의 시스템에서 리눅스가 수행된다면 한 개의 노드가 존재할 것이며, 이 노드는 리눅스의 전역 변수인 contig_page_data를 통해 접근 가능하다. 만약 NUMA구조의 시스템에서 리눅스가 수행된다면 복수 개의 노드가 존재할 것이다. 복수 개의 노드는 리스트를 통해 관리되며, 이는 pgdat_list라는 이름의 배열을 통해 접근가능하다. 따라서 리눅스는 하드웨어 시스템에 관계없이 노드라는 일관된 자료구조를 통해서 전체 물리메모리를 접근할 수 있게 되는 것이다.

---

2) 최근 출시되는 대부분의 멀티코어 시스템들은 NUMA의 특성을 보이고 있다

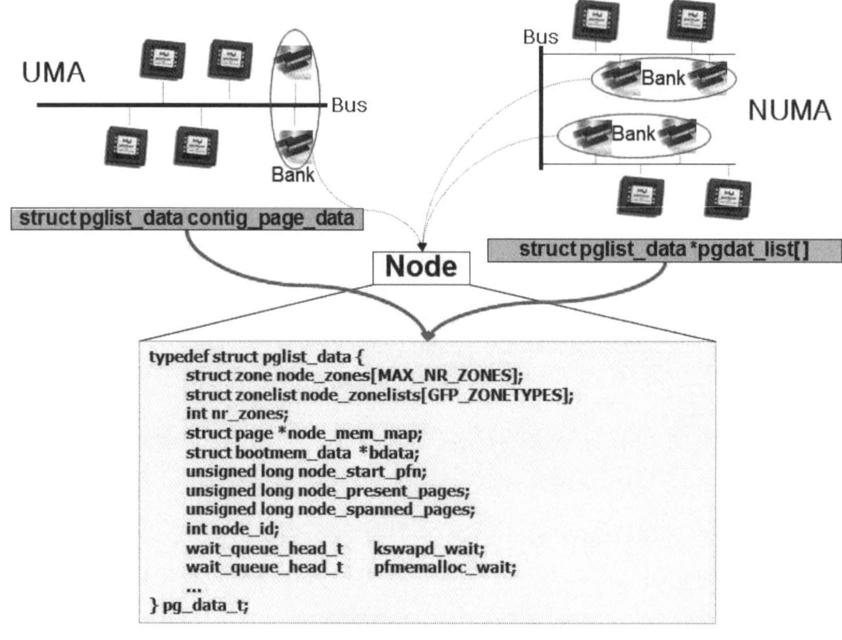

■ 그림 4.1 bank와 node의 관계

UMA구조라서 단일 노드를 contig_page_data변수가 가리키고 있던, 아니면 NUMA구조라서 pgdat_list라는 자료구조가 가리키고 있던지 간에, 어쨌든 하나의 노드는 pg_data_t 구조체를 통해 표현된다. 이 구조체는 해당 노드에 속해있는 물리 메모리의 실제 양(node_present_pages)이나, 해당 물리메모리가 메모리 맵의 몇 번 지에 위치하고 있는지를 나타내기 위한 변수(node_start_pfn) 등이 정의되어 있다. 또한 다음 절에서 설명하게 될 zone 구조체를 담기위한 배열(node_zones)과, zone의 개수를 담는 변수(nr_zones) 등이 선언되어 있다.

만약 리눅스가 물리 메모리의 할당 요청을 받게 되면, 되도록 할당을 요청한 태스크 가 수행되고 있는 CPU와 가까운 노드에서 메모리를 할당하려 한다. 리눅스는 태스크 가 되도록 이전에 수행되었던 CPU에서 다시 수행되도록 하기 때문에 이러한 정책을 통해 보다 높은 성능을 얻을 수 있게 된다.

2-2 Zone

노드 안에 존재하고 있는 메모리는 모두 어떠한 용도로도 사용될 수 있어야 한다. 그런데 (비록 최근엔 점차 사용하지 않는 추세지만) 일부 ISA 버스 기반 디바이스의 경우 정상적인 동작을 위해서는 반드시 물리메모리 중 16MB 이하 부분을 할당해 줘야 하는 경우가 있다. 물론 ISA버스를 채택하고 있지 않은 시스템도 있지만 UMA와 NUMA구조 모두를 고려했던 것과 마찬가지 이유로, 리눅스개발자는 ISA 디바이스를 사용하던 사용하지 않던 관계없이 리눅스가 원활히 수행될 수 있도록 설계하였다. 그 결과 노드에 존재하는 물리메모리 중 16MB이하 부분을 좀 특별하게 관리하는데, 이를 위해 node의 일부분을 따로 관리할 수 있도록 자료 구조를 만들어 놓았다. 이 자료 구조를 그림 4.2에 나타낸 바와 같이 zone(~/include/linux/mmzone.h)이라 부른다. 다시 말하면 zone은 동일한 속성을 가지며, 다른 zone의 메모리와는 별도로 관리되어야 하는 메모리의 집합이다. 앞서 말한 16MB 이하 부분은 리눅스에서 ZONE_DMA, ZONE_DMA32라는 이름으로 불린다. 그럼 ZONE_DMA에 속하지 않는, 16MB 이상의 메모리는 뭐라 부를까? 이는 ZONE_NORMAL이라 부른다.

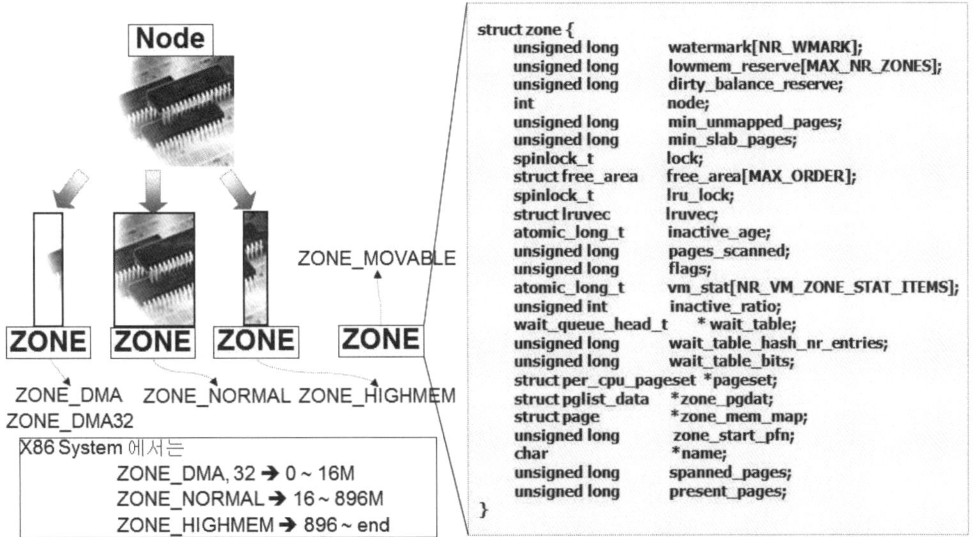


```
struct zone {
    unsigned long          watermark[NR_WMARK];
    unsigned long          lowmem_reserve[MAX_NR_ZONES];
    unsigned long          dirty_balance_reserve;
    int                    node;
    unsigned long          min_unmapped_pages;
    unsigned long          min_slab_pages;
    spinlock_t             lock;
    struct free_area       free_area[MAX_ORDER];
    spinlock_t             lru_lock;
    struct lruvec          lruvec;
    atomic_long_t          inactive_age;
    unsigned long          pages_scanned;
    unsigned long          flags;
    atomic_long_t          vm_stat[NR_VM_ZONE_STAT_ITEMS];
    unsigned int           inactive_ratio;
    wait_queue_head_t      * wait_table;
    unsigned long          wait_table_hash_nr_entries;
    unsigned long          wait_table_bits;
    struct per_cpu_pageset *pageset;
    struct pglist_data     *zone_pgdat;
    struct page            *zone_mem_map;
    unsigned long          zone_start_pfn;
    char                   *name;
    unsigned long          spanned_pages;
    unsigned long          present_pages;
}
```

■ 그림 4.2 node와 zone

그런데 한 가지 더 문제가 있다. 어떤 문제가 있는지 알기 위해 간단한 예를 하나 들어 보도록 하자. 일일이 손가락으로 가리키고 있어야 일을 하는 일꾼들이 있다고 가정해 보자. 그럼 몇몇의 사람에게 동시에 일을 시킬 수 있을까? 최대 10명이다. 아마도 일꾼을 한명 더 쓰는 것은 불가능할 것이다.

그럼 이제 위의 예를 리눅스에 적용시켜 보도록 하자. 리눅스는 가상 주소 공간 중 3~4GB 영역을 차지한다(1GB개의 손가락이 있다). 따라서 리눅스의 가상 주소공간과 물리메모리 공간을 1:1로 연결한다면 아무리 메모리를 사용하려 해봐야 1GB 이상은 접근할 수가 없을 것이다(1GB명의 일꾼만 가리킬 수 있다). 수 GB씩의 메모리를 장착하는 현재의 시스템에서 너무 치명적인 약점이지 않은가? 이런 약점을 리눅스개발자들이 그냥 두었을 리 만무하다. 그래서 물리메모리가 1GB 이상이라면 896MB까지를 커널의 가상주소공간과 1:1로 연결해주고, 나머지 부분은 필요할 때 동적으로 연결하여 사용하는 구조를 채택하였다. 이때 896MB 이상의 메모리 영역을 ZONE_HIGHMEM이라 부른다.

한 가지 주의할 점은 모든 시스템에서 언제나 DMA, NORMAL, HIGHMEM 세 개의 zone이 존재하는 것은 아니라는 것이다. 필요 없다면 한 개의 zone만 존재하는 것도 가능하다. 예를 들어 64MB의 SDRAM을 장착하고 있는 ARM CPU 시스템이라면 node 한 개, zone 한 개가 존재하게 된다.

각각의 zone은 자신에게 속해있는 물리 메모리를 관리하기 위해 zone 구조체를 사용한다. 이 구조체에는 해당 zone에 속해있는 물리 메모리의 시작주소와 크기, 추후에 설명될 버디 할당자가 사용할 free_area 구조체를 담는 변수 등이 존재한다. watermark와 vm_stat를 통해 남아있는 빈 공간이 부족한 경우 적절한 메모리 해제 정책을 결정하게 된다. 또한 프로세스가 zone에 메모리 할당요청을 하였으나, free 페이지가 부족하여 할당해주지 못한 경우 이러한 프로세스들을 wait_queue에 넣고, 이를 해싱(hashing)하여 wait_table변수가 가리키게 한다. 현재 시스템의 zone 관련 사항은 그림 4.3과 같이 "cat /proc/zoneinfo" 명령을 통해 확인 가능하다.

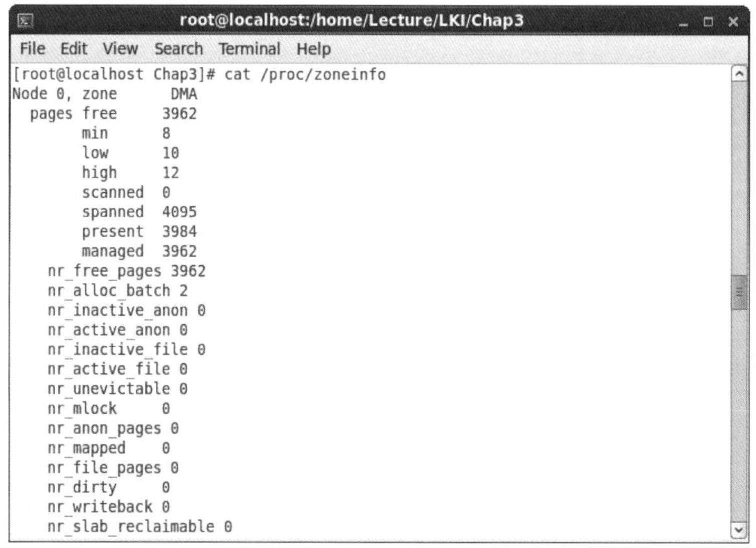

■ 그림 4.3   /proc/zoneinfo의 확인

2-3   Page frame

각각의 zone은 자신에 속해 있는 물리 메모리들을 관리하는데, 바로 이 물리 메모리의 최소 단위를 페이지 프레임(page frame)이라 부른다. 각각의 페이지 프레임은 그림 4.4의 page(~/include/linux/mm_types.h)라는 이름의 구조체에 의해 관리된다. 리눅스는 시스템 내의 모든 물리 메모리에 접근 가능해야 한다. 이를 위해 모든 페이지 프레임 당 하나씩 page 구조체가 존재한다. 이는 시스템이 부팅되는 순간에 구축되어 역시 물리 메모리 특정 위치에 저장된다. 이 위치는 mem_map이라는 전역 배열을 통해 접근할 수 있다.

결국 복수 개의 페이지 프레임이 zone을 구성하며, 때에 따라 하나 혹은 그 이상의 zone이 node를 구성하며, 역시 시스템의 구조에 따라 하나 혹은 그 이상의 node가 존재하는 것이 리눅스의 전체 물리 메모리 관리 구조이다.

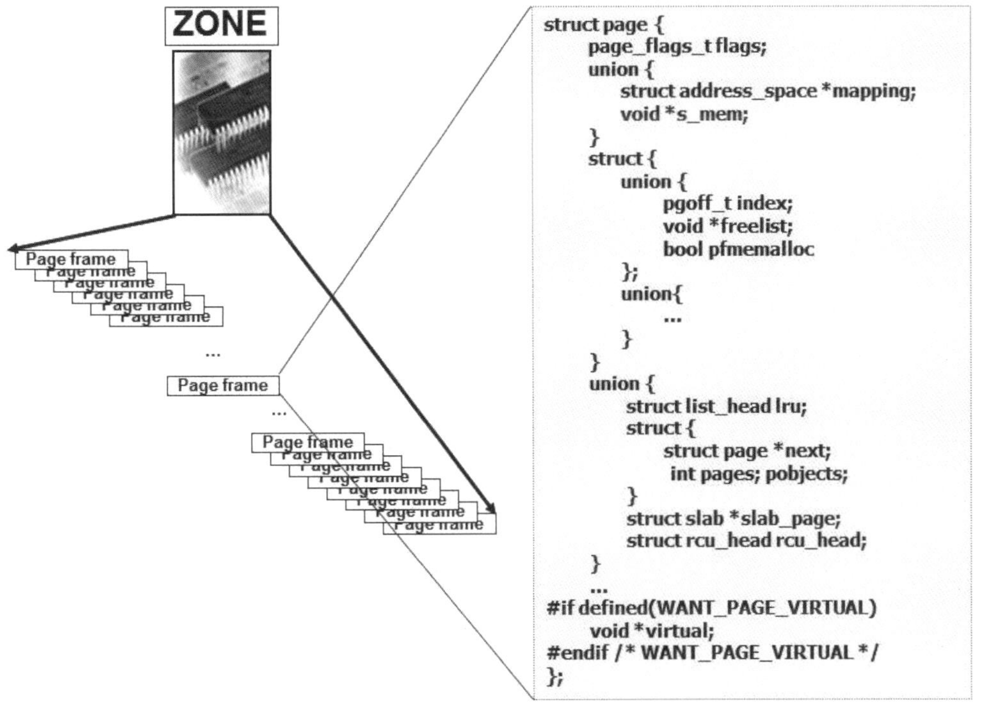


```c
struct page {
    page_flags_t flags;
    union {
        struct address_space *mapping;
        void *s_mem;
    }
    struct {
        union {
            pgoff_t index;
            void *freelist;
            bool pfmemalloc
        };
        union{
            ...
        }
    }
    union {
        struct list_head lru;
        struct {
            struct page *next;
             int pages; pobjects;
        }
        struct slab *slab_page;
        struct rcu_head rcu_head;
    }
    ...
#if defined(WANT_PAGE_VIRTUAL)
        void *virtual;
#endif /* WANT_PAGE_VIRTUAL */
};
```

■ 그림 4.4 zone과 page frame

3. Buddy와 Slab

리눅스는 page frame, zone, node라는 구조를 통해 시스템에 존재하는 전체 물리 메모리를 관리할 수 있게 되었다. 그럼 리눅스는 자신이 가지고 있는 물리 메모리를 어떻게 할당 또는 해제하는가?

사용자 프로세스가 1Byte의 물리 메모리 공간을 할당해달라고 요청했다면 어떨까? 물리 메모리 중 1Byte를 할당 해주면 좋을까? 조금만 생각해 본다면 이는 매우 불합리하며, 심지어 거의 불가능하다는 것을 알 수 있을 것이다. 왜냐하면 할당 된 공간마다 이를 관리하기 위한 메타 데이터가 필요한데 1Byte단위로 할당을 하는 경우 이 메타 데이터의 양이 너무나도 방대해 지기 때문이다.

따라서 1Byte보다는 큰 단위로 메모리를 할당해 주어야 하는데 리눅스는 물리 메모리의 최소 관리 단위인 페이지 프레임 단위로 할당하도록 결정하였다. 결국 4KB가 최소 할당단위가 된다(8KB, 2MB 등 크기는 설정 가능하다). 이제 두 가지 고려사항이 발생한다. 첫째, 만일 4KB 보다 작은 크기를 요청하면 어떻게 되는가? 특히 30Byte나 60Byte처럼 작은 크기를 요청할 경우 4KB를 할당해주면 내부 단편화(Internal Fragmentation) 문제가 발생한다. 리눅스는 이를 해결하기 위해서 슬랩 할당자(Slab Allocator)를 도입하였으며 이는 다음 절에서 자세히 살펴본다. 두 번째 고려사항은 4KB보다 큰 공간을 요청하면 어떻게 되는가? 예를 들어 10KB를 요청할 경우, 세 개의 페이지 프레임을 할당하면 내부 단편화를 최소화 시킬 수 있도록 할당할 수 있다. 하지만 리눅스는 이 요청에 대해 16KB를 할당해주는 버디 할당자(Buddy Allocator)를 사용한다. 버디 할당자가 메모리 관리의 부하가 적으며 외부 단편화(External Fragmentation)를 줄일 수 있다는 장점을 제공하기 때문이다.

3-1 버디 할당자(Buddy Allocator)

버디 할당자는 zone 구조체에 존재하는 free_area[]배열을 통해 구축된다. 따라서 버디는 zone 당 하나씩 존재하게 된다. free_area라는 배열의 각 엔트리는 free_area라는 이름의 구조체이며, 이 구조체는 free_list와 map이라는 필드를 갖는다. 관련된 내용을 그림 4.5에 보였다. 사실 그림 4.5에 보이고 있는 버디는 커널 2.6.19버전 이전에 사용되던 버디이며, 현재는 Lazy 버디라 불리는 새로운 (그리고, 게으른^^) 버디가 도입되었다. 우선은 일반적인 버디에 대해 알아보도록 하자.

```
/* ~/include/linux/mmzone.h
#define    MAX_ORDER          10

struct zone {
    ...
    struct free_area        free_area[MAX_ORDER];
    ...
};
struct free_area {
    struct list_head        free_list;
    unsigned long           *map;
};
```

■ 그림 4.5 free_area 구조체

free_area 배열은 10개의 엔트리를 가진다. 0~9까지 각각의 숫자는 해당 free_area가 관리하는 할당의 크기를 나타낸다. 예를 들어 0인 경우 2의 0승 즉, 1개의 페이지 프레임이 할당의 단위임을 뜻하고, 1인 경우 2의 1승 즉, 2개의 페이지 프레임이 할당의 단위임을 뜻한다. 결국 버디는 2의 정수 승 개수의 페이지 프레임들을 할당해주며 (결국 4KB, 8KB, 16KB, ...), 리눅스 구현상 최대 할당 크기는 4MB($2^{10} \times 4$KB)이다.

free_area 구조체는 free_list 변수를 통해 자신에게 할당된 free 페이지 프레임을 list로 관리한다. 또한 자신이 관리하는 수준에서 페이지의 상태를 map변수를 통해 비트맵(bitmap)으로 관리한다. 예를 들어 free_area[1]에는 free상태인 연속된 2개의 페이지 프레임들이 free_list를 통해 연결되어 있고, 또한 전체 물리 메모리를 2개의 페이지 프레임 단위로 봤을 때의 상태를 map이라는 변수의 비트맵에 저장하고 있다.

버디 할당자의 동작 원리를 이해하기 쉽도록 그림을 보면서 예를 들어 살펴보자. 그림 4.6 (1)의 좌측 편에는 총 16개의 페이지 프레임을 가진다고 가정한 물리 메모리가 그려져 있고, 사용 중(alloc) 상태인 페이지 프레임은 진한 색으로 표시되어 있다. 따라서 0~4, 6~7, 11번 페이지 프레임은 사용 중이다. 하단부에는 비트맵 변수의 내용이 그려져 있다. 자신이 관리하는 수준에서 봤을 때, 인접한 두 page frame의 상태가 같으면(둘 다 alloc, 혹은 둘 다 free) 0으로 설정되고, 그렇지 않은 경우 1로 설정된다. 그림 4.6에서 order(0)은 리눅스 상에서 그림 4.5에 기술된 free_area[0]이라는 이름으로 구현되어 있으며, 계속하여 order(1)은 free_area(1)에 대응된다.

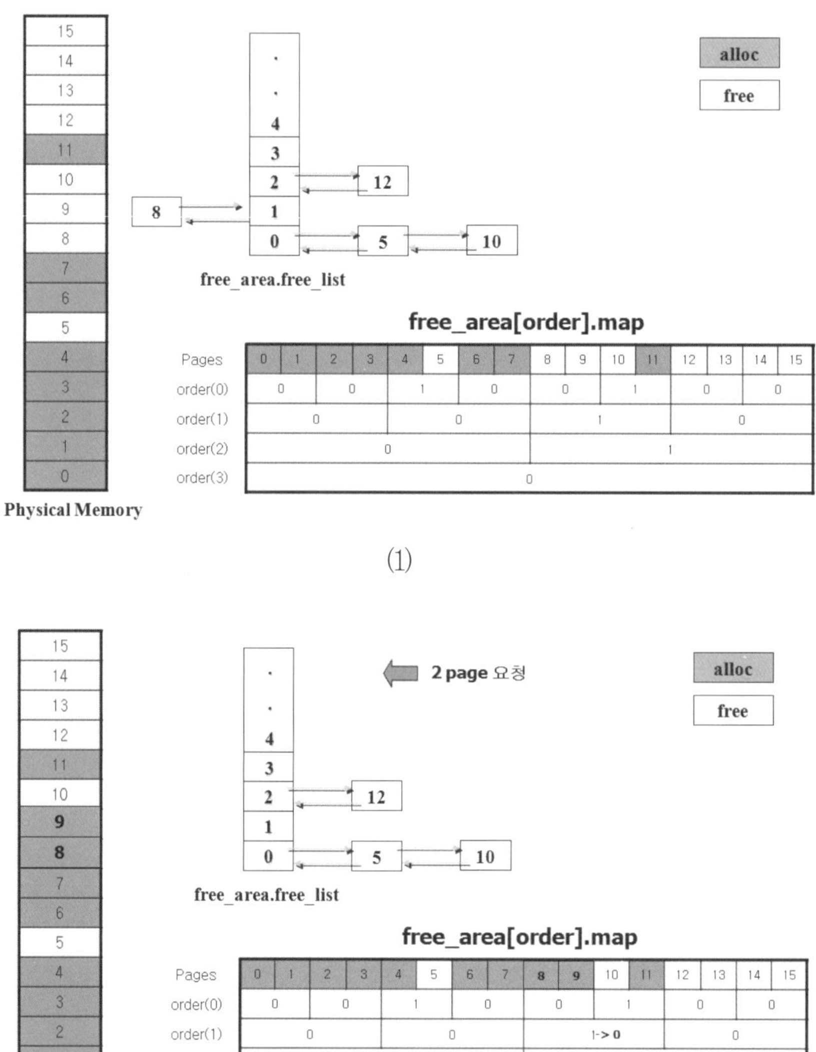

■ 그림 4.6 버디 할당자의 동작 예 – 1

Order(0)은 한 페이지 프레임 단위로 메모리를 관리한다. 따라서 자신이 관리하는 페이지 프레임과 이 페이지 프레임의 버디가 같은 상태인지 아닌지를 파악해야 한다. Order(0)의 입장에서 본다면 0과1, 2와3, 6과7 페이지 프레임은 alloc 상태이므로 같은 상태이다. 또한 8과9, 12와13, 14와15번 페이지 프레임 역시 free로 같은 상태이다. 따라서 해당 비트맵은 0으로 기록되어 있다. 반면 4와5, 10과11은 한쪽은 free, 다른 한쪽은 alloc상태로 각각의 상태가 다르다. 따라서 해당 비트맵은 1로 표시되어 있다.

이제 order(1)의 비트맵을 보도록 하자. 자신이 관리하는 연속된 2개의 페이지 프레임을 하나의 단위로 봤을 때, (0,1)과(2,3), (4,5)와(6,7)은 양쪽 모두 할당 중인 상태이다(비록 5번 페이지 프레임이 free상태이긴 하지만 order(1)입장, 즉 두 페이지 단위로 본다면 할당 불가능한 상태이다). 또한 (12,13)과(14,15)는 양쪽 모두 free 상태이므로 해당 비트맵은 0으로 기록되어 있다. 반면 (8,9)는 할당 가능한 상태이고 (10,11)은 할당 불가능한 상태이다(이 경우에도 비록 10 번 페이지가 free이긴 하지만 11번 페이지 때문에 두 페이지를 할당 해주는 것은 불가능하다). 따라서 해당 비트맵은 1로 표시된다.

이제 order(2)를 보도록 하자. order(2)는 4 페이지 프레임 단위로 관리를 한다. 따라서 (0,1,2,3)과(4,5,6,7)은 양쪽 모두 할당 불가능한 상태이므로 해당 비트맵은 0으로 표시된다(5page가 free이지만 네 페이지 단위로 할당해주는 것은 불가능함에 유의하라). 또한 (8,9,10,11)은 네 페이지 단위로 할당 불가능하지만 (12,13,14,15)는 네 페이지 단위로 할당 가능하다. 따라서 양쪽의 상태가 다르기 때문에 해당 bitmap은 1로 설정되어 있다. 또한 order(3) 즉, 8 페이지 프레임 단위로 본다면 양쪽 모두 할당 불가능한 상태이기 때문에 해당 bitmap이 0으로 설정되어 있다.

이때 2개의 페이지 프레임 할당 요청이 발생했다고 가정하자. 버디 할당자는 우선 free_area[1]의 free_list를 검색한다. 검색 결과 8번에서 시작하는 2개의 페이지 프레임이 할당가능하며, 따라서 (8,9)를 할당해준다. 그리고 더 이상 (8,9)는 free상태가 아니므로 비트맵을 변경해준다. Order(0)입장에서 본다면 8과 9가 모두 alloc상태이므로 기존 비트맵 값 0을 변경할 필요가 없다. 반면 order(1)입장에서 본다면 원래는 (8,9)는 할당 가능상태, (10,11) page는 할당 불가능 상태였기 때문에 비트맵에 1을 기록해 놓았으나 이제 양쪽 모두 할당 불가능 상태이므로 0으로 변경된다. order(2)와 order(3)의 bitmap값은 변경할 필요가 없음에 유의하라. 이 결과가 그림 4.6의 (2)에 나타나 있다.

그럼 다시 그림 4.6 (2)의 상태에서 2 페이지 프레임 할당 요청이 들어오면 어떻게 될까? 이를 그림 4.7에 보였다. free_area[1]의 free_list를 뒤져보면 연속된 2개의 free 페이지 프레임은 없음을 알 수 있다. 따라서 연속된 4개의 페이지 프레임을 분할하여 이 중 두 페이지 프레임을 할당해 주고, 나머지 2개의 페이지 프레임은 다시 free_area[1]의 free_list에 넣어둔다.

106

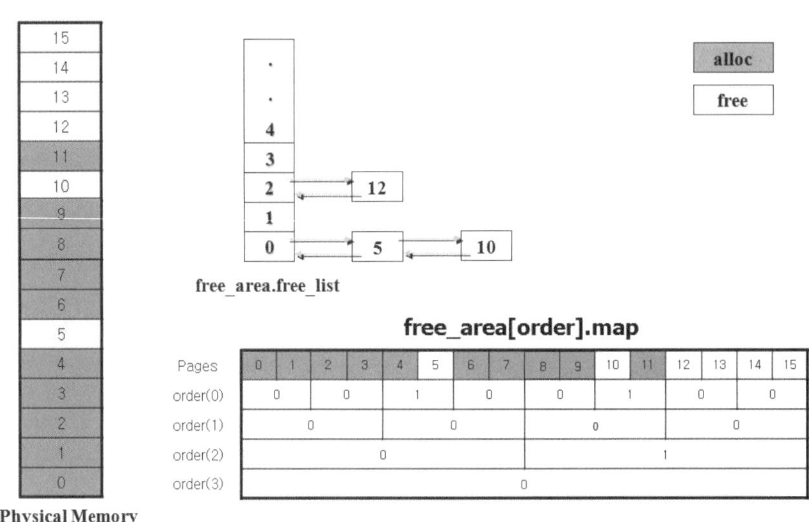

(1)

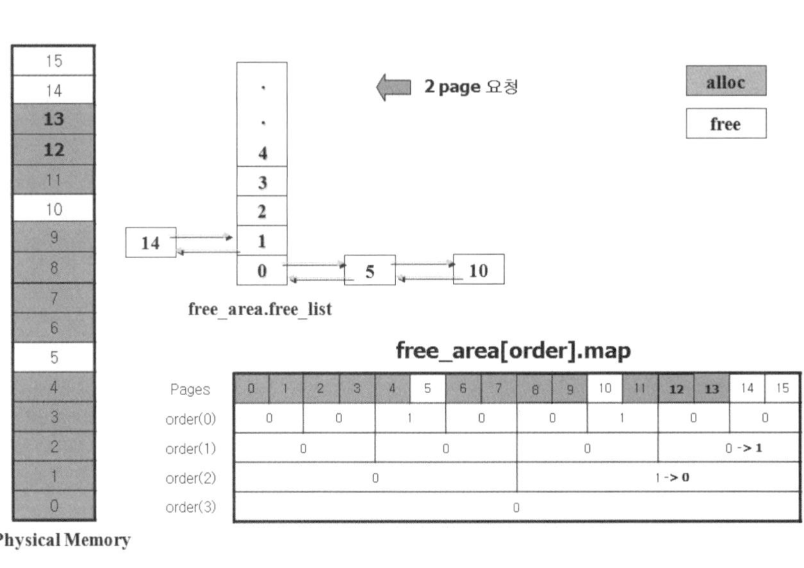

(2)

■ 그림 4.7 버디 할당자의 동작 예 – 2

결국 버디 할당자는 요청된 크기를 만족하는 최소의 order에서 페이지 프레임을 할당해 준다. 만일 그 order에 가용한 페이지 프레임이 존재하지 않으면 상위 order에서 페이지 프레임을 할당받아 두 부분으로 나누어, 한 부분은 할당해주고 나머지 부분은 하위 order에서 가용 페이지 프레임으로 관리한다. 이때 나누어진 두 부분을 친구(Buddy)라고 부르며 이 때문에 이 할당자를 버디 할당자라고 부른다.

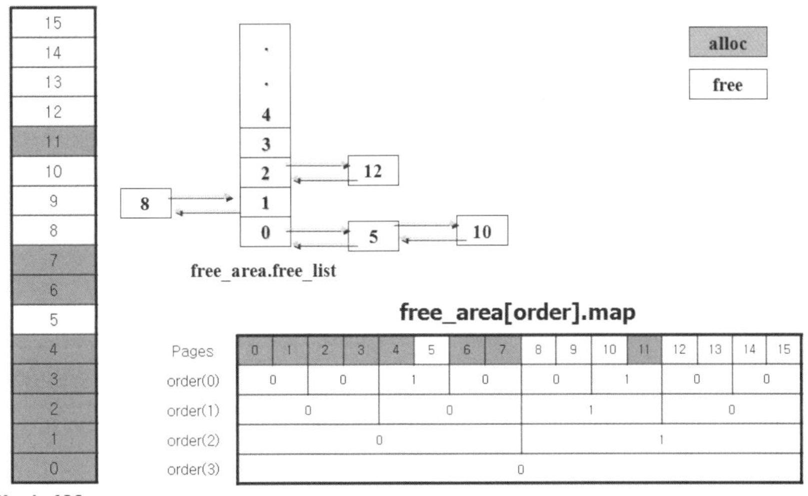

(1)

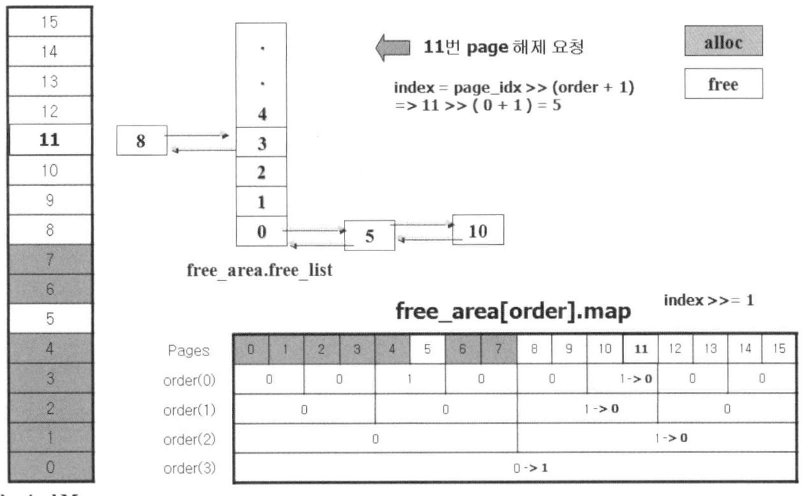

(2)

■ 그림 4.8 버디 할당자의 동작 예 – 3

해제 작업은 할당의 반대 작업이다. 만약 그림 4.8의 (1) 상황에서 11번 페이지 프레임을 해제하면 그림 4.8의 (2)와 같이 비트맵과 free_list의 내용이 변경되게 된다. 11번 페이지의 해제로 인해 (8~15)까지의 페이지 프레임이 free 상태가 되었고, 따라서 해당 비트맵은 1에서 0으로 변경되었다.

3-2 Lazy Buddy

커널 버전 2.6.19부터는 free_area의 구조와 버디 할당자의 구현이 조금 바뀌었다. 이를 Lazy 버디라 부른다. 구체적으로 어떻게 바뀌었는지를 살펴보기 전에 기존 버디에 어떤 문제가 있었기에 Lazy 버디가 등장하였는지 생각해 보자. 한 페이지 프레임을 할당/해제 반복하는 경우를 예로 들어 보자. 이 경우 앞서 살펴본 바와 같이 필요시 페이지 프레임을 할당해주기 위해서는 큰 페이지를 쪼개서(그러기 위해선 비트맵 역시 수정되어야 한다) 할당해줘야 한다. 그런 뒤 해제된다면? 다시 큰 페이지로 합쳐서(역시 비트맵 수정이 필요하다) 관리해야 한다. 이런 작업이 반복된다면 할당/해제를 위해 많은 오버헤드가 동반된다. 따라서 할당되었던 페이지 프레임을 구태여 합치지 말고, 곧 다시 할당 될 테니 되도록 합치는 작업을 뒤로 미루면 어떨까? 이것이 바로 Lazy 버디의 등장 배경이다.

우선 아래 그림 4.9에 변경된 free_area 구조체의 모습을 보였다. 페이지의 상태를 관리하기 위해 사용되던 비트맵 포인터가 nr_free라는 변수로 바뀌었다. nr_free 변수는 자신이 관리하는 zone내에서 비사용중인 페이지 프레임의 개수이다. 그럼 어떻게 버디가 동작하게 될까?

```
/* ~/include/linux/mmzone.h
#define    MAX_ORDER   11

struct zone {
    ...
    struct free_area      free_area[MAX_ORDER];
    ...
};

struct free_area {
    struct list_head      free_list;
    unsigned long          nr_free;
};
```

■ 그림 4.9 변경된 free_area 구조체

버디는 zone마다 유지되고 있는 watermark(high, low, min)값과 현재 사용가능한 페이지의 수를 비교한다. 이를 통해 zone에 가용 메모리가 충분한 경우 해제된 페이지의 병합 작업을 최대한 뒤로 미룬다. 만약 가용메모리가 부족해지는 경우 다음과 같이 병합 작업을 수행한다. 버디에 메모리를 반납하는 함수인 __free_pages() 함수는 내부적으로 __free_one_page()라는 함수를 호출하는데 이 함수는 MAX_ORDER 만큼 루프를 돌면서 현재 해제하는 페이지가 버디와 합쳐져서 상위 order에서 관리될 수 있는지 확인한다. 가능한 경우 현재 order의 nr_free를 감소시키고, 상위로 페이지를 이동 시킨 뒤, 상위 order의 nr_free를 증가시킨다. 이러한 작업을 반복하여 전체 order의 버디를 원활히 동작시켜 주게 된다.

버디 할당자의 실제 할당. 해제 소스가 10.2절에 존재한다. 이 소스와 그림 4.6, 4.7, 4.8을 함께 분석하면 버디 할당자의 동작 원리를 더욱 분명히 파악할 수 있을 것이다.

버디 할당자로부터 페이지를 할당받는 커널 내부 함수 중 가장 저수준 함수의 이름은 __alloc_pages()이며 반대로 해제하는 함수의 이름은 __free_pages()이다. 2의 승수 크기의 페이지를 연속적으로 관리하고 있다가 요청이 들어오면 이들을 할당/해제하며 관리하는 것이 버디 할당자이므로 당연히 이들 함수를 호출할 때 인자로 할당 받고자 하는 메모리 크기를 2의 승수로 지정해 주어야 한다. 또한 복수 개의 zone에 각각의 버디 할당자가 동작하고 있을 수 있기 때문에 어느 zone에서 메모리를 할당 받을 것인지와 함께 몇 가지 속성을 지정해 주어야 한다. 현재 시스템의 버디 할당자 관련 정보는 "cat /proc/buddyinfo" 명령을 통해 확인해 볼 수 있다.

3-3 슬랩 할당자(Slab Allocator)

버디 할당자를 이용하면 최대한 큰 연속된 공간을 유지하면서 효율적으로 메모리를 관리할 수 있다. 그런데 한 가지 문제가 있다. 만약 사용자가 64Byte의 공간을 요청하면 어떻게 해야 할까? 어쩔 수 없이 최소 할당 단위인 페이지 프레임 한 개를 할당해 줘야 한다. 페이지 프레임 크기가 클수록 내부 단편화로 인한 낭비되는 공간 역시 증가될 것이다.

이런 방식은 어떨까? 페이지 프레임의 크기가 4KB라고 가정할 때, 미리 4KB 페이지 프레임을 한 개 할당받은 뒤, 이 공간을 64Byte 크기로 분할해 둔다. 그러면 64Byte 크기의 공간이 64개 있다고 생각해볼 수 있다(64×64=4096(4KB)). 그런 뒤 사용자가 64Byte의 공간을 요청하면 버디 할당자로부터 할당받아오는 것이 아니라 미리 할당받아 분할하여 관리하고 있던 바로 이 공간에서 떼어 주는 것이다. 추후 사용자가 할당받았던 64Byte의 공간을 해제한다면 역시 버디로 반납하는 것이 아니라 미리 할당 받아 관리하던 공간에서 다시 가지고 있으면 된다. 마치 일종의 캐시(cache)로 사용하는 것이다. 이러한 cache의 집합을 통해 메모리를 관리하는 정책을 바로 슬랩 할당자라 부른다. 현재 시스템의 슬랩 할당자와 관련된 정보는 "cat /proc/slabinfo" 명령을 통해 확인해 볼 수 있다.

그렇다면 어떤 크기의 cache를 가지고 있어야 할까? 자주 할당되고 해제되는 크기의 cache를 가지고 있어야 내부 단편화를 최소화 시킬 수 있을 것이다. 따라서 태스크가 생성되고 제거될 때마다 할당/해제되어야 하는 task_struct를 위한 공간처럼 커널 내부에서 자주 할당/해제되는 자료구조의 크기를 위한 cache를 유지한다. 또한 일반적인 메모리 할당 요청에 대비하기 위해 32Byte에서부터 시작되는 2의 승수 크기의 cache를 128KB(최근에는 4MB) 크기까지 유지한다. 이를 그림으로 나타내면 그림 4.10과 같다.

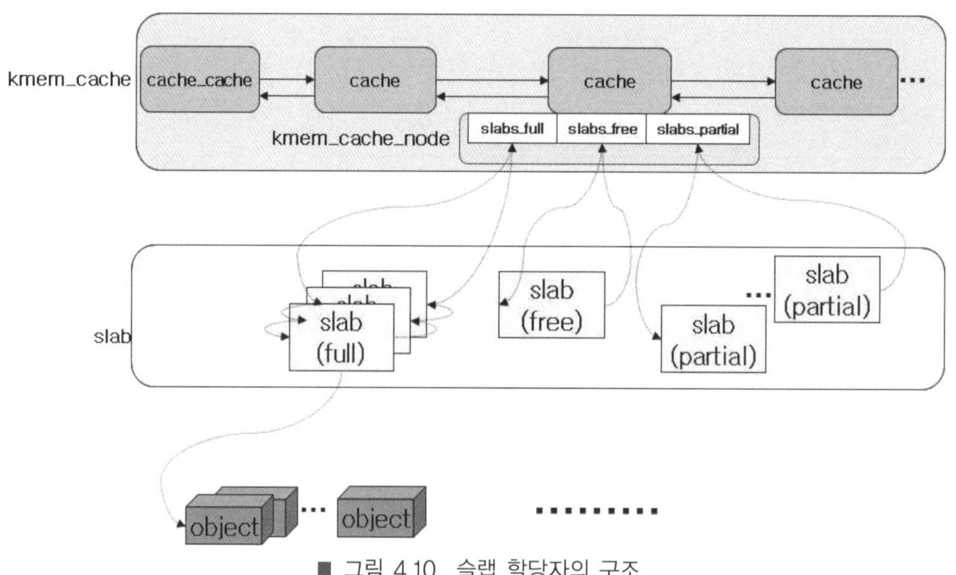

■ 그림 4.10 슬랩 할당자의 구조

각 cache는 슬랩들로 구성되고 슬랩은 다시 객체(Object)들로 구성된다. 예를 들어 64Byte cache라면 64Byte 공간들이 각각 객체에 대응되고 이 객체들이 모여서 슬랩이 되고, 다시 슬랩이 모여 cache가 되는 것이다. 슬랩은 구성하고 있는 객체들의 상태에 따라 Full, Free, Partial로 구분된다. Free 슬랩은 모든 객체가 사용 가능한 상태이고, Full 슬랩은 모든 객체가 이미 사용 중인 상태이며, Partial 슬랩은 일부는 사용 중이고 일부는 비사용 중인 상태이다. 결국 슬랩 할당자에게 메모리 공간의 할당 요청이 들어온다면 가장 적합한 크기의 캐시를 찾아가서, partial 슬랩으로부터 객체를 할당해준다.

리눅스는 다양한 크기의 캐시를 효율적으로 관리하기 위해 kmem_cache라는 자료구조를 정의해 두었다. 이 구조체는 각각의 캐시가 담고 있는 객체 크기는 얼마인지 등의 정보를 표현한다. 따라서 새로운 캐시를 생성하기 위해서는 kmem_cache라는 구조체부터 할당받아야 한다. 만약 버디 할당자로부터 할당받는다면 (4KB-sizeof(kmem_cache))만큼의 공간이 낭비될 것이다. 그럼 어디서 할당받아야 할까? 그렇다. 바로 이런 경우 사용하는 것이 슬랩 할당자라고 밝힌 바 있다. kmem_cache 구조체 크기의 객체를 담고 있는 캐시의 이름이 바로 그림 4.10의 cache_cache이다. 따라서 cache_cache는 다른 캐시들 보다 먼저 생성되어야 하며, 그런 후에야 이곳에서 kmem_cache를 위한 공간을 할당받아 다양한 캐시를 생성할 수 있게 되는 것이다.

슬랩 할당자로부터 객체를 할당받는 저수준 함수는 kmem_cache_alloc()이며, 반대로 해제하는 함수는 kmem_cache_free()이다. 특정 크기의 공간을 위한 캐시를 유지하는 것이 슬랩 할당자이므로 이들 함수는 어느 캐시에서 공간을 할당받고, 어느 캐시로 공간을 해제시켜야 하는지를 지정해 주어야 한다. 더 이상 할당해줄 공간이 없다면 슬랩 할당자는 버디로부터 페이지 프레임을 더 할당받아야 하는데 이때는 kmem_cache_grow()같은 함수를 호출하여 슬랩을 확장한다.

또한 슬랩 할당자는 위의 함수 외에도 외부 인터페이스 함수로 kmalloc()/kfree()를 제공하며, 이 함수를 통해 슬랩 할당자로부터 임의의 크기의 메모리 공간을 할당받을 수 있다. 앞서 설명했듯이 이러한 용도를 위해 128K(최근에는 4MB) 크기까지의 캐시를 유지하므로, kmalloc() 함수를 이용해 한 번에 할당 받을 수 있는 최대 크기는 128K 혹은 4MB이며 할당된 공간은 물리적으로 연속이라는 특징을 가진다.

4. 가상 메모리 관리 기법

커널의 가상 메모리 관리 기법에 대해 알아보기 위해 우선 태스크 당 하나씩 존재하는 task_struct 자료구조와 태스크의 가상 주소 공간의 관계에 대해 살펴보자. 그런 뒤 리눅스가 어떻게 가상 주소 공간을 할당/해제하는지에 대해 살펴보기로 한다.

태스크는 자신의 고유한 가상 메모리를 갖는다. 따라서 커널은 태스크의 가상 메모리가 어디에 존재하는지 관리를 해야 한다. 즉, 어디에 text 영역이 있고 어디에 data 영역이 있는지, 그리고 어느 영역이 사용 중이며 어느 영역이 사용 가능한지 등등의 정보를 알고 있어야 한다. 우리는 3장 5절에서 각 태스크마다 task_struct라는 이름의 자료구조를 가지고 있음을 배웠다. 가상 메모리와 관련된 정보도 역시 이 자료구조에서 관리된다.

task_struct에서 태스크의 메모리와 관련된 내용은 mm이라는 이름의 필드에 담겨 있다. 이 필드는 mm_struct(~/include/linux/mm_types.h)라는 구조체를 가리킨다. 그림 4.11은 mm_struct의 내용을 나타낸 것이다. mm_struct 자료구조가 관리하는 정보들은 크게 3부분으로 구분할 수 있다. 첫째, 태스크를 구성하고 있는 vm_area_struct 구조체들이다. 리눅스 커널은 가상 메모리 공간 중 같은 속성을 가지며 연속인 영역을 region 이라는 이름으로 부른다. 즉, 일반적인 용어 '세그먼트'를 리눅스 용어로 번역하면 'region'인 것이다. 리눅스는 각각의 region을 vm_area_struct라는 자료구조를 통해 관리한다. 같은 태스크에 속한 vm_area_struct들은 효율적인 관리를 위해 레드−블랙 트리(Red−Black Tree)로 연결되어 있다. mm_struct에는 바로 이 트리의 시작을 가리키는 변수인 mm_rb와 최근에 접근한 vm_area_strut를 가리키는 mmap_cache 변수 등이 존재한다. 둘째, 뒤쪽에서 살펴볼 주소 변환을 위한 페이지 디렉터리의 시작점 주소를 pgd라는 이름의 변수에 유지한다. 셋째, 가상 메모리의 구조에 대한 변수들을 갖는다. 예를 들면 start_code, start_data, start_stack등의 변수가 이에 해당된다.

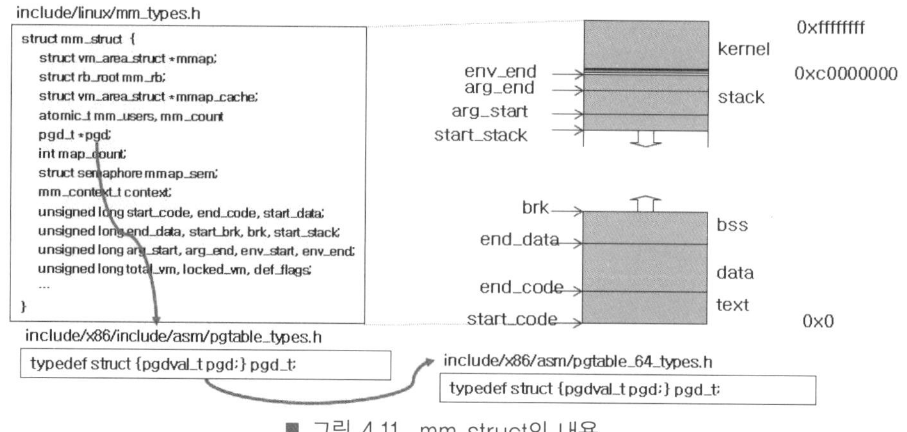

■ 그림 4.11 mm_struct의 내용

그림 4.11의 우측 편은 이러한 변수들을 통해 가상 주소 공간을 그림으로 그려본 것이다. 3장 2절에서 이미 배웠듯이 태스크는 텍스트, 데이터, 스택 등의 region으로 구성된다. 텍스트는 가상 메모리의 0번지에서부터 시작하며(start_code) 자신의 크기만큼 공간을 차지한다. 텍스트의 끝(code_end)부터 데이터가 차지한다(start_data). 그리고 데이터의 끝(end_data)부터 힙이 차지하며(start_brk), 힙의 끝은 brk라는 변수가 가리킨다. 태스크에 새로운 메모리 공간이 동적으로 할당되면(malloc 등으로) brk부터 힙이 위쪽 방향으로 자라게 된다.

스택은 커널과 사용자 영역의 경계인 3GB 바로 아랫부분에 존재한다. 스택의 끝은 환경변수(environment variable)와 초기 인자(initial argument)가 차지한다 (env_start와 env_end). 이때 환경 변수와 초기인자란 main(argc, argv, env)함수 가 호출될 때 인자로 전달되는 env와 argv를 의미한다. env아래에는 argv가 지정되 며, arg_end부터 main()함수의 지역 변수가 차지하며, 이후 main()함수가 다른 함수 를 호출할 때 스택은 아래방향으로 자라게 된다.

vm_area_struct 자료구조를 구체적으로 나타내면 그림 4.12와 같다. 여기에는 이 자료구조가 가리키는 세그먼트의 시작 주소(vm_start), 끝 주소(vm_end), 그리고 region의 접근 제어(읽기만 가능, 읽기 쓰기 모두 가능 등)등을 기록하는 플래그 (vm_flags)등의 변수를 갖는다. 또한 이 세그먼트가 실제 실행 파일의 어느 위치에 있는지에 대한 정보를 vm_file와 vm_offset 변수로 관리한다. 이 변수들은 페이지 폴 트가 발생했을 때 어떤 파일의 어느 부분을 읽어야 하는지 결정할 때 사용된다.

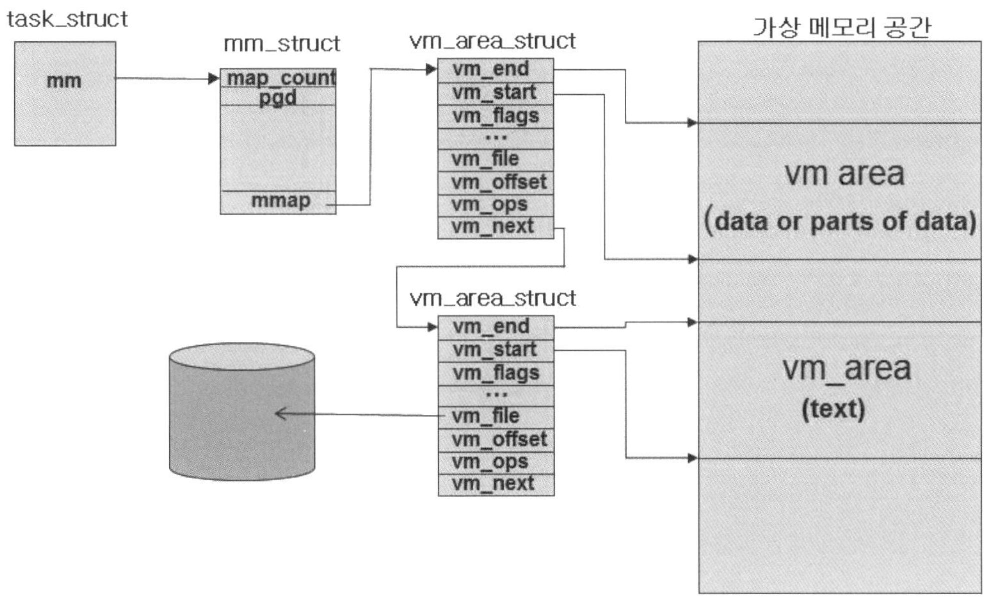

■ 그림 4.12 vm_area_struct와 가상 메모리 공간

물리 메모리 관리기법과 마찬가지의 이유로 가상 메모리 역시 고정된 크기의 할당 단위로 관리된다. 리눅스에서는 이 단위의 크기가 보통 4KB이며 페이지(page)라고 부른다. 결국 공통의 속성을 갖는 페이지 들이 모여 vm_area를 구성하고, 이를 vm_area_struct라는 자료구조로 관리하는 것이다. 또한 같은 태스크에 속한 vm_area_struct들이 모여 하나의 mm_struct 내에서 관리되는 것이다.

그럼 이제부터 리눅스의 가상 메모리 할당/해제 기법에 대해 살펴보기로 하자. 가상 메모리 할당/해제는 vm_area_struct의 할당/해제 문제와 page의 할당/해제 문제로 구분할 수 있다. page의 할당/해제는 주소변환과 연관된 문제이므로 다음절에서 다룬다. 여기서는 vm_area_struct의 할당/해제에 대해서만 논의한다.

이미 살펴본 바와 같이 하나의 태스크에는 여러 개의 vm_area_struct가 존재할 수 있다. 이들은 겹쳐지지 않으며 새로 사용하려는 가상 주소 공간이 인접한 vm_area_struct와 같은 속성을 가진다면 합쳐져서 관리될 수 있다. 아래 그림 4.13에 그 예를 보였다.

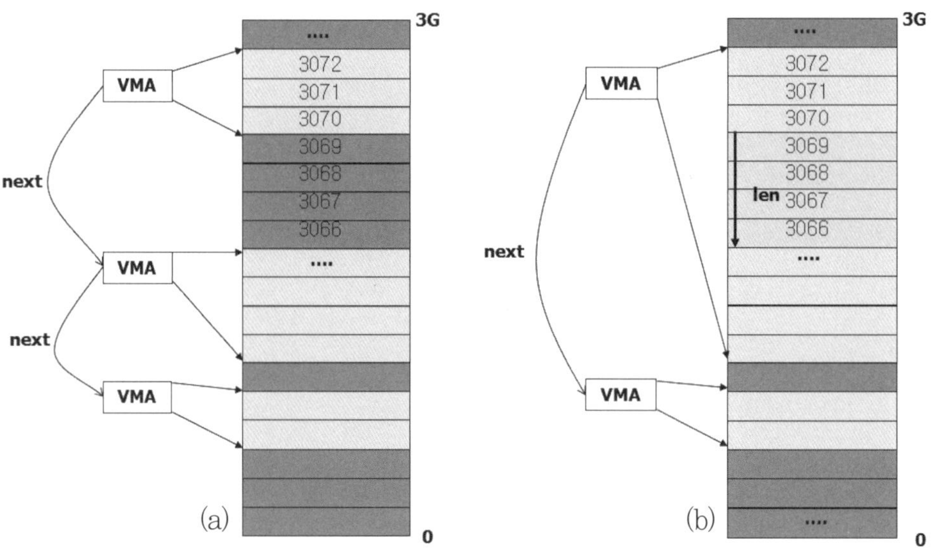

■ 그림 4-13   vm_area_struct의 관리

우선 그림 4.13의 (a)와 같이 세 개의 vm_area_struct가 가상 주소 공간을 관리하고 있다고 가정해 보자. 이때 새로운 네 개의 페이지 공간을 사용하려 할 때 우선 사용 가능한(물리 메모리와 매핑되어 사용 중이지 않은) 가상 주소 공간을 찾아야 한다. 원하는 size를 인자로 주고 사용 가능한 연속한 가상 주소 공간을 찾는 함수는 arch_get_unmapped_area()이다. 지금의 경우 3066~3069번의 페이지가 할당된다고 가정해 보자. 새로 할당받은 가상 주소 공간을 관리하는 vm_area_struct가 새로 만들어져야 하는데, 만약 인접한 vm_area_struct와 속성이 같다면, 그림 4.13의 (b)와 같이 세 개가 존재해야 하는 vm_area_struct는 하나로 통합되어 관리될 수 있다. 이것은 동적 분할(dynamic partition) 메모리 관리 시스템에서 메모리 병합(coaloasing)기법과 유사하다. 이때 새로 할당 받은 공간을 위한 vm_area_struct를 구성하고 기존 vm_area_struct와 연결해주는 등의 작업을 담당하는 함수는 do_mmap_pgoff()이다.

5. 가상 메모리와 물리 메모리의 연결 및 변환

가상 메모리와 물리 메모리의 연결 및 주소 변환기법에 알아보기 위해 프로그램이 시작되는 과정부터 살펴보도록 하자. 컴파일 되어 디스크에 저장되어있는 그림 4.14의 프로그램을 수행시키기 위해서는 우선 3장에서 살펴본 바와 같이 태스크를 하나 생성해야 한다. 그런 뒤 생성된 태스크에게 가상 주소 공간을 제공해 주고, 필요하다면 물리 메모리의 일부를 할당해 준 뒤, 태스크가 원하는 디스크 상의 내용을(지금의 경우라면 디스크에 저장되어 있는 그림 4.14 프로그램의 실행파일) 읽어 물리 메모리에 올려놓고, 이 물리 메모리의 실제 주소와 태스크의 가상 주소 공간을 연결해 주어야 한다. 3.3절에서 보았던 그림 3.5의 예제에서 바로 이러한 작업이 수행된다.

디스크에 저장되어 있는 실행 파일의 어느 부분을 읽어서 물리 메모리에 올려놓을 것인가는 ELF 포맷 파일의 헤더를 읽음으로써 가능하고, 이를 가상 주소 몇 번지와 연결해 줄 것인가는 미리 정해져 있는 규칙을 따른다(~/include/linux/elf.h 참조). 그림 4.14는 이러한 과정을 나타낸 것이다. 우선 실행 파일의 헤더를 확인하고, 헤더의 내용에 따라 각 영역의 내용을 읽어서 물리 메모리에 올려놓은 뒤, 미리 약속되어 있는 가상 메모리 주소에 연결 시켜 주는 것이다(나중에 보게 되겠지만, 디스크에서 실행 파일 내용을 모두 읽어 와서 물리 메모리에 올려놓는 것은 아니다).

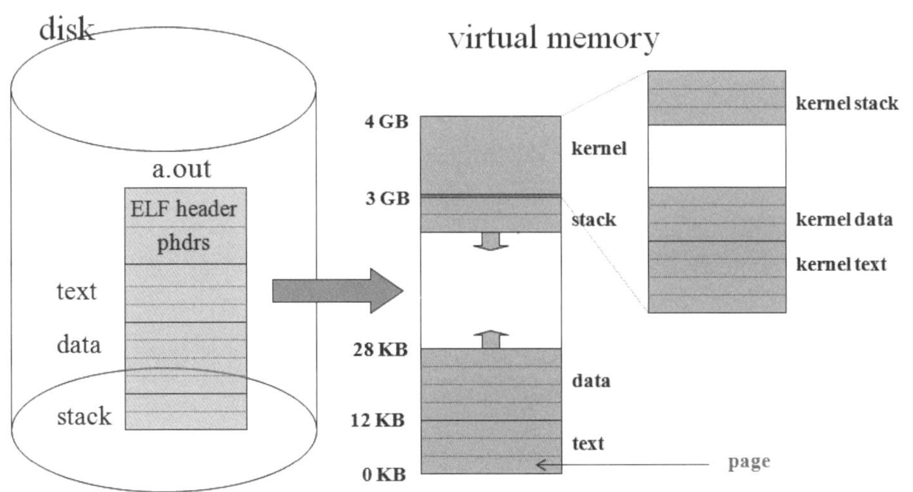

■ 그림 4.14 가상 메모리와 ELF 포맷

그럼 이제부터 sys_execve()라는 시스템 호출을 분석해 나가면서 리눅스가 시스템의 소중한 자원인 메모리를 어떻게 관리하는지 알아보고, 이를 각 태스크마다 주어지는 4GB의 가상 주소공간과 task_struct 구조체를 연결지어 보도록 하자. 이 시스템 호출은 ~/fs/exec.c 파일에 구현되어 있으며, 인자로 전달된 프로그램을 메모리에 적재하는 일을 수행한다.

설명을 시작하기 전에 몇 가지 가정을 하자. 우선 그림 4.14에 그려진 것과 같은 ELF 파일을 인자로 sys_execve()가 호출되었다고 가정하자. 그리고 이 실행파일은 ELF 헤더와 3개의 phdr(프로그램헤더), 그리고 3개의 section으로 구성되어 있으며, 각 section은 텍스트와 데이터 그리고 스택이라고 가정하자. 또한 텍스트, 데이터, 스택의 크기가 각각 12KB, 16KB, 8KB의 크기를 갖는다고 가정하자(사실 스택은 ELF 파일 내부에 section으로 존재하기 보다는 수행 중에 동적으로 생성되는 것이 일반적이다. 하지만 여기서는 설명의 편의상 ELF에서 적재되는 것처럼 기술하였다). 마지막으로 현재 시스템이 인텔 CPU를 사용한다고 가정하자.

위의 가정에 따라 태스크의 가상 주소공간 중 텍스트 영역(region)은 3개의 페이지로, 데이터 영역은 4개의 페이지로, 그리고 스택 영역은 2개의 페이지로 구성되게 된다[3]. 텍스트의 각 페이지들을 t1, t2, t3이라고 부르자. 또한 데이터와 스택의 각 페이지들을 d1, d2, d3, d4, s1, s2라고 하자. 그럼 그림 4.14의 오른쪽에 나타난 것과 같은 가상 메모리를 가상적으로 그려볼 수 있다. t1은 가상 주소 0x0 번지부터 시작하며 크기는 4KB이고, t2는 가상주소 0x1000(십진수로는 4096) 번지부터 시작한다. 한편 데이터의 d1은 가상 주소 0x3000 번지부터 시작한다(즉 텍스트 크기 이후부터 데이터가 위치하게 된다). 그렇다면 스택의 s1 주소는? 스택은 가상 주소 3GB부터 아래 방향으로 쌓인다. 따라서 s1의 시작 주소는 3GB-4KB이고 크기는 4KB가 되며, s2의 시작주소는 3GB-8KB가 된다. 한편 그림 4.14는 커널 공간도 텍스트와 데이터, 그리고 스택으로 구성되어 있음을 보여준다(커널 또한 컴파일 결과 만들어지는 실행 가능한 프로그램일 뿐이기 때문이다).

---

3) 프로그램은 명령부분(텍스트), 전역변수(데이터), 인자와 지역변수(스택)등으로 구성된다. 프로그램은 컴파일 하여 바이너리로 바뀌고, 수행하면 태스크가 된다. 바이너리(a.out)을 구성하는 텍스트, 데이터, 스택은 section이라 부른다. 이것을 메모리로 올려 태스크의 가상주소 구성요소로 되면 이것을 영역(region)이라 부른다.

4) 다시 한번 강조하지만 페이지와 페이지 프레임은 전혀 다른 개념이다. 페이지 프레임은 물리 메모리의 최소 할당 단위이며, 페이지는 가상 메모리의 최소할당 단위이다.

sys_execve() 시스템 호출은 우선 free한 페이지 프레임들을 할당 받는다[4]. 그리고 파일시스템에게 수행하려는 파일의 일부 내용을 읽어달라고 요청한다. 그리고 읽혀진 내용을 할당받은 페이지 프레임에 적재한다. 예를 들어 sys_execve()가 4개의 페이지 프레임을 할당받았다고 가정하자. 그리고 수행하려는 파일의 t1을 페이지 프레임 4KB위치에, t2를 페이지 프레임 28KB위치에, d1을 페이지 프레임 20KB위치에, 그리고 s1을 페이지 프레임 12KB위치에 적재했다고 가정하자. 그림 4.15는 이 과정을 나타낸 것이다.

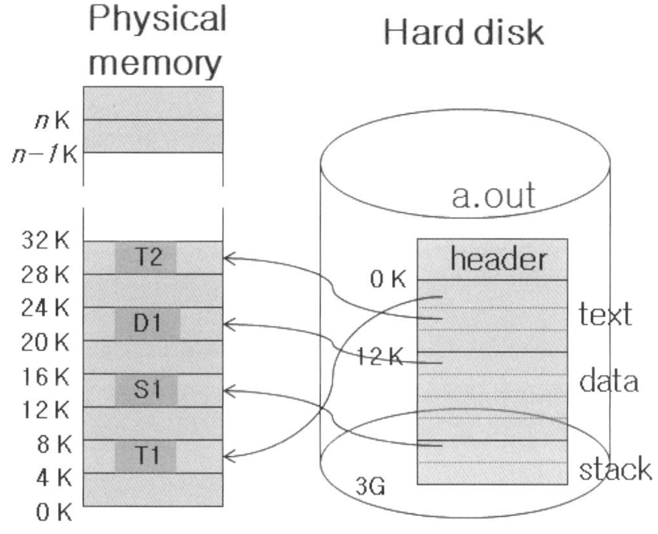

■ 그림 4.15 실행 파일의 내용을 물리 메모리에 적재

이제 적재된 실행 파일을 수행시킬 수 있을까? 아직은 아니다. CPU는 프로그램의 가상 주소를 사용하며, 따라서 물리 메모리에서 명령어나 데이터를 읽어 오려면 가상 주소를 물리 주소로 변환할 수 있는 방법이 있어야 한다. 즉 t1에 있는 명령어를 접근하려 한다면 t1페이지가 페이지 프레임 4KB 위치에 존재하고 있음을 알려줄 수 있는 방법이 필요한 것이다. 이때 이용되는 것이 페이지 테이블(page table)이다. 페이지 테이블은 가상 주소를 물리 주소로 변환하는 주소 변환 정보를 기록한 테이블이다.

그림 4.14와 4.15의 내용을 가지고 이를 위한 페이지 테이블을 만들어 보자. 그림 4.16은 페이지 테이블을 만들어서 이들을 연결한 그림이다. 리눅스 커널은 t1, t2, d1, s1 등의 페이지들을 페이지 프레임에 적재할 때 주소변환을 위한 페이지 테이블도 함께 만든다. 그리고 태스크를 실행할 때 이 테이블을 이용해 주소 변환을 수행한다.

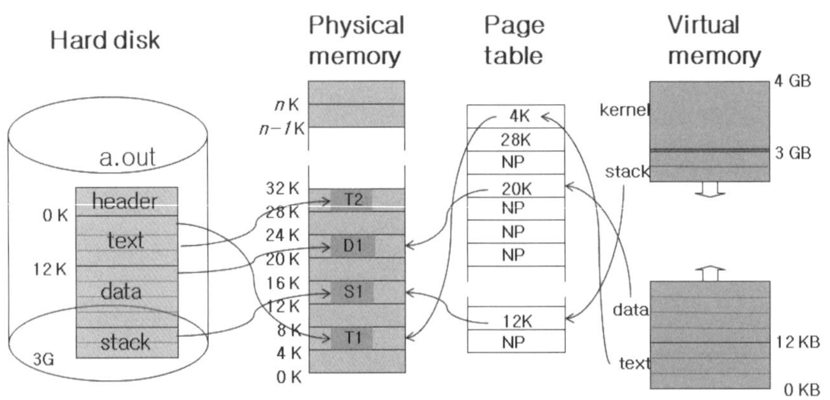

■ 그림 4.16 페이지 테이블을 통한 주소 공간 연결

그림 4.16을 이용해 실제 주소 변환을 해 보자. 예를 들어 CPU가 가상 주소 1000번 지를 접근하려 한다고 가정하자(즉 가상 메모리의 t1페이지). 커널은 이 가상 주소를 가 상 메모리의 최소 단위인 페이지로 나눈다(현재 페이지 크기는 4KB로 가정하고 있다). 그리고 몫을 페이지 테이블의 엔트리를 탐색하는 인덱스로 사용하고, 나머지는 페이 지 프레임 내에서 옵셋(offset)으로 사용한다. 이 예에서는 가상 주소가 1000이므로, 몫은 0이 되고 나머지는 1000이 된다. 따라서 0을 인덱스로 페이지 테이블을 탐색하 게 되며 결국 페이지 테이블의 첫 번째 엔트리를 찾게 된다. 이 엔트리에는 4KB라고 기록되어 있다. 즉 이 페이지는 4KB로 시작하는 페이지 프레임에 존재한다는 의미가 된다. 그럼 그 페이지 프레임으로 가서 옵셋 만큼 즉 1000만큼 이동하면 접근하려는 가상 주소에 대한 물리 주소를 얻을 수 있게 된다(결국 물리주소는 4KB+1000B= 5096B).

다른 예로 이번에는 가상 주소 5000번지를 접근해 보자. 우선 이 주소를 페이지 크 기로 나눈다. 그럼 몫은 1이 되고 나머지는 904가 된다. 따라서 1을 인덱스로 페이지 테이블을 탐색하며(결국 두 번째 엔트리를 찾게 되며), 이 엔트리에는 28KB라고 기록 되어 있다. 즉 이 페이지는 28KB로 시작하는 페이지 프레임에 존재한다는 의미가 된 다. 그럼 그 페이지 프레임으로 가서 옵셋 만큼 즉 904만큼 이동하면 접근하려는 가 상 주소에 대한 물리 주소를 얻을 수 있게 된다(결국 물리주소는 28KB+904B= 29576B).

마지막으로 가상 주소 10000번지를 접근해 보자. 이 주소를 페이지 크기로 나누면 몫이 2가 된다. 결국 2를 인덱스로 페이지 테이블을 탐색하게 되며 세 번째 엔트리를 찾게 된다. 그런데 이번에는 이 엔트리에 NP(Not Present)라고 표시가 되어 있다. 즉 접근하려는 페이지가 현재 물리 메모리에 적재되어 있지 않다고 표시되어 있는 것이다. 이 경우에는 페이지 폴트가 발생하게 되며, 결국 free한 페이지 프레임을 할당받고, 해당 실행 파일에서 필요한 페이지를 이 페이지 프레임에 읽어다 놓게 된다. 적재하면서 페이지 테이블에 적재된 페이지 프레임 번호를 기록한다. 그리고 주소 변환 과정을 다시 수행한다. 이제는 가상 주소 10000번지를 물리 주소로 변환할 수 있게 된다. 이렇게 페이지 테이블을 통해 가상 주소를 물리 주소로 변환하는 과정을 페이징(paging)이라 부른다.

여기서 한 가지 의문이 생긴다. 그림 4.16의 예에서 우리는 t3이나 d2같은 페이지가 태스크가 처음 시작할 때 실제 메모리에 적재되지 않았음을 알 수 있다. 그렇다면 sys_execve()을 수행할 때 실행 파일의 모든 페이지를 페이지 프레임에 적재하는 것이 아닌가? 그럼 태스크가 수행하면서 이 페이지를 접근하면 어떻게 될까? 페이지 폴트가 발생한다. 페이지 폴트가 발생하면 트랩이 걸리고 IDT 테이블을 거쳐 결국 페이지 폴트 핸들러가 호출된다(6장 참조). 페이지 폴트 핸들러는 이전 문단에서 설명된 것처럼 우선 free 페이지 프레임을 하나 할당받고 실행파일에서 해당 페이지를 읽어 할당받은 페이지 프레임에 읽어다 놓는다. 그리고 프로그램을 계속 수행시켜 준다. 즉 sys_execve()는 실행파일을 처음 메모리에 적재할 때 모든 페이지를 적재하는 것은 아니다. 수행에 필요한 일부 페이지만 적재하고 다른 페이지들은 실제로 참조될 때 비로소 페이지 폴트 처리 과정을 통해 적재되도록 하는 것이다. 이를 요구 페이징(demand paging)이라고 한다.

사실 실제로 리눅스커널 내부에서 이뤄지는 페이징 작업은 그림 4.16의 작업보다 훨씬 복잡하다. 우선 그림 4.16에서 예시된 것과 같이 각 태스크마다 하나의 페이지 테이블을 사용하면 그 페이지 테이블의 엔트리 개수가 너무 많아지게 된다. 예를 들어 4GB의 가상공간을 각 태스크에게 제공하는 시스템이라면, 각 페이지의 크기가 4KB라고 가정할 때, 페이지 테이블에는 총 1048576(1024×1024)개의 엔트리가 필요하다. 32bit CPU를 가정한다면 한 개의 페이지 프레임을 가리키기 위해 4byte가 필요하기 때문에 총 4MB의 공간이 태스크 마다 필요하게 된다. 이것은 너무 크기 때문에 리눅스는 주소변환을 위한 페이징을 여러 단계로 구분하였다. 리눅스 개발자들은 다양한 구조의 CPU에서 원활히 동작하는 리눅스를 만들기 위해 3단계 페이징 구조를 가지도록 설계하였다. 그림 4.17에 리눅스의 페이지 테이블 구조를 그림으로 보였다.

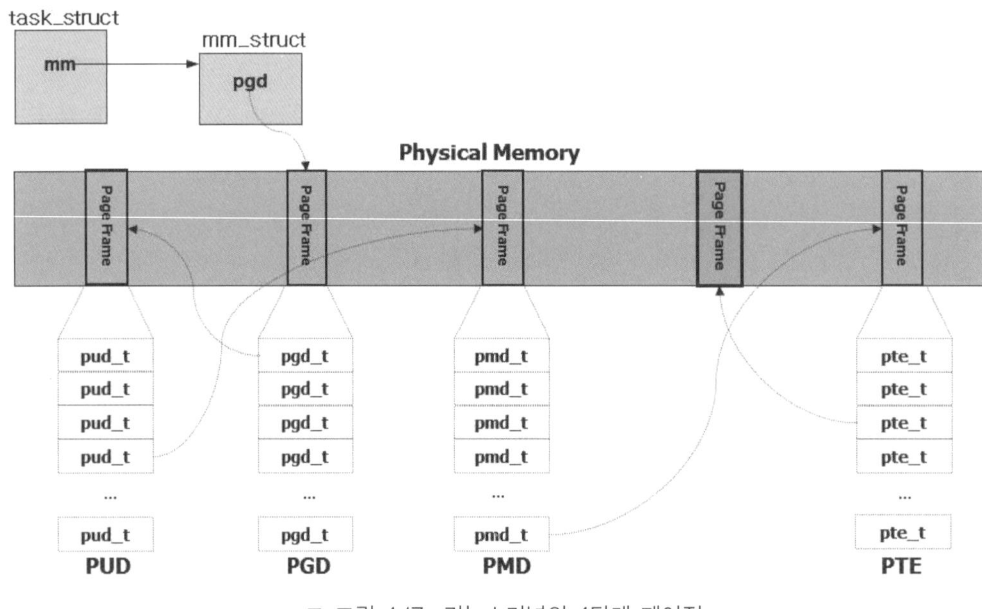

■ 그림 4.17 리눅스커널의 4단계 페이징

각 태스크는 task_struct 내에 mm이라는 필드를 가지는데, 이 필드는 그림 4.11에 나타난 mm_struct라는 자료 구조를 가리킨다. 이 자료 구조 내에는 태스크의 메모리 공간과 관련된 매우 많은 필드를 가지고 있다. 그중 pgd라는 필드는 가상 주소를 물리 주소로 변환하기 위한 시작점인 PGD(Page Global Directory)의 페이지 프레임 번호를 가지고 있다. 이를 통해 가상 주소 중 일부를 이용하여 인덱싱하면 PMD (page middle directory)를 얻게 되고, 다시 가상 주소 중 일부를 이용하여 인덱싱하면 PTE(Page Table Entry)를 얻게 된다. 이 PTE 테이블에서 역시 가상 주소 중 일부를 이용하여 인덱싱하면 사용하면 실제 접근하게 될 페이지 프레임 주소(그림 4.17에서 굵은 선으로 표시된 페이지 프레임)를 얻을 수 있게 된다. 이때 가상 주소의 어떤 부분을 이용하여 인덱싱할 것인가는 CPU의 종류에 따라, 그리고 32bit 인가 64-bit 인가에 따라 약간씩 다르다(그림 4.19와 그림 4.20 참조).

그럼 실제로 가상 주소를 물리 주소로 변환하는 예를 살펴보도록 하자. 그림 4.18은 ~/mm/memory.c 파일 내에 구현되어 있는 follow_page_pte() 함수를 간단히 표현한 것이다. pgd값을 알기 위해 mm을 첫 번째 인자로, 변환 하려는 가상 주소를 두 번째 인자로 받는 것을 알 수 있다.

```
/* mm/memory.c */
static struct page * follow_page_pte(struct vm_area_struct *vma, unsigned long address,
                        unsigned int flags, unsigned int *page_mask)
{
        pgd_t *pgd;
        pud_t *pud;
        pmd_t *pmd;
        pte_t *ptep, pte;

        pgd = pgd_offset(mm, address);
        if( pgd_none(*pgd) || pgd_bad(*pgd))              goto out;
        pud = pud_offset(pgd, address);
        if( pud_nond(*pud) )                             goto out;
        pmd = pmd_offset(pgd, address);
        if( pmd_none(*pmd) || pmd_bad(*pmd))             goto out;

        ...

        return follow_page_pte(vma, address, pmd, flags);
}
```

■ 그림 4.18 가상 주소를 물리 주소로 변환

또한 앞서 설명한 대로 pgd에서부터 시작하여 pgd_offset(), pud_offset(), pmd_offset(), follow_page_pte() 등의 커널 내부 매크로를 통해 가상 주소를 물리 주소로 변환하고 있다.

그럼 이제 이러한 구조를 가지고 있는 리눅스가 실제 CPU에서 동작되는 과정을 살펴보도록 하자. 대부분의 CPU는 가상 주소를 사용하는 운영체제가 원활히 수행될 수 있도록 하기 위해 가상 주소로부터 물리 주소로의 변환을 담당하는 별도의 하드웨어를 장착하고 있다. 이 하드웨어를 MMU(Memory Management Unit)라 부른다. 따라서 MMU가 존재하는 CPU상에서 가상 주소를 물리 주소로 변환하기 위해서는 MMU에게 페이지 테이블의 시작점(pgd)과 변환하고자 하는 가상주소를 입력으로 넣어주기만 하면 된다. 그럼 MMU라는 하드웨어는 몇 단계의 페이지 테이블을 지원할까? 이는 CPU 제조사 별로 다르다. 인텔 계열 32bit CPU를 예로 들면 하드웨어적으로 2단계의 페이지 테이블을 지원하며, 알파 CPU에서는 3단계의 페이지 테이블을 지원한다.

구체적으로 인텔 32bit CPU의 2단계 페이징 구조를 그림 4.19에 나타내었다. 인텔 CPU에서는 가상 주소를 물리 주소로 변환하기 위해 페이지 테이블의 시작점, 즉 page directory를 cr3 레지스터에 담아둔다. 다음으로 가상 주소중 상위 10비트를

리눅스 커널 내부구조

이용하여 page directory에서의 옵셋으로 사용한다. 그 결과 특정 entry로 가게 되는데 이 entry에는 page table의 시작주소가 저장되어 있다. 한 entry의 크기는 4Byte이다(하나의 페이지 테이블의 주소를 표현하기 위해서는 4Byte필요). 한 개 페이지 프레임의 크기가 4KB라면, 한 페이지 내엔 총 1024개의 엔트리가 존재하게 된다(4KB/4byte). 따라서 1024개를 인덱싱하기 위해서는 10비트만으로 충분하다($1024=2^{10}$). Page table에서도 가상 주소 공간 중 다음 10비트를 이용하여 page table에서의 옵셋으로 사용하고, 최종적으로 결정된 물리 페이지 프레임 내에서의 옵셋은 남아있는 12비트를 이용하여 지정된다.

따라서 만약 32bit 인텔 CPU에서 리눅스가 동작한다면, 리눅스가 유지하고 있는 네 단계의 페이지 테이블 중 두 단계를 사실상 무시하고 동작하게 된다. 구체적으로 그림 4.17에서 PMD,PUD가 무시되며 PGD와 PTE는 각각 그림 4.19의 Page Directory와 Page Table에 대응된다. 그리고 현재 실행중인 태스크의 pgd 값이 cr3 레지스터에 저장된다.

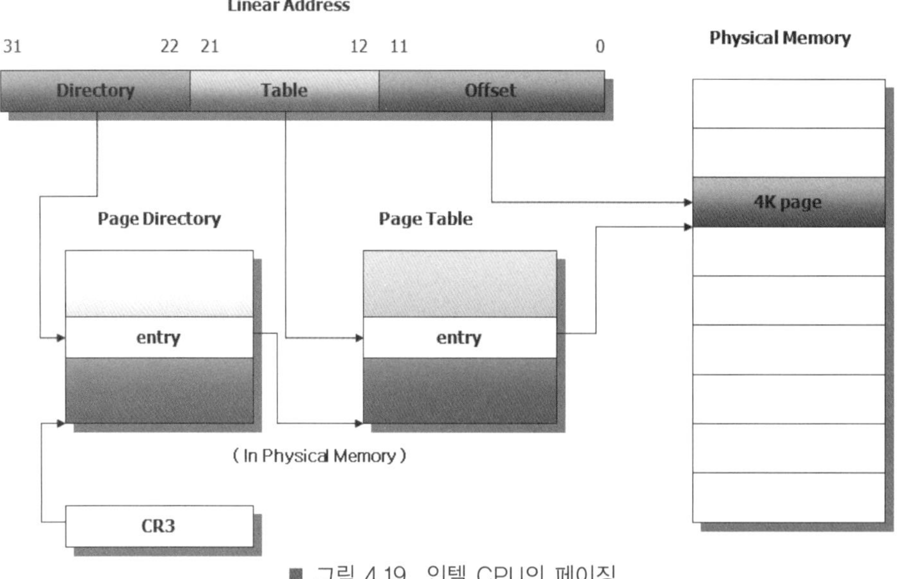

■ 그림 4.19 인텔 CPU의 페이징

Multi core와 더불어 요즘 점점 많이 사용되는 추세인 64bit CPU인 경우 2^{64}($16EB=16\times10^{18}$)크기의 주소 공간을 표현할 수 있다. 따라서 태스크에게 주어지는 가상 주소 공간을 앞서 살펴본 3단계 페이징 기법으로 표현하기엔 무리가 있다. 따라서 리눅스에서는 2.6.11부터 4단계 페이징을 지원하는데, 이를 그림 4.20에 나타내었다.

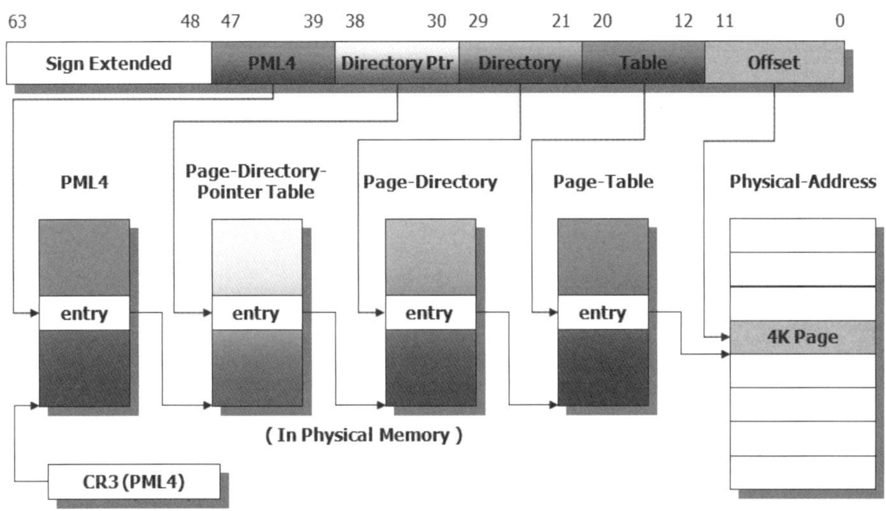

512 PML4 * 512 PDPTE * 512 PDE * 512 PTE = 2^{36} Page frames (256TB)

■ 그림 4.20 2.6.11부터 도입된 4단계 페이징(x86_64 기준)

한 가지 더 살펴보도록 하자. 버디나 슬랩 할당자로부터 할당받은 메모리 공간은 늘 물리 메모리상에서 연속이라는 특징을 가진다. 하지만 시스템에 늘 물리 메모리상에서 연속인 메모리 공간이 넉넉한 것은 아니다. 따라서 꼭 물리적으로 연속이지 않아도 되는 경우라면 가상적으로만 연속인 메모리를 할당 받아서 사용하는 것은 어떨까? 이때 사용하는 함수가 vmalloc()과 vfree()이다. 이 함수는 내부적으로 요청된 공간만큼 가상 주소 공간을 할당한 뒤, 이 공간에 해당되는 양의 물리 메모리를 할당하고(연속이지 않아도 됨) 할당된 물리 메모리와 가상 메모리 공간을 페이지 테이블을 통해 연결 시켜준다.

지금까지 우리는 가상 메모리에 대해 배웠다. 그럼 가상 메모리의 장점은 무엇일까? 우선 물리 메모리의 크기와 관계없이 상당히 큰 주소 공간을 프로그래머에게 제공 할 수 있다. 거꾸로 말하면 물리메모리가 굳이 클 필요가 없다. 이론적으로는 한 개의 페이지 프레임만 존재해도 된다. 둘째, 프로그램의 모든 페이지들을 물리 메모리에 적재할 필요 없이 페이지 폴트를 이용해 필요할 때마다 페이지를 물리 메모리에 적재할 수 있어(demand paging)메모리를 더욱 효율적으로 사용할 수 있다. 셋째, 여러 태스크가 특정 영역을 공유하고 싶을 때 단지 페이지 테이블에서 같은 페이지 프레임을 가리키게 하는 것만으로(또는 페이지 테이블 자체를 공유하는 방법으로) 공유 메모리를 지원할 수 있다.

하지만 공짜는 없는 법, 가상 메모리의 단점은 물리 메모리를 접근하기 위해 주소 변환 과정이 필요하다는 것이다. 주소 변환을 위해서는 페이지 디렉터리와 페이지 테이블을 탐색해야 하는데 이것이 프로그램의 수행 시간을 지연시킬 가능성이 있다. 또한 더욱 중요한 것은 메모리 접근시간에 대한 예측성을 떨어뜨린다는 점이다. 이러한 문제를 해결하기 위해 앞서 언급한 바와 같이 대부분의 시스템은 주소 변환 과정의 많은 부분을 하드웨어 적으로 처리한다(HAT: Hardware Address Translation 또는 MMU: Memory Management Unit). 또한 TLB 같은 페이지 테이블 엔트리 캐시를 사용하여 빠른 주소 변환을 지원하고 있다.

6. 커널 주소 공간

그런데 커널은 어떻게 가상 주소를 물리주소로 변환할까? 리눅스 커널은 3~4GB의 가상 주소공간에서 동작한다고 언급한 바 있다. 커널도 페이징 단계를 거쳐야 가상 주소를 물리 주소로 변환할 수 있을 것이다. 그러자면 우선 mm_struct 안에 있는 pgd 값을 알아야 할 텐데, 커널에겐 mm_struct는 물론이고 pgd라는 것도 존재하지 않는다. 따라서 리눅스 커널은 자신을 위한 페이지 테이블을 시스템의 부팅 시점에 미리 작성해놓고 이 위치를 swapper_pg_dir이라는 전역변수에 저장해 놓고 사용한다.

리눅스 커널에게 주어진 가상 주소 공간인 3~4GB와 이에 대응되는 물리 메모리 공간을 구체적으로 살펴보면 그림 4.21과 같다. 3GB에서부터 896MB까지는 ZONE_NORMAL영역으로써 이를 세분화 하면 커널의 실행 파일이 들어 있는 부분과 16M까지로 제한되어 있는 ZONE_DMA영역, 그리고 물리 메모리를 표현하기 위한 페이지 프레임 자료 구조가 들어 있는 mem_map 배열 영역이 존재한다. mem_map배열에서 896MB까지 남아있는 모든 공간은 동적 할당 공간으로 사용되는데, 가상주소와 물리주소는 직접 매핑(direct mapping)으로 연결되어 있다. 따라서 커널 내에서는 ZONE_NORMAL영역의 물리 메모리인 경우 간단한 연산(가상 주소 – 3GB)을 통해 가상 주소를 바로 물리 메모리로 연결할 수 있다. 896MB이후 부분은 물리 메모리 896MB이상 부분을 임시로 매핑 하여 사용하기 위한 영역 (ZONE_HIGHMEM) 등이 존재하게 된다.

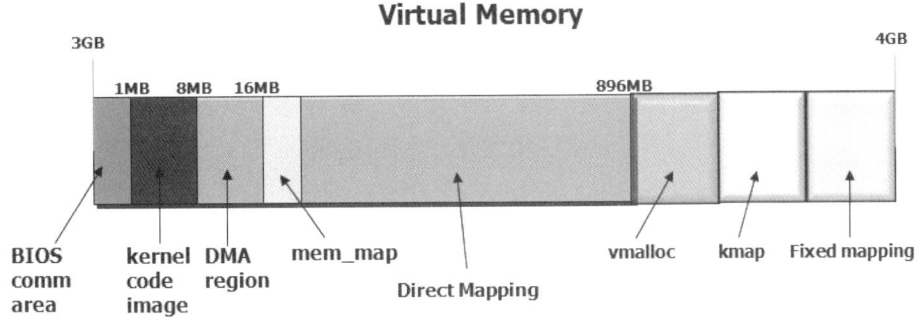

■ 그림 4.21 가상 주소 3GB~4GB의 사용(32Bit CPU 기준)

64bit 구조인 경우 커널에게 주어지는 가상 주소 공간도 3~4GB가 아닌 0×0000 7fff ffff ffff ~ 0×ffff ffff ffff ffff(약 128TB~16EB)라는 매우 방대한 공간이다. 이 역시 그림 4.21과는 많은 차이가 있는데 이를 그림으로 표현하면 그림 4.22와 같다. 물리 메모리를 직접 매핑하기 위해 그림 4.20의 ZONE_NORMAL영역처럼 896M로 제한을 두는 것이 아니라 64TB라는 어마어마한 공간을 할당하였다. 또한 공간이 너무 남는 관계로(⌣;) 0×0000 7fff ffff ffff ~ 0×ffff 8000 0000 0000사이의 공간은 현재 비사용 중이다. 이 엄청난 주소 공간이 어떻게 활용될지는 아직 미지수 이다.

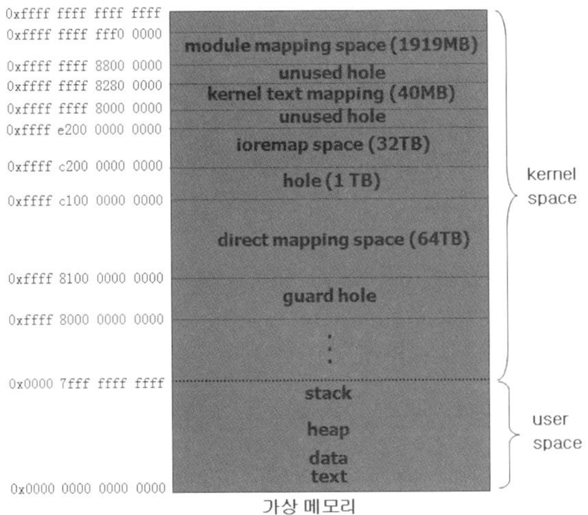

■ 그림 4.22 가상 주소의 사용(64bit CPU 기준)

7. Slub, Slob

우리는 4.3절을 통해서 슬랩 할당자의 동작 원리에 대해 살펴보았다. 오랜 동안 사용되어 왔으며 아직까지 대부분 최적이라 여겨지는 슬랩 할당자에도 몇 가지 단점이 있다. 사실 4.3절에서 살펴본 슬랩의 동작 원리는 말 그대로 기본적인 동작 원리이다. 실제로는 할당/해제를 빠르게 하기 위한 목적으로 CPU당 그리고 노드 당 별도의 캐시 등을 유지한다. 그러다 보니 시스템의 규모가 커질수록 슬랩 할당자 자체를 위한 메타 데이터가 커지는 문제점이 존재한다. 또한 캐시 내의 각 슬랩은 자신에게 할당된 공간 내에 별도의 메타데이터를 유지하는데 이 역시 성능저하의 원인이 된다.

이러한 문제점을 해결하기 위해 등장한 것이 slub 할당자이다. slub 할당자는 각 슬랩에 별도의 메타데이터를 유지하지 않는다. 대신 페이지 별로 할당되는 page 구조체에 freelist, inuse, offset 필드를 이용하여 이들을 매우 '단순' 하게 관리한다. 또한 할당 시에는 단지 해당 슬랩의 락만을 획득하면 되므로 성능향상 역시 도모하고 있다.

반대로 slob은 메모리가 아주 작은 상황(한 두 바이트도 아껴 써야하는 시스템)을 위해 고안되었다. 그래서 이름도 Simple List Of Blocks이다. slob은(아키텍쳐에 따라 종속적이긴 하지만) 보통 4Byte부터 시작하는 작은 크기의 메모리 블록을 단순 링크드 리스트로 유지하는 일종의 힙 형태의 할당자이다. 단편화 방지와 블록의 효율적인 분류를 위해 256Byte 미만, 1024Byte미만, 그 외의 크기의 메모리 블록을 위한 세 개의 리스트를 유지한다. 그런 뒤 할당 요청이 들어오면 요청된 크기에 걸맞는 블록을 찾기 위해 리스트를 탐색하여 최초 적합에 기반한 할당을 한다.

실습문제

1. heap을 사용하는 프로그램을 작성해 보자. stack을 사용하는 프로그램도 작성해 보자. 어려울 경우 3장의 그림 3.2를 참고하라.

2. 함수가 호출될 때는 스택에 어떤 값을 저장할까? 이때 스택에 저장되는 값을 변경함으로써 함수가 종료된 후, 함수를 호출한 원래 위치가 아닌 다른 곳으로 복귀되도록 스택의 내용을 변경해 보자.

3. 리눅스 메모리 관리에서 Node의 필요성을 논해보자.

4. 가상 메모리의 도입이 야기한 프로그래밍 모델의 변화와 CPU 구조의 변화를 논의해 보자.

5. 만약 사용자 수준 태스크에서 malloc() 함수를 사용했다면 반드시 free()시켜줘야 하는가? kernel 내부에서 메모리를 할당 받는 함수인 kmalloc()를 쓸 때는 어떨까? 해결책은?

6. 사용자 프로그램에서 malloc() 함수를 호출하면 커널 내부에서는 어떤 작업이 수행되는가? strace와 ltrace등의 도구를 사용하면 좀 더 쉽게 파악할 수 있다.

7. kmalloc()/kfree(), alloc_pages()/free_pages(), vmalloc()/vfree() 함수를 사용해 메모리를 할당/해제해보자. 7장에서 모듈에 대해 배우고 나면 더 수월하게 작성할 수 있을 것이다.

8. 10.3절에 구현된 buddy 할당자를 개선하여 Lazy buddy를 구현해 보자.

9. 물리 메모리의 공간이 부족하면, 이미 존재하고 있는 메모리 객체중 일부를 교체해야 한다. 어떤것을 교체해야 할까? 지역성(locality)의 영향을 고려하자.

10. 2^{64} 크기의 가상 공간을 어떻게 사용해야 할까 논의해 보자.

Memo

Memo

Chapter 5

파일시스템과 가상 파일시스템

리눅스가 제공하는 대표적인 객체로는 태스크와 파일이 있다. 태스크가 CPU를 추상화 시켜서 프로그램에게 생명을 부여한다면, 파일은 디스크를 추상화 시켜서 프로그램에게 장소를 부여한다. 이 장에서는 파일시스템의 기본적인 개념에 대해 살펴본 뒤, 모든 자원을 파일로써 취급하는 리눅스 파일시스템 고유의 특징에 대해 설명한다.

1. 파일시스템 일반

4장에서 살펴 본 메모리 관리 기법은 주 기억 장치라고 불리는 저장장소를 관리하는 소프트웨어이다. 이제 살펴볼 파일시스템은 보조 기억 장치라고 불리는 저장장치를 관리하는 소프트웨어이다. 주 기억 장치로는 주로 RAM과 같은 장치가 사용되며 보조 기억 장치로는 주로 하드 디스크와 같은 장치가 사용된다. RAM과 하드 디스크는 휘발성 여부, 접근 단위 등 매우 다양한 차이점이 존재하기 때문에 이를 관리하기 위한 소프트웨어 역시 큰 차이를 보인다. 우선 조금 더 근본적인 문제를 짚고 넘어가 보도록 하자.

메모리 관리 기법과 파일시스템은 모두 기억 장치를 관리한다. 기억 장치는 RAM이건 하드 디스크이건 한정되어있는 자원이기 때문에 최대한 공간을 아껴서 사용해야 한다. 그렇기 때문에 메모리 관리 기법과 파일시스템 모두 내부/외부 단편화를 최소화하기위해 노력한다. 또한 두 기법 모두 자신만의 할당/해제 정책이 존재한다. 그렇다면 메모리 관리 기법과 파일시스템간의 차이점은 무엇일까? 해답은 '이름'이라는 특성이다(Naming). 조금 과장한다면 '이름'이라는 특성을 제외하곤 메모리 관리 기법과 파일시스템은 같은 소프트웨어이다. 따라서 (메모리 관리 기법+ '이름' 특성=파일시스템)이며 (파일시스템– '이름' 특성=메모리 관리 기법)이라고 보아도 무방하다.

결국 파일시스템은 사용자에게 이름이라는 속성으로 접근되는 추상적인 객체인 '파일'이라는 개념을 제공함으로써 영속적인 객체의 저장을 지원하는 소프트웨어인 것이다. 조금 다르게 표현하자면 '이름'을 입력으로 받아 해당 데이터를 리턴해주는 소프트웨어가 바로 파일시스템이다. 그렇다면 파일시스템은 이러한 기능을 제공하기 위해 하드디스크에 어떤 내용을 저장해 둘까? 파일시스템이 하드 디스크에 저장하는 정보는 크게 메타 데이터(meta data)와 사용자 데이터(user data)로 나뉜다. 메타 데이터는 파일의 속성 정보나 데이터 블록 인덱스 정보 등이 해당되며, 사용자가 실제 기록하려 했던 내용이 사용자 데이터에 해당된다.

예를 들어보도록 하자. 사용자가 파일을 하나 생성하고 "12월 9일 토요일 오후 3시"라는 문자열로 구성된 약속 시간을 저장하려 한다고 가정해 보자. 그러면 파일시스템은 디스크 블록을 하나 할당받아서(보통 파일 시스템에서 디스크 블록의 크기는 4KB이며 따라서 위의 문자열은 디스크 블록 한 개만으로도 충분하다) 기록해 놓으면 될 것이다. 그런데 나중에 사용자가 약속이 언제였는지 확인하기 위해 위 내용을 읽으려면 어떻게 해야 할까? 파일시스템이 데이터를 저장해 둔 디스크 블록 번호를 사용자가 외우고 있다가 나중에 파일시스템에게 이 번호의 데이터 블록을 읽어 달라고 요청하는 것은 어떨까? 물론 가능하다. 하지만 이는 사용자에게 매우 성가신 일이 아닐 수 없다. 오히려 사용자는 '약속.txt' 라는 이름(naming)을 통해 추상적인 자원인 '파일'을 접근하고 싶어 할 것이다. 따라서 파일시스템은 처음 데이터를 기록할 때 실제 데이터뿐만 아니라, 이 데이터를 추상적 자원인 '파일'로 제공해 주기 위해 부가적인 정보(파일이름, 파일의 생성시간, 실제 데이터 블록을 인덱싱 하기 위한 정보 등)를 기록해 두어야 한다. 이러한 '이름'과 파일정보, 인덱싱 정보를 파일시스템의 메타 데이터라고 한다. 우선 인덱싱과 관련된 내용을 다음절에서 살펴본 뒤 메타 데이터관리에 대해 살펴보도록 하겠다.

2. 디스크 구조와 블록 관리 기법

이 절에서는 파일시스템이 저장 공간의 기본 접근단위인 디스크 블록을 관리하는 기법을 논의한다. 가장 일반적인 보조기억 장치인 하드디스크를 예로 들어 설명할 것이다. 그림 5.1은 디스크의 일반적인 구조를 보여 준다.

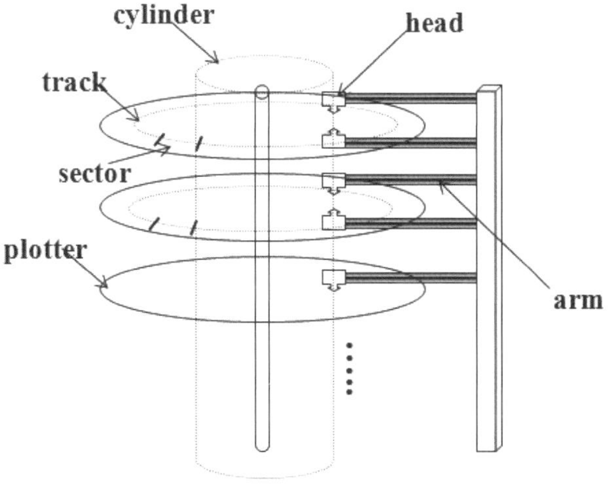

■ 그림 5.1 디스크 구조

디스크는 원판(plotter), 팔(arm) 그리고 헤드(head)로 구성된다. 원판(plotter)에는 원 모양의 트랙(track)들이 존재하며, 모든 원판에서 같은 위치를 갖는 트랙들의 집합을 실린더(cylinder)라고 한다. 트랙은 다시 몇 개의 섹터(sector)로 구분된다. 섹터는 디스크에서 데이터를 읽거나 기록할 때 기본 단위가 되며, 일반적으로 섹터의 크기는 512byte이다. 한편 헤드는 각 원판의 읽기/쓰기가 가능한 면마다 하나씩 존재하게 된다. 따라서 헤드가 몇 개, 트랙이(또는 실린더가) 몇 개, 그리고 각 트랙마다 섹터가 몇 개 등이 결정되면 디스크의 전체 용량 등 해당 디스크의 물리적 특성을 결정 할 수 있게 된다.

디스크에서 데이터를 접근하는 데 걸리는 시간은 탐색 시간(seek time), 회전 지연 시간(rotational latency), 그리고 데이터 전송 시간(transmission time)이라는 세 가지로 구성된다. 탐색 시간이란 헤드를 요청한 데이터가 존재하는 트랙 위치까지 이동하는 데 걸리는 시간이다. 회전 시간은 요청한 섹터가 헤드 아래로 위치될 때까지 디스크 원판을 회전시키는 데 걸리는 시간이다. 마지막으로 데이터 전송 시간은 헤드가 섹터의 내용을 읽거나 또는 기록하는데 걸리는 시간이다.

하지만 파일시스템은 디스크를 그림 5.1에서 그려진 것처럼 물리적인 구조로 보지 않는다. 그 대신 파일시스템은 디스크를 논리적인 디스크 블록(disk block)들의 집합으로 본다. 그림 5.2는 파일시스템 입장에서 본 디스크의 논리적인 구조를 표현한 것이다.

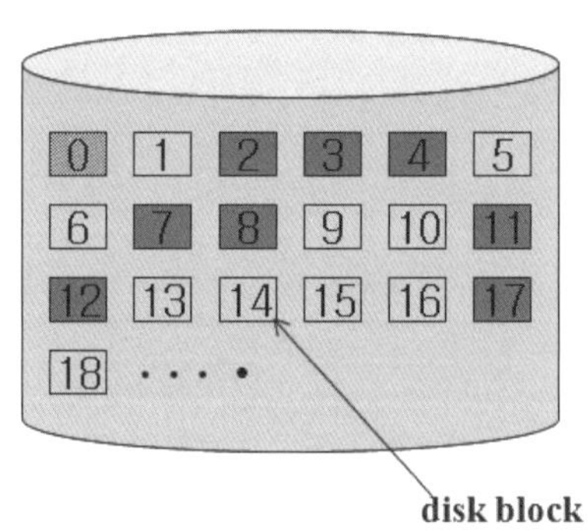

■ 그림 5.2 디스크의 논리적인 구조

디스크 블록은 0, 1, 2 등의 논리적인 번호를 하나씩 갖는다. 그리고 디스크 블록의 크기는 일반적으로 페이지 프레임의 크기와 같다. 일반적인 시스템에서는 페이지 프레임의 크기가 4KB이며, 따라서 디스크 블록의 크기도 4KB가 된다. 사실 파일시스템 성능의 최대 병목 요소는 디스크 I/O이다. 따라서 최근에 개발된 파일시스템의 경우 디스크 블록의 크기를 더 크게 설정하는 경향이 있다. 디스크 블록의 크기가 클수록 한 번의 Disk IO로 더 많은 데이터를 메모리로 읽어 들일 수 있기 때문이다. 그러나 디스크 블록의 크기와 '속도' 측면에서의 성능은 비례하지만, '공간효율성' 면에서의 성능은 반비례한다. 평균적으로 데이터 블록 중 마지막 블록의 절반은 낭비된다. 따라서 어떤 디스크 블록 크기를 사용할 것인가는 용도에 맞게 사용자가 결정 하는 것이 바람직하다.

만일 디스크 블록의 크기가 4KB이고 섹터 크기가 512byte라면, 결국 하나의 디스크 블록에 8개의 섹터가 대응되게 된다. 따라서 파일시스템이 하나의 디스크 블록을 읽어 달라고 요청하면 결국 8개의 섹터 내용이 읽혀지게 된다(이는 8.3절에서 소개될 블록 디바이스 드라이버의 read_ahead 변수와 연관이 있음을 보게 될 것이다). 디스크 블록의 번호를 이에 대응되는 섹터들로 매핑 시키는 일은 디스크 디바이스 드라이버 또는 디스크 컨트롤러가 담당한다.

이제부터 디스크 블록의 할당과 회수 방법에 대해 알아보도록 한다. 예를 들어 설명해 보자. 우선 디스크가 논리적으로 그림 5.2와 같이 생겼으며, 각 디스크 블록의 크기가 4KB라고 가정하자. 그리고 그림 5.2에서 색깔이 칠해진 디스크 블록들은(블록 번호 0, 2, 3등의 블록들) 현재 사용 중(used, 즉 이미 존재하는 파일의 데이터를 담고 있음)이며, 색깔이 칠해지지 않은 블록들(블록 번호 1, 5, 6 등의 블록들)은 현재 사용 중이 아닌 상태(free)라고 가정하자.

이와 같은 환경에서 파일시스템이 14KB 크기의 파일 생성 요청을 받았다고 가정해 보자. 파일시스템은 자신이 관리 하고 있는 공간(partition)내의 free상태의 블록을 관리 하고 있다가, 여기에서 이 파일을 위한 공간을 할당한다. 이 예에서는 파일 크기가 14KB이므로 4개의 디스크 블록이 필요하다(각 디스크 블록의 크기가 4KB라고 가정하였었다). 현재 디스크에는 free 상태의 블록이 1, 5, 6, 9, 10, 13, 14, 15, 16 등이 있다. 어떤 블록들을 할당할 것인가?

디스크 블록을 할당하는 방법에는 크게 연속(sequential) 할당과 불연속(non-sequential) 할당 두 가지 방법이 있다. 연속 할당이란 파일에게 연속된 디스크 블록을 할당하는 방법이다. 위 예에서 연속 할당 방법을 사용한다면 아래 그림 5.3과 같이 연속해 있는 4개의 free 블록인 13, 14, 15, 16을 할당할 수 있다. 반면 불연속 할당 방법을 사용한다면 1, 5, 6, 9번과 같은 디스크 블록을 할당할 수 있다.

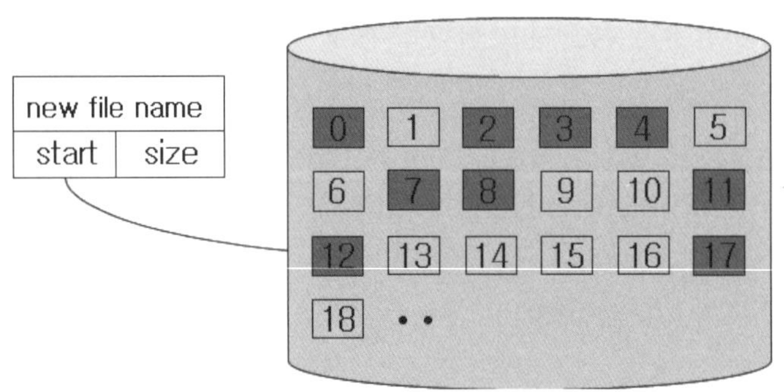

■ 그림 5.3 연속 할당 방법의 예

위 두 가지 방법 중에서 어떤 방법이 파일시스템에서 사용할 때 더 적당할까? 연속 할당은 불연속 할당에 비해 파일을 읽는 속도가 빠르다. 왜냐하면 디스크의 탐색 시간을 줄일 수 있기 때문이다. 하지만 연속 할당의 경우 파일의 크기가 변하면 문제가 될 수 있다. 예를 들어 위 예에서 생성한 14KB의 파일에 사용자가 새로운 내용을 추가하여 그 크기가 17KB로 커졌다고 가정해 보자(예를 들어 vi같은 편집기로 파일에 새로운 내용 입력). 이제 이 파일은 5개의 디스크 블록을 필요로 하며, 따라서 파일시스템은 이 파일에게 새로운 디스크 블록을 하나 더 할당해 주어야 한다.

만일 연속 할당 기법을 사용하여 13, 14, 15, 16 디스크 블록을 처음 이 파일이 생성될 때 할당해 주었다면 더 이상 연속적으로 할당해 줄 수 없다(17 디스크 블록이 이미 사용 중이기 때문). 결국 연속 할당을 위해서는 기존에 있던 디스크 블록들을 더 넓은 곳(연속적으로 5개 이상의 블록이 free한)으로 복사한 후 새로운 내용을 추가해야 한다. 파일의 크기가 변하는 일은 매우 빈번하게 발생하는 일이다. 그리고 파일 크기가 커질 때 기존에 있던 블록들을 다른 곳으로 복사하는 것은 성능 상 매우 큰 문제가 된다. 따라서 파일시스템을 설계할 때 연속 할당 방법만을 사용하는 경우는 거의 없다(필자의 경험으로는 멀티미디어 데이터만을 고려한 파일시스템에서 연속 할당을 사용하는 경우를 보았다).

불연속 할당 방법은 같은 파일에 속한 디스크 블록들을 연속적으로 저장하지 않는다. 따라서 위 14KB의 파일을 생성하는 예에서 1과 5, 6, 9 같은 디스크 블록을 할당할 수 있다. 그리고 이 파일의 크기가 커져 새로운 디스크 블록이 요구된다면 free한 10, 13 등 어떤 블록이라도 할당할 수 있다. 하지만 불연속 할당 방법에서는 파일에 속한 디스크 블록들이 어디에 위치하고 있는지에 대한 정보를 기록해 두어야 한다. 이를 위한 방법으로는 블록체인 기법, 인덱스 블록 기법, FAT(File Allocation Table) 기법 등이 있다.

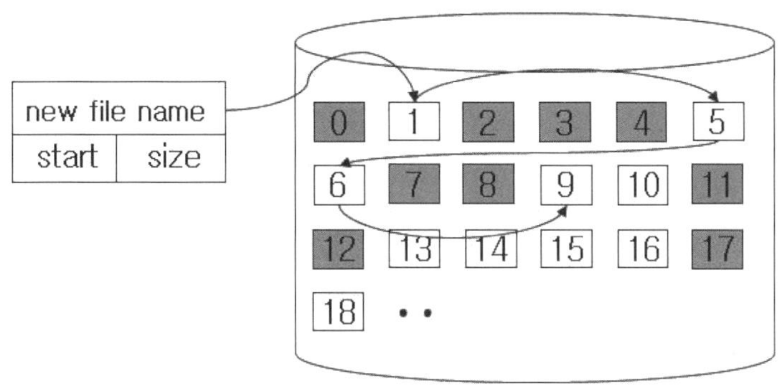

■ 그림 5.4　블록체인 할당 기법

블록체인 기법은 같은 파일에 속한 디스크 블록들을 체인으로(즉 각 블록에 포인터를 두어 다음 블록의 위치를 기록, linked list와 유사) 연결해 놓는 방법이다. 이를 그림 5.4에 보였다. 따라서 특정 파일에 속한 첫 번째 디스크 블록에 가면 포인터를 이용해 다음 블록의 위치를 찾아 갈 수 있다. 그러나 이 경우 lseek()같은 시스템 콜을 사용하여 파일의 끝 부분을 읽으려는 경우엔 어쩔 수 없이 앞부분의 데이터 블록을 읽어야 하며, 또한 중간 한 블록이 유실된 경우 나머지 데이터까지 모두 잃게 된다는 단점이 존재한다.

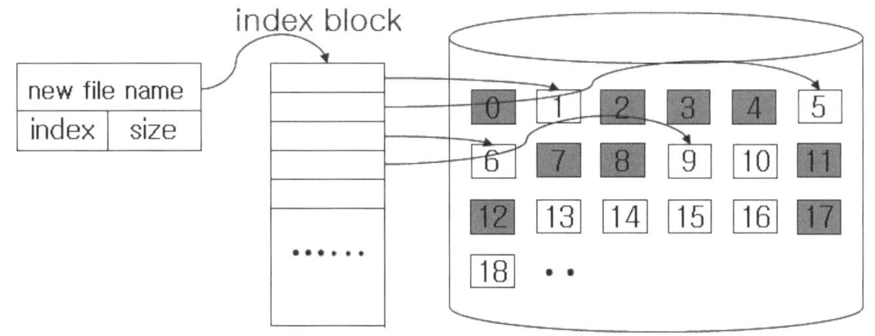

■ 그림 5.5　인덱스 블록 할당 기법

인덱스 블록 기법은 블록들에 대한 위치 정보들을 기록한 인덱스 블록을 따로 사용하는 방법이다. 이 예를 그림 5.5에 보였다. 이 방법에서는 lseek()를 사용하여 파일의 끝 부분을 접근하는 경우 데이터 블록을 일일이 읽어야 한다는 단점은 없지만, 만약 인덱스 블록이 유실되면 파일의 데이터 전체가 소실되는 문제가 있다. 또한 인덱스 블록을 위한 별도의 공간이 필요하며, 파일이 커져 인덱스 블록이 가득 찰 경우 이를 해결하는 방법이 필요하다.

다음으로 FAT 기법은 같은 파일에 속해 있는 블록들의 위치를 FAT이라는 자료구조에 기록해 놓는 방법이다. 이 예는 그림 5.6에 보였다. 이 기법은 파일시스템이 관리하는 공간 내에 전역적으로 존재하는 FAT 구조를 사용하여 파일에 속해있는 데이터를 찾아 가는 방법이다. 즉, 인덱스 블록 기법은 파일마다 인덱스 블록이 필요한데, FAT 기법에서는 파일시스템 전체적으로 하나의 FAT이 존재하는 것이다.

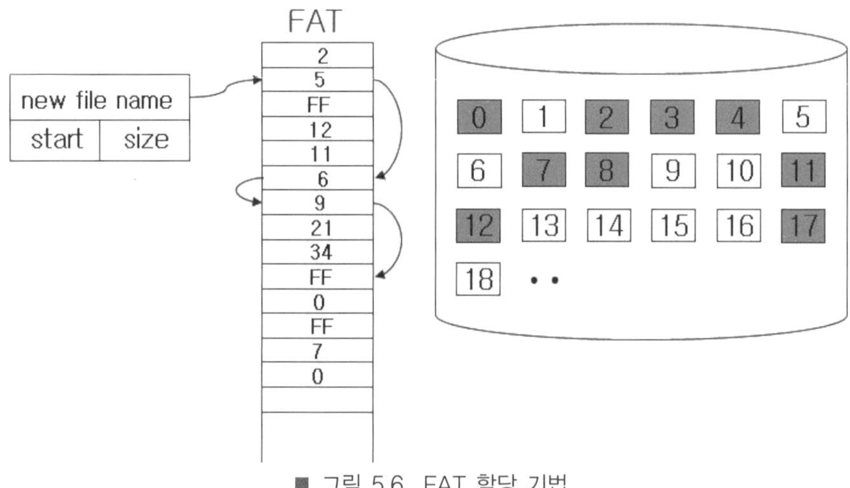

■ 그림 5.6 FAT 할당 기법

FAT 구조에서 FF는 파일의 끝을 의미하며 0은 free상태를 나타낸다. 따라서 그림 5.6의 예라면 파일이 가리키고 있는 FAT 구조의 1번 블록을 읽어 보면, 다음 데이터 블록인 '5번'을 가리키고 있으며, 5번 위치에 가보면 '6번' 데이터 블록을, 6번 위치에 가보면 '9번' 블록을, 9번 위치에 가보면 파일의 끝임을 나타내는 'FF'가 쓰여있다. 이 기법 역시 파일의 중간 데이터를 읽기 위해 처음 블록부터 읽을 필요는 없다. 한편 FAT 구조의 유실은 파일시스템 내의 모든 파일이 소실된다는 문제가 있다. 따라서 요즘 대부분의 FAT 구조 파일시스템은 FAT 내용을 중복하여 관리한다. 지금까지 설명한 바와 같이 각 기법은 서로 장단점을 가지며, 리눅스에서 주로 사용되는 파일시스템인 Ext2나 Ext3는 인덱스 블록 기법과 유사한 기법을 사용한다. 그것이 바로 inode이다.

3. FAT 파일시스템

파일시스템이 관리하는 데이터는 크게 메타 데이터와 유저 데이터로 구분할 수 있다. FAT 파일시스템)에서 메타데이터는 FAT 테이블, 디렉토리 엔트리, 그리고 수퍼 블록으로 구성된다. FAT 테이블은 이미 그림 5.6에서 설명하였다. 이제부터 디렉터리 엔트리의 구조를 살펴보자.

```
struct msdos_dir_entry {
        __u8    name[MSDOS_NAME] /* name and extension' 11 */
        __u8    attr;                   /* attribute bits */
        __u8    lcase;                  /* Case for base and extension */
        __u8    ctime_cs;               /* Creation time, centiseconds(0~199) */
        __le16  ctime;                  /* Creation time */
        __le16  cdate;                  /* Creation date */
        __le16  adate;                  /* Last access date */
        __le16  starthi;                /* High 16 bits of cluster in FAT32 */
        __le16  time,date,start;        /* time, date and first cluster */
        __le32  size;                   /* file size (in bytes) */
};
```

■ 그림 5.7 msdos 파일시스템의 디렉터리 엔트리(~/include/linux/msdos_fs.h)

그림 5.7은 대표적인 FAT 파일 시스템인 msdos 파일시스템에서 디렉터리 엔트리의 구조를 보여준다. msdos 파일시스템에서는 각 파일마다 디렉터리 엔트리를 하나씩 갖는다. 이것은 마치 태스크가 하나 생성되면 task_struct라는 구조체를 통해 각 태스크를 관리하던 것과 유사하다. 디렉터리 엔트리가 모여 디렉터리를 구성한다. 리눅스에서 디렉터리와 파일은 별도 구분 없이 파일로 취급된다. 결국 디렉터리는 자신이 포함하는 파일의 이름 들을 데이터로 가지고 있는 특수한 파일에 불과하다.

이제 그림 5.7에 나와 있는 msdos 파일시스템의 디렉터리 엔트리를 살펴보자. 파일의 이름과 확장자를 담는 name이라는 필드가 보인다(이것이 그 유명한 msdos파일시스템의 11자 이름 제약의 이유이다). 또한 파일의 속성과 시간정보, 파일의 크기를 담는 size, 그리고 FAT 구조를 이용해 데이터 블록을 인덱싱 하기 위해 데이터 블록 중 첫 블록의 번호를 담아놓는 start 변수 등이 존재한다.

그럼 다른 파일시스템의 디렉터리 엔트리는 어떨까? 개념은 모두 비슷하다. 각각의 파일시스템들은 저마다 자신만의 디렉터리 구조체를 선언해 놓은 뒤, 파일이 생성될 때, 이 구조체의 각 내용들을 채워서 디스크에 저장한다. 나중에 사용자가 특정 이름을 가지는 파일의 내용을 읽어오도록 파일시스템에 요청한다면, 파일시스템은 사용자가 요청한 파일의 이름을 가지고 디렉터리 엔트리를 찾아낸 뒤, 디렉터리 엔트리가 가지고 있는 정보를 통해 데이터 블록을 찾아서 사용자에게 제공해 주는 것이다.

그런데 여기서 한 가지 의문이 생긴다. 파일시스템은 디렉터리 엔트리를 어떻게 찾을까? 디스크의 앞에서부터 순차 탐색을 하면 될까? 물론 불가능하진 않겠지만, 너무 느리기 때문에 이런 방법을 실제 사용하지는 않는다. 다시 FAT 파일시스템을 예로 들어 설명해 보도록 하자. 사용자는 파일의 이름을 통해 데이터를 접근 하려 한다. 파일의 이름은 현재 디렉터리 위치를 기준으로 시작되는 상대 경로와 '/'(root)에서부터 시작되는 절대경로 두 가지로 나뉜다. 리눅스는 사용자 태스크의 현재 작업 디렉터리 (Current Working Directory : CWD)를 항상 task_struct 구조체에 유지하고 있기 때문에 상대 경로는 언제든 절대 경로로 변환 가능하다. 아래 그림 5.8과 같은 디렉터리 구조를 가정할 때, 사용자가 '/home/member/sjbaek/약속.txt'라는 파일을 읽으려 하는 경우를 예로 들어 보도록 하자.

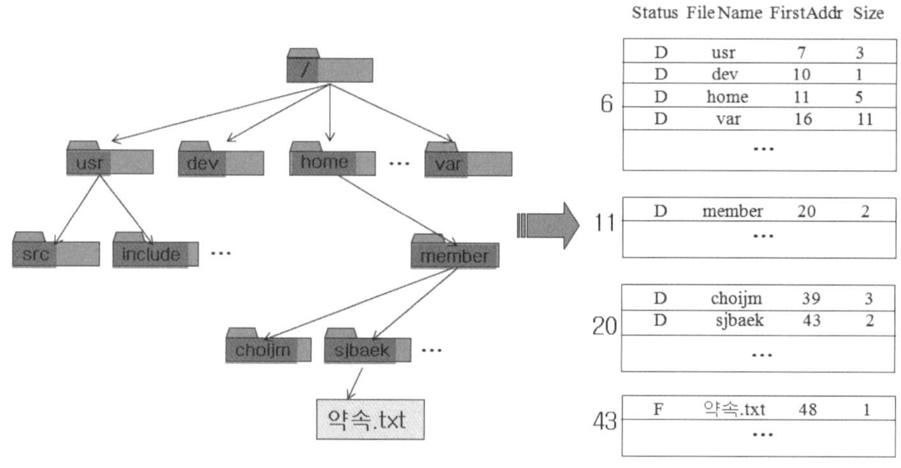

■ 그림 5.8 디렉터리 계층구조와 메타데이터의 예(FAT기준)

우선 파일시스템은 '/'의 디렉터리 엔트리를 읽는다. 그러면 '/'의 데이터 블록을 찾아 낼 수 있게 된다. 그림 5.8의 예에서는 '/'의 첫 번째 데이터 블록이 6번임을 가정하고 있다. 그리고 디렉터리의 데이터 블록은 그림 5.7에서 살펴본 디렉터리 엔트리들로 구성된다. 블록에서 'home'이라는 이름을 찾는다. 그림 5.8의 예라면 home의 데이터 블록 번호 11번을 확인할 수 있다. 다음으로 11번 블록을 읽어서 'member' 디렉터리의 데이터 블록인 20번 블록을 확인하게 되고, 다시 20번 블록을 읽어 보면 'sjbaek'라는 이름의 디렉터리 엔트리를 찾을 수 있다. 이는 그림 5.8의 예라면 블록 번호 43을 확인하게 된다. 그런 뒤 43번 블록을 읽어보면 사용자가 요청한 '약속.txt' 파일의 데이터 블록이 48번부터 1개라는 사실을 알 수 있게 된다. 그럼 이제 48번 블록을 읽어서 사용자에게 제공해 주면 된다. 48번 블록은 여지껏 살펴본 디렉터리의 데이터 블록과 똑같이 지정되지만 이번에는 엔트리가 파일 속성을 가지므로 (그림에서 status가 D면 디렉터리, F이면 파일을 의미) 파일의 데이터를 담고 있을 것이다.

남아 있는 문제는 '/'의 디렉터리 엔트리 번호를 어떻게 알아낼 것인가이다. 이를 위해 파일시스템은 '최상위 디렉터리가 위치하고 있는 곳' 같은 정보를 적어서 자신이 관리하는 공간 의 맨 앞부분에 적어 둔다. 이렇게 하면 나중에 언제라도 이 디스크를 사용하려 하는 시점에 디스크의 맨 앞부분만 읽으면 '/' 디렉터리의 위치를 알 수 있고, 따라서 '/' 디렉터리 하위에 존재하는 다른 모든 파일을 찾을 수 있게 된다. 이를 슈퍼 블록(super block)이라 부른다.

```
struct msdos_sb_info {
    unsigned short sec_per_clus; /* sectors/cluster */
    unsigned short cluster_bits;  /* log2(cluster_size) */
    unsigned int cluster_size;    /* cluster size */
    unsigned char fats,fat_bits;  /* number of FATs, FAT bits (12 or 16) */
    unsigned short fat_start;
    unsigned long fat_length;     /* FAT start & length (sec.) */
    unsigned long dir_start;
    unsigned short dir_entries;   /* root dir start & entries */
    unsigned long data_start;     /* first data sector */
    unsigned long max_cluster; /* maximum cluster number */
    unsigned long root_cluster;   /* first cluster of the root directory */
    unsigned long fsinfo_sector; /* sector number of FAT32 fsinfo */
    struct mutex fat_lock;
    struct mutex nfs_build_inode_lock
    struct mutex s_lock;
    unsigned int prev_free;       /* previously allocated cluster number */
    unsigned int free_clusters;   /* -1 if undefined */
    unsigned int free_clus_valid /* is free_clusters valid? */
    ...
};
```

■ 그림 5.9 msdos 파일시스템의 슈퍼블록(~/fs/fat/fat.h)

그림 5.9는 msdos 파일시스템의 슈퍼블록 구조를 보여준다. 이 자료구조에는 sector의 크기, sector가 여러 개 모여 구성되는 cluster의 크기, FAT 테이블의 위치와 크기 등의 파일시스템 전역적인 정보와 함께, root_cluster라는 변수에 '/'의 위치를 담아 놓았다. 슈퍼 블록 구조 역시 파일시스템 각각의 구현에 따라 모두 다른 모습이지만, 주요 기능과 유지해야 할 정보는 개념적으로 동일하다. 파일시스템의 전체적인 정보와 '/'의 위치를 기억하는 것이다.

4. inode 구조

이 절에서는 리눅스의 디폴트 파일시스템인 ext4 등, ext 계열 파일스템이 채택하고 있는 inode 구조에 대해 살펴보도록 하자. 그림 5.10은 ~fs/ext2/ext2.h에 정의되어 있는 ext2_inode를 개념적으로 보여준다.

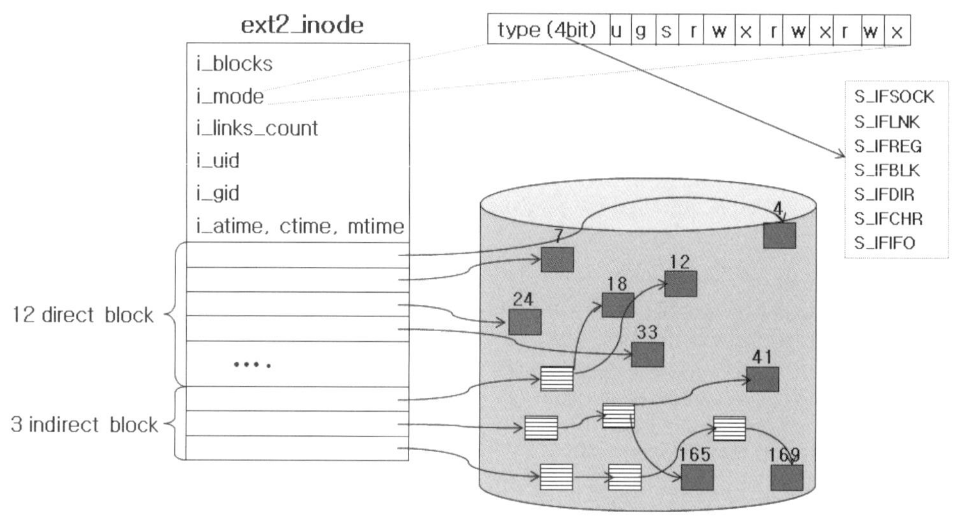

■ 그림 5.10 ext2_inode 구조(~/fs/ext2/ext2.h)

i_blocks 필드는 이 파일이 몇 개의 데이터 블록을 가지고 있는지 나타내며, i_mode는 이 inode가 관리하는 파일의 속성 및 접근 제어 정보를 유지한다. i_links_count는 이 inode를 가리키고 있는 파일 수를(또는 링크 수를)의미하며, i_uid와 i_gid는 파일을 생성한 소유자의 user ID와 group ID를 의미한다. 한편 i_atime, i_ctime, i_mtime은 각각 이 파일의 접근 시간, 생성시간, 수정시간을 의미한다. 이 변수들 중 i_mode에 대해 좀 더 자세히 알아보자. i_mode는 16비트로 구성되며, 이 중에서 상위 4개의 비트는 파일의 유형을 의미한다. 파일의 유형으로는 정규 파일(S_IFREG), 디렉터리(S_IFDIR), 문자 장치 파일(S_IFCHR), 블록 장치 파일(S_IFBLK), 링크 파일(S_IFLNK), 파이프(S_IFFIFO), 그리고 소켓(S_IFSOCK)등이 있다.

그 다음으로 위치한 3개의 비트는 특별한 목적으로 사용된다. u비트는 setuid(set user id)비트로, 파일이 수행될 때 수행시킨 태스크의 소유자 권한이 아닌, 파일을 생성한 사용자의 권한으로 동작할 수 있도록 한다. 유사하게 사용되는 g비트는 set-gid(set group id)비트이다. 그리고 s비트는 sticky 비트로 태스크가 메모리에서 쫓겨날 때, swap공간에 유지되도록 할 때, 또는 디렉터리에 대한 접근 제어에 사용된다. 그 다음의 9개 비트는 파일의 접근 제어(읽기/쓰기/수행)에 사용된다. 처음 3개는 사용자에 대한 접근 제어에 사용되며, 그 다음 3개는 그룹에 대해 그리고 마지막 3개는 다른 사용자들에 대한 접근 제어에 사용된다.

inode 하단부에는 i_block[15] 필드가 존재하는데, 이것은 파일에 속한 디스크 블록들의 위치를 관리하기 위해 사용된다. i_block[15]은 총 15개의 엔트리가 존재하는데, 이중 12개는 직접 블록(direct block)이고 3개는 간접 블록(indirect block)이다. 직접 블록은 실제 파일의 내용을 담고 있는 디스크의 데이터 블록을 가리키는 포인터이다. 반면 간접 블록은 인덱스 블록(디스크 블록을 가리키는 포인터들을 갖는 블록)을 가리키는 포인터이다. 3개의 간접 블록은 다시 단일 간접 블록(single indirect block), 이중 간접 블록(double indirect block), 그리고 삼중 간접 블록(triple indirect block)으로 구분된다. 단일 간접 블록은 하나의 인덱스 블록을 가지며, 이중 간접 블록은 인덱스 블록을 2단계로, 삼중 간접 블록은 3단계의 인덱스 블록을 가진다. 그림 5.8에서 디스크 상에 나타나 있는 무늬 없는 사각형은 데이터를 담고 있는 디스크 블록을 의미하며, 테이블 모양으로 그려진 사각형은 인덱스 블록을 의미한다.

그럼 예를 들어 보도록 하자. 그림 5.10에서 각 데이터 블록의 크기가 4KB라고 가정해보자. 만약 파일 옵셋이 10000이라면 어느 블록에 접근하게 될까? 당연히 세 번째 direct블록을 이용하여 24번 데이터 블록을 접근하게 될 것이다(구체적으로 10000/4KB). 그럼 파일 옵셋이 50000이라면 어느 블록에 접근하게 될까? 첫 번째 indirect 블록을 통해 18번 데이터 블록을 접근하게 될 것이다(구체적으로 50000/4KB의 몫이 12, 이중에서 0~11은 direct block에 대응되고 12 이후부터 1024개는 single indirect에 대응)).

이러한 Ext 계열 파일시스템의 inode 구조에서 지원할 수 있는 파일의 최대 크기는 얼마일까? 디스크 블록의 크기가 4KB라고 가정하면, 직접 블록으로 지원할 수 있는 파일의 크기는 48KB이다. 단일 간접 블록은 하나의 인덱스 블록을 갖는다. 인덱스 블록도 결국 디스크 블록에 존재하며 따라서 인덱스 블록의 크기는 4KB이다. 인덱스 블록은 디스크 블록을 가리키는 포인터들로 구성되므로, 각 포인터를 위해 4byte가 필요하다고 볼 수 있다. 그럼 하나의 인덱스 블록에는 1024개의 포인터가 존재한다. 따라서 단일 간접 블록으로 지원할 수 있는 파일의 크기는 1024개×4KB, 즉 4MB가 된다. 그럼 이중 간접 블록으로 지원할 수 있는 파일의 크기는? 1024×1024×4KB, 즉 4GB이다. 같은 방식으로 계산해보면 삼중 간접 블록을 모두 사용한다면 1024×1024×1024×4KB, 즉 4TB만큼을 지원할 수 있다.

결국 디스크 블록의 크기가 4KB이고 인덱스의 각 포인터(엔트리) 크기가 4byte인

시스템 환경에서 inode구조가 지원할 수 있는 파일의 최대 크기는 48KB+4MB+4GB+4TB가 된다. 하나의 파일이 사용하기에는 충분히 큰 공간이며, 이를 통해 우리는 inode가 매우 깔끔하게 잘 설계되어 있음을 알 수 있다. 또한 거꾸로 생각해보면 파일의 크기가 48K 미만인 경우 별도의 인덱스 블록을 디스크에서 읽어올 필요가 없기 때문에 Ext 계열 파일시스템은 최적의 성능을 보인다고 볼 수 있다.

하지만 실제로 현재 리눅스가 지원하는 파일의 크기는 4GB(또는 2GB)정도 밖에 되지 않는다. 이는 비록 inode가 4TB정도의 파일을 지원할 수 있지만, 커널 내부의 파일과 관련된 함수들이 사용하는 변수나 인자들이 아직 32비트로 구현되었기 때문이다. 예를 들면 file 자료 구조(file structure, 이 자료 구조는 5.8절에 자세히 설명된다)에는 파일의 현재 쓰거나 읽을 위치를 나타내는 파일 옵셋(f_pos)이라는 변수가 있는데, 현재 이 변수는 32비트 크기를 갖는다. 결국 파일의 쓰거나 읽을 수 있는 위치가 가질 수 있는 값은 최대 2^{32}, 즉 4GB인 것이다(최상위 비트가 부호 비트로 사용되는 경우에는 2^{31}, 즉 2GB이다). Ext4는 이러한 제한을 해결하여 더 큰 크기의 파일을 지원한다.

지금까지 논의에서 우리는 inode를 접근하면 파일의 속성 정보들과 파일에 속한 디스크 블록들의 위치를 파악할 수 있음을 알았다. 그럼 파일의 이름과 inode는 어떻게 연결될까? 이때 이용되는 것이 디렉터리 엔트리이다. 이 디렉터리 엔트리의 구조는 그림 5.11과 같다.

```
#define EXT2_NAME_LEN 255

struct ext2_dir_entry {
        __le32   inode;                         /* Inode number */
        __le16   rec_len;                       /* Directory entry length */
        __le16   name_len;                      /* Name length */
        char     name[];     /* File name */
};
```

■ 그림 5.11 Ext2 파일시스템의 디렉터리 엔트리

이 자료구조에는 우선 이 파일의 이름을 담는 name필드가 존재한다. 다음으로 중요한 필드는 이 파일의 inode 번호이다. Ext2 파일시스템은 모든 파일에게 고유한 inode 번호를 부여한다(ext3도 동일). 이 번호는 파일시스템이 관리하는 공간의 앞부분에 위치하고 있는 inode의 테이블에서의 번호를 의미한다. 그림 5.11과 그림 5.7을

비교해 보면 inode를 이용하는 Ext2와 FAT을 이동하는 msdos 파일 시스템에서 디렉터리 구조의 차이를 알 수 있다. Ext2 파일시스템의 디렉터리 엔트리는 이름과 inode번호 같은 간단한 정보만을 유지하며, 실제 데이터 블록 인덱싱과 같은 세부적인 정보는 inode 번호를 가지고 찾을 수 있는 inode 자료구조에 유지되는 것이다.

5. Ext2 파일시스템

그럼 이제부터 Ext2 파일시스템의 세부적인 구조에 대해 알아보면서 동작 원리를 이해해 보도록 하자. Ext2 파일시스템을 기반으로, 다양한 형태의 결함(fault)에 강인한 저널링 기능을 추가한 것이 Ext3 와 Ext4 파일시스템이다. 따라서 Ext3와 Ext4 는 디스크에 실제 저장하는 대부분의 내용이 Ext2와 호환된다.

파일시스템은 디스크를 관리한다. 디스크는 시스템에 장착되면 8장에서 살펴볼 장치 파일로 접근될 수 있다. 그림 5.12는 2개의 IDE 방식 디스크가 장착된 시스템의 구조를 나타낸 것이다. 각 디스크는 /dev 디렉터리에 "hd"라는 이름의 블록 장치 파일로 접근된다. IDE가 아닌 SCSI방식 디스크라면 "sd"라는 이름으로 접근된다. 다음 내용을 읽기 전에 자신의 시스템의 /dev 디렉터리에서 확인해 보자. 만일 디스크가 2개 이상 존재하면, 첫 번째 디스크는 hda라는 이름으로, 두 번째 디스크는 hdb라는 이름이 붙는다.

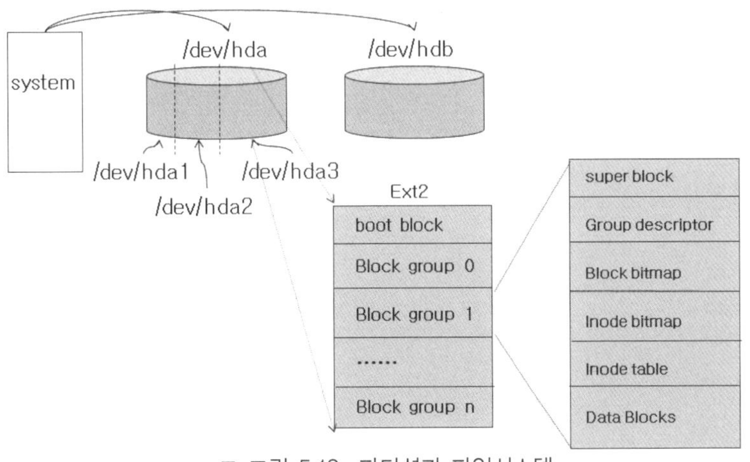

■ 그림 5.12 파티션과 파일시스템

디스크가 시스템에 장착되면 디스크는 사용자가 원하는 개수만큼의 논리적인 영역(partition)으로 분할될 수 있다. 그림 5.12는 첫 번째 디스크가 3개의 파티션으로 분할된 예를 보여주고 있다. 현재 리눅스에서는 각 디스크마다 최대 64개까지 파티션을 분할할 수 있다. 각 파티션에도 장치 파일 이름이 붙는데 첫 번째 디스크의 첫 번째 파티션은 hda1, 두 번째 파티션은 hda2, 세 번째 파티션은 hda3 등의 이름이 붙는다. 그리고 두 번째 디스크의 첫 번째 파티션은 hdb1, 두 번째 파티션은 hdb2등으로 이름이 붙는다.

파일시스템은 각 파티션 당 하나씩 만들어진다. 우리는 "mke2fs", "mkfs.XXX"같은 명령어를 이용해 파티션에 파일시스템을 만들 수 있다(8.3절에서 이 명령을 사용하는 실제 예를 볼 수 있다). 그림 5.12에서는 /dev/hda3에 Ext2 파일시스템을 구축한 예를 보이고 있다. 파티션에 Ext2 파일시스템을 만들면, 그 파티션은 그림 5.12와 같이 복수개의 블록그룹(Block Group)으로 나뉜다. Ext2 파일시스템은 디스크의 성능을 높이기 위해 서로 관련된 inode와 디스크 블록들을 인접한 실린더에 유지하려고 한다. 즉 같은 파일에 대한 inode와 디스크 블록들을 인접한 실린더에 유지하여 디스크의 탐색 시간(seek time)을 줄이려 하는 것이다(사실 이 아이디어는 FFS(Fast File System)을 설계할 때 이미 사용된 것이다). 이를 위해 Ext2는 인접한 실린더를 블록그룹으로 정의하였다.

따라서 Ext2로 파일시스템을 구축하면 그림 5.12와 같이 부트스트랩 코드가 존재하는 부트 블록과 여러개의 블록 그룹들로 구성된다. 블록 그룹은 다시 수퍼블록, 블록 그룹 디스크립터, 디스크 블록을 위한 bitmap, inode를 위한 bitmap, inode table 영역, 그리고 data blocks 영역 등 6가지 부분으로 구분된다.

이후의 설명을 위해 우선 최상위 '/' 디렉터리 밑에 세 개의 데이터 블록을 가지는 일반 파일 File1.c와 디렉터리인 mydir이라는 두 개의 파일이 존재하는 파일시스템이 있다고 가정해 보자. 이를 개념적으로 그려보면 그림 5.13의 좌측과 같다. 그리고 이 개념적인 구조를 inode와 데이터 블록으로 표현하면 그림 5.13의 우측편과 같다.

'/' 디렉터리는 inode번호 2번을 가지고 있다. 2번 inode를 살펴보면 i_mode 필드를 통해 이 파일이 디렉터리임을 알 수 있고, 또한 자신의 데이터 블록이 20번이라는 사실 등의 정보를 알 수 있다. 다시 20번 데이터 블록을 읽어보면 자신의 디렉터리에 속해있는 파일에 대한 정보를 얻을 수 있다. 구체적으로 File1.c 라는 파일이 존재하는데 이 파일의 inode번호는 11번이고, mydir 이라는 파일이 존재하는데 이 파일의

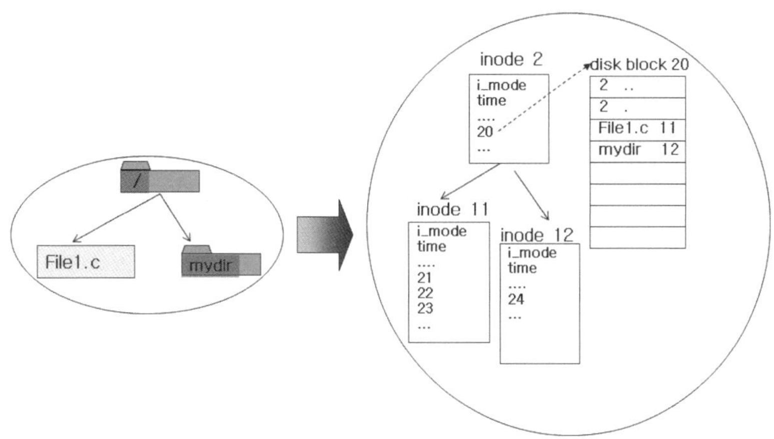

■ 그림 5.13 Ext2의 inode와 파일의 개념적 구조

inode 번호는 12번이다. 11번 inode를 읽어 보면 역시 i_mode 필드를 통해 이 파일이 일반 파일임을 알게 되고, 데이터 블록은 21, 22, 23번임을 확인할 수 있다. 같은 방법으로 12번 inode를 사용하고 있는 mydir이라는 파일의 정보도 얻어 올 수 있다.

그럼 이제 그림 5.14를 이용해 실제 파티션에 Ext2 파일시스템을 구축하였을 때 디스크에 기록되는 내용을 살펴보도록 하자.

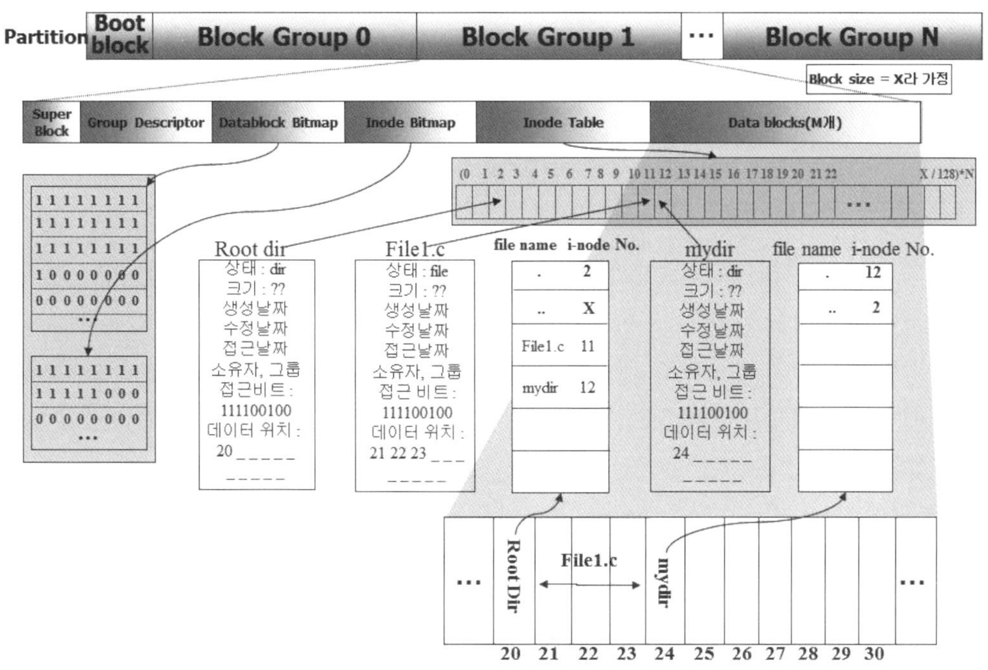

■ 그림 5.14 Ext2 파일시스템의 디스크에서의 레이아웃

그림 5.12에서 설명한 것처럼 한 개의 파티션은 부트 블록과 복수개의 블록 그룹으로 나뉘어져 있다. 하나의 블록 그룹을 자세히 살펴보면, 수퍼 블록과 그룹디스크립터, 데이터 블록 비트맵, inode 비트맵, inode 테이블, 그리고 데이터 블록으로 이뤄져 있다. inode 테이블의 크기는 파일시스템 구축 시에 계산된 값으로 결정되며 고정된 값을 갖는다.

inode 테이블과 데이터 블록 내에서 빈 공간을 관리하기 위해 비트맵을 사용하는데, 이것이 바로 데이터 블록 비트맵과 inode 비트맵이다. 이 비트맵은 무조건 한 블록 내에 존재해야 한다. 따라서 블록의 크기가 4096Byte라면 한 블록 그룹은 최대 4096×8개의 블록으로 구성될 수 있다. 한편 inode 구조체의 크기는 128Byte이다. 따라서 한 블록 내엔 4096/128개의 inode가 존재할 수 있으며, 이러한 블록을 여러 개 미리 만들어 놓은 것이 inode 테이블이다(따라서 데이터 블록에 아직 빈 공간이 있더라도, inode 테이블을 모두 사용하면 더 이상 파일을 생성하지 못할 수도 있다). 그림 5.14의 좌측에는 현재 데이터 블록이 24번까지 사용 중이라고 가정할 때 데이터 블록 비트맵의 내용과, inode가 12번까지 사용 중이라고 가정할 때 inode 비트맵의 내용이 나타나 있다.

Ext2는 미리 '/' 디렉터리를 위한 inode 번호를 2번으로, 또한 일반 파일이 생성되기 시작하는 최초 inode번호를 11번으로 지정해 놓았다. 따라서 그림 5.14에서 볼 수 있듯이 '/'는 2번 inode를, File1.c와 mydir은 11번부터 시작하는 inode를 할당받았다. 그림 5.14를 자세히 살펴보면서 그림 5.10, 5.11, 5.12와 연관성을 파악하길 바란다.

수퍼 블록과 그룹 디스크립터는 소실되면 안 되는 매우 중요한 정보이기 때문에 각 블록 그룹마다 중복하여 기록하고 있다. 따라서 한 그룹에 있는 수퍼 블록이나 그룹 디스크립터의 내용 전체 또는 일부가 소실되었다 하더라도 다른 그룹에 존재하는 내용을 기반으로 복구가 가능하다(e2fsck 같은 유틸리티의 동작 원리이다). 또한 파티션에 ext2 파일시스템을 구축하고 나서 마운트하면 자동으로 생성되어 있는 lost+found라는 파일을 본적이 있을 것이다. 이는 정상적으로 연결되어 있지 않는 디렉터리 엔트리를 넣어 두는 창고 역할을 한다. 이 파일을 지워버렸다 해도 크게 걱정할 것은 없다. ext2는 lost+found 디렉터리에 넣을 내용이 생겼는데 만약 이 디렉터리가 사용자의 실수로 인해 없어져 버렸다면 자동으로 새로 생성한 후 내용을 기록한다.

6. Ext3 파일시스템과 Ext4 파일시스템

Ext3의 기본적인 설계 철학은 특정 파일로 인해 야기된 문제가 파일시스템 전체에 주는 영향을 없애고, 해당 파일로 국한시키자는 것이다. 또한 성능 향상을 위해 ext3에는 ext2에 없던 다양한 기능들이 추가 되었다. 하지만 ext3 파일시스템은 ext2와의 호환성을 위해 디스크에 저장하는 자료구조 대부분이 ext2와 같도록 설계되어 있다. 그럼 이제 ext3 파일시스템에서 신뢰성과 성능 향상을 위해 도입한 기술들을 하나씩 살펴보도록 하자.

첫째, 빠른 디렉터리 탐색을 위한 해쉬(hash)기반 HTree 기술이 도입되었다. 원래 ext2는 다른 파일시스템들과 마찬가지로 디렉터리를 단순 연결 리스트로 관리했었다. 따라서 한 디렉터리 내에 많은 파일이 존재하는 경우 디렉터리 내의 파일을 검색하기 위해 걸리는 시간은 선형적으로 증가했었다. 이러한 문제를 해결하기 위해 ext3는 해쉬를 통해 접근 가능한 HTree라는 구조를 도입하였다. 이를 통해 한 디렉터리 내에 많은 파일이 있더라도 상수 시간 안에 접근하는 것이 가능해졌다.

둘째는 강력한 저널링(journaling) 기능 지원이다. ext3는 불시에 전원이 나가는 경우와 같은 결함을 허용(fault tolerant)할 수 있도록 저널링 기법을 도입하였다. Ext3에서는 별도의 저널링 공간(저널)을 통해 이러한 특징을 제공하는데, 이는 디스크에서 별도의 공간을 차지하게 된다. Ext3에서는 다음의 세 가지 저널링 모드를 지원한다.

- ⊙ Journal – 파일시스템에 데이터를 기록하기 전에 모든 데이터를 저널에 기록하고, 나중에 실제 파일시스템에 복사하는 방식이다. 당연히 속도 측면에서의 성능은 떨어지지만 가장 높은 안정성을 제공한다.
- ⊙ Ordered – 일반적으로 사용되는 모드로써, 메타데이터에 한해 저널을 사용하며 사용자 데이터는 실제 파일 시스템에 기록한다. 저널에 기록된 메타데이터는 쓰기 순서를 보장한다.
- ⊙ Writeback – Ordered와 유사하나 쓰기 순서는 보장되지 않는다. 속도 면에서의 성능은 좋아질수 있지만, 안정성은 떨어진다.

Ext3의 저널링 기능을 사용하려면, 파일시스템을 마운트 할 때 –j 옵션을 줌으로써 가능하다. 저널링 기능은 커널내의 JBD(Journaling Block Device)와 유기적으로 동작한다.

셋째는 시스템의 가용시간을 향상 시킬 수 있는 online-resizing이다. 한번 파일시스템이 구축되고 나면 파일시스템이 관리하고 있는 파티션의 용량을 동적으로 늘리거나 줄이는 것은 불가능하다. 하지만 ext3에서는 LVM(Logical Volume Manager)을 통해, 파일시스템이 관리하고 있는 용량을 동적으로 늘릴 수 있는 기법을 도입하였다.

한편 최근 소개된 Ext4 파일시스템의 특징은 다음과 같다.

첫째는 파일시스템의 일관성을 높이며, 동시에 속도를 향상시키기 위해 도입한 선할당(preallocation)이라는 기법과 단편화의 방지를 위한 지연 할당(Delayed allocation) 기법을 도입하였다. 선할당은 파일 생성 시 미리 일정 개수의 블록을 할당해 줌으로써 되도록 물리적으로 연속적인 블록을 할당하여 성능을 향상시키려는 기법이고 지연 할당은 자유 블록 카운트만 갱신하고 실제 할당은 뒤로 미루는 방식이다.

둘째는 대용량 파일의 메타데이터를 줄일 수 있는 extent기반 데이터 블록 유지이다. 디스크 상에 연속적으로 블록을 할당하였다 하더라도 각 데이터 블록을 가리키기 위해서는 해당 파일의 아이노드에 존재하는 12개의 직접 블록과, 3개의 간접 블록을 이용하여 블록 한 개당 하나씩 지정해 줘야 한다. 예를 들어 500번부터 50개의 블록을 연속으로 할당해 주었다면 500, 501, 502, 503...549 까지의 번호를 각각 아이노드에 저장해야 한다. extent기반 데이터 블록 유지는 위와 같은 경우 (500. 50) 라는 정보만을 유지함으로써, 데이터 블록 500번부터 50개의 블록을 가리킬 수 있는 기법이다. 따라서 메타데이터의 양이 줄게 되며, 또한 데이터 블록을 인덱싱 하기 위한 시간도 줄어들게 된다.

이외에도 Ext3 저널링 기능의 성능 향상을 위한 저널링 체크섬(Journaling Checksum), 대용량 파일 시스템과 큰 크기 파일의 지원, 온라인 단편화 제거 지원 등의 기능이 추가되었다.

7.　가상 파일시스템(Virtual File System)

　그럼 태스크는 어떻게 파일시스템에 접근하는가? 사용자 태스크들은 open(), read(), write(), close()등의 시스템 호출을 사용해 파일시스템에 접근하려 할 것이다. 그럼 거꾸로 파일시스템은 어떤 함수를 구현하여 상위 계층에 제공해 줘야 할까? 사실 이는 구현하기 나름이다. 파일시스템 자체는 특정 운영체제에 구애 받지 않고(심지어 운영체제가 없는 상황에서도)동작 가능한 독립적인 구조로 설계되고 구현되어야 한다. 이를 위해 파일시스템 설계자들은 나름대로의 철학을 가지고 다양한 구현을 할 것이다. 하지만 대부분의 경우 사용자 태스크는 POSIX 표준 시스템 호출을 이용하면 파일시스템을 이용할 수 있을 것이라 가정하기 때문에 파일시스템은 외부로 함수를 제공할 때 이를 고려해야 한다. 아래 그림 5.15에 msdos 파일시스템과 ext2파일시스템이 제공하는 함수 중 일부를 보였다.

```
msdos_create()
msdos_lookup()
msdos_unlink()
msdos_mkdir()
msdos_rmdir()
msdos_rename()
fat_readpage()
fat_writepage()
block_sync_page()
fat_prepare_write()
fat_commit_write()
fat_notify_change()
fat_file_write()
file_fsync()
fat_truncate()
fat_notify_change()
...
msdos
ext2_create()
ext2_lookup()
ext2_link()
ext2_unlink()
ext2_symlink()
ext2_mkdir()
ext2_rmdir()
ext2_mknod()
ext2_rename()
ext2_readdir()
ext2_readpage()
ext2_readpages()
ext2_writepage()
ext2_writepages()
ext2_release_file()
ext2_sync_file()
...
ext2
```

■ 그림 5.15　msdos와 ext2파일시스템이 제공하는 함수

　그림 5.15에 나열된 함수들을 이용하면 파일시스템에 파일을 생성하거나(XXX_create()), 쓰거나(XXX_writepage()), 읽어(XXX_readpage()) 올 수 있다. 또한 이름을 바꾸거나(XXX_rename()), 디렉터리를 생성(XXX_mkdir())등의 연산을 수행 할 수 있다. 그런데 이런 함수를 사용자 태스크가 직접 호출하여 사용한다는 것은 참으로 성가신 일이 아닐 수 없다. 아래 그림 5.16을 보면서 그 이유를 생각해 보도록 하자.

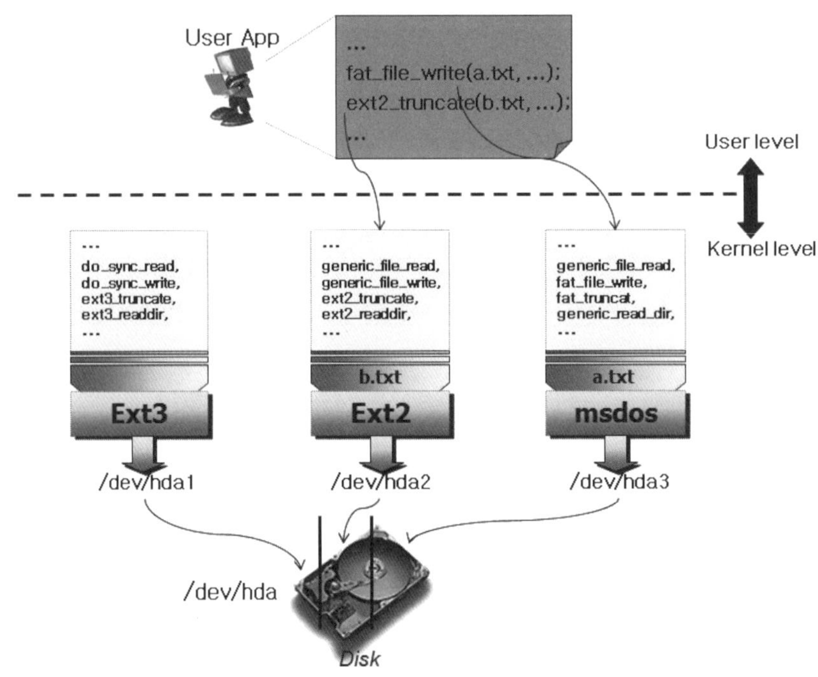

■ 그림 5.16 다양한 파일시스템 지원의 문제점

그림 5.16은 하나의 하드 디스크를 세 개의 파티션으로 나누고, 이를 각각 ext3, ext2, msdos 파일시스템으로 관리하고 있는 상황을 나타낸 것이다. 각각의 파일시스템은 앞서 그림 5.15에서 살펴본 바와 같이 각각 자신만의 고유한 함수를 구현하여 제공하고 있다. 이때 사용자 태스크가 msdos 파일시스템이 관리하고 있는 파티션인 /dev/hda3 내에 저장되어 있는 a.txt 파일에 데이터를 쓰고 싶다면, msdos 파일시스템이 제공하는 함수 목록을 잘 살펴본 뒤 write 기능을 담당하는 fat_file_write() 함수를 호출해야 한다. 또한 만약 ext2파일시스템이 관리하고 있는 파티션인 /dev/hda2 내에 저장되어 있는 b.txt의 파일을 축소해야 하는 경우라면, 역시 ext2가 제공하고 있는 함수 목록을 잘 살펴본 뒤 ext2_truncate() 함수를 호출해야 한다. 독자 여러분은 이러한 방식이 마음에 드는가? 실제 파일이 어느 파일시스템에 속해있던 상관없이, 늘 하던 대로 open(), read(), write(), close() 등의 함수만을 통해 접근하려면 어떻게 해야 할까? 그림 5.17은 이 문제를 해결할 수 있는 한 가지 방법을 보여준다.

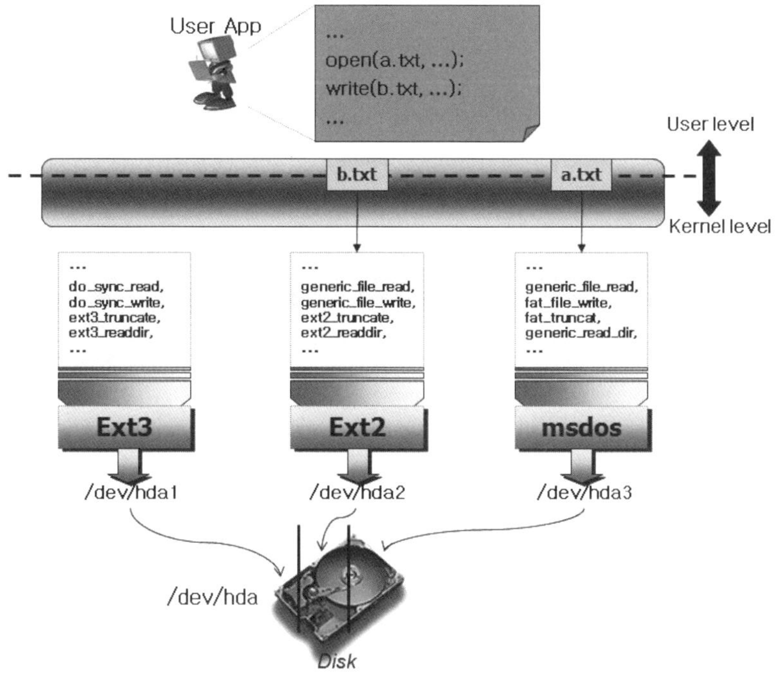

■ 그림 5.17 가상적인(Virtual) 계층의 도입

그림 5.17의 방법은 파일시스템과 사용자 태스크 사이에 가상적인(Virtual) 층을 하나 도입하는 것이다. 이 가상적인 층에서 하는 일은 다음과 같다. 상위 계층에서 open(), read() 등의 단일한 함수를 통해 파일시스템에 접근하려면, 인자에 담겨있는 파일이름을 보고 파일을 관리하고 있는 파일시스템이 무엇인지를 판단한다. 그런 뒤 해당 파일시스템의 함수를 살펴보고, 사용자가 원하는 일을 해줄 수 있는 파일시스템 고유의 함수를 호출한다. 파일시스템의 함수가 결과를 리턴하면, 이를 사용자 태스크에게 건네준다. 어떤가? 만약 그림 5.17의 가상적인 계층이 위에서 설명한 일을 정말 '잘' 처리해 준다면 사용자 태스크는 정말 편할 것이다. 어색한 구조라면 빨리 익숙해지길 바란다. 바로 이 구조가 지금부터 설명하려 하는 리눅스가 채택한 VFS(Virtual File System)의 접근 방법이기 때문이다.

바로 이 VFS를 통해 리눅스에서 다양한 파일시스템을 지원하는 것이 가능해졌다. 예를 들면, 기존 유닉스 파일시스템인 UFS, 리눅스 기본 파일시스템인 Ext2(3), SUN에서 개발한 네트워크 파일시스템인 NFS(Network File System), 작은 쓰기 (small write)에 좋은 성능을 제공하는 LFS(Log Structured File System), CMU 대학에서 개발하였으며 disconnected 연산 기능을 제공하는 CODA, CD를 위한 iso9660, MS의 DOS파일시스템(msdos와 VFAT), 윈도우 NT 파일시스템 등 매우 다양한 파일시스템을 지원한다. 또한 커널의 내부 상태를 볼 수 있는 proc 파일시스템, 장치를 통합 관리하는 sysfs 등의 특별한 파일시스템도 지원한다.

그림 5.18에 VFS의 동작원리를 보여준다. 앞서 소개된 그림과 유사하게 ext2 파일시스템이 /dev/hda2 파티션을 관리하고 있고, 이 파티션에는 b.txt 파일이 저장되어 있다고 가정하겠다. 사용자 태스크가 b.txt라는 파일을 인자로 open() 시스템 콜을 호출했다고 가정해보자. 그러면 VFS는 b.txt라는 파일이 어떤 파일시스템에 속해있는지를 판단한다. 다음으로 b.txt의 정보를 담을 목적으로 여러 가지 정보를 담기에 충분한 공간, 즉 구조체를 하나 만들고, 이 구조체를 인자로 하여 ext2 파일시스템 내부에 구현되어 있는 고유한 open 함수를 호출한다. 그러면 ext2 파일시스템은 자신의 inode 테이블을 뒤져서 b.txt의 inode를 찾아내고, inode 내에 담겨있는 정보를 VFS가 넘긴 구조체에 적절히 넣어준 뒤 리턴하게 된다. 그러면 VFS는 이 구조체의 내용을 바탕으로 사용자 태스크에게 필요한 정보를 넘겨주게 된다.

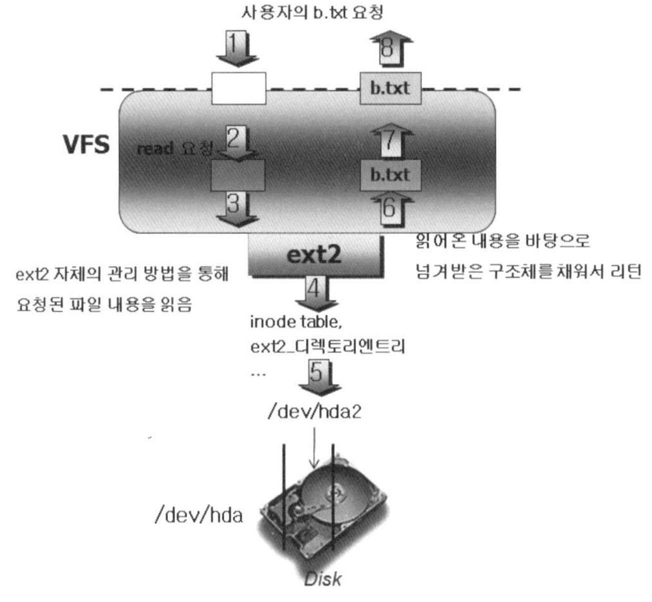

■ 그림 5.18 VFS의 동작 원리

따라서 사용자 태스크는 자신이 접근 하는 파일이 어느 파일시스템에 저장되어 있는지 굳이 알 필요가 없이 일관된 POSIX 표준 인터페이스만을 사용하는 것이 가능해진다. 조금 다르게 말하면 사용자 태스크는 VFS라는 가상적인 '파일시스템만'을 알고 있으면 충분하다. 따라서 사용자 태스크 입장에서 본다면 VFS는 가상적이긴 하지만 실제 접근을 하게되는 '파일시스템' 인 것이다.

그렇다면 이 가상적인 파일시스템인 VFS는, 모든 파일시스템에서 파일 당 하나씩 주어진다고 했던 디렉터리 엔트리 구조체가 어떻게 생겼을까? (가상적이긴 하지만 어쨌든 파일시스템이며, 사용자 태스크는 FAT이나 Ext2와 같은 특정 파일시스템이 아닌 VFS와 데이터를 주고받는다는 사실을 염두에 두기 바란다) 또한 VFS는 다양한 파일시스템과 데이터를 주고받아야 하는데, 이들을 어떻게 관리할까? 이를 위해 리눅스는 VFS 내에 4개의 객체(object)를 도입하였으며, 사용자 태스크에게 제공할 일관된 인터페이스를 정의하였다.

4개의 객체 중 첫째는 수퍼 블록(super block) 객체이다. 수퍼 블록 객체는 현재 사용 중인(마운트 된) 파일시스템 당 하나씩 주어진다. 실제로 각 파일시스템은 자신이 관리하고 있는 파티션에 파일시스템 마다 고유한 정보를 수퍼 블록에 저장해 둔다. VFS는 이를 읽어서 관리하기 위해 범용적인 구조체인 수퍼 블록 객체를 정의한다.

둘째 아이노드 객체이다. 특정 '파일'과 관련된 정보를 담기 위한 구조체이다. 각 파일시스템은 파일을 저장하기 위해 각자 정의한 메타데이터를 저장해 놓을 것이다. VFS가 아이노드 객체를 생성하고 파일시스템에 특정 파일에 대한 정보를 요청하면 파일시스템은 자신이 관리하고 있는 영역에서 파일의 메타데이터를 읽어서 아이노드 객체에 채워준다. 만약 msdos 파일시스템이라면 해당 파일의 디렉터리 엔트리를 읽어서 아이노드 객체를 채울 것이고, ext2 파일시스템이라면 해당 파일의 디렉토리 엔트리와 inode를 찾아서 아이노드 객체를 채워 줄 것이다(VFS의 아이노드 객체와 Ext2,3에서 디스크에 기록해 둔 inode와는 다른 것이다).

셋째 파일 객체이다. 이 객체는 태스크가 open한 파일과 연관되어 있는 정보를 관리한다. 두 개의 태스크가 한 개의 파일을 동시에 접근하는 경우를 가정해 보자. 물리적으로 한 개의 파일이기 때문에 VFS는 하나의 아이노드 객체를 만들어 유지할 것이다. 이 때 두 태스크가 접근하는 위치(offset)같은 정보는 태스크 마다 다르게 유지해야 한다. 이러한 태스크와 연관된 정보를 유지하는 용도로 사용되는 것이 파일 객체이다. 이 객체는 각 태스크가 아이노드 객체에 접근하는 동안만 메모리상에 유지되는 구조체이다.

넷째 디엔트리 객체이다. 태스크가 파일에 접근하려면 해당 파일의 아이노드 객체를 자신의 태스크와 연관된 객체인 파일 객체에 연결시켜야 한다. 이때 이 관계를 조금 더 빠르게 연결하기 위한 일종의 캐시 역할을 하는 것이 디엔트리 객체이다.

조금 혼란스러울 수도 있겠지만, 천천히 이들 객체에 대해 알아보면서, 태스크와 이들 네 가지 객체의 연관 관계에 대해 알아보도록 하자.

8. 태스크 구조와 VFS 객체

　지금까지 우리는 파일을 관리하는 VFS의 구조에 대해 배웠다. 이제 VFS의 관리 구조와 3장에서 배웠던 태스크 구조(task_struct)를 연결해 보자. 태스크가 ext2 파일 시스템을 사용하려(마운트)한다고 가정해 보자. 사용자의 마운트 요청을 받은 VFS는 ext2의 마운트 함수를 호출하면서 인자로 빈 수퍼 블록 객체를 하나 넘긴다. 그러면 ext2는 자체적으로 구현한 파일시스템 내부 함수를 이용하여, 파티션 앞부분에 기록해 두었던 수퍼블록 구조체를 읽은 뒤 이를 바탕으로 VFS가 넘긴 수퍼 블록 객체의 내용을 채워서 리턴 해준다.

　한편 사용자는 파일 이름을 인자로 sys_open() 시스템 호출을 요청할 수 있으며, 이 경우 VFS는 빈 아이노드 객체를 인자로 하여 ext2 내부의 open 함수를 호출한다. 그러면 ext2는 자체적으로 구현한 파일시스템 내부 함수를 이용해, 필요한 정보를 아이노드 객체에 채워서 리턴한다. 그러면 VFS는 이 아이노드 객체를 디엔트리 객체에 연결시켜서 사용자의 태스크 구조와 연결해준다. 이를 그림으로 나타내면 아래 그림 5.19과 같다.

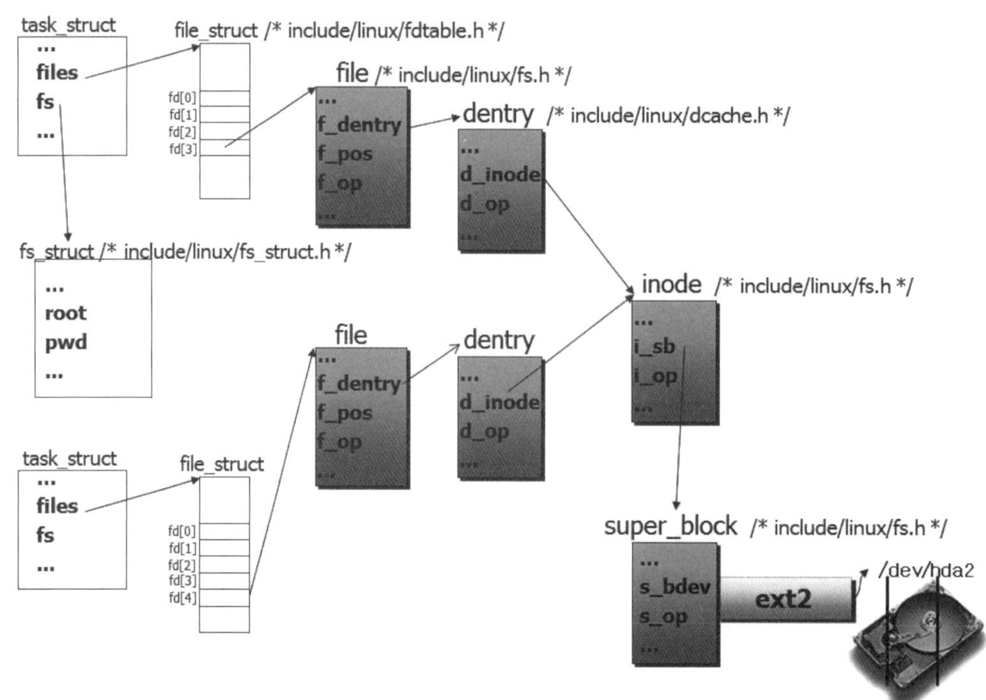

■ 그림 5.19   task_struct와 VFS 객체

task_struct에는 files라는 이름의 변수가 있으며, 이 변수는 files_struct라는 자료 구조를 가리킨다. files_struct에는 fd_array라는 이름의 변수가 있다. 유닉스 계열 운영체제에서는 일반적으로 이것을 fd 또는 file descriptor라고 부른다(sys_open() 을 호출하면 리턴 값으로 정수형 fd가 복귀된다. 이때 이 fd가 fd_array 배열의 인덱스로 사용되는 것이다). 이 변수는 file이라는 자료구조에 대한 포인터를 갖는 배열이다. 일반적으로 이 배열의 첫 번째 항, 즉 fd_array[0]은 표준 입력(stdin)으로 설정되며, fd_array[1]은 표준 출력(stdout)으로, 그리고 fd_array[2]는 표준 에러 출력(stderr)으로 설정된다. 그리고 그 다음부터는 태스크가 새로운 파일을 오픈할 때마다 할당되어 사용된다. 한편 files_struct라는 자료구조에는 max_fds 변수가 있으며 이것은 한 태스크가 오픈할 수 있는 파일의 최대 개수를 의미한다.

fd_array의 각 항들은 파일 객체(struct file)를 가리킨다. 유닉스 계열 운영체제에서는 이 자료구조를 흔히 파일 테이블이라 부른다. 즉, 사용자 태스크에게 fd라는 정수로써 접근 할 수 있도록 추상화 계층을 제공하는 역할을 한다.

파일 객체에는 여러 변수가 있으며 그 중에 중요한 것은 f_dentry, f_pos, 그리고 f_op이다. f_dentry는 디엔트리 객체를 가리키며, 디엔트리 객체는 다시 아이노드 객체를 가리킨다. 이때 디엔트리 객체는 캐시역할을 한다. f_pos는 현재 파일에서 읽거나 쓸 위치를 나타낸다. 파일이 처음 오픈되면 f_pos는 0으로 설정되며, 읽기/쓰기 연산이 진행됨에 따라 f_pos가 읽혀진(또는 쓰여진) 크기만큼 이동하게 된다(물론 lseek 시스템 호출을 이용해 f_pos의 위치를 바꿀 수도 있다.

파일 객체(struct file)에서 꼭 알아두어야 할 주요한 변수 중의 하나는 f_op이다. f_op는 file_operations라는 자료구조를 가리키는 포인터이다. 이 자료구조는 8장에서 디바이스 드라이버를 설명하며 다시 한 번 논의하게 될 것이다. 지금은 간단히, 가상적인 파일 연산이 요청되면 커널은 현재 요청된 파일이 어떤 파일 유형인가를 보고, 각 파일에 적합한 파일 고유(file specific) 함수를 사용하여 서비스를 제공해야 하는데 이때 사용되는 구조가 file_operations라고 알아두기 바란다. 즉 각 파일 유형에 적합한 파일 연산들이 이 변수에 등록되는 것이다.

아이노드 객체는 파일 당 하나씩 주어진다. 이 객체에는 해당 파일과 관련된 아주 많은 정보가 들어있다. i_dev는 inode가 실제 존재하고 있는 파일시스템의 위치를(정확히 표현하면 디스크 파티션을) 나타낸다. i_rdev는 파일이 장치 파일인 경우 관련되어 있는 디바이스 드라이버의 주번호를 나타낸다(이는 8장에서 자세히 설명된다). i_ino는 inode의 고유한 번호를 나타내며, i_mode는 이 inode가 관리하는 파일의 속성 및 접근 제어 정보를 유지한다. i_nlink는 이 inode를 가리키고 있는 파일 수를 의미하고, i_size는 이 아이노드 객체에 해당되는 파일의 크기를 의미한다.

아이노드 객체에는 i_op라는 변수가 있는데, 이것 역시 inode_operations라는 자료구조를 가리키는 포인터로 VFS에서 중요한 역할을 한다. 사용자가 create(), mkdir()등 파일시스템의 메타데이터와 관련된 연산을 요청하면 커널은 요청한 연산이 어떤 파일시스템에서 발생했는지 파악하고, 적절한 파일시스템 고유(filesystem specific)한 함수를 사용하여 서비스를 제공해야 하는데 이때 사용하는 구조가 inode_operations이다.

위에서 설명한 file_operations와 여기에 설명한 inode_operations는 함수 포인터(일종의 virtual function)들을 필드로 갖는다. 리눅스가 다양한 파일과 파일 시스템을 지원할 수 있는 비밀이 바로 이 두 자료 구조에 있다.

9. 파일시스템 제어 흐름 분석

지금까지 우리는 VFS가 제공하는 네 가지 객체와 파일시스템의 구조에 대하여 살펴보았다. 이제부터 파일시스템에 대한 요청이 발생할 때 이러한 객체들이 어떻게 사용되는지 제어 흐름을 분석해 보도록 하자. 구체적으로 이 절에서는 sys_open()시스템 콜과 sys_read()의 제어 흐름을 따라가 보도록 하겠다. 이것에 대한 이해는 이후 디바이스 드라이버의 이해나 새로운 파일시스템을 구현할 때 중요한 기반 지식이 된다.

파일 이름을 인자로 sys_open()이 호출되면 파일시스템은 요청된 파일에 대한 inode를 찾는다. 그리고 그림 5.19에 표현된 것과 같이 태스크 구조와 VFS의 객체를 연결한다. 그림 5.20은 sys_open()이 커널에서 처리되는 제어 흐름을 나타낸 것이다.

sys_open()은 fs/open.c 파일에 구현되어 있다. 이 함수는 우선 filp_open()이라는 커널 내부 함수를 호출한다. filp_open() 함수는 인자로 전달된 파일 이름과 디렉터리 구조를 이용해 그 파일에 대응되는 아이노드 객체를 찾아내 리턴한다. 이때 파일 구조의 f_op 변수도 초기화되는데, f_op에는 각 파일의 유형에 따라 적합한 파일 연산으로 등록된다.

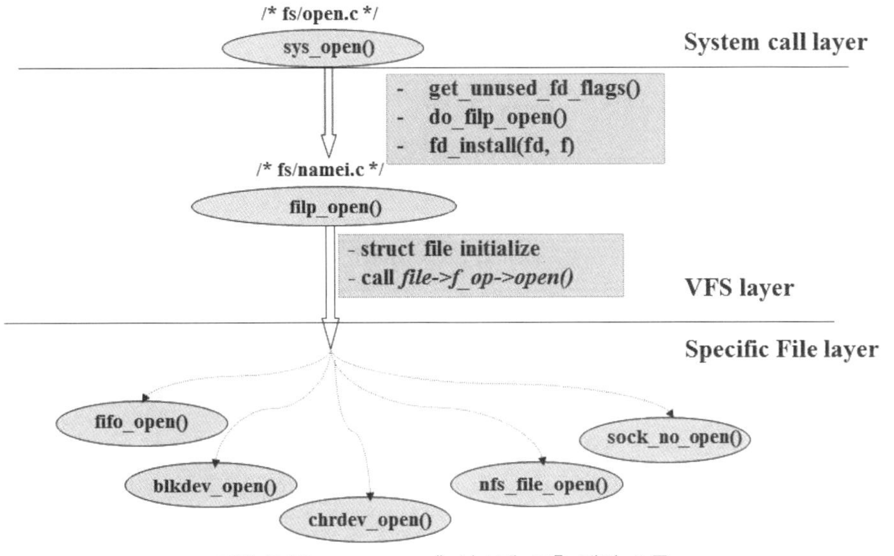

■ 그림 5.20 sys_open() 시스템 호출 제어 흐름

f_op에 대해 자세히 설명하면 다음과 같다. f_op는 struct file_operations라는 자료 구조이며, 이 자료구조는 include/linux/fs.h 파일에 정의되어 있다. 그림 5.21의 가운데 사각형은 이 자료 구조를 표현한 것이다. file_operations에는 lseek, read, write, open 등과 같은 파일 관련 함수를 나타내는 변수들로 구성된다. 그리고 각 변수에는 실제 연산을 수행하는 함수의 시작 주소가 등록된다.

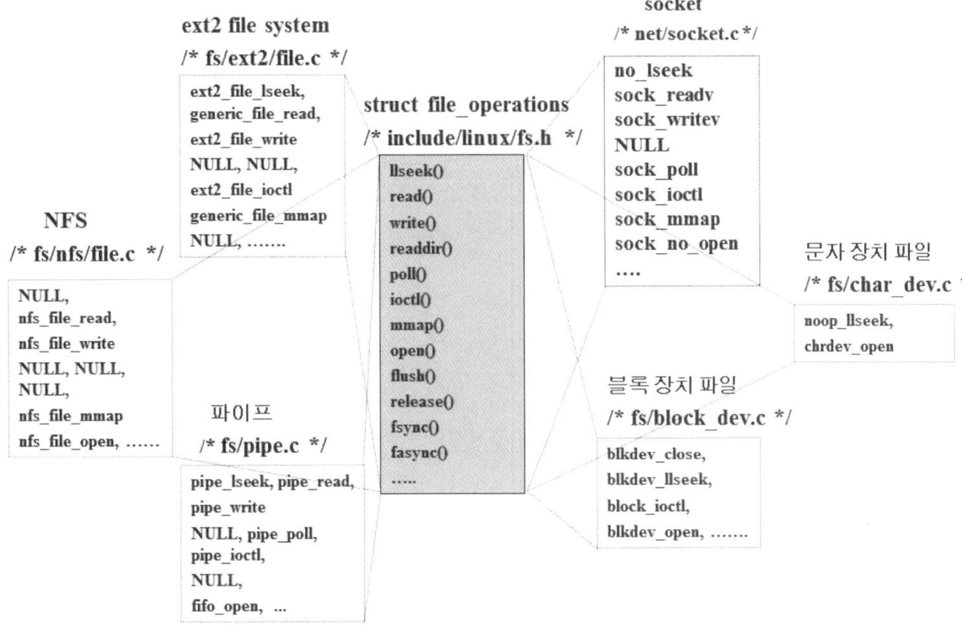

■ 그림 5.21 file_operations 자료 구조

리눅스에는 각 파일의 유형에 따라 서로 다른 파일 연산들이 구현되어 있으며, 파일이 오픈될 때 각 파일의 유형에 맞는 연산이 f_op에 등록된다. 예를 들어 ext2 파일의 경우 파일 연산이 linux/fs/ext2/file.c에 구현되어 있으며 그 내용은 그림 5.21의 왼쪽 상단과 같다. 다른 파일시스템의 경우에도 같은 방식으로 접근된다. 태스크 입장에서 본다면 모두 '파일' 일 뿐인데 왜 따로 따로 구현되어 있느냐는 당연한 질문은 하지 않길 바란다. 예를 들어 ext2 파일시스템에서 즉 로컬 파일시스템에서 파일을 읽는 방법과, NFS에서 즉 네트워크를 통한 분산 파일시스템에서 파일을 읽는 방법이 당연히 다를 것이다. ext2의 경우 디스크 드라이버를 통해 디스크 블록을 읽어 와야 하며, NFS의 경우에는 RPC(Remote Procedure Call)을 이용해 NFS 서버로부터 데이터를 읽어 와야 하기 때문이다. 따라서 파일의 연산은 각 파일의 유형에 따라 서로 다른 함수로 구현되어 있다. 또한 블록 장치 파일이나 문자 장치 파일의 경우에는 linux/fs/device.c에 파일 연산이 구현되어 있으며, 그림 5.21의 오른쪽을 보면 각각 blkdev_open()이라는 이름과 chrdev_open()이라는 이름의 open 함수만 구현되어 있음을 알 수 있다(8장에서 그 이유를 자세히 설명하고 있으니 지금은 간단히 넘어가기 바란다). 결국 그림 5.18에서 설명한 것처럼, 사용자는 open()이라는 하나의 함수를 사용하지만 파일시스템과 파일의 종류에 따라 서로 다른 함수가 호출되는 것이다.

그럼 다시 그림 5.20으로 돌아가서, 파일 유형에 맞는 파일 연산을 f_op 변수에 등록하고 나면, file→f_op→open() 함수를 호출한다. 만일 사용자가 요청한 파일이 ext2에 속한 정규 파일이었다면, ext2가 제공하는 open 함수를 호출할 것이다(사실은 NULL임, 실제로 Disk상에 존재하는 대부분의 파일 시스템은 open이 NULL이다). NFS의 경우 nfs_file_open() 함수가 호출되며 NFS 파일 서버와 클라이언트 간에 RPC을 위한 통로를 만든다. 한편 파이프의 경우 fifo_open()이 호출되어 파이프를 위한 공간을 할당하며, 장치 파일의 경우 문자 장치인지 블록 장치인지에 따라 chrdev_open()이나 blkdev_open()이 호출된다. 결국 특정 파일에 고유한 open() 함수들이 호출되는 것이다.

특정 파일에 고유한 open 함수까지 호출하고 나면 filp_open() 함수는 리턴된다. 그럼 sys_open() 함수는 태스크에서 현재 사용하지 않는 파일 디스크립터(fd_array)의 한 항을 할당하고, 이 항이 생성된 파일 객체를 가리키도록 설정한다. 결국 그림 5.19에 표현된 것과 같이 태스크 구조와 VFS 객체를 연결하게 되는 것이다.

지금까지 설명에서 우리는 파일 객체에서 파일 연산(file_operations)의 사용 방법에 대해 배웠다. 그럼 이제부터 sys_read() 함수를 따라가 보자. 이 함수를 분석하다 보면 우리는 아이노드 객체에서 inode_operations의 사용 방법과 필요성을 이해하게 될 것이다. 그림 5.22는 이 함수의 제어 흐름을 표현한 것이다.

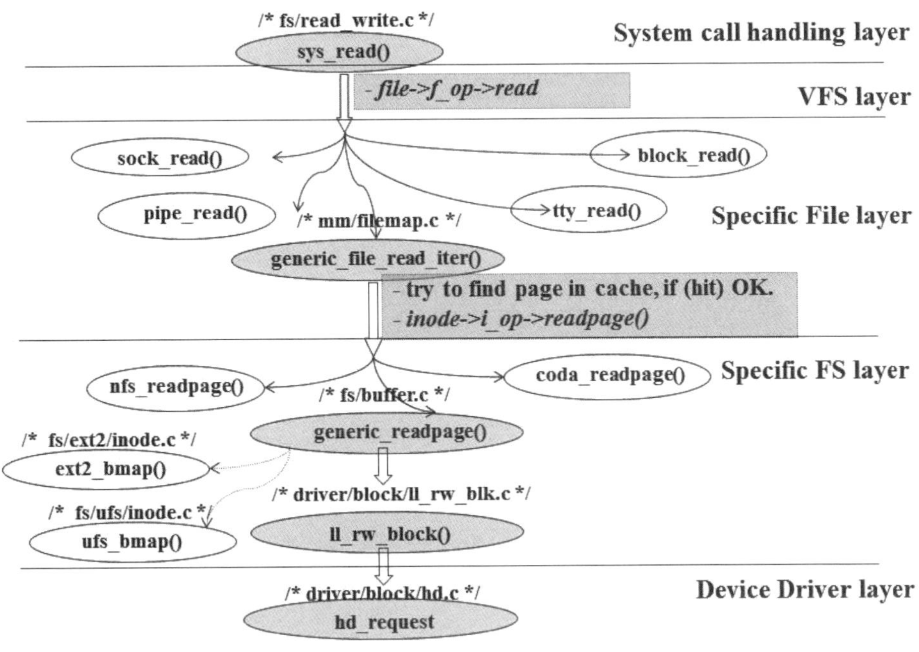

■ 그림 5.22 sys_read() 시스템 호출 제어 흐름

sys_read()함수는 linux/fs/read_write.c라는 파일에 구현되어 있다. 이 함수는 인자로 전달된 fd를 이용해 파일 객체를 찾고, 이 구조의 f_op에 등록된 read 함수를 호출한다. 즉, 특정 파일 유형에 고유한 read 함수를 호출하는 것이다. 그림 5.22에서 이 부분을 Specific File Layer로 표현하였다. 그림 5.22의 예에서는 장치 파일이나 pipe가 아닌 파일을 읽는 경우를 분석하고 있다. 이 경우에는 generic_file_read_iter()가 호출된다(그림 5.21 참조).

generic_file_read_iter()함수는 우선 요청한 데이터가 페이지 캐시에 있는지 찾는다. 만일 있다면 디스크에서 데이터를 읽어올 필요 없이 캐시에 있는 데이터를 사용자에게 전달하면 된다. 만일 캐시에 없다면 디스크에서 데이터를 읽어 와야 한다. 그런데 여기서 한 가지 문제가 생긴다. 이제는 익숙히 알고 있겠지만 리눅스는 다양한 파일시스템을 지원하며, 각 파일시스템은 서로 다른 방식으로 디스크를 관리한다는 것이다. 예를 들어 ext2파일시스템의 경우 inode에 직접 블록이 12개이지만, ufs 파일시스템에는 10개이고, FAT 파일시스템에는 직접 블록이란 것 자체가 없다. 서로 다른 방식으로 디스크를 관리하기 때문에 각 파일시스템은 서로 다른 디스크 연산 함수를 사용하며, 결국 generic_file_read_iter()함수는 이것을 파악해 현재 읽기 요청중인 파일이 속한 파일시스템에 맞는 디스크 연산 함수를 호출해야 하는 것이다.

generic_file_read_iter() 함수가 특정 파일시스템에 맞는 디스크 연산 함수를 호출할 수 있도록 지원하기 위해 사용되는 자료구조가 struct inode_operations이다. 이 자료구조는 아이노드 객체의 i_op변수가 가리키고 있으며, include/linux/fs.h 파일에 정의되어 있다. 이 자료구조에는 inode와 관련된 연산 즉 create, lookup, link, mkdir, mknod, readpage 등의 연산을 나타내는 변수들로 구성된다. 그리고 이 변수에는 각 연산을 수행하는 함수의 시작 주소가 등록된다. 마치 file_operations에 각 파일에 고유한 연산이 등록되어 있는 것처럼, inode_operations에는 각 파일시스템에 고유한 연산들이 등록되어 있는 것이다.

만일 요청한 파일이 ext2 파일시스템에 속한 것이라면 ext2_readpage() 함수가 호출된다. 이 함수는 디스크에 저장되어 있는 ext2의 inode(VFS의 아이노드 객체와 혼동하지 말기 바란다)구조를 이용하여 데이터를 디스크에서 읽을 것이다.

지금까지 논의를 통해 우리는 사용자가 open(), read(), write()등을 요청했을 때 어떻게 처리 되는지 알 수 있었다. 이때 f_op와 i_op가 각각 특정 파일에 고유한 연산, 특정 파일시스템에 고유한 연산으로 제어를 전달하는 진입점(ontry point) 역할을 담당한다. 그럼 여러분이 새로운 파일을 만들고 이 파일을 접근할 때 호출해야 하는 함수를 직접 지정할 수 있을까? 물론 가능하다. 가장 간단한 방법이 바로 디바이스 드라이버이다. 리눅스에 새로운 장치를 위한 장치 파일을 연결하려면 이를 위한 새로운 file_operations 구조를 작성하여 커널에 등록해야 하는데, 이것이 디바이스 드라이버에서 가능하다(8장 참조).

그럼 새로운 파일시스템은 어떻게 리눅스와 연결시킬 수 있을까? 파일시스템을 리눅스에 연결하려면 file_operations 구조뿐만 아니라 inode_operations 구조도 작성하여 커널에 등록해야 한다. 그리고 이들을 커널에 등록하기 위한 커널 내부 함수가 register_filesystem()이다.

register_filesystem() 함수는 linux/fs/filesystems.c에 구현되어 있으며 struct file_system_type이라는 자료구조를 인자로 받는다. 이 자료구조는 include/linux/fs.h 파일에 정의되어 있다. 이 자료구조에는 파일시스템의 이름을 나타내기 위한

name(예: ext2, msdos 등), 속성을 위한 fs_flags(이 파일시스템이 실제 물리적 장치가 필요한지, 읽기 전용인지 등의 정보), 수퍼 블록을 읽어 파티션을 마운드하는 함수의 포인터를 담기위한 mount, 그리고 복수개의 file_system_type 구조를 연결하기 위한 리스트와 모듈 정보 등이 들어 있다. register_filesystem()을 이용해 커널에 등록된 파일시스템은 하나의 file_system_type자료 구조를 갖게 되며, 커널에 존재하는 모든 file_system_type 구조들은 리스트로 연결된다. 그리고 이 리스트의 시작은 file_systems라는 커널 내 전역 변수가 가리킨다.

특정 파일시스템에 대한 마운트가 요청되면, 커널은 file_systems에서 시작되는 리스트를 검색하여 요청된 파일시스템의 file_system_type 자료구조를 찾는다. 그리고 get_sb 에 기록된 함수를 호출하여 파일시스템의 수퍼 블록 정보를 얻어 와서 VFS의 수퍼 블록 객체에 저장해 놓는다. 수퍼 블록을 읽으면 해당 파일시스템의 자세한 정보를 얻어 올수 있다. 따라서 파일시스템이 제공하는 inode_operations이나 file_operations 같은 구조를 접근할 수 있게 되는 것이다. 결국 새로운 파일시스템을 구현하는 과정은 수퍼 블록과 관련된 수퍼 블록 연산, inode_operations 구조체와 관련된 연산, file_operations 구조체와 관련된 연산 등을 작성하는 것이다.

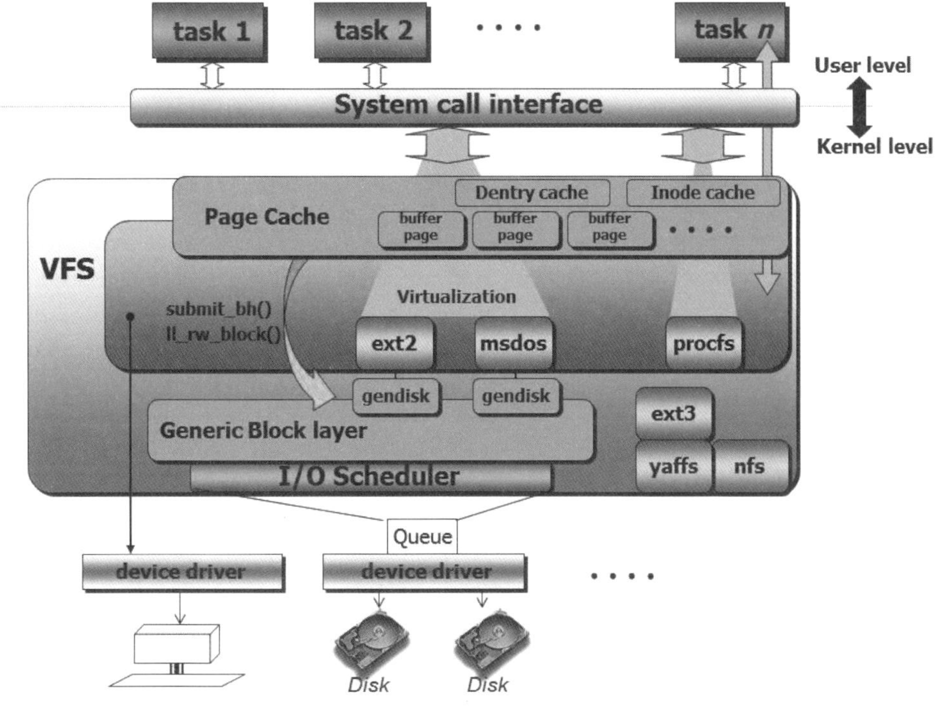

■ 그림 5.23 VFS 내부구조

아래 그림 5.23에 지금까지 살펴본 내용을 바탕으로 VFS의 내부 구조를 간단히 그림으로 나타내었다.

태스크는 시스템 콜 인터페이스를 통해 VFS와 통신한다. 태스크가 원하는 내용은 커널 내부의 캐시인 페이지 캐시(page cache)에 존재할 수도 있고 그렇지 않을 수도 있다. 존재한다면 캐시에서 바로 서비스 가능하며, 그렇지 않다면 실제 I/O가 일어나게 된다(물론 태스크는 open시에 옵션을 주어, 캐시를 거치지 않을 수도 있다). 이 때 디엔트리 객체와 아이노드 객체를 위한 캐시를 일반 데이터 블록을 위한 캐시 공간과 구분하여 관리함으로써 성능 향상을 꾀하고 있다. VFS는 앞서 살펴본바와 같이 태스크와 VFS내에 존재하는 객체의 연결 관계를 이용하여 적절한 inode_operations 구조체와 file_operations 구조체의 함수를 호출한다. 따라서 마운트 되어 사용 중인 파일시스템은 가상화(Virtualization)되어 사용자에게 일관된 인터페이스로 보이게 된다. 파일시스템이 관리하고 있는 공간은 커널내의 일반 블록 계층(Generic Block Layer)의 gendisk와 연관이 있다. 실제 디스크와 I/O를 해야 하는 시점이 되면 해당 gendisk를 관리하는 블록 디바이스 드라이버에게 I/O요청을 보내야 한다. 역시 성능 향상을 위해 리눅스는 자체적인 디스크 I/O 스케줄링 알고리즘(3가지 Elevator알고리즘)을 통해 요청(Request)을 보낸다.

실습문제

1. open(), write()함수를 통해 파일을 생성하고 임의의 데이터를 기록해보자. 그런 뒤 read() 함수를 통해 기록한 내용을 확인해 보자.

2. 1에서 작성한 프로그램에서 lseek()를 사용해 파일 옵셋(offset)을 이동 시킨 후 read() 또는 write()를 수행해 보자. 이 때 파일 옵셋과 그림 5.19의 f_pos와 관계를 논해 보자.

3. 블록 체인, 인덱스, FAT 기법의 장단점을 논의해 보자. 이 기법들의 장점만을 선택하여 새로운 기법을 제안해 보자.

4. 태스크 A를 생성하여 임의의 파일 1에 대해 lock을 획득하여 보자. 그런 뒤 fork()하여 자식 태스크 B를 생성하고 파일 1에 접근해보자. 접근되는가? 그렇다면 마찬가지로 태스크 A가 파일 1에 lock을 획득한 상태에서, vi 편집기로 파일 1을 열어 보자. 열 수 있는가? 왜 이런 상황이 발생되었는가?(advisory lock과 mandatory lock의 차이를 고려하라)

5. 두 개의 서로 다른 태스크가 동시에 한 파일을 오픈한 경우를 가정해 보자(그림 5.19 참조). 만약 dup 함수를 사용하면 그림 5.19는 어떻게 바뀔 것인가?

6. dd 명령을 이용하여 이미지 파일을 만들고, 생성된 파일에 FAT 파일시스템 구축하여 사용해 보자. 생성된 이미지 파일을 분석하여 어디가 FAT 테이블이고 어디가 root 디렉터리 엔트리인지 찾아보자. 이 과정을 Ext2에 대해서도 수행해 보자.

7. FAT 파일시스템이 구축되어 있는 임의의 파티션에 존재하던 파일을 실수로 잘못 삭제하였다. 삭제된 파일을 복구시켜 보자. Ext2나 3라면 어떠한가?

8. file_operations와 inode_operations 구조를 살펴보고 파일시스템을 새로 구현할 때 해야할 작업들에 대해 논해보자.

9. FAT 파일시스템을 실제 구현해 보자(10.4절 참조).

10. 디스크가 아닌 플래시 메모리를 위한 파일 시스템은 어떤 특징이 있는가?

Memo

Memo

Chapter 6

인터럽트와 트랩 그리고 시스템 호출

우리는 지금까지 태스크 관리, 메모리 관리, 파일시스템이라는 리눅스의 3대 주요 요소에 대해 살펴보았다. 그러나 안타깝게도 지금껏 살펴본 것들만 가지고는 리눅스는 제대로 동작하지 않는다. 3대 주요 요소 보다도 더 중요한 그 '무언가' 가 아직 설명되지 않았기 때문이다. 지금부터 그 '무언가' 인 인터럽트에 대해 알아보도록 하자.

1. 인터럽트 처리 과정

우선 인터럽트(Interrupt)와 관련된 기본적인 사항부터 살펴보도록 하자. 인터럽트 란 무엇인가? 인터럽트란 주변 장치와 커널이 통신하는 방식 중의 하나로, 주변 장치 나 CPU가 자신에게 발생한 사건을 리눅스 커널에게 알리는 매커니즘이다. 외부에서 네트워크를 통해 패킷이 도착했음을 알리기 위해, 혹은 키보드가 눌렸음을 알리기 위 해서 등 다양한 이유로 인터럽트가 발생된다. 인터럽트가 발생되면 운영체제는 왜 인 터럽트가 발생했는지를 살펴보고 적절한 작업을 처리해야 한다. 이때 작업을 처리하 는 함수를 인터럽트 핸들러(interrupt handler)라고 부른다. 만약 네트워크 장치(랜 카드)로부터의 인터럽트라면 패킷을 수신하여 TCP/IP 스택을 통해 데이터를 수신하 고, 키보드 인터럽트라면 어떤 키가 눌렸는지 확인하여 대기하던 응용 프로그램에게 전달해주어야 하는 것이다.

시스템이 운영되는 도중 발생되는 인터럽트는 원인에 따라 크게 2가지로 구분할 수 있다. 첫째는 '외부 인터럽트'로써, 현재 수행중인 태스크와 관련없는 주변장치에서 발생된 비동기적인 하드웨어적인 사건을 의미한다. 둘째는 현재 수행중인 태스크와 관련있는 즉 동기적으로 발생하는 사건으로써 '트랩'이라고 부른다. 트랩은 소프트웨 어 적인 사건이며 예외 처리(exception handling)라고도 한다. 트랩의 대표적인 예 에는 0으로 나누는 연산(devide_by_zero), 세그멘테이션 결함, 페이지 결함, 보호 결 함, 그리고 시스템 호출 등이 있다.

그럼 인터럽트가 발생하면 어떻게 운영체제의 인터럽트 핸들러가 수행되는 것일 까? 모든 CPU는 인터럽트가 발생하면 program counter(또는 instruction pointer) 레지스터의 값을 미리 정해진 특정 번지로 변경하도록 정해져 있다. 예를 들어 ARM 계열 CPU라면 인터럽트가 발생하는 순간 (0x00000000+offset)번지로 점프한다. 이때 offset은 인터럽트의 종류에 따라 결정되는데 reset 인터럽트인 경우 offset은 0 이며, undefined instruction인 경우 4, software interrupt인 경우 8과 같은 식이다.

따라서 reset 인터럽트가 발생되면 ARM CPU의 제어는 0x00000000 번지로 점 프하게 되는 것이다. 하지만 아무리 인터럽트 핸들러를 간결하게 작성한다 할지라도 4Byte보다는 크게 마련이다. 따라서 운영체제는 0x00000000 번지에 실제 reset인 터럽트 핸들러를 기록하는 대신, 다른 위치에 reset 인터럽트 핸들러를 작성해 두고, 0x00000000 번지에는 reset 인터럽트 핸들러로 점프하는 명령어만을 기록해 두는 방식을 사용한다. 따라서 ARM CPU를 위한 인터럽트 핸들러는 그림 6.1과 같은 모습을 보인다. 그림에서 b는 branch라는 분기 명령이며 결국 각각의 함수(reset, undefined_instruction, …)로 분기하는 작업을 수행한다. 그림 6.1을 보통 IDT(Interrupt Descriptor Table) 또는 IVT(Interrupt Vector Table)이라 부른다.

```
0x00000000  _start:          b       reset
                             b       undefined_instruction
                             b       software_interrupt
                             b       prefetch_abort
                             b       data_abort
                             b       not_used
                             b       IRQ
                             b       FIQ
```

■ 그림 6.1 ARM CPU의 인터럽트 백터 테이블

그럼 이제부터 리눅스의 인터럽트 관리 기법을 구체적으로 살펴보자. 그림 6.2에 리눅스의 인터럽트 처리 구조를 나타내었다. 리눅스는 외부 인터럽트와 트랩을 동일한 방식으로 처리한다. 구체적으로 '외부 인터럽트'와 '트랩'을 처리하기 위한 루틴을 함수로 구현해 놓은 뒤, 각 함수의 시작 주소를 리눅스의 IDT인 idt_table 이라는 이름의 배열에 기록해 둔다. 다양한 CPU에서도 커널 내부구조 수정 없이 인터럽트를 처리하기 위해 idt_table의 0~31까지 32개의 엔트리를 CPU의 '트랩' 핸들러를 위해 할당하고, 그 외의 엔트리는 '외부 인터럽트'의 핸들러를 위해 사용한다.

PC 환경에서 외부 인터럽트를 발생시킬 수 있는 주변장치들은 하드웨어적으로 PIC(Program-mable Interrupt Controller)라는 칩의 각 핀에 연결되어 있다. 또한 PIC는 CPU의 한 핀에 연결되어 있다. x86 CPU에서는 idt_table의 31번 엔트리까지를 '트랩' 핸들러가 사용하므로 PIC는 32번부터 사용가능하다(이는 리눅스 커널의 부팅 중에 설정된다).

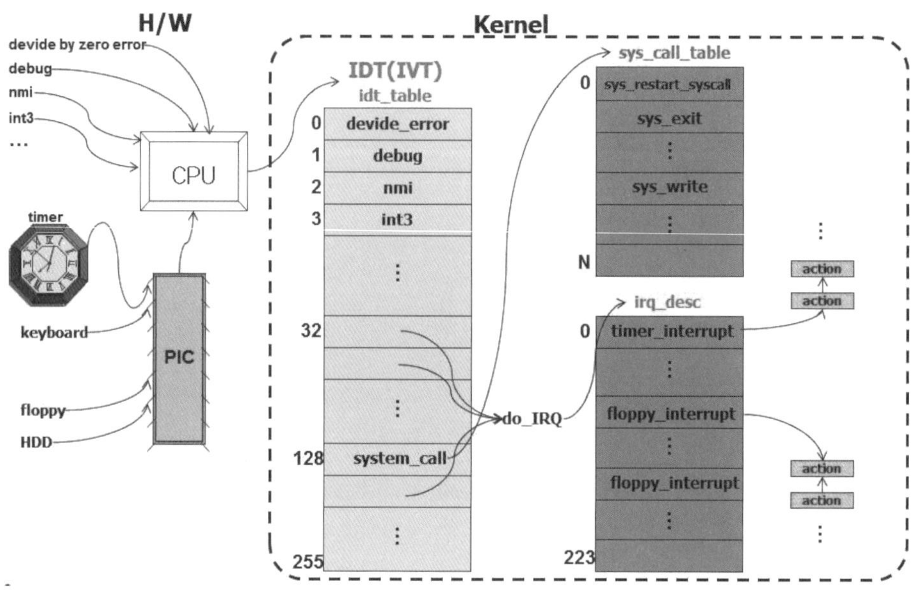

■ 그림 6.2 인터럽트와 트랩의 처리

그림에서는 x86 CPU를 가정하고 있으며, 0번 엔트리는 'devide by zero error' 예외에 해당되며, 1번 엔트리는 'debug', 2번 엔트리는 'nmi', 3번 엔트리는 'int3' 으로 배정되어 있다(이는 CPU 매뉴얼을 통해 정확히 확인할 수 있다). 또한 외부 장 치들은 32번 인터럽트부터 사용할 수 있으므로, timer는 32번, keyboard는 33번 인 터럽트를 사용한다고 가정하고 있다(그림에서는 CPU 내부적으로 발생하는 'devide by zero error' 등도 설명의 편의를 위해 마치 외부에서 인터럽트를 거는 것처럼 표시 해 두었다).

만약 태스크가 수행되는 도중 'devide by zero error'가 발생했다고 가정해보자. 그럼 커널 내의 'devide by zero error'를 발견한 루틴에서 0x00번을 인자로 트랩을 발생시킨다. 그럼 커널에 트랩이 걸리게 되고, 커널은 idt_table에서 0x00번째 엔트 리에 등록되어 있는 핸들러를 호출한다.

만약 timer로부터 인터럽트가 발생했다면 timer는 PIC와 연결된 선에 펄스를 보내 게 된다. 그럼 PIC는 수신한 펄스를 적절한 번호로 변환하고 이를 I/O 포트에 저장하 여 CPU가 버스를 통해 읽을 수 있도록 한다. 그런 뒤 CPU에게 '외부 인터럽트'가 발 생했음을 알리기 위해 CPU와 연결된 라인에 펄스를 보낸다. 이때 CPU는 '외부 인터 럽트'가 발생했음을 알게 되고 PIC의 I/O 포트를 읽어서 발생한 '외부 인터럽트'의 벡터 번호를 확인하고, 인터럽트 선을 원래대로 복원시켜서 PIC가 다른 '외부 인터럽트'를 받을 수 있도록 해준다. 리눅스 커널은 현재 발생한 '외부 인터럽트'의 벡터 번호를 확인한 뒤, 이 번호를 통해 idt_table 인덱싱 하여 해당 엔트리에 있는 핸들러를 수행시켜주면 된다.

그런데 외부에서 인터럽트를 발생시킬 수 있는 라인은 한정된 개수이며 따라서 함부로 할당 하거나 무조건 독점하여 사용하는 것은 매우 불합리하다. 또한 장치를 관리하는 디바이스 드라이버들은 인터럽트라는 귀중한 자원을 동적으로 할당 받거나 해제하기도 한다. 이를 위해 트랩으로 사용되지 않는 즉 외부 인터럽트를 위한 번호는 별도로 관리하는데 이것이 바로 irq_desc 테이블이다. 이를 위해 리눅스 커널은 128번을 제외한(뒤에서 보게 되겠지만 이 번호는 시스템 호출이 사용한다) 32~255까지의 idt_table에는 같은 인터럽트 핸들러 함수가 등록 되어 있으며, 이 함수는 do_IRQ()라는 함수를 호출한다. do_IRQ() 함수가 하는 일은 발생된 '외부 인터럽트' 번호를 가지고 irq_desc 테이블을 인덱싱하여 해당 '외부 인터럽트' 번호와 관련된 irq_desc_t 자료구조를 찾는다(그림 6.2참조). 이 자료구조 안에는 하나의 인터럽트를 공유할 수 있도록 action 이라는 자료구조의 리스트를 유지하고 있다. 바로 이 리스트를 이용하여 단일 인터럽트 라인을 공유하는 것이 가능해지는 것이다.

사실 커널이 인터럽트를 받으면 즉시 인터럽트 핸들러를 호출할 수 있는 것은 아니다. 그 전에 수행해야 할 일이 있는데 그것이 문맥 저장(context save)이다. 또한 인터럽트 처리가 완료되면 저장되었던 문맥을 복원(context restore)해 주어야 한다. 인터럽트 처리과정을 예를 들어 설명할 때 많이 비유되는 것이 전화 통화 도중 초인종이 울리는 시나리오이다.

우리가 집에서 친구와 전화 통화를 하고 있었다고 가정하자. 그리고 통화 도중에 누군가가 초인종을 눌렀다고 가정하자. 그럼 우리는 잠시 통화를 중지하고 초인종 '사건'을 처리하기 위해 문으로 가볼 것이다. 초인종이 울린 '사건'이 신문 배달원이 이번 달 신문 값을 받으러 온 것이었다면 여러분은 돈을 지불하고 영수증을 받아 영수증 보관함에 넣어둘 것이다. 그리고 다시 전화기로 돌아와 전화기를 들고… 여기서 잠깐. 어디서부터 이야기를 하는가? 처음부터? 아니면 초인종이 울리기 바로 전에 한 이야기 다음부터? 물론 여러분의 대부분은 당연히 후자라고 대답할 것이다.

위의 예에서 초인종이 울리는 '사건'은 인터럽트에 비유될 수 있으며, 돈을 지불하고 영수증을 받는 과정이 인터럽트 핸들러에 비유될 수 있다. 그리고 우리가 하고 있던 전화 통화는 인터럽트가 발생하기 전에 실행되던 태스크라고 볼 수 있다(이 예에서 알 수 있듯이 인터럽트는 비동기적인 사건, 즉 언제 발생할지 그 시간을 정확히 알 수 없는 사건의 발생을 알리는 매커니즘이다). 그럼 마치 초인종 '서비스'를 하러 가기 전에 어디까지 통화했는지 기억하는 것처럼, 인터럽트 핸들러를 수행하기 전에 태스크가 어디까지 수행했는지 기억해 두어야 한다. 그래야 인터럽트 핸들러가 서비스를 마쳤을 때 인터럽트 발생 전에 수행하던 태스크를 계속 수행할 수 있다. 즉 태스크의 문맥을 저장해 놓아야 한다. 그림 6.3은 idt_table에 등록되어 있는 '외부 인터럽트'를 위한 공통 핸들러인 common_interupt를 개념적으로 보여준다.

```
#define SAVE_ALL \
        cld; \
        pushl %es; \
        pushl %ds; \
        pushl %eax; \
        pushl %ebp; \
        pushl %edi; \
        pushl %esi; \
        pushl %edx; \
        pushl %ecx; \
        pushl %ebx; \
        movl $(__USER_DS), %edx; \
        movl %edx, %ds; \
        movl %edx, %es;

common_interrupt:
        SAVE_ALL
        call do_IRQ
        jmp ret_from_intr
```

■ 그림 6.3 인터럽트 핸들러와 문맥 저장

이 인터럽트 핸들러는 앞서 설명한 바와 같이 SAVE_ALL 매크로를 사용하여 인터럽트가 발생한 시점에 수행 중이던 태스크의 문맥을 저장하고 do_IRQ()함수를 호출한다. do_IRQ()함수에 의해 실제 인터럽트의 서비스가 수행되고, 서비스가 종료되고 나면 ret_from_intr를 호출하는데 이곳에서는 SAVE_ALL 매크로를 통해 저장했던 문맥을 RESTORE_ALL 매크로를 통해 복원하는 등의 작업을 수행하게 된다.

이제 리눅스에서 관리하는 인터럽트의 한 종류인 '트랩'에 대해 조금 더 자세히 살펴보자. 예를 들어 응용 프로그램 수준 태스크가 수행되다가 'page fault error'가 발생한다면 어떻게 처리될까? 이때 리눅스 커널은 폴트가 발생한 주소에 해당되는 데이터를 메모리에 적재하고 현재 태스크의 페이지 테이블을 수정해 준 뒤, 폴트를 발생시킨 명령어를 다시 수행시켜 준다. 그럼 만약 'devide by zero error'가 발생한 경우라면 어떨까? 이 경우에도 역시 폴트를 발생시킨 명령어부터 다시 수행해 줘야 할까? 당연히 아니다. 즉 같은 트랩이라 할지라도 어떤 트랩이냐에 따라서 구분할 필요가 있는 것이다. 따라서 리눅스 커널은 트랩을 다시 세 가지로 구분한다. 첫째, fault이다. 이 경우 리눅스 커널은 fault를 일으킨 명령어 주소를 eip에 넣어 두었다가 해당 핸들러가 종료되고 나면 eip에 저장되어 있는 주소부터 다시 수행을 시작한다. 둘째, trap이다. 이 경우 리눅스 커널은 trap을 일으킨 명령어의 다음 주소를 eip에 넣어 두었다가 그 다음부터 다시 수행한다. 뒤에서 살펴볼 시스템 콜 같은 것이 여기에 해당된다. 셋째 abort 이다. 이는 심각한 에러인 경우이므로 eip값을 저장해야할 필요가 없으며, 현재 태스크를 강제 종료시키면 된다. 지금까지 설명한 내용을 바탕으로 인터럽트를 구분해 보면 아래 그림 6.4와 같다.

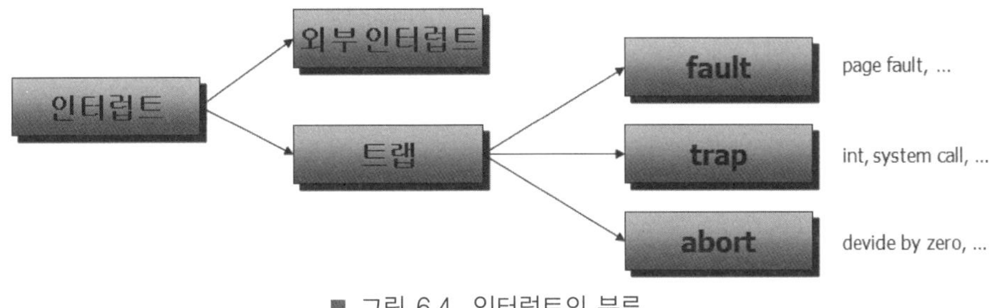

■ 그림 6.4 인터럽트의 분류

각각의 핸들러가 모두 수행된 뒤, 리눅스 커널은 수행 중이던 태스크의 어디로 제어를 넘겨야 할지, 다른 태스크를 수행시켜야 할지를 결정해야 한다. 이는 각각의 핸들러의 리턴 함수를 따로 작성함으로써 이뤄진다. 즉, 시스템 콜을 제외한 트랩의 경우에는 ret_from_exception()을 호출하며, 일반적인 외부 인터럽트인 경우에는 ret_from_intr(), 0x80 인터럽트 즉, 시스템 콜인 경우에는 ret_from_sys_call(), 시스템 콜 중에서도 특히 fork(), vfork(), clone()인 경우에는 ret_from_fork()함수를 사용하여 복귀한다.

2. 시스템 호출 처리 과정

지금까지 인터럽트와 트랩의 일반적인 처리 과정을 설명하였다. 이를 기반으로 시스템 호출 처리 과정에 대해 알아보자. 우선 시스템 호출이 무엇인지 알아보자. 시스템 호출이란 사용자 수준 응용 프로그램들에게 커널이 자신의 서비스를 제공하는 인터페이스이다. 따라서 사용자가 운영체제의 기능이나 모듈을 활용하기 위해서는 반드시 시스템 호출을 사용해야 한다. 따라서 시스템 호출은 커널로의 진입점(entry point)라고 볼 수 있다. 대표적인 예로는 새로운 태스크를 생성하는 sys_fork(), 파일의 내용을 읽는 sys_read(), 현재 실행중인 태스크의 실행 우선순위를 제어하는 sys_nice() 등이 있다(리눅스에서 시스템 호출을 서비스 해주는 함수에는 전통적으로

sys_라는 접두어가 붙는다).

리눅스 커널은 각 시스템 호출을 함수로(시스템 호출 핸들러) 구현해 놓고 각 시스템 호출이 요청되었을 때 대응되는 함수를 호출하여 서비스를 제공한다. 예를 들어 sys_fork()는 ~/kernel/fork.c 파일에 구현되어 있으며, sys_read()는 fs/read_write.c 파일에 구현되어 있다. 아래 그림 6.5에 시스템 호출의 처리과정을 나타내었다.

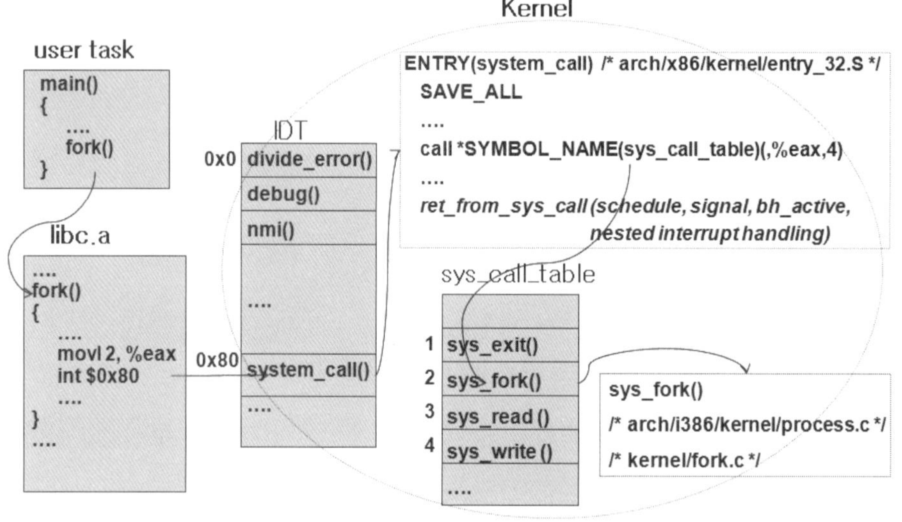

■ 그림 6.5 시스템 호출 처리 과정

사용자 수준 응용이 fork()라는 시스템 호출을 요청했다고 가정하자. 그럼 /usr/lib/libc.a 라는 이름의 표준 C 라이브러리에 구현되어 있는 fork()라는 이름의 라이브러리 함수가 호출된다. 이 함수는 사용자 대신 트랩을 요청하는 일종의 대리인(agent)이라고 볼 수 있다. 이 라이브러리 함수는 CPU내에 있는 범용 레지스터 중의 하나인 eax 레지스터에(이 책은 인텔 CPU를 가정하여 기술하고 있다. 만약 ARM CPU라면 r7 레지스터에) fork() 함수에 할당되어 있는 고유한 번호인 2를 넣어 놓고, 0x80을 인자로 트랩을 건다. 인텔 CPU에서 트랩을 거는 명령은 "int"이다(만약 ARM이라면 "swi"명령). 일단 트랩이 걸리면 제어가 커널로 넘겨지고 CPU의 수행 모드가 사용자 수준에서 커널 수준으로 변화된다. 그리고 커널은 현재 실행 중이던 태스크의 문맥을 저장하고 트랩의 번호에 대응되는 엔트리에 등록되어 있는 함수를 호출한다. 지금 이 설명에서 트랩 번호는 0x80이며 따라서 호출되는 함수는 system_call()이다. 이 함수는 arch/x86/kernel /entry_32.S 혹은, entry_64.S파일에 구현되어 있다. 이 함수는 eax의 값을 인덱스로 sys_call_table을 탐색한다. 이 테이블은 arch/x86/kernel/syscall_32.c 즉, syscall_32.c 혹은 syscall_64.c내에 구현되어 있다. 따라서 현재 eax 레지스터에 들어있는 2라는 값을 인덱스로 sys_call_table을 뒤지면 sys_fork()라는 함수의 포인터를 얻어올 수 있다. 결국 사용자 수준 응용이 fork()라는 시스템 호출을 요청했으며, IDT 테이블과 sys_call_table을 이용해 커널에서 구현된 sys_fork()함수가 호출되는 것이다.

그럼 시스템 콜에 할당되어 있는 고유한 번호는 어떻게 알 수 있을까? 리눅스 커널이 제공하는 모든 시스템 호출은 각각 고유한 번호를 가지는데, 이 내용은 x86 CPU를 기준으로 ~/arch/x86/syscalls/syscall_64.tbl 혹은 _32.tbl 파일에 아래 그림 6.6과 같이 정의되어 있다.

```
root@localhost:/home/Source/linux-3.16
File  Edit  View  Search  Terminal  Help
0       common   read                sys_read
1       common   write               sys_write
2       common   open                sys_open
3       common   close               sys_close
4       common   stat                sys_newstat
5       common   fstat               sys_newfstat
6       common   lstat               sys_newlstat
7       common   poll                sys_poll
8       common   lseek               sys_lseek
9       common   mmap                sys_mmap
                        :
309     common   getcpu              sys_getcpu
310     64       process_vm_readv    sys_process_vm_readv
311     64       process_vm_writev   sys_process_vm_writev
312     common   kcmp                sys_kcmp
313     common   finit_module        sys_finit_module
314     common   sched_setattr       sys_sched_setattr
315     common   sched_getattr       sys_sched_getattr
316     common   renameat2           sys_renameat2
                                              304,1          89%
```

■ 그림 6.6 시스템 호출 번호

그림 6.6을 보면 현재 리눅스 커널 3.16에서 64bit x86 CPU를 위해 지원하는 시스템 호출에는 모두 317개가 있으며, read() 시스템 호출은 번호 0에, write 시스템 호출은 번호 1에, 그리고 open() 시스템 호출은 번호 2에 대응됨을 알 수 있다.

system_call() 함수가 eax 레지스터 값을 가지고 인덱싱하여 사용자가 요청한 시스템 콜의 실제 핸들러를 찾아오는 sys_call_table의 내용은 그림 6.7과 같다.

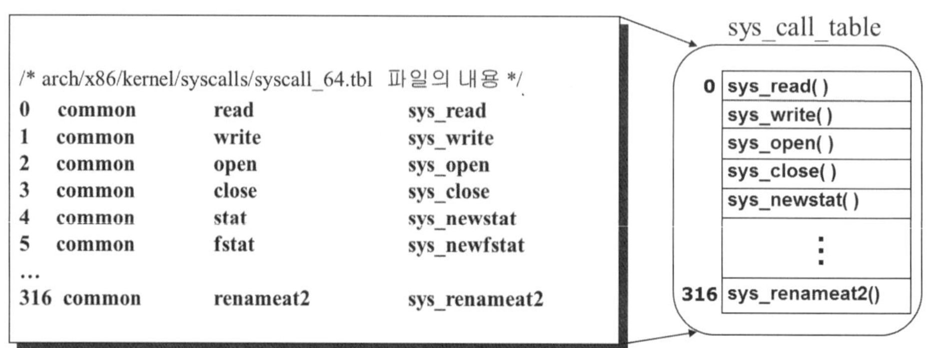

■ 그림 6.7 sys_call_table 내용

그림 6.7에서 보이고 있는 a~/rch/x86/kernel/syscalls/syscall_64.tbl파일의 내용을 기반으로 그림 6.7의 우측에 보이는 시스템 호출 테이블(sys_call_table)을 그릴수 있다. 각 테이블의 엔트리에는 시스템 호출 처리 함수의 시작점 주소가 들어 있고, 각 엔트리는 각 시스템 호출번호를 인덱스로 하여 접근된다. 예를 들어 open()이라는 시스템 호출은 커널 내에서 sys_open()이라는 이름의 함수로 구현되어 있으며, 번호 2를 인덱스로 접근할 수 있는 엔트리에 이 함수가 등록되어 있다.

3. 새로운 시스템 호출 구현

그럼 이제 새로운 시스템 호출을 구현해 보자. 여러분이 C언어를 처음 배울 때 최초로 구현한 프로그램이 무엇인가? 아마 "hello C"라는 문자열을 출력하는 프로그램일 것이다. 그럼 최초의 리눅스 커널 프로그래밍을 해보자. 이름 하여 Hello Linux kernel! 이 절에서는 독자들이 무작정 따라 해보는 'sys_newsyscall()'이라는 이름의 새로운 시스템 호출 구현의 예를 보인다. 이 시스템 호출은 터미널에 "Hello Linux, I'm in Kernel"이라는 문자열을 커널 수준에서 출력하는 일을 한다.

우선적으로 해야 할 일은 리눅스 커널에서 각 시스템 호출마다 유일하다고 했던 시스템 호출 번호를 하나 새로 할당하고 해당 시스템 콜을 처리할 함수를 지정하는 일이다. 각 시스템 호출에게 유일한 시스템 호출 번호와 함수를 정의하고 있는 ~/arch/x86/kernel/syscalls/syscall_64_tbl 파일에는 앞서 살펴본 바와 같이 316번까지의 시스템 호출 번호가 할당되어 있었다. 따라서 아래 그림 6.8처럼 새로 추가하는 시스템 호출 newsyscall()을 위해 317번을 할당하고 시스템 호출 테이블에 새로운 시스템 호출 처리 함수를 등록하여 방금 할당한 317번 번호를 인자로 sys_call_table이 접근될 때 호출할 함수를 등록한다. 그런뒤, 정상적인 컴파일을 위해 그림 6.9에 보인 바와 같이 ~/include/linux/syscalls.h 파일을 열어 sys_newsyscall의 함수 원형을 등록시킨다.

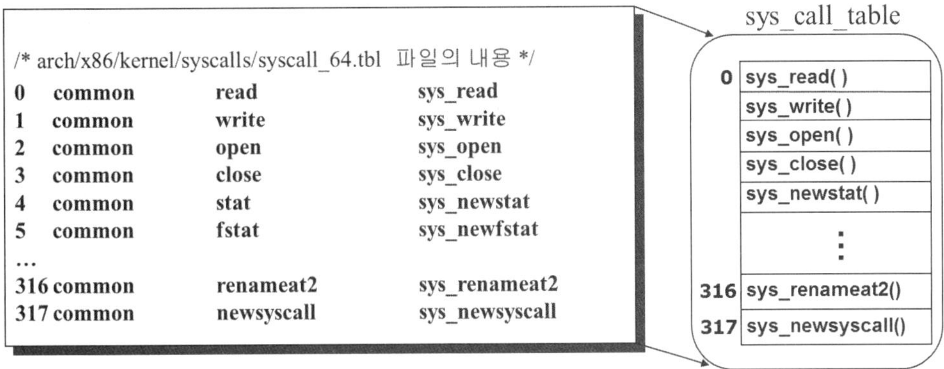

■ 그림 6.8 시스템 호출 번호 할당및 테이블 등록

```
/* include/linux/syscalls.h 파일의 내용 */
...
asmlinkage long        sys_fork(void);
asmlinkage long        sys_vfork(void);
asmlinkage long        sys_newsyscall(void);
...
```

■ 그림 6.9 헤더파일 수정

시스템 호출 테이블에 새로운 시스템 호출 함수를 등록했으면, 그 다음 해야 할 단계는 시스템 호출 처리 함수 구현이다. 시스템 호출 처리 함수들 중에서 태스크 관리자와 관련된 함수들은 리눅스 커널 소스 트리 중에서 kernel/ 디렉터리에, 파일시스템과 관련된 함수들은 fs/ 디렉터리에 구현되는 것이 일반적이다. 이 예에서 구현하는 newsyscall() 함수는 kernel/ 디렉터리에 newfile.c라는 이름의 파일로 구현하도록 한다. vi 편집기로 그림 6.10과 같은 함수를 구현해 보자.

```c
/* kernel/newfile.c 파일의 내용 */
#include <linux/unistd.h>
#include <linux/errno.h>
#include <linux/kernel.h>
#include <linux/sched.h>

asmlinkage long sys_newsyscall(void)
{
        printk("<0>Hello Linux, I'm in Kernel \n");
        return 0;
}
EXPORT_SYMBOL_GPL(sys_newsyscall);
```

■ 그림 6.10 새로운 시스템 호출 처리함수 구현

그림 6.10에서 구현한 새로운 시스템 호출 처리 함수의 이름이 sys_newsyscall()임에 주의하라. 리눅스 커널은 시스템 호출을 처리하는 함수의 경우 sys_ 라는 접두어를 붙이는 관습이 있으며, 이 예에서도 그 전통을 따른 것이다. 그리고 sys_newsyscall()의 반환 값(return value)이 정수이기 때문에 long 키워드가 함수 이름 앞에 붙어 있다(시스템 호출 처리 함수 대부분의 반환 값은 정수이다). 그 앞에 붙어 있는 asm-linkage라는 키워드는 C로 구현된 함수가 어셈블리 언어로 구현된 함수(system_call 함수)에서 호출될 수 있도록 해준다. 이 키워드는 인텔 CPU에서는 특별히 하는 기능이 없으며, 알파 CPU 같은 경우 어셈블리 언어에서 C로 구현된 함수를 호출할 때 몇 가지 전처리 작업을 수행한다.

sys_newsyscall() 함수가 호출되면 이 함수는 단지 문자열을 터미널에 출력하는 일만 수행한다. 이때 사용한 함수 이름이 printk()임에 주의하라. sys_newsyscall()은 커널 수준에서 수행되는 함수이므로 사용자 수준에서 수행되는 표준 C 라이브러리를 사용할 수 없다. 따라서 리눅스 커널은 printf()와 비슷한(출력 순위가 있는 등 몇 가지 차이점만 제외하면 printf()와 같은)일을 수행하는 printk()라는 커널 라이브러리를 제공하며, 우리가 구현한 sys_newsyscall()은 이 함수를 사용한 것이다.

새로운 시스템 호출 번호를 할당 받고, 테이블에 등록하고, 그리고 시스템 호출 처리 함수까지 구현하고 나면, 이제 커널 컴파일을 수행할 차례이다. 그리고 리부팅하면 새로운 시스템 호출이 구현된 커널로 동작할 수 있는 것이다. 다만 우리가 새로운 시스템 호출 함수를 새로운 파일에 구현하였기 때문에 한 가지 더 추가할 것이 있다. 예를 들어 우리가 새로운 시스템 호출 처리 함수를 kernel/newfile.c 라는 이름의 파일에 구현하였다면 make 명령이 컴파일 할 때 이 파일도 컴파일할 수 있도록 알려 주어야 한다. 이것은 kernel/ 디렉터리에 있는 Makefile을 수정하면 가능한데, 그림 6.11과 같이 추가하면 "make" 수행 시 newfile.c도 같이 컴파일하게 된다. 이제, 2장에서 설명된 대로 다시 커널 컴파일을 하고 새로운 커널로 재부팅 하면 된다.

```
/* kernel/Makefile 의 변경 전 내용 */
obj-y    = fork.o exec_domain.o panic.o \
        cpu.o exit.o itimer.o time.o softirq.o resource.o \
        sysctl.o sysctl_binary.o capability.o ptrace.o timer.o user.o \
        signal.o sys.o kmod.o workqueue.o pid.o task_work.o \
        extable.o params.o posix-timers.o \
        kthread.o sys_ni.o posix-cpu-timers.o \
        hrtimer.o nsproxy.o \
        notifier.o ksysfs.o cred.o reboot.o \
        async.o range.o groups.o smpboot.o
```

```
/* kernel/Makefile 의 변경 전 내용 */
obj-y    = fork.o exec_domain.o panic.o \
        cpu.o exit.o itimer.o time.o softirq.o resource.o \
        sysctl.o sysctl_binary.o capability.o ptrace.o timer.o user.o \
        signal.o sys.o kmod.o workqueue.o pid.o task_work.o \
        extable.o params.o posix-timers.o \
        kthread.o sys_ni.o posix-cpu-timers.o \
        hrtimer.o nsproxy.o \
        notifier.o ksysfs.o cred.o reboot.o \
        async.o range.o groups.o smpboot.o newfile.o
```

■ 그림 6.11 원래 Makefile과 수정된 Makefile

지금까지 새로운 시스템 호출을 위한 커널 수정에 대하여 설명하였다. 그럼 이제부터 새로운 시스템 호출을 이용하는 사용자 수준 응용을 구현해 보자. 사용자 수준의 응용을 구현하는 방법은 라이브러리를 이용하지 않는 방법과 새로운 라이브러리를 이용하는 방법으로 구분할 수 있다. 우선 라이브러리를 이용하지 않는 방법부터 설명하자. vi 편집기를 이용해 그림 6.12와 같은 응용 프로그램을 만들어 보자.

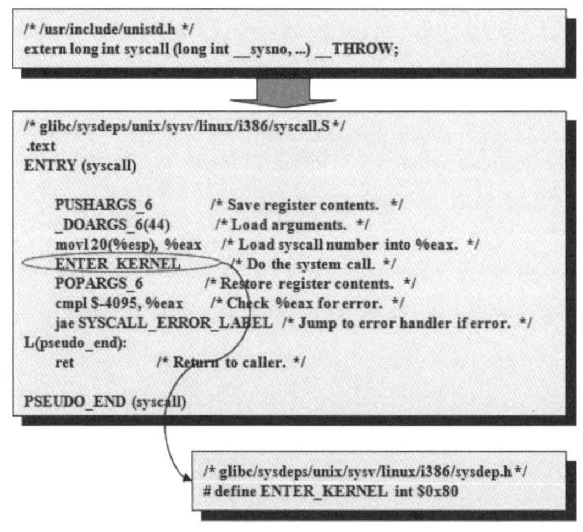

■ 그림 6.12 새로운 시스템 호출을 사용하는 사용자 수준 응용

그림 6.12에 구현된 프로그램은 시스템 호출을 부르기 위해 syscall()이라는 매크로를 사용한다. 이 프로그램은 syscall의 인자로 새로 구현한 시스템 호출의 번호를 직접 사용하였다.

```
/* /usr/include/unistd.h */
extern long int syscall (long int __sysno, ...) __THROW;

/* glibc/sysdeps/unix/sysv/linux/i386/syscall.S */
.text
ENTRY (syscall)

    PUSHARGS_6            /* Save register contents.  */
    _DOARGS_6(44)        /* Load arguments.  */
    movl 20(%esp), %eax  /* Load syscall number into %eax.  */
    ENTER_KERNEL         /* Do the system call.  */
    POPARGS_6            /* Restore register contents.  */
    cmpl $-4095, %eax    /* Check %eax for error.  */
    jae SYSCALL_ERROR_LABEL /* Jump to error handler if error.  */
L(pseudo_end):
    ret                  /* Return to caller.  */

PSEUDO_END (syscall)

/* glibc/sysdeps/unix/sysv/linux/i386/sysdep.h */
# define ENTER_KERNEL int $0x80
```

■ 그림 6.13 syscall 매크로

syscall() 매크로는 glibc 라이브러리에 구현되어 있는 매크로이다. 예전 Glibc 라이브러리에서는 _syscallN() 매크로를 사용하였으나, 최근에는 이 매크로 대신 syscall() 매크로를 사용한다. 그림 6.13에 syscall() 매크로를 보였다. 그림에서 볼 수 있듯이 이 매크로가 하는 일은 다음과 같다. 현재 레지스터 값들을 스택에 저장한 뒤, 인자로 넘어온 값을 적당한 레지스터에 넣는다. 그런 뒤, 인자로 들어온 시스템 호출 번호를 eax 레지스터에 넣은 뒤, 0x80을 인자로 하여 int 명령을 수행한다. 이 명령은 그림 6.5에서 살펴보았던 것처럼 트랩을 발생시킨다.

이제 이 프로그램을 gcc를 이용해 실행 파일로 만들어 보자. 조금 떨리는 마음으로 지금 만든 실행 파일을 수행시켜 보라(물론 그 전에 새로 만들어진 리눅스 커널로 시스템을 리부팅해야 할 것이다). 콘솔에 무엇이 출력되는가? "Hello Linux, I'm in Kernel"이라는 메시지가 출력되면 따스한 차 한 잔과 함께 그 메시지를 즐겨라. 여러분의 응용프로그램이 트랩을 발생시키고, idt_table에서 0x80번째 위치에 있는 트랩 핸들러가 수행되었으며, 또한 sys_call_table에서 eax 값을 인자로 인덱싱하여 sys_newsyscall()함수가 수행되는 커널 내부 동작 원리를 다시 한 번 상기하면서...

그런데 지금껏 시스템 호출을 사용하는 응용 프로그램을 작성할 때 그림 6.12와 같이 syscall()이라는 함수를 사용한 적이 있는가? 그렇지 않을 것이다. 보통 그냥 fork(), open()과 같은 이름의 함수를 직접 호출했었다. 그런데 왜 우리가 새로이 추가한 시스템 호출은 그냥 newsyscall()이라고 호출할 수 없는 것일까?

이를 이해하기 위해 우선 라이브러리를 이용한 사용자 수준 응용을 구현해 보자. 라이브러리는 사용자들이 자주 사용하는 함수들의 집합이며, 구체적으로 오브젝트 파일들의 집합이다. 라이브러리는 "ar"이라는 명령으로 만들 수 있다. 그림 6.12에서 보았던 예를 라이브러리로 만들어 보자. 그 과정을 정리하면 그림 6.14와 같다.

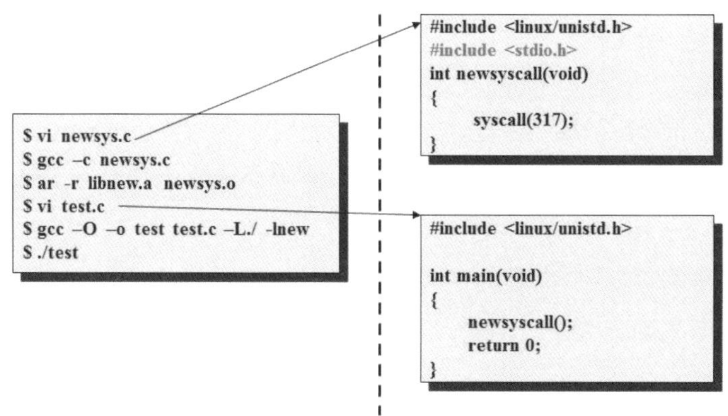

■ 그림 6.14 라이브러리를 사용하는 사용자 수준 응용

그림 6.14에서 우리는 라이브러리를 새로 만든 후 그 라이브러리를 실행 파일에 링크시키기 위해 gcc 옵션인 '-l' 을 사용하였으며 라이브러리가 존재하는 디렉터리를 알려주기 위해 '-L' 옵션을 사용하였다. 잘 동작하는 것을 확인 할 수 있는가?

그렇다면 이제 다시 아까의 질문으로 돌아가 보자. 우리가 새로 추가한 시스템 호출을 응용 프로그램 내에서 newsyscall()의 형태로 호출하기 위해서는 라이브러리가 필요하다. 그럼 fork(), open()등의 함수를 호출하게 해주는 라이브러리는 어디 있는가? 이 라이브러리가 바로 Glibc이다. 리눅스 배포판이 설치될 때 기본적으로 설치되는 라이브러리 중 하나이며, 이 라이브러리가 존재하기 때문에 syscall()이 아닌 fork(), open()과 같은 함수를 호출하는 것이 가능했던 것이다.

4. 시스템 호출 구현 확장

6.2절에서 우리는 시스템 호출이 처리되는 근본 원리를 살펴보았고, 6.3절에서 새로운 시스템 호출을 구현해 보았다. 우리는 커널 수준에서 "Hello Linux"라는 문자열이 출력되는 것을 확인할 수 있었으며 직접 커널을 수정하고 컴파일 하였다는 기쁨도 맛보았다. 하지만 뭔가 부족하다. 마치 우리가 hello.c 라는 프로그램만으로는 C언어의 막강한 기능을 알 수 없었듯이 "Hello Linux" 만으로는 커널 프로그램의 막강한 기능을 충분히 느낄 수 없다. 지금부터 우리는 6.3절에서 구현하였던 새로운 시스템 호출을 두 가지 방향으로 확장하려 한다. 첫 번째는 커널에서 단순한 문자열을 출력하는 것이 아니라, 커널 내에서만 획득할 수 있는 커널의 정보를 출력하는 시스템 호출의 구현이다. 두 번째는 사용자 수준의 응용 프로그램과 커널 간에 인자를 전달하는 시스템 호출의 구현이다. 이제부터 이 두 가지를 자세히 알아보자

4-1 커널 정보 출력

시스템 호출은 사용자 수준의 응용 프로그램이 커널에게 어떤 서비스를 요청하거나 또는 커널의 정보를 얻기 위하여 사용한다. 새로운 태스크를 생성하는 fork()나 파일의 내용을 읽어오는 read() 등이 전자에 속하는 시스템 호출의 예라면, getpid()나 stat()등은 후자에 속하는 예이다. 이번에 구현하려는 새로운 시스템 호출의 예는 후자에 속한 것으로, 현재 실행중인 태스크의 정보를 수집하는 것이다.

우선 그림 6.15와 같은 sys_gettaskinfo()라는 이름의 새로운 시스템 호출을 구현해 보자.

```
asmlinkage long sys_gettaskinfo(void)
{
    printk("(0) PID : %d \n", current->pid);
    printk("(0) TGID : %d \n", current->tgid);
    printk("(0) PPID : %d \n", current->parent->pid);
    printk("(0) STATE : %d \n", current->state);
    printk("(0) PRIORITY : %d \n", current->prio);
    printk("(0) POLICY : %d \n", current->policy);
    printk("(0) Number of MAJOR FAULT : %d \n", current->maj_flt);
    printk("(0) Number of MINOR FAULT : %d \n", current->min_flt);
    return 0;
}
```

■ 그림 6.15 커널 정보를 출력하는 새로운 시스템 호출

이 시스템 호출은 현재 실행중인 태스크의 정보, 구체적으로 태스크 ID(pid), 쓰레드 그룹 ID(tgid), 부모 태스크의 PID, 태스크의 상태, 태스크의 우선순위, 스케줄링 정책, 태스크가 실행 중에 발생한 페이지 결함 횟수 등의 정보를 출력한다. 이를 위해 현재 실행중인 task_struct의 각 내용을 얻어 와서 출력하였다. 다행이 리눅스 커널 내부에는 현재 실행중인 태스크의 task_struct를 가리키는 변수가 있는데 이것이 current라는 포인터 변수이다. 6.3절에서 수행 했던 것과 동일한 과정(시스템 호출 번호 할당, sys_call_table 등록, 커널 컴파일, 사용자 수준 응용 작성)을 거쳐서 사용자 수준 응용 프로그램을 수행 시켜 보도록 하자. 현재 태스크의 정보가 출력되는 것을 볼 수 있을 것이다. 이제는 좀 뭔가 한 것 같다.

4-2 인자 전달

그림 6.15의 시스템 호출 구현 예에서 우리는 커널의 정보를 얻는 방법을 알아보았다. 그리고 그 정보들을 printk()라는 커널 내부 함수를 이용해 출력하였다. 하지만 일반적으로 시스템 호출을 구현할 때 수집한 커널 정보를 커널 수준에서 직접 출력하지는 않는다. 오히려 사용자 수준 응용 프로그램에게 수집한 커널 정보를 전달하고, 사용자 수준 응용 프로그램은 그 정보를 보기 좋은 형태로 변형 또는 옵션에 따라 변형 등의 처리 과정을 거친 후 사용자 수준에서 출력하도록 구현된다. 이 절에서는 사용자 수준 응용 프로그램과 커널이 정보를 전달하는 방법을 알아본다.

```
#include⟨linux/unistd.h⟩
#include⟨linux/kernel.h⟩
#include⟨asm/uaccess.h⟩
asmlinkage int sys_show_mult(int x, int y, int* res)
{
        int error, compute;
        int i;
        error = access_ok(VERIFY_WRITE,res,sizeof(*res));
        if(error ⟨ 0)
         {
                printk("error in cdang \n");
                printk("error is %d \n",error);
                return error;
         }
        compute = x*y;
        printk("computeis %d \n",compute);
        i=  copy_to_user(res,&compute,sizeof(int));
        return 0;
}
```

■ 그림 6.16   인자를 전달하는 시스템 호출

그림 6.16에 예시된 새로운 시스템 호출을 구현해 보자. 실제 구현하는 과정은 이전과 동일하다. 그리고 6.17에 예시된 사용자 수준 프로그램을 작성하여 수행시켜 보자. 이 사용자 수준 응용 프로그램은 3개의 인자를 사용해 sys_show_mult() 시스템 호출을 부른다. 첫 번째와 두 번째 인자는 입력 인자로 사용되며, 세 번째 인자는 출력 인자로 사용된다. 그러면 그림 6.16에 구현된 sys_show_mult() 시스템 호출은 2개의 입력 인자를 곱한 뒤, 그 결과를 세 번째 인자로 돌려준다(너무 간단하다!! 하지만 이 예는 사용자 수준과 커널 수준 간에 인자를 어떻게 전달하는지를 보기 위함이며, 이 목적에는 충분한 예이다). 곱셈한 결과를 사용자 수준 공간에 전달하기 위해 이 프로그램은 리눅스가 제공하는 copy_to_user()라는 매크로를 사용하였다. 이 매크로는 include/asm/uaccess.h에 정의되어 있다. 그리고 copy_to_user()를 사용하기 전에 res라는 사용자 공간에 쓰기가 가능한지 확인하기 위해 access_ok()라는 커널 내부 함수를 사용하였다.

```
#include <stdio.h>
#include <linux/unistd.h>

int main(void)
{
    int mult_ret = 0;
    int x = 2,y=5;
    int i;
    i=syscall(318,x,y,&mult_ret);
    printf("x is %d \ny is %d \nret is %d \n",x,y,mult_ret);

    return 0;
}
```

```
[root@localhost ~]# ./sys_mult
x is 2
y is 5
ret is 10
[root@localhost ~]#
```

■ 그림 6.17 사용자 응용과 실행 결과

이 응용 프로그램은 3개의 인자를 갖는 시스템 호출을 수행하기 위해 syscall()매크로를 사용한다. syscall()매크로는 가변인자를 받도록 작성되어 있으므로, 6.12의 예에서와 마찬가지로 syscall()매크로를 통해 호출하는 것이 가능하다. 또한 실행 결과를 통해 시스템 호출이 정상 동작하고 있음을 확인할 수 있다.

4-3 구조체를 사용한 인자 전달

시스템 콜의 매개변수는 레지스터의 크기인 32bit 혹은 64bit를 넘을 수 없다. 또한 레지스터의 개수가 제한적이므로 인텔 CPU의 경우 6개를 넘을 수 없다. 따라서 여러 개의 매개변수를 주고받아야 하는 경우에는 이를 위한 구조체를 정의하고, 이 구조체의 주소를 넘기는 방법을 주로 사용한다. 이번에는 지금까지 배웠던 것들을 통합하여 구조체를 통해 인자를 전달하는 예를 설명하도록 하겠다. 이 시스템 호출은 인자로 전달받은 태스크를 찾아 그 태스크의 정보를 수집한다. 또한 그 정보를 커널 수준에서 출력하는 것이 아니라 인자로 사용자 수준 응용 프로그램에게 전달한다. 이러한 구조는 실제 리눅스에서 구현된 일반적인 시스템 호출의 구조이다.

```
//mystat.h
#include<linux/kernel.h>
#include<linux/sched.h>
#include<linux/slab.h>
#include<linux/uaccess.h>
#include<linux/fs.h>
#include<linux/fdtable.h>
struct mystat
{
        pid_t pid;
        pid_t ppid;
        int stat;
        int priority;
        int policy;
        long utime;
        long stime;
        long starttime;
        unsigned long min_flt;
        unsigned long maj_flt;
        long open_files;
};
```

■ 그림 6.18 구조체를 사용한 인자 전달 시스템 호출 – 헤더파일

```
#include "mystat.h"
asmlinkage int sys_gettaskinfo(int id, struct mystat *user_buf)
{
        struct mystat *buf;
        int i, cnt = 0;
        struct task_struct *search;
        struct file *fp;
        search = pid_task(id, PIDTYPE_PID);
        if(!start)
                return-1;
        buf = (char*)kmalloc(sizeof(struct mystat),GFP_KERNEL);
        if(buf == NULL)
          {
              printk("buf is NULL \n");
              return -1;
          }
        buf->pid = search->pid;
        buf->ppid = search->parent->pid;
        buf->stat = search->state;
        buf->priority = search->prio;
        buf->policy = search ->policy;
        buf->utime = search->utime;
```

```
        buf->stime = search->stime;
        buf->starttime = search->start_time.tv_sec;
        buf->min_flt = search->min_flt;
        buf->maj_flt = search->maj_flt;
        for(i = 0; i<32; i++) {
                if(  (search->files->fd_array[i]) !=NULL) {
                    cnt++;
                }
        }
        buf->open_files = cnt;
        copy_to_user(user_buf,buf,sizeof(struct mystat));
        return 0;
}
```

■ 그림 6.19 구조체를 사용한 인자 전달 시스템 호출 – 커널 함수

그림 6.18과 6.19에 기술된 시스템 호출을 역시 이전과 동일한 과정을 거쳐서 구현해 보도록 하자. sys_gettaskinfo()함수 내용을 설명하면 다음과 같다. 우선 mystat이라는 자료구조를 선언한다. 이 자료구조는 사용자 수준과 커널 수준 간에 많은 개수의 인자전달을 쉽게 하기 위해 사용되었다. sys_gettaskinfo() 시스템 호출은 위에서 정의한 mystat 구조체와 태스크의 ID를 인자로 받는다. 이 시스템 호출은 시스템에 존재하는 태스크 중에서 입력 인자로 들어온 태스크 ID를 PID로 가지는 태스크를 찾아 그 태스크의 정보를 수집한다(물론 특정 PID를 가지는 태스크를 찾는 더 좋은 방법이 있지만 지금은 가장 단순한 방법인 init_task부터 순차적으로 검색하는 방법을 사용하였다). 원하는 task_struct 자료구조를 찾으면 우리는 그 태스크의 정보를 수집할 수 있다. 수집하기 전에 정보를 기록할 메모리 공간을 할당받아야 하는데, 이때 kmalloc() 커널 내부 함수가 사용되었다. kmalloc()함수는 C 라이브러리 함수인 malloc()과 유사한 기능을 수행하는 커널 내부함수로써 할당 받는 공간은 물리적으로 연속적임을 보장한다. 공간을 할당 받으면 mystat 구조체의 각 필드에 해당되는 정보를 기록한다. 그런 뒤 copy_to_user()를 이용해 이 정보를 사용자 수준에 전달한다.

한편 이 시스템 호출을 이용하는 사용자 수준 응용은 그림 6.20과 같다. 실험 결과에서는 16292번의 PID를 가지는 태스크의 정보를 얻기 위해 이를 인자로 사용자 수준 응용 프로그램인 sys_task를 수행시켰고, 정상적으로 정보가 출력되는 것을 확인할 수 있었다.

```c
#include "mystat.h"
#include <linux/unistd.h>
#include <stdio.h>
#include <stdlib.h>
int main(int argc, char* argv[])
{
        int task_number;
        struct mystat* mybuf;
        if(argc !=2)
         {
                    printf("Usage : a.out pid \n");
                    exit(1);
         }
        task_number = atoi(argv[1]);
        mybuf = (char*)malloc(sizeof(struct mystat));
        if(mybuf == NULL)
                    exit(1);
        syscall(319,task_number,mybuf);
        printf("pid is %d \n",(int)mybuf->pid);
        printf("ppid is %d \n",(int)mybuf->ppid);
        printf("state is %d \n",(int)mybuf->stat);
        printf("Policy is %d \n",(int)mybuf->policy);
        printf("File count is %d \n",mybuf->open_files);
        printf("Start time is %d \n",mybuf->starttime);
        return 0;
}
```

```
[root@localhost ~]# ps -ef | grep ftp
root      16292     1  0 16:54 ?        00:00:00 /usr/sbin/vsftpd /etc/vsftpd/vsftpd.conf
root      16405 15915  0 17:20 pts/0    00:00:00 grep ftp
[root@localhost ~]# ./sys_task 16292
pid is 16292
ppid is 1
state is 1
Policy is 0
File count is 1
Start time is 26
[root@localhost ~]#
```

■ 그림 6.20 사용자 응용과 실행 결과

실습문제

1. 인터럽트와 트랩, 시스템 호출의 관계를 논의해 보자.

2. 교재에 소개된 내용을 바탕으로 새로운 시스템 호출을 구현해 보자.

3. 그림 6.18에서 시스템 호출을 수행하기 위한 헤더파일을 정의 하고 이를 커널과 응용 프로그램이 공유하는 것을 보였다. 그렇다면 다른 시스템 호출은 어떠한가? 예를 들어 get-timeofday()라는 시스템 호출은 timeval 이라는 자료구조를 정의하고, 이를 커널과 응용 프로그램에서 데이터를 전달할 때 이용한다. 이 자료구조는 time.h에 선언되어 있다. 지금까지 include 시켰던 많은 헤더 파일의 의미에 대해 다시 한 번 생각해 보자.

4. 시스템 호출은 결국 리눅스에 트랩을 발생시키는 것이다. 트랩을 발생시키는 i386 계열 어셈블리 명령어는 'int' 이다. 그럼 ARM CPU에서는 어떤 명령어를 사용할까?

5. 리눅스에서는 인터럽트 처리 중에 후반부(bottom half) 기능을 이용한다. 이 기능의 필요성을 논의해 보자.

Memo

Chapter 7

리눅스 모듈 프로그래밍

리 눅스에서는 동적 커널 모듈(dynamic kernel module) 또는 간단히 모듈이라고 불리는 매커니즘을 제공한다. 커널 대부분의 기능은 모듈로 구현될 수 있다. 예를 들어 파일시스템, 디바이스 드라이버, 통신 프로토콜 패밀리, 새로운 시스템 호출 등이 모듈로 구현될 수 있다. 모듈은 필요할 때 동적으로 메모리에 적재되어 사용된다. 따라서 특정 커널 기능을 필요할 때만 메모리에 적재함으로 메모리를 효율적으로 사용할 수 있게 한다. 모듈기능은 커널을 작게 만들 수 있도록 해주며 이는 매우 중요한 커널의 장점이 된다. 이 장에서는 모듈을 설명하고 몇 가지 프로그래밍의 예를 보일 것이다.

1. 마이크로 커널

리눅스는 커널 구조상 모노리틱(monolithic) 커널이다. 모노리틱 커널이란 커널이 제공해야 할 모든 기능 즉 태스크 관리, 메모리 관리, 파일시스템, 디바이스 드라이버, 통신 프로토콜 등의 기능이 단일한 커널 공간에 구현된 구조이다.

모노리틱 커널과 구조상으로 반대되는 개념이 마이크로 커널($\mu_$kernel)이다. 마이크로 커널은 커널 공간에 반드시 필요한 기능들만을 구현한다. 일반적으로 문맥 교환이나 주소 변환, 시스템 호출 처리, 그리고 디바이스 드라이버의 일부 등 주로 하드웨어와 밀접하게 관련된 기능들을 커널 공간에 구현한다. 그 외의 다른 커널 기능들은 사용자 공간에 구현한다.

마이크로 커널의 장점은 무엇일까? 우선 커널의 크기를 작게 할 수 있다는 점이다. 그래서 이름도 마이크로 커널이다. 커널의 크기를 작게 할 수 있다는 것은 매우 매력적인 일이다. 첫째, 커널 소스도 작고 깨끗해질 수 있으며, 따라서 관리, 개선, 유지 등이 쉬워진다. 둘째, 커널 크기가 작기 때문에 PDA나 휴대폰, 노트북 등 휴대용 시스템의 운영체제로 사용될 수 있다. 셋째, 많은 기능이 사용자 공간에서 서버 형태로 구현되기 때문에 분산 환경 특히 클라이언트-서버 모델에 잘 적용될 수 있다. 이러한 장점 때문에 최근에 개발되는 운영체제들은 대부분 마이크로 커널 구조를 갖는다. 대표적으로 Mach, L4, VxWorks Windows NT 등은 마이크로 커널 구조를 갖는다.

모노리틱 구조인 리눅스 커널은 모듈을 지원함으로써 마이크로 커널의 장점을 제공한다. 즉 커널을 작게 만드는 것이 가능하며, 또한 많은 기능들을 필요로할 때 적재하여 사용할 수 있도록 해 주는 것이다(물론 마이크로 커널처럼 사용자 공간에 적재하는 것은 아니다. 모듈은 커널 공간에 적재된다). 커널 프로그래머에게 더욱 매력적인 것은, 모듈을 사용하면 커널에 새로운 기능을 추가할 때 커널 소스를 직접 컴파일 할 필요가 없다는 것이다.

2. 모듈 프로그래밍 무작정 따라 하기

우선 간단한 예를 무작정 따라해 보자. 그림 7.1은 "hello"라는 간단한 모듈 프로그램의 예를 보여주고 있다. C를 처음 배울 때처럼 모듈을 처음 배우는 것이기 때문에 매우 간단한 hello 예를 선택하였다. 이 파일의 이름을 hello_module.c 라고 하자.

```
#include <linux/kernel.h>
#include <linux/module.h>

int hello_module_init(void)
{
    printk(KERN_EMERG "Hello Module~! I'm in Kernel \n");
    return 0;
}

void hello_module_cleanup(void)
{
    printk("(0)Bye Module~! \n");
}

module_init(hello_module_init);
module_exit(hello_module_cleanup);

MODULE_LICENSE("GPL");
```

■ 그림 7.1 hello_module.c 파일

　모듈은 커널 공간에서 동작하며 커널 내부에 정의된 변수나 함수들을 사용한다. 따라서 모듈 프로그램을 작성할 때 커널이 사용하는 몇 가지 헤더 파일을 삽입해야 한다. 이 예에서는 "kernel.h"와 "module.h" 헤더 파일을 삽입하였다. 또한 모듈은 커널에 적재될 때 커널에 의해 자동으로 호출될 함수를 작성해줘야 하는데 이 함수의 이름이 리눅스 커널 버전 2.4에선 init_module(), cleanup_module()였다. 한편 리눅스 커널 버전 2.4 후반부터 등장한 module_init()과 module_exit() 매크로는 이러한 함수의 이름을 임의로 지정할 수 있도록 해주고 있다. 따라서 이 책이 주로 설명하고 있는 리눅스 커널 버전 2.6에 맞춰서 위의 7.1예에서도 module_init(), module_exit() 매크로를 사용하였다. 결국 모듈이 시작될 때 hello_module_init()이 수행되고, 종료될 때 hello_module_exit() 함수가 수행된다. 7.1의 예에서 이 두 함수는 단지 printk()라는 커널 내부 함수를 이용해 문자열을 출력하는 일을 한다.

　커널 공간에서 문자열을 출력하는 것이므로 printf()가 아닌 printk()가 사용된다. printk()는 인자로 넘어온 문자열과 출력지정자, 그리고 인자를 하나의 문자열로 조합한 뒤 이를 커널 내부에 유지되고 있는 원형 큐에 넣어 주는 일을 담당한다. 원형 큐에 삽입된 문자열은 원형 큐를 관리하고 있으며, 원형 큐 내의 데이터를 터미널에 출력해주는 콘솔 디바이스가 활성화 될 때까지 보류되었다가 출력된다. 따라서 printk()를 호출하는 시점과 실제 화면에 출력되는 시점이 정확히 동기화 되지 않는다. 또한

191

리눅스 커널 내부구조

콘솔 디바이스가 활성화되기 이전에 원형 큐의 용량을 다 채우게 되면 printk()로 출력했다고 믿었던 내용이 출력되지 않고 사라지는 경우가 발생하게 된다. 또한 리눅스 커널은 출력하는 수많은 메시지들의 등급을 나누어 관리하는데, 이때 등급을 지정하는 방법은 7.1의 예에서 볼 수 있듯이 KERN_EMERG 등의 매크로를 사용해도 되며, 또한 〈0〉 처럼 직접 숫자로 지정해 주어도 된다.

7.1의 예제 소스를 컴파일 하기 위한 Makefile은 7.2와 같다.

```
obj-m                    := hello_module.o

KERNEL_DIR               := /lib/modules/$(shell uname -r)/build
PWD                      := $(shell pwd)

default :
     $(MAKE)   -C   $(KERNEL_DIR)   SUBDIRS=$(PWD)   modules
clean :
     $(MAKE)   -C   $(KERNEL_DIR)   SUBDIRS=$(PWD)   clean
```

■ 그림 7.2   Makefile

Make는 유닉스 계열 시스템에서 프로젝트 빌드나 document 생성 등 매우 유용하게 사용되는 유틸리티이다. 다른 많은 책에서 자세히 다루고 있으므로 이 책에서 Makefile에 대해 자세히 설명하지는 않겠다. 다만 7.2의 내용은 7.1 예제 소스를 컴파일하기 위한 Makefile이며, 또한 그냥 "make"라고만 명령을 내리면 첫 번째 만나는 target인 default 레이블에 지정된 대로 리눅스 커널 버전 2.6에서 사용하는 모듈인 .ko파일을 생성해 준다. 또한 "make install"이라고 명령을 내리면 생성한 Makefile 내에서 install 레이블을 찾아서 그 레이블에 지정되어 있는 명령을 수행해 준다. 따라서 생성된 .ko 파일을 "MODULE_DIR"로 지정된 위치에 복사해 준다. 자 그럼 이제 7.1과 7.2를 가지고 직접 실습을 해볼 차례이다. 이를 그림 7.3에 보였다.

```
$ vi Makefile
$ vi hello_module.c
$ ls
Makefile          hello_module.c
$ make
$ ls
Makefile          hello_module.c          hello_module.ko          ......
$ insmod hello_module.ko
Hello Module~!  I'm in Kernel
$ rmmod hello_module
Bye Module~!
```

■ 그림 7.3 모듈 컴파일 및 수행

우선 vi 편집기 등을 사용하여 Makefile과 hello_module.c를 작성한다. 그런 뒤 "make"명령을 내리면 make 유틸리티는 현재 디렉터리에 존재하는 Makefile(그림 7.2)를 해석하여 수행하기 시작한다. 별도의 지정이 없었으므로 처음 만나는 target, 즉 default 레이블에 해당되는 명령이 수행될 것이다. 수행이 되고 난 뒤 "ls"명령을 수행해 보면 hello_module.c를 컴파일 하여 "hello_module.ko"를 생성하였음을 확인 할 수 있다(물론 이 외에도 많은 파일이 생성될 것이다).

일단 컴파일이 완료되면 생성된 모듈을 커널에 적재할 수 있다. 이는 "insmod"라는 명령어를 통해 이뤄진다. "insmod" 명령은 인자로 주어진 파일을 커널에 넣기 위한 공간을 할당받고 모듈을 삽입한다. 또한 이때 모듈에서 사용하는 함수나 extern한 변수 등을 실제 커널 정보를 참조하여 연결시켜 준다. 그런 뒤 모듈에 구현된 "module_init()" 매크로에 정의된 함수를 호출해 준다. 따라서 "insmod"명령을 수행하면 7.1에 구현한 "hello_module_init()"함수가 호출되며, 따라서 이 예에서는 'Hello Module~! I'm in Kernel' 이라는 메시지가 화면에 출력되게 된다.

적재된 모듈을 해제하는 명령은 "rmmod"이며 이 명령은 해당 모듈에 "module_exit()"매크로를 통해 정의되어 있는 함수를 호출하고 모듈이 차지하고 있던 공간을 회수한다. 따라서 이 예에서는 'Bye Module~!' 이라는 문자열이 출력된다.

모듈과 관련된 다른 명령으로 "lsmod"가 있다. 이 명령은 현재 적재된 모듈들의 정보를 보여주는 명령이다. 끝으로 "make clean" 명령을 수행하면 Makefile 내의 clean 레이블을 찾아서 이 레이블에 있는 명령을 수행해 준다.

3. 시스템 호출 hooking

이전 절에서 우리는 간단한 모듈 프로그램을 작성해 보았다. 이 절에서는 좀 더 복잡한 모듈 프로그램을 작성해 보자. 우리는 기존 시스템 콜을 가로채는 시스템 호출 hooking 모듈을 작성할 것이다. 일반적으로 커널에서는 보안상의 이유로 이러한 작업을 할 수 없도록 해놓았다. 하지만 앞서 말했듯이 리눅스에 불가능한 것이 어디 있겠는가? 안되면 될 때까지, 되게 하면 된다^^. 그림 7.4는 이번 절에서 작성할 hooking 모듈의 내용을 보여주고 있다. 조금 복잡해 보일지도 모르지만, 하나씩 살펴보도록 하자.

```c
#include <linux/kernel.h>
#include <linux/module.h>
#include <asm/unistd.h>
#include <linux/syscalls.h>
#include <linux/hugetlb.h>

unsigned long **sys_call_table;
unsigned long **locate_sys_call_table(void)
{
    unsigned long temp;
    unsigned long *p;
    unsigned long **sys_table;

    for ( temp = 0xffffffff81000000; temp < 0xffffffffa1000000; temp+= sizeof(void*)){
        p = (unsigned long *)temp;
        if( p[__NR_close] == (unsigned long)sys_close){
            sys_table = (unsigned long **)p;
            return &sys_table[0];
        }
    }
    return NULL;
}

asmlinkage long (*original_call)(const char __user *, int, umode_t);
asmlinkage long sys_our_open(const char __user *filename, int flags, umode_t mode){
    printk("<0>open system call\n");
    return (original_call(filename, flags, mode));
}
```

```c
int syscall_hooking_init(void)
{
    unsigned long cr0;

    if( (sys_call_table = locate_sys_call_table()) == NULL){
        printk("<0> Can't find sys_call_table\n");
        return -1;
    }
    printk("<0> sys_call_table is at [%p]\n", sys_call_table);

    cr0 = read_cr0();
    write_cr0(cr0 & ~0x00010000);
    set_memory_rw(PAGE_ALIGN((unsigned long )sys_call_table) - PAGE_SIZE, 3);

    original_call = (void *)sys_call_table[__NR_open];
    sys_call_table[__NR_open] = (void *)sys_our_open;
    write_cr0(cr0);
    printk("<0> Hooking done!\n");
    return 0;
}

void syscall_hooking_cleanup(void)
{
    unsigned long cr0 = read_cr0();
    write_cr0(cr0 & ~0x00010000);
    sys_call_table[__NR_open] = original_call;
    write_cr0(cr0);
    printk("<0> Module cleanup\n");
}
module_init(syscall_hooking_init);
module_exit(syscall_hooking_cleanup);
MODULE_LICENSE("GPL");
```

■ 그림 7.4 x86_64 시스템을 위한 시스템콜 후킹 모듈

이 모듈은 hooking_module_init()에서 6장에서 설명한 시스템 호출 테이블(sys_call_table)에 이미 등록되어 있던 sys_open() 시스템 호출을 우리가 구현한 sys_our_open()으로 대치한다. 이를 위해서는 메모리상에 존재하는 sys_call_table의 주소를 알아야 하는데, 예전에는 extern을 사용하여 커널에서 그 주소를 가져다 사용했었다.

구체적으로는 "extern void *sys_call_table[];"과 같이 작성하여, 커널이 가지고 있는 변수 중 sys_call_table의 주소를 현재 커널에 삽입되는 모듈에서 참조하여 사용했었다. 이때 리눅스 커널은 외부에서 sys_call_table이라는 심볼(변수나 함수)을 참조할 수 있도록 허락해 둔 상태여야 한다(간단한 C 프로그램을 예로 든다면 변수를 static으로 정의하지 않아야 한다). 방대한 리눅스 커널 소스 중에서 외부에서 참조할

수 있는 심볼, 즉 함수나 변수 등은 무엇이 있을까? 한 두 개가 아닐 것이다. 이를 확인 하는 방법은 "cat /proc/kallsyms"과 같이 cat 명령어를 사용하여 /proc 파일시스템에 연결되어 있는 커널 내부 함수를 호출하는 방법이 있다. 그럼 sys_call_table 이라는 심볼이 외부에서 참조 가능한지 "cat /proc/kallsyms | grep sys_call_table" 과 같이 명령을 내려 확인해 보자. 보이는가? 아마 보이지 않을 것이다. 리눅스 커널 개발자들은 보안상의 이유로 sys_call_table을 외부에서 참조하지 못하도록 해놓았다. 어떻게 하면 sys_call_table을 외부에서 참조할 수 있도록 해 줄 수 있을까? 해답은 커널 소스를 수정하여 "EXPORT_SYMBOL" 매크로로 sys_call_table이 외부에서 참조될 수 있도록 만들어 주는 것이다.

하지만 이러한 방식으로 커널 컴파일을 통해 sys_call_table을 접근하는 것은 매우 귀찮으며, 또한 보안상 악영향을 끼칠 수 있기 때문에 최신 커널에서는 근본적으로 접근을 아예 막아 놓았다. 따라서 그림 7.4에서는 sys_call_table의 주소를 찾기 위해 locate_sys_call_table()이라는 함수를 작성하였다. 이 함수는 커널이 존재하고 있는 가상 주소 공간을 뒤져서 sys_call_table이 가지고 있을 것으로 예상할 수 있는 값이 프로그램에서는 커널의 시작 위치 부터 순차탐색하면서 배열의 __NR_close 위치에 sys_close 함수의 주소가 존재하는 것을 찾으며, 결국 이 배열의 위치가 sys_call_table의 위치가 된다(일부 커널에서는 이 프로그램이 기존 커널 소스와 충돌을 일으킨다. 이 경우 sys_call_table 변수 이름과 locate_sys_call_table 이름을 다른 것으로 변경시켜 주어야 한다).

또한 리눅스가 sys_call_table의 page table을 write가 안되도록 설정해 놓았기 때문에 x86_64 CPU의 cr0 레지스터를 조작하였다. cr0 레지스터는 제어 레지스터로써, 17번째 bit가 set 되어 있는 경우 읽기 전용으로 설정되어 있는 메모리에 대한 쓰기가 불가능 하다. 따라서 해당 bit를 cleer하고 sys_call_table을 조작한 뒤 기존 값으로 다시 복원해주는 작업을 수행하였다.

이렇게 확인한 sys_call_table에서 sys_open()에 대한 함수포인터가 존재하는 위치를 알기 위해 __NR_open 이라는 상수를 사용했다. 그런 뒤 sys_open()을 가리키고 있던 포인터를 우리가 모듈 내에서 구현한 sys_our_open()을 가리키도록 수정하였다. 그러면 사용자가 open() 시스템 호출을 요청할 때, 리눅스 커널에서 sys_open()이 아니라 sys_our_open()이 호출된다. sys_our_open()은 sys_open()을 호출한다. 따라서 open()을 호출한 프로그래머 입장에서는 커널이 이전처럼 자신의 요청을 잘 서비스 해준 것으로 느낀다. 단지 시스템 콜의 실제 핸들러로 진입하기 전에 이를 가로채는 것으로써 우리는 원하는 정보를 얻을 수 있게 된것이다. 그림 7.4의 코드는 그림 7.3과 유사한 단계를 거쳐 컴파일 및 수행할 수 있다.

4. 시스템 호출 hooking 모듈 확장

이제 앞에서 소개된 모듈을 좀 더 쓸모 있게 확장해보자. 우리는 그림 7.4에 보인 모듈을 이용해 어떤 사용자가 어떤 파일을 오픈했는지 추적할 수 있다. 요즘 회사에서 직원들이 근무시간에 게임이나 증권을 하기 때문에 사장님의 걱정이 많다고 한다. 이때 이 모듈 기능을 좀 확장하면 어떤 사원이 어떤 파일을 사용하는지 추적할 수 있지 않을까? 또한 sys_execve() 시스템 호출을 hooking 하면 사용자가 무엇을 하는지도 추적할 수 있지 않을까? 조금 다른 측면에서 본다면 침입 탐지 시스템(IDS: Intrusion Detection System)를 구현하는 것도 가능할 것이다. 그림 7.5는 이러한 기능 확장의 예제로 그림 7.4에 보인 소스 중 sys_our_open() 함수를 수정한 것이다.

```
asmlinkage long sys_our_open(const char __user *filename, int flags, umode_t mode) {
        printk("(0)[PID:%ld][%s] open [%s]\n", current->pid, current->comm, filename);
        return (original_call(filename, flags, mode));
}
```

■ 그림 7.5 sys_our_open() 함수의 확장

수정된 sys_our_open()함수는 current 매크로를 활용하여 현재 open함수를 호출한 task의 task_struct를 접근한다. 이를 활용하여 현재 태스크의 PID와 binary의 이름에 해당되는 comm, 그리고 open함수의 인자인 파일 이름을 출력한다. 그림 7.6은 수정된 모듈을 insmod 한 이후 dmesg 명령을 이용하여 출력된 결과를 보여준다. 결과에서 보이듯 수정된 시스템 호출 후킹 모듈은 누가 어떤 파일을 접근하는지 확인할 수 있음을 알 수 있다.

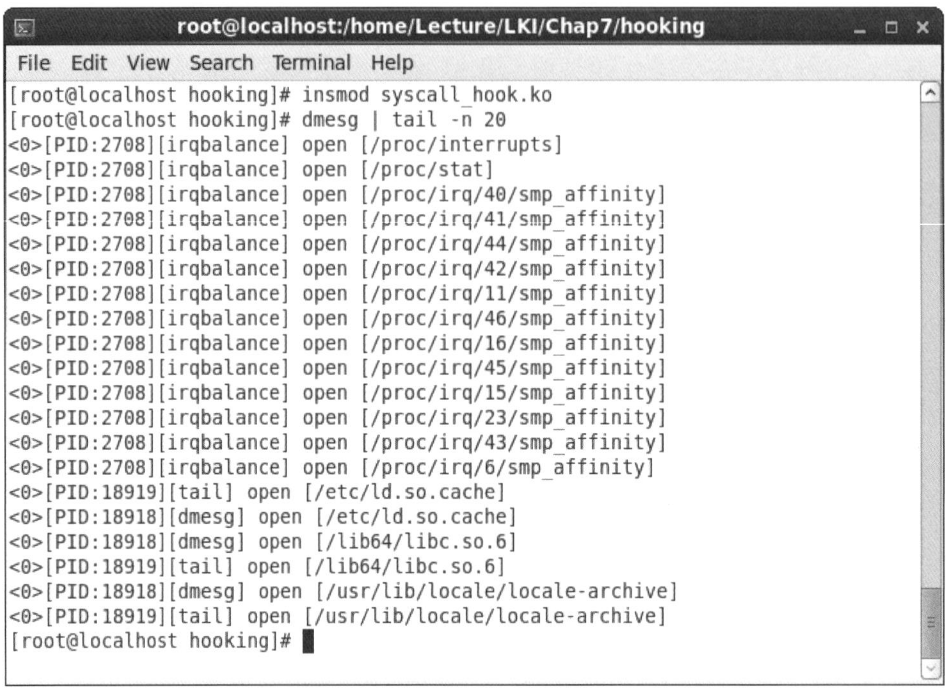

■ 그림 7.6 수정된 시스템 콜 후킹 모듈의 수행 예

그런데 이렇게 누가 어떤 파일을 오픈했는지를 로그메시지로 출력하게 되면 간단한 dmesg 명령어만으로도 시스템의 open 호출이 추적당하고 있음을 인식 할 수 있으며 추후 open 호출에 대한 구체적인 분석이 어려운 문제가 있다. 따라서 이번에는 printk로 메시지를 출력하는 대신 모듈에서 파일을 생성하여 원하는 내용을 기록 할 수 있도록 해보자. 사실 커널에서 파일을 생성하는 것은 묵시적으로 금기시 되는 일 중에 하나이기에 이 예제는 그리 좋은 예는 아니다. 단순히 예제로써 확인하고 넘어가 도록 하자.

그림 7.7에 보인 모듈 소스는 filp_open 함수를 호출하여 파일을 생성하고, 추후 read/write함수를 호출할 수 있는 file 객체를 생성해낸다. 이를 이용하여 vfs_write, vfs_read 함수를 호출함으로써 실제 파일에 I/O를 수행할 수 있게 된다. 결국 이 모 듈은 /root/test.txt 라는 이름의 파일을 생성하고 해당 파일에 "test string from kernel module"이라는 내용을 기록하게 되는 것이다.

```c
#include <linux/kernel.h>
#include <linux/module.h>
#include <linux/syscalls.h>
#include <linux/fcntl.h>
#include <linux/fs.h>
#include <linux/file.h>
#include <asm/uaccess.h>

int fd;
loff_t pos = 0;
struct file *filp;
mm_segment_t old_fs;

struct file * open_in_module(char *name, int flags, int perms)
{
        old_fs = get_fs();
        set_fs(KERNEL_DS);
        if( (filp = filp_open(name, flags, perms)) < 0)
                return NULL;
        return filp;
}

int close_in_module(struct file * filp)
{
        if(filp){
                filp_close(filp, NULL);
                pos = 0;
                set_fs(old_fs);
                return 0;
        }
        return -1;
}

int write_in_module(struct file *filp, char * data, int count)
{
        if(filp){
                return vfs_write(filp, data, count, &pos);
        }
        return -1;
}
```

■ 그림 7.7 모듈에서 파일 생성 및 쓰기 (1/2)

```
int read_in_module(struct file *filp, char * data, int count)
{
        if(filp){
                return vfs_read(filp, data, count, &pos);
        }
        return -1;
}

int fw_module_init(void)
{
        struct file *fp;
        printk(KERN_EMERG "File write test module\n");
        if ( (fp = open_in_module("/root/test.txt", O_CREAT|O_RDWR, 0644)) == NULL ){
            printk(KERN_EMERG "file create error\n");
            return -1;
        }
        if ( write_in_module(fp, "test string from kernel module\n", 31) < 0){
            printk(KERN_EMERG "file write error\n");
            return -1;
        }
        if ( close_in_module(fp) < 0 ){
            printk(KERN_EMERG "file close error\n");
            return -1;
        }
        return 0;
}

void fw_module_cleanup(void)
{
        printk(KERN_EMERG "Module ended\n");
}

module_init(fw_module_init);
module_exit(fw_module_cleanup);

MODULE_LICENSE("GPL");
```

■ 그림 7.7 모듈에서 파일 생성 및 쓰기 (2/2)

그림 7.8은 이 모듈의 실행 결과를 보여준다. 모듈을 insmod 하기 전 /root 디렉토리의 내용을 확인하여 .txt파일이 존재하지 않는 것을 확인 하고, 모듈을 insmod 한다. 이후 다시 /root 디렉토리의 내용을 확인하면 의도한 바와 같이 test.txt파일이 생성되었으며, 파일의 내용역시 정상적으로 기록되었음을 알 수 있다. 이를 좀 더 응용하면 사용자 수준에서 확인할 수 없는 숨김 파일의 생성이나, socket을 열어 네트

워크에 연결되어 있는 원격지의 컴퓨터로 원하는 정보를 보낼 수 있을 것이다.

```
root@localhost:/home/Lecture/LKI/Chap7/file_module

File  Edit  View  Search  Terminal  Help
[root@localhost file_module]# ls /root/
anaconda-ks.cfg  Downloads           minicom.log   Public       VirtualBox VMs
Desktop          install.log         Music         Templates
Documents        install.log.syslog  Pictures      Videos
[root@localhost file_module]# make
make  -C  /lib/modules/3.15.0/build   SUBDIRS=/home/Lecture/LKI/Chap7/file_mod
ule  modules
make[1]: Entering directory `/usr/src/kernels/linux-3.15'
  CC [M]  /home/Lecture/LKI/Chap7/file_module/file_write_in_module.o
  Building modules, stage 2.
  MODPOST 1 modules
  CC       /home/Lecture/LKI/Chap7/file_module/file_write_in_module.mod.o
  LD [M]  /home/Lecture/LKI/Chap7/file_module/file_write_in_module.ko
make[1]: Leaving directory `/usr/src/kernels/linux-3.15'
[root@localhost file_module]# insmod file_write_in_module.ko
[root@localhost file_module]#
Message from syslogd@localhost at Oct 15 01:23:35 ...
 kernel:File write test module

[root@localhost file_module]# ls /root/
anaconda-ks.cfg  Downloads           minicom.log   Public       Videos
Desktop          install.log         Music         Templates    VirtualBox VMs
Documents        install.log.syslog  Pictures      test.txt
[root@localhost file_module]# cat /root/test.txt
test string from kernel module
[root@localhost file_module]#
```

■ 그림 7.8 모듈에서 파일 생성 및 쓰기 수행 결과

그러나 아직도 한 가지 문제가 더 존재한다. 이러한 모듈을 시스템에 insmod 하여 원하는 데이터를 수집하고, 수집된 데이터를 파일로 저장하거나 혹은 socket을 통해 다른 컴퓨터로 전송하게 되었다고 가정해보자. 이제 사용자가 dmesg 명령어로 printk의 결과물을 볼 수는 없겠지만 lsmod 명령어를 통해 수상한, 혹은 의도하지 않은 모듈이 삽입되어 있음을 확인 할 수 있을 것이다. 그렇다면 insmod 한 모듈을 숨길 수 는 없는 것일까? 그림 7.9는 모듈을 숨길 수 있는 간단한 방법을 보여준다.

그림 7.9의 모듈은 insmod되어 커널에 삽입된 이후, list_del_init 함수를 호출하여 해당 모듈 자체를 리눅스 커널이 관리하고 있는 모듈의 리스트에서 제거한다. 따라서 그림 7.10의 수행 예에서 볼 수 있듯이 insmod 이후 lsmod 명령어를 수행 시켜도 삽입된 모듈이 보이지 않으며, 그렇기에 rmmod 로 제거할 수 도 없다. 물론 그림 7.9의 모듈 소스를 그대로 모든 곳에 적용하기에는 무리가 있다. 하지만 지금까지의 내용을 모두 이해한 독자라면, 그림 7.5, 7.7, 7.9의 소스를 조합하여 유용한 IDS 모듈 (물론 나쁜 의도의 모듈 역시 ^^;)을 만들어 낼 수 있을 것이다.

```
#include 〈linux/kernel.h〉
#include 〈linux/module.h〉

int hidden_module_init(void)
{
        printk(KERN_EMERG "Hello Module~! I'm in Kernel\n");
        list_del_init(&__this_module.list);
        return 0;
}

void hidden_module_cleanup(void)
{
        printk("〈0〉Bye Module~!\n");
}


module_init(hidden_module_init);
module_exit(hidden_module_cleanup);

MODULE_LICENSE("GPL");
```

■ 그림 7.9 모듈 숨기기

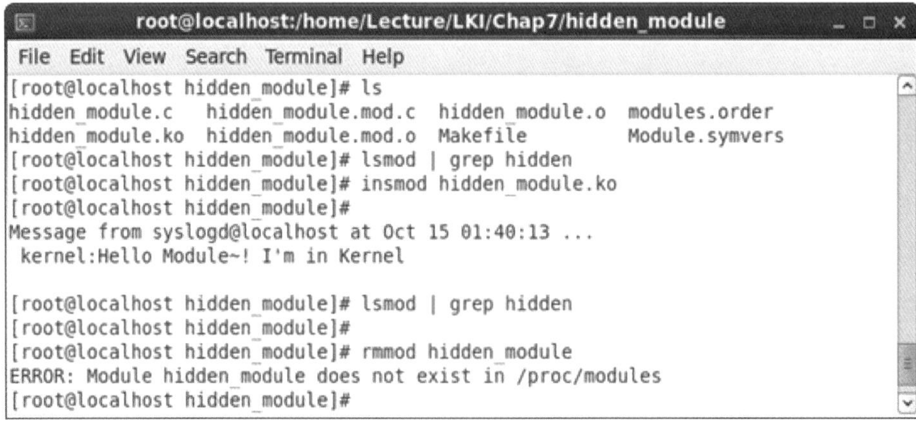

■ 그림 7.10 모듈 숨기기 수행 결과

그럼 여기서 한 가지 더 짚고 넘어가도록 하자. 가끔 인터넷 등에서 모듈 소스를 다운받아 컴파일을 하고 "insmod" 명령을 통해(create_module()함수와 init_module()함수) 커널에 적재하려 할 때 "Unresolved symbols 'XXXXX'...."같은 에러메시지가 출력되면서 모듈 적재가 안 되는 경험을 해 본적이 있는가? 이러한 에러는 모듈이 "XXXXX"라는 심볼을 참조(get_kernel_syms()함수)하려 할 때(extern 등을 통해 "XXXXX"라는 변수를 참조하려 하거나, 아니면 커널 내에 구현되어 있는 "XXXXX"라는 함수를 호출하려 할 때) 현재 커널 소스에는 "XXXXX"라는 심볼이 "EXPORT_SYMBOL" 매크로를 통해 외부에서 참조될 수 있도록 지정되어 있지 않은 경우 발생한다. 따라서 앞으로는 이러한 메시지를 보게 되더라도 좌절하지 말기 바란다. 커널 소스 내에서 "XXXXX"가 정의된 곳을 찾아서 이 심볼을 "EXPORT_SYM-BOL" 매크로를 통해 외부에서 참조 가능하도록 수정해 준 뒤, 커널 컴파일 후 재부팅시켜주면 되는 것이다.

실습문제

1. 간단한 IDS(Intrusion Detection System)을 구현해 보자. 이 IDS는 단순히 기 정의된 사용자가 아닌 사람이 "/etc/passwd"파일을 접근할 때 해당 태스크를 종료시킨다.

2. system call hooking과 동일한 방법을 사용하여 idt_table의 함수 즉 인터럽트 핸들러를 가로채 보자.

3. 모듈에서 소켓을 열고 네트워크에 연결되어 있는 원격지의 컴퓨터로 데이터를 전송해 보자.

4. lsmod 명령어를 통해 확인 할 수는 없지만, 이름을 알고 있는 경우 rmmod로 모듈을 제거할 수 있도록 그림 7.9의 모듈을 변경시켜보자. "strace"명령어를 이용하여 lsmod 프로그램을 분석해 보면 system call hooking 기법을 이용하여 내가 원하는 모듈의 정보를 감추는 것을 어떻게 하면 좋을지 힌트를 얻을 수 있을 것이다.

5. 시스템에 존재하는 런큐의 개수를 확인하고, 각 런큐에 존재하는 태스크의 개수를 확인 할 수 있는 모듈을 작성해 보자.

Memo

Memo

디바이스 드라이버

리눅스의 디바이스 드라이버는 매우 간결하면서 일관된 구조로 구현되어 있다. 따라서 간단한 몇 가지 작업만으로 새로운 디바이스 드라이버를 추가하거나 기존의 디바이스 드라이버 내용을 변경할 수 있다. 특히 모듈 프로그래밍을 이용하면 기존 커널 소스코드의 수정이나 컴파일 없이 새로운 드라이버를 추가할 수도 있다. 이 절에서는 새로운 디바이스 드라이버를 직접 구현해 보면서, 디바이스 드라이버와 관련된, 혹은 디바이스 드라이버를 지원하기 위한 커널 내부의 동작원리를 알아보도록 하자.

1. 디바이스 드라이버 일반

유닉스 계열 시스템에서 모든 것은 파일로 취급된다. '모니터' 라는 디바이스도 파일이고, '키보드' 라는 디바이스도 파일이며, '마우스' 도 파일이다. 물론 파일시스템을 통해 디스크에 저장되어 있는 '파일' 도 당연히 파일이다(앞으로 디스크에 저장되어 있는 파일을 '정규파일(regular file)' 이라 부르도록 하겠다). 따라서 사용자 태스크는 현재 접근 하려는 파일이 '모니터' 인지 '키보드' 인지 '마우스' 인지 '정규파일' 인지 신경 쓰지 않고 그저 파일만을 접근하면 된다. 다시 말해 open(), read(), write(), close() 등의 일관된 함수 인터페이스를 통해서 '모니터', '키보드', '마우스', '정규파일' 등의 파일을 접근하는 것이 가능하다는 뜻이다. 이때 장치를 가리키는 파일을 '정규파일' 과 구분하여 '장치파일(device file)' 이라 부른다.

가. 사용자 입장에서 디바이스 드라이버

디바이스 드라이버는 두 가지 관점에서 생각해 볼 수 있다. 첫째는 사용자 태스크 관점에서의 디바이스 드라이버이다. 사용자 태스크가 접근하는 장치 파일이라는 개념은 VFS가 제공하는 파일 객체를 의미한다. 파일 객체에 사용자 태스크가 행할 수 있는 연산은 'linux/include/linux/fs.h' 파일 내에 struct file_operations라는 이름으로 정의되어 있다. 이 구조체의 내용은 아래 그림 8.1과 같다.

```
struct file_operations {
        struct module *owner;
        int (*open) (struct inode *, struct file *);
        ssize_t (*read) (struct file *, char __user *, size_t, loff_t *);
        ssize_t (*write) (struct file *, const char __user *, size_t, loff_t *);
        int (*release) (struct inode *, struct file *);
        int (*mmap) (struct file *, struct vm_area_struct *);
        int (*ioctl) (struct inode *, struct file *, unsigned int, unsigned long);
        loff_t (*llseek) (struct file *, loff_t, int);
        ...
};
```

■ 그림 8.1 VFS 파일 객체 연산

사용자 태스크는 그림 8.1에 나타나 있는 open(), read(), write(), release() 등의 함수를 이용하여 파일 객체를 접근할 수 있다(release() 함수는 사용자 태스크가 호출하는 close() 함수에 대응된다). 만약 사용자 태스크가 정규 파일에 접근한다면 5장에서 살펴본바와 같이 파일시스템에서 제공하는 함수를 호출하게 된다.

그럼 사용자 태스크가 장치파일에 접근할 때는 어떨까? 예를 들어 키보드의 입력 값을 얻기 위해 '키보드' 장치파일에 read()를 호출했다면, 키보드에서 입력 값을 확인하고 이 값을 사용자 태스크에게 넘겨주는 함수를 호출해야 할 것이다. '모니터' 파일에 write()하는 경우와 '마우스' 파일로부터 입력 값을 얻어 오는 경우 역시 해당 장치에 적합한 함수를 호출해야 한다. 즉, '사용자 태스크가 file_operations 구조체에 정의되어 있는 함수를 통해 장치파일에 접근할 때 호출할 함수를 정의하고 구현해 주는 것' 이 바로 디바이스 드라이버이다. 사용자 태스크는 디바이스 드라이버 개발자가 작성한 여러 가지 함수들을 일일이 알 필요 없이 파일 객체에 정의되어 있는 함수를 호출함으로써 장치에 접근할 수 있다는 장점이 있는 것이다.

그런데 리눅스에서 사용하는 장치는 한두 가지가 아니다. 당연히 이들을 위한 디바이스 드라이버도 여러 개일 것이다. 따라서 리눅스는 시스템에 존재하는 여러 개의 디바이스 드라이버를 구분하기 위해 각 디바이스 드라이버마다 고유한 번호를 정해준다. 이때 각 디바이스 드라이버에게 정해준 고유한 번호를 주 번호(Major number)라 부른다. 리눅스는 4096개의 주 번호를 지원한다.

장치와 관련된 디바이스 드라이버의 주 번호 정보가 어디 기록되어 있었는지 기억나는가? 만약 기억난다면 이 책의 앞부분을 매우 열심히 읽은 독자일 것이다. 리눅스에서 각 장치는 자신을 나타내는 장치 파일을 가지며, 이 장치 파일을 관리하는 아이노드 객체에 주 번호가 기록되어 있다(5.8절 참조). 구체적으로 아이노드 객체에는 i_rdev 필드가 존재하는데 바로 이 i_rdev 필드에 주 번호와 부 번호를 저장한다. 이때 주 번호를 위해서는 12bit가 사용되며 (4096개의 주 번호를 지원하므로), 부 번호를 위해 20bit가 사용된다. 따라서 사용자 태스크가 특정 장치파일에 접근하면, 이 장치파일에 적절한 디바이스 드라이버의 주 번호를 알게 되는 것이다. 그리고 주 번호를 알게 되면 이후 그림 8.7에서 설명할 방식을 통해 장치 파일에 등록된 디바이스 드라이버 내부 함수를 호출할 수 있게 된다.

그럼 이제 부 번호의 필요성을 살펴보자. 만약 시스템에 네 개의 모니터가 장착되어 있다면 어떨까? 이들은 물리적으로 동일한 특성을 가지기 때문에 같은 디바이스 드라이버를 사용해도 될 것이다. 따라서 동일한 주 번호를 공유해도 된다. 그런데 어떤 문자열의 출력을 요청했을 때 디바이스 드라이버는 4개의 모니터 중에서 특정 하나의 모니터에 그 문자열을 출력해야 할 것이다. 바로 이때 부 번호가 사용된다. 이를 아래 그림 8.2에 나타내었다.

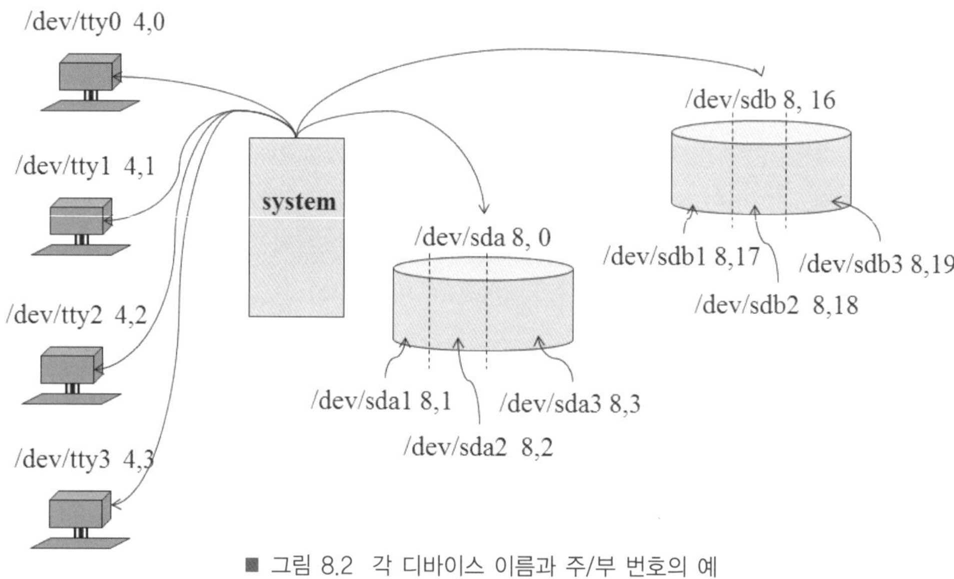

■ 그림 8.2 각 디바이스 이름과 주/부 번호의 예

리눅스에서 장치 파일은 일반적으로 /dev 디렉터리 밑에 존재한다. 또한 모니터 즉, 터미널을 나타내는 장치 파일의 이름은 전통적으로 tty 이란 이름으로 존재하며 복수개의 터미널이 존재하는 경우 tty0, tty1, tty2와 같이 뒤쪽에 번호를 붙여서 구분한다. 그림에서 볼 수 있듯이 tty0~tty3 장치 파일은 4번이라는 공통된 주 번호를 가진다. 주 번호가 같다는 것은 4개의 터미널이 같은 디바이스 드라이버에 의해 구동될 수 있다는 의미가 된다.

SCSI 하드 디스크는 sd 라는 이름을 가진다. 복수개의 물리적인 디스크가 시스템에 존재하는 경우 각각의 디스크는 sda, sdb와 같이 뒤에 알파벳을 붙여서 구분하며, 하나의 물리 디스크 내에 파티션을 구성하는 경우 각각은 sda1, sda2, sda3과 같이 뒤에 번호를 붙인 이름을 가지게 된다. 역시 그림에서 볼 수 있듯이 모든 파티션은 8이라는 같은 주 번호를 갖지만 각각 서로 다른 부 번호를 가진다. sda0과 sdb0은 물리 장치 자체를 의미하며, 각각 부 번호 0번과 16번을 가진다. 이는 하나의 SCSI 하드 디스크 내에 최대 15개의 파티션이 생성 가능함을 의미한다.

결국 부 번호는 같은 디바이스 드라이버를 사용하는 장치가 복수 개 있을 때 이들을 서로 구분하기 위해 사용된다. 사실 장치파일의 이름은 사용자 태스크에게 보여주기 위한 것일 뿐 커널 내부적으로는 아무 의미가 없다. 장치파일은 사용자 태스크에게 디바이스 드라이버 내부의 함수를 호출할 수 있는 진입점(entry point)을 제공하는 것이며, 이때 디바이스 드라이버를 선택하는 것은 주 번호를 통해서만 이뤄지기 때문이다.

그럼 사용자 태스크가 디바이스 드라이버의 함수를 호출할 수 있게 해주는 진입점인 장치 파일은 어떻게 만들 수 있을까? 최근 커널에서는 udev를 통한 동적인 장치파일 생성/제거를 지원하며, 추후 예제를 통해 사용법을 살펴보자. 우선 기본적인 장치파일 생성/제거에 대해 살펴보자. 아래 그림 8.3에 장치파일의 생성 방법을 보였다.

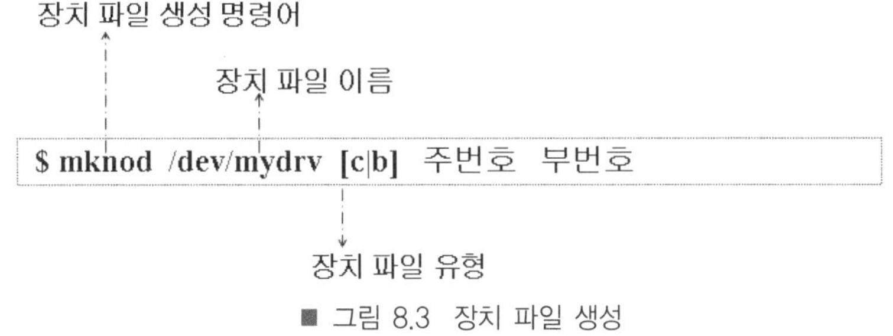

■ 그림 8.3 장치 파일 생성

'mknod' 라는 명령어를 사용하여 장치파일을 생성할 수 있다. 인자로는 장치파일의 '이름'과 '유형', 그리고 이 파일을 접근할 때 어떤 디바이스 드라이버를 사용할지를 나타내는 '주 번호'와, 같은 디바이스 드라이버를 사용하는 장치를 유일하게 구분하기 위한 '부 번호'를 써주면 된다. 그러면 리눅스는 /dev 디렉터리 밑에 mydrv라는 이름의 파일을 생성하고 이 파일의 아이노드의 i_name엔 'mydrv'를 i_rdev엔 주 번호와 부 번호를 저장하며, i_mode엔 장치 파일 유형에 따라 c 인 경우 S_IFCHR을 b인 경우 S_IFBLK라는 값을 넣어준다. 그런데 장치 파일 유형은 또 무엇인가?

리눅스는 디바이스 드라이버를 크게 문자 디바이스 드라이버, 블록 디바이스 드라이버, 그리고 네트워크 디바이스 드라이버 세 가지로 구분한다. 문자 디바이스 드라이버는 순차 접근이 가능하고 임의의 크기로 데이터 전송이 가능한 드라이버로 예를 들면 터미널 드라이버 같은 것이 있다. 반면에 블록 디바이스 드라이버는 임의 접근이 가능하고 고정된 크기의 블록 단위로 데이터를 전송하는 드라이버로 예를 들면 디스크 드라이버 같은 것이 있다.

그러나 최근 디바이스의 기능이 발전하고 종류도 많아짐에 따라 이러한 구분이 모호해지고 있다. 필자도 디바이스 드라이버를 이렇게 세 종류로 나누는 것을 그다지 좋아하지 않는다. 대충 따져보더라도 디바이스 드라이버는 수 십 가지는 될 것이다. 이들 각각은 만드는 방법이 모두 다르다. 하지만 리눅스의 디바이스 드라이버를 말 할 때는 누구나 위와 같은 세 가지 분류를 따른다. 현재는 단지 커널의 '페이지캐시'와 큐를 통해 데이터를 주고받는가의 여부를 통해 문자와 블록 디바이스 드라이버를 구분한다. 사용자의 read(), write()함수와 1:1로 매칭 되어 디바이스 드라이버의 함수가 호출된다면 이를 문자 디바이스 드라이버라 한다. 한편 블록 디바이스 드라이버는 사용자의 read(), write()와 같은 함수에 대응되는 함수가 존재하지 않으며, 큐를 통해 '페이지캐시'와 통신한다. 따라서 사용자 태스크가 블록 디바이스 드라이버에서 호출할 수 있는 함수는 그림 8.1과 달리 아래 그림 8.4와 같이 정의 되어 있다.

```
struct block_device_operations {
    int (*open) (struct block_device *, fmode_t);
    void (*release) (struct gendisk *, fmode_t);
    int (*rw_page)(struct block_device *, sector_t, struct page *, int rw);
    int (*ioctl) (struct block_device *, fmode_t, unsigned, unsigned long);
    int (*direct_access) (struct block_device *, sector_t void **, unsigned long *);
    int (*getgeo)(struct block_device *, struct hd_geometry *);
    struct module *owner;
    ...
};
```

■ 그림 8.4 블록 장치 파일을 위한 오퍼레이션 구조체

이와 관련된 블록 디바이스 드라이버의 구조는 8.3절에서 자세히 살펴본다. 그럼 이제 디바이스 드라이버를 바라보는 두 번째 관점인 디바이스 드라이버 개발자 입장에서의 디바이스 드라이버에 대해 알아보자.

나. 개발자 입장에서 디바이스 드라이버

디바이스 드라이버라는 말 자체는 하드웨어로써 존재하는 디바이스를 구동시키기 위한 소프트웨어를 부르는 말이다. 디바이스라는 하드웨어는 어느 운영체제이건 심지어 운영체제가 없는 환경에서도 사용될 수 있기 때문에, 당연히 디바이스 드라이버라는 소프트웨어도 어느 운영체제이건, 혹은 운영체제가 없는 환경에서도 동작되도록 제작되어야 한다. 그런데 운영체제 마다 디바이스 드라이버를 관리하는 방식이 다르기 때문에, 어느 운영체제이던 상관없이 모두 동작되는 디바이스 드라이버를 만든다는 것은 그리 쉬운 일이 아니다. 따라서 디바이스 드라이버를 작성할 때는 디바이스를 구동시키기 위해 필요한 '하드웨어와 밀접한 코드'와 '운영체제와 관련된 코드'를 분리하는 것이 바람직하다. 이러한 구조의 예를 아래 그림 8.5에 보였다.

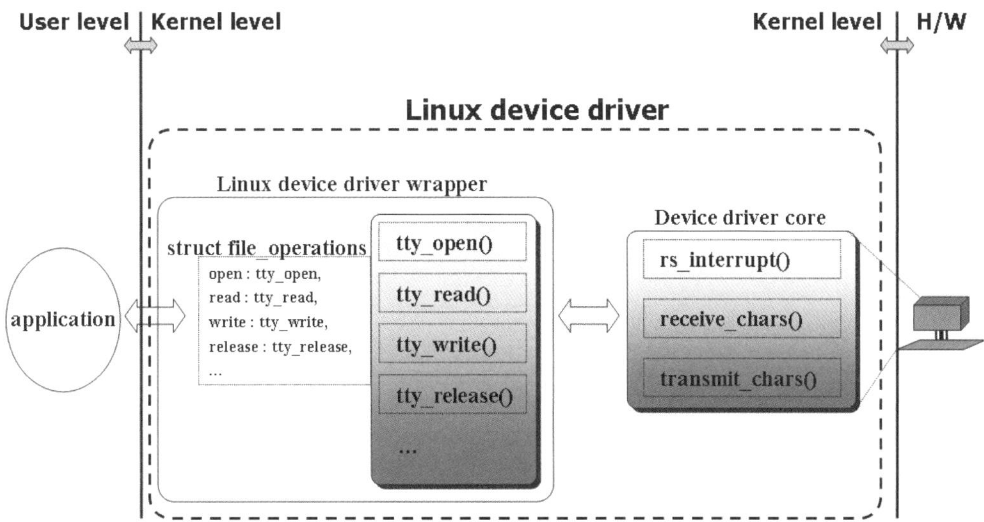

■ 그림 8.5   디바이스 드라이버 코어와 래퍼의 분리된 구조

그림 8.5에서 볼 수 있듯이 리눅스의 디바이스 드라이버는 특정 하드웨어를 위한 디바이스 드라이버 코어와, 코어를 리눅스에서 사용가능한 형태로 만들어 주기 위한 일종의 래퍼로 구성된다. 디바이스 드라이버 코어는 하드웨어 매뉴얼을 참조하여 해당 하드웨어의 특성에 맞도록 작성하게 된다. 작성된 코어를 리눅스 커널이 알 수 있도록 커널에 등록시키고, 사용자 태스크가 장치 파일을 통해 접근 할 수 있게 해주려면 사용자 태스크가 호출할 함수들과 코어의 함수를 연결시켜줘야 한다. 이것이 바로 래퍼(wrapper)의 역할이다. 그런데 어떤 함수를 사용자 태스크에게 제공해 줄 것인지 고민할 필요가 있을까? 그렇지 않다. 리눅스 커널은 드라이버의 래퍼가 제공해야 할 함수들을 미리 정의해 놓았다. 즉, 디바이스 드라이버 개발자는 어떤 함수를 사용자 태스크에게 제공해야 할지 고민할 필요 없이, 파일 오퍼레이션 자료 구조에 이미 정의 되어 있는 함수들에 대해서만 제공하면 된다. 결국, 디바이스 드라이버 개발이 용이해지는 것이다.

우리는 디바이스 드라이버를 사용자 태스크 관점과 디바이스 드라이버 개발자 입장에서 살펴보았다. 사용자 태스크는 특정 디바이스 드라이버가 어떤 함수를 제공하는지 일일이 알 필요 없이 파일 오퍼레이션 자료 구조에 정의되어 있는 함수를 통해 일관되게 장치를 접근 할 수 있었다. 마찬가지로 디바이스 드라이버 개발자는 어떤 함수를 사용자 태스크에게 제공해야 할지 고민할 필요 없이 역시 일관된 인터페이스, 즉 파일 오퍼레이션 구조체 만을 고려하면 된다. 이것이 바로 리눅스가 채택하고 있는 디바이스 드라이버 관리 구조인 것이다. 이러한 구조를 아래 그림 8.6에 나타내었다.

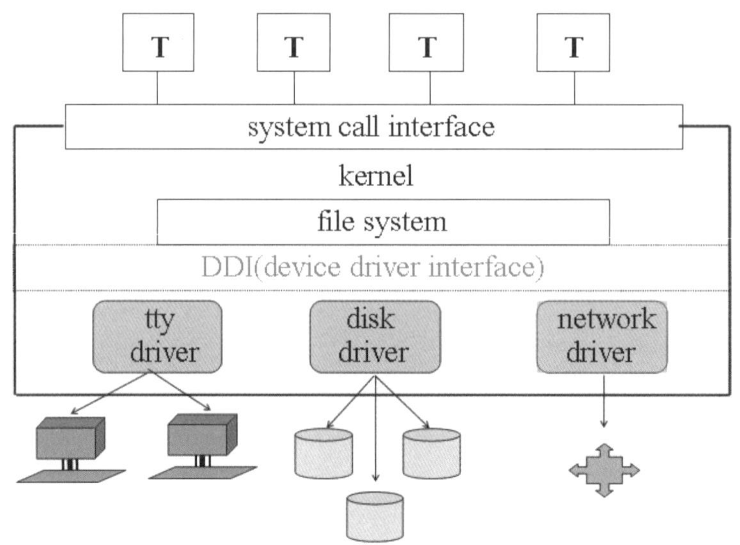

■ 그림 8.6 태스크와 디바이스 드라이버의 일관된 구조

사용자 태스크는 시스템 호출을 통해 장치 파일에 접근한다. 이때 호출 가능한 함수는 파일 오퍼레이션 구조체에 정의 되어 있다. 따라서 사용자 태스크는 일관된 구조를 갖출 수 있게 된다. 거꾸로 디바이스 드라이버 개발자는 DDI, 즉 파일 오퍼레이션 구조체에 정의되어 있는 함수를 디바이스 드라이버 내에 구현해 줌으로써 간단히 개발을 완료할 수 있다.

그럼 이제부터 여러 디바이스 드라이버를 커널이 실제로 어떻게 관리하고 있는지 알아보자. 앞서 장치파일의 유형과 주 번호를 통해 적절한 디바이스 드라이버를 찾아올 수 있다고 언급한바 있다. 그렇다면 커널 내부에는 장치파일의 유형과 주 번호를 이용해 디바이스 드라이버를 (조금 더 구체적으로는 적절한 파일 오퍼레이션 구조체를) 찾아 올수 있는 자료구조가 유지되고 있어야 할 것이다. 이를 위한 커널 내부 자료구조를 그림 8.7에 보였다.

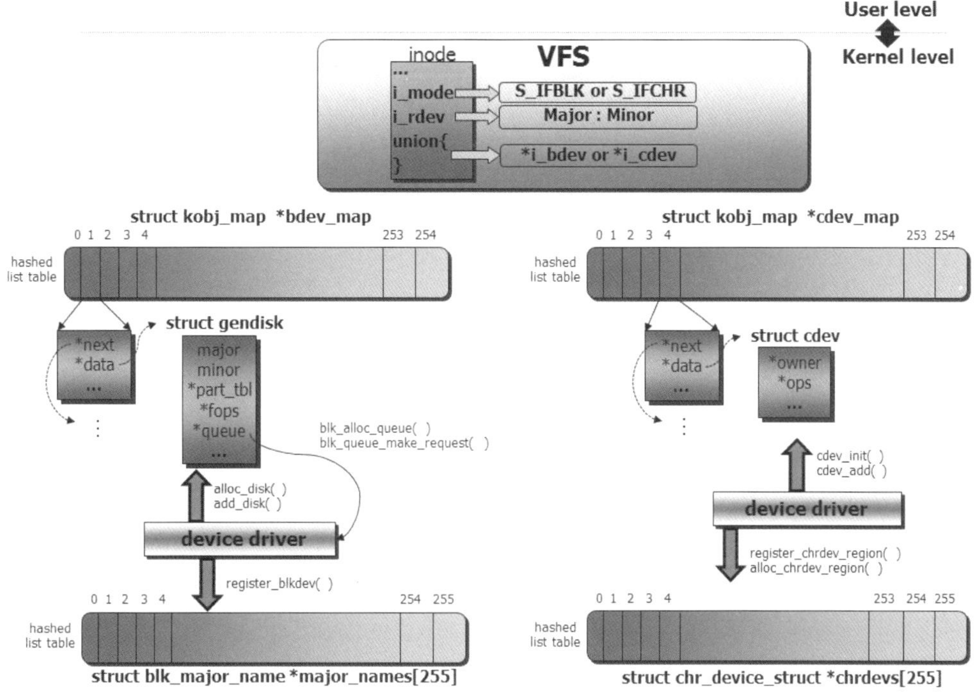

■ 그림 8.7 디바이스 드라이버 관리 구조

리눅스 커널은 문자형 디바이스 드라이버와 블록형 디바이스 드라이버를 위해 각각 cdev_map과 bdev_map이라는 이름의 자료구조를 유지한다. 이들 자료구조는 문자형 디바이스 드라이버인 경우 cdev 구조체를, 블록형 디바이스 드라이버인 경우 gendisk 구조체를 각각 255개씩 저장할 수 있는 배열형태로 구현되어 있다. 각 배열은 디바이스 드라이버의 주 번호를 255로 나누었을 때의 나머지 값(=해쉬 값)을 인덱스로 하여 접근되며, 동일한 해쉬 값을 가지는 드라이버들은 *next 포인터를 이용해 연결한다. 이를 통해 문자형과 블록형 디바이스 드라이버 각각 212=4096개씩, 최대 8192개의 디바이스 드라이버가 이들 자료구조를 통해 관리되는 것이다.

이때 cdev 자료구조의 ops 필드에는 문자형 디바이스 드라이버가 제공하는 file_operations 구조체(그림 8.1 참조)가 저장되어 있으며, gendisk 자료구조의 fops 필드에는 블록형 디바이스 드라이버가 제공하는 block_device_operations 구조체(그림 8.4 참조)가 저장되어 있다. 결국 사용자 태스크가 장치파일에 접근하는 경우, 장치 파일의 inode 구조체에 저장되어 있는 i_mode필드와 i_rdev필드의 값을 이용하여 적절한 파일 오퍼레이션 구조체를 찾아서 호출함으로써 디바이스 드라이버가 제공하는 함수를 사용할 수 있게 되는 것이다.

그럼 이제 디바이스 드라이버를 등록하는 방법에 대해 알아보자. 문자형 디바이스 드라이버인 경우 cdev_init() 함수를 호출하여 cdev 구조체를 할당받고, 구조체의 필드를 적절히 초기화한다. 그런 뒤, cdev_add() 함수를 호출함으로써 cdev 구조체를 cdev_map에 등록한다. 그런데 cdev_map 배열은 주번호를 이용해 접근된다고 했으므로 디바이스 드라이버를 위한 주번호가 있어야 이 배열에 등록하는 것이 가능할 것이다. 주 번호 할당/관리를 위해 커널은 chrdevs라는 이름의 자료구조를 사용한다. 미리 정해진 주 번호를 사용하는 경우에는 register_chrdev_region() 함수를 호출하여 디바이스 드라이버의 주 번호를 chrdevs배열에 등록할 수 있다.

그럼 디바이스 드라이버 개발자는 어떤 주 번호를 사용할 수 있을까? 마음대로 아무렇게나 사용한다면 매우 혼란스러울 것이다(사실 정상적으로 동작되지도 않는다). 리눅스 커널 소스에는 많은 디바이스에 대해 주 번호를 미리 지정해 놓았다. 사용 중인 주 번호의 내역은 Documentation/devices.txt 파일을 통해 확인 할 수 있다. 아래 그림 8.8에 그 내용을 요약해 보았다.

Major	Character devices	Block devices
0		
1	Memory device	RAM disk
2	Pseudo-TTY	Floppy disk
3	Pseudo-slaves	IDE disk
4	Terminal(TTY)	
5	Alternate tty	
6	Parallel printer	
7	Virtual console	loopback device
8		SCSI hard disk
9	SCSI tapes	Metadisk
10	Non-serial mice	
11	Raw keyboard	CD-ROM
...		
234~239	Unassigned	
240~254	Local / Experimental use	
255	Reserved	

■ 그림 8.8 리눅스에서 각 디바이스가 사용하는 주 번호

현재 시스템에서 실제 사용 중인 주 번호는 "cat /proc/devices"와 같은 명령어를 통해 확인 가능하다. 많은 주 번호가 사용 중이므로 디바이스 드라이버 개발자는 아직 비사용 중인 주 번호를 할당하여 사용하면 된다. 비사용 중인 주 번호를 확인 하는 것이 귀찮다면 alloc_chrdev_region()함수를 사용할 수 있다. 이 함수는 chrdevs 자료구조에서 아직 비사용 중인 주 번호를 리턴해 준다.

블록 디바이스 드라이버인 경우 주 번호는 major_names라는 자료구조를 통해 관리되며, register_blkdev()함수를 통해 특정 주 번호를 등록할 수 있다. 동적으로 주 번호를 할당 받고 싶은 경우에는 이 함수의 첫 번째 인자로 0을 넘기면 사용가능한 주 번호를 할당받아 리턴해 준다. 그런 뒤 alloc_disk()함수를 통해 gendisk 구조체를 할당받고 add_disk() 함수를 통해 bdev_map에 등록시킨다. 그런데 블록 디바이스 드라이버는 앞서 언급한 바와 같이 커널의 '페이지캐시'와 큐를 통해 데이터를 주고받는다. 따라서 블록 디바이스 드라이버는 커널과 데이터를 주고 받을 큐를 생성해야 하며, 커널이 큐에 데이터 읽기/쓰기 요청을 넣고 호출할 함수를 지정해 주어야 한다. 이는 blk_alloc_queue()와 blk_queue_make_request() 함수를 통해 이뤄진다.

이제 새로운 디바이스 드라이버를 직접 구현해 보면서 디바이스 드라이버의 구조에 대해 자세히 살펴보기로 하자. 새로운 디바이스 드라이버를 리눅스에 추가하는 과정은 기본적으로 다음과 같은 4단계로 이뤄진다.

1. 디바이스 드라이버 코어 함수를 구현한다. 이 함수들은 하드웨어 매뉴얼을 통해 작성된 코드들이다.
2. 작성한 코어 함수를 리눅스에 등록시키기 위한 래퍼를 작성한다. 리눅스의 디바이스 드라이버는 파일 오퍼레이션 구조체를 통해 파일로서 접근된다. 따라서 이러한 인터페이스를 위한 함수를 구현해 주어야 한다.
3. 앞서 설명된 일련의 함수를 이용하여 디바이스 드라이버를 커널에 등록한다.
4. 디바이스 드라이버를 호출하기 위한 진입점 (entry point)에 해당하는 장치 파일을 생성한다.

2. 문자 디바이스 드라이버 구조

이 절에서는 앞서 배운 내용을 기반으로 간단한 가상 문자 디바이스 드라이버를 구현해 보겠다. 구현하려는 드라이버는 메모리의 일부를 가상적인 디바이스 공간으로 사용하며, 여러 사용자에게 이 공간에 대한 읽기와 쓰기 연산을 제공한다. 또한 우리는 이 디바이스 드라이버를 7장에서 배웠던 모듈 프로그램으로 작성할 것이다. 그림 8.9는 디바이스 드라이버를 위한 Makefile을 보여주고 있다.

```
obj-m              := chr_test.o

KERNEL_DIR         := /lib/modules/$(shell uname -r)/build
PWD                := $(shell pwd)

default :
      $(MAKE) -C $(KERNEL_DIR) SUBDIRS=$(PWD) modules
clean :
      $(MAKE) -C $(KERNEL_DIR) SUBDIRS=$(PWD) clean
```

■ 그림 8.9 디바이스 드라이버를 위한 Makefile

그림 8.10은 디바이스 드라이버의 소스 코드이다. 소스 코드를 분석하기 전에 잠시 새로운 디바이스 드라이버를 구현할 때 필요할 작업 단계를 정리해 보자. 이를 위해서는 4가지 정도의 작업이 필요하다. 첫째, 디바이스 드라이버의 이름과 주 번호를 결정해야 한다(물론 주 번호의 동적 할당도 가능하며 8.10에서 실제 사용하고 있다). 둘째, 디바이스 드라이버가 제공하는 인터페이스를 위한 함수들을 구현해야 한다. 그리고 이 함수들의 시작 주소는 파일 연산(file_operations)이라는 자료구조에 초기화 되어야 한다. 셋째, 새로운 디바이스 드라이버를 커널에 등록해야 한다. 넷째, /dev 디렉터리에 디바이스 드라이버를 접근할 수 있는 장치파일을 생성해 주어야 한다.

이제 소스코드를 분석해 보자. 이 프로그램은 커널 공간에서 모듈로써 동작하게 됨으로써 우선 kernel.h, module.h 등과 같은 헤더 파일을 삽입한다. 그 다음으로 해야 할 일은 디바이스 드라이버의 이름을 결정하는 것이다. 이 예에서 우리는 이 디바이스 드라이버의 이름을 "mydrv"라고 정하도록 한다. 주 번호는 동적으로 할당 받을 것이며 이를 담아 두기 위한 변수를 MYDRV_MAJOR로 선언하였다. 또한 몇 가지 전역 변수 등을 선언하고 있으며, 이후 파일 연산(file_operations) 자료 구조에 등록시킬 함수들인 open(), release(), read(), write(), 그리고 ioctl()이 함수가 구현되어 있다. 그 뒤에 mydrv_fops라는 파일 연산(file_operations) 자료구조가 정의되어 있으며, 여기에 구현된 함수들의 시작 주소가 등록된다.

그 다음으로는 module_init()과 module_exit() 매크로를 사용하여 이 모듈의 초기화 함수로 mydrv_init()을, 모듈이 제거될 때 호출될 함수로는 mydrv_cleanup()을 지정하였다. 모듈의 초기화 함수인 mydrv_init()은 alloc_register_chrdev()함수를 호출하여 주번호를 동적으로 할당 받는다. 또한 udev를 통해 장치파일을 자동으로 생성하기 위해 class_create()함수와 device_create()함수를 호출한다. 다음으로

cdev_alloc()함수를 호출하여 cdev 구조체를 할당 받고, mydrv_fops 파일 연산 구조를 등록한다. 초기화된 cdev 구조체를 cdev_add()함수를 통해 커널에 등록하였으며, 등록이 성공되면 드라이버가 사용할 mydrv_data라는 커널 공간을 kmalloc()을 이용해 할당한다. 그리고 mydrv_read_offset과 mydrv_write_offset이라는 변수를 이 공간의 첫 번째 위치를 가리키도록 설정한다. 이후 소스코드를 보면 알겠지만 mydrv_read_offset는 읽을 데이터가 존재하는 공간의 위치를, mydrv_write_offset 은 쓰여질 공간의 위치를 가리킨다.

이 예에서 mydrv_open()과 mydrv_release()는 주 번호를 확인하는 일 외에 특별히 하는 일은 없다. 하지만 만일 구현하는 드라이버가 실제 물리적인 드라이버를 구동시키는 것이라면 해당 하드웨어를 초기화 시키는 일을 수행해야 할 것이다.

mydrv_write()는 몇 가지의 예외 조건을 검사하고, mydrv_data 커널 공간에 사용자가 요청한 데이터를 쓰는 일을 수행한다. 그리고 mydrv_write_offset 변수를 쓴 데이터 크기만큼 이동시킨다. 반대로 mydrv_read()는 몇 가지의 예외 조건을 검사하고, mydrv_data 커널 공간에 이미 존재하는 데이터를 사용자에게 전달하는 일을 수행한다.

```c
#include <linux/kernel.h>
#include <linux/module.h>
#include <linux/slab.h>
#include <linux/fs.h>
#include <linux/cdev.h>
#include <linux/device.h>
#include <asm/uaccess.h>

#define DEVICE_NAME      "mydrv"
#define MYDRV_MAX_LENGTH       4096
#define MIN(a, b) (((a) < (b)) ? (a) : (b))

struct class *myclass;
struct cdev *mycdev;
struct device *mydevice;
dev_t mydev;

static char * mydrv_data;
static int mydrv_read_offset, mydrv_write_offset;

static int mydrv_open(struct inode *inode, struct file *file)
{
```

```c
        printk("%s\n", __FUNCTION__);
        return 0;
}

static int mydrv_release(struct inode * inode, struct file *file)
{
        printk("%s\n", __FUNCTION__);
        return 0;
}

static ssize_t mydrv_read(struct file *file, char *buf, size_t count, loff_t *ppos)
{
        if( (buf == NULL) || (count < 0 ) )
                return -EINVAL;
        if( (mydrv_write_offset - mydrv_read_offset) <= 0 )
                return 0;
        count = MIN( (mydrv_write_offset - mydrv_read_offset), count );
        if( copy_to_user(buf, mydrv_data + mydrv_read_offset, count) )
                return -EFAULT;
        mydrv_read_offset += count;
        return count;
}

static ssize_t mydrv_write(struct file *file, const char *buf, size_t count, loff_t *ppos)
{
        if( (buf==NULL) || (count<0) )
                return -EINVAL;
        if( count+mydrv_write_offset >= MYDRV_MAX_LENGTH) {
                /* driver space is too small */
                return 0;
        }
        if( copy_from_user(mydrv_data + mydrv_write_offset, buf, count) )
                return -EFAULT;
        mydrv_write_offset += count;
        return count;
}

struct file_operations mydrv_fops = {
        .owner = THIS_MODULE,
        .read = mydrv_read,
        .write = mydrv_write,
        .open = mydrv_open,
        .release = mydrv_release,
};
int mydrv_init(void)
{
```

```c
        if ( alloc_chrdev_region(&mydev, 0, 1, DEVICE_NAME) < 0 ) {
                return -EBUSY;
        }

        myclass = class_create(THIS_MODULE, "mycharclass");
        if (IS_ERR(myclass)){
                unregister_chrdev_region(mydev, 1);
                return PTR_ERR(myclass);
        }

        mydevice = device_create(myclass, NULL, mydev, NULL, "mydevicefile");
        if (IS_ERR(mydevice)){
                class_destroy(myclass);
                unregister_chrdev_region(mydev, 1);
                return PTR_ERR(mydevice);
        }

        mycdev = cdev_alloc();
        mycdev->ops = &mydrv_fops;
        mycdev->owner = THIS_MODULE;
        if ( cdev_add(mycdev, mydev, 1) < 0 ) {
                device_destroy(myclass, mydev);
                class_destroy(myclass);
                unregister_chrdev_region(mydev, 1);
                return -EBUSY;
        }

        mydrv_data = (char *) kmalloc(MYDRV_MAX_LENGTH * sizeof(char), GFP_KERNEL);
        mydrv_read_offset = mydrv_write_offset = 0;
        return 0;
}

void mydrv_cleanup(void)
{
        kfree(mydrv_data);
        cdev_del(mycdev);
        device_destroy(myclass, mydev);
        class_destroy(myclass);
        unregister_chrdev_region(mydev, 1);
}

module_init(mydrv_init);
module_exit(mydrv_cleanup);
MODULE_LICENSE("GPL");
```


■ 그림 8.10 문자 디바이스 드라이버 구현

이제 디바이스 드라이버를 컴파일 하고 테스트 해보도록 하자. 수행 순서는 그림 8.11과 같다. 'make' 유틸리티를 이용해 모듈을 컴파일 한 뒤, 생성된 모듈을 'insmod' 명령어를 통해 커널에 적재한다. 그런 다음 사용자 수준 응용이 접근할 장치 파일이 정상적으로 생성되었는지 확인한다. 그런 뒤 이 장치파일을 열고(open), 쓰고(write), 읽는(read) 사용자 수준 응용 프로그램을 작성하여 수행해 보도록 하자. 이때 사용자 응용 프로그램의 내용을 그림 8.12에 보였다.

```
root@localhost:/home/Lecture/LKI/LKI/Chap8/chr_driver/app          _ □ ×

 File  Edit  View  Search  Terminal  Help
[root@localhost driver]# ls
chr_test.c  Makefile
[root@localhost driver]# make
make -C /lib/modules/3.15.0/build SUBDIRS=/home/Lecture/LKI/LKI/Chap8/chr_driver
/driver modules
make[1]: Entering directory `/usr/src/kernels/linux-3.15'
  CC [M]  /home/Lecture/LKI/LKI/Chap8/chr_driver/driver/chr_test.o
  Building modules, stage 2.
  MODPOST 1 modules
  CC      /home/Lecture/LKI/LKI/Chap8/chr_driver/driver/chr_test.mod.o
  LD [M]  /home/Lecture/LKI/LKI/Chap8/chr_driver/driver/chr_test.ko
make[1]: Leaving directory `/usr/src/kernels/linux-3.15'
[root@localhost driver]# ls -l /dev/mydevicefile
ls: cannot access /dev/mydevicefile: No such file or directory
[root@localhost driver]# insmod chr_test.ko
[root@localhost driver]# ls -l /dev/mydevicefile
crw-rw---- 1 root root 245, 0 Jan  6 23:16 /dev/mydevicefile
[root@localhost driver]# cd ../app/
[root@localhost app]# gcc -o mydrv_test mydrv_test.c
[root@localhost app]# ./mydrv_test
AAAAAAAAAAAAAAAAAAAAAAAAAA
ABCDEFGHIJKLMNOPQRSTUVWXYZ
[root@localhost app]#
```

■ 그림 8.11 수행 순서

```c
#include <stdio.h>
#include <fcntl.h>

#define MAX_BUFFER     26
char buf_in[MAX_BUFFER];
char buf_out[MAX_BUFFER];

int main(void)
{
    int fd, i, c = 65;
    if( (fd = open("/dev/mydevicefile", O_RDWR)) < 0 ){
        perror("open error");
        return -1;
    }
    for(i = 0; i<MAX_BUFFER; i++){
        buf_out[i] = c++;
        buf_in[i] = 65;
    }

    for(i = 0; i<MAX_BUFFER; i++){
```

```
        fprintf(stderr, "%c", buf_in[i]);
    }
    fprintf(stderr, "\n");

    write(fd, buf_out, MAX_BUFFER);
    read(fd, buf_in, MAX_BUFFER);

    for(i = 0; i<MAX_BUFFER; i++){
        fprintf(stderr, "%c", buf_in[i]);
    }
    fprintf(stderr, "\n");

    close(fd);
    return 0;
}
```

■ 그림 8.12 사용자 수준 응용의 작성

그림 8.12의 프로그램은 /dev/mydevicefile이라는 파일 이름을 인자로 파일 열기를 요청한다. 그러면 그림 8.7에서 본 것과 같이, 이 파일의 아이노드 객체를 통해 주/부 번호를 얻고 장치 파일의 유형을 얻는다. 장치 파일의 유형을 통해 cdev_map 자료구조에 접근하여 주 번호를 인자로 cdev 구조체를 검색한다. 검색결과, 앞서 커널에 file_operations 구조체를 찾게 되고, 따라서 우리가 작성한 mydrv_open()함수가 호출된다. 다음으로 open()한 파일에 대해 write(), read()를 호출하면 디바이스 드라이버내의 mydrv_write(), mydrv_read()가 호출되어 커널 공간에 특정 데이터를 쓰고, 그것을 다시 읽는 과정을 거치게 된다. 따라서 정상적으로 동작하였다면 그림 8.11과 같은 화면 출력을 볼 수 있을 것이다.

위의 예를 통해 우리는 간단한 가상 디바이스 드라이버를 구현해 보았다. 그런데 아직 이 드라이버는 너무 간단하며 약간의 문제가 있다. 특히 다중 태스크가 동시에 이 드라이버를 접근하려고 하면 잘못된 결과를 얻을 수도 있다. 하지만 디바이스 드라이버의 기본적인 동작원리를 알아보기에는 충분하다. 위의 실습 결과를 통해 디바이스 드라이버와 커널 내부 자료구조와의 관계를 그림으로 나타내면 아래 그림 8.13과 같다.

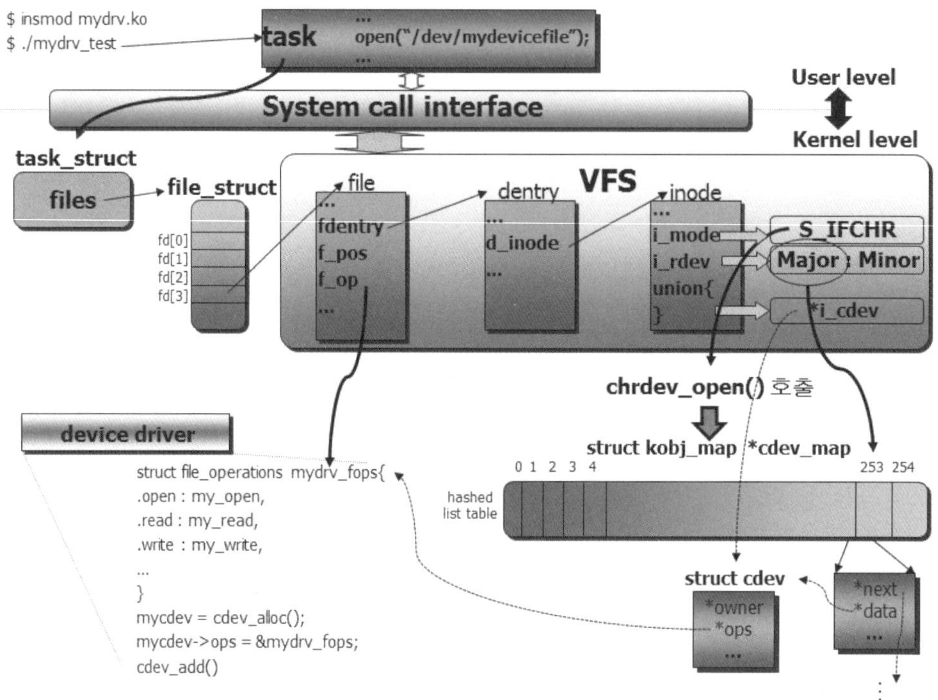

■ 그림 8.13 디바이스 드라이버와 장치파일 그리고 VFS

   insmod 명령어를 통해 디바이스 드라이버를 커널에 적재하면 module_init() 매크로에 지정된 함수가 호출된다. 지금의 예에서는 mydrv_init()함수가 해당되며, 이 함수는 내부적으로 cdev_add() 함수를 통해 커널내부 자료구조인 cdev_map 자료구조에 파일 연산(file_operations)자료구조를 등록한다. 사용자 수준 응용이 디바이스 드라이버의 함수에 접근할 수 있게 해주는 진입점인 장치파일은 udev를 이용해 자동 생성된다. 이 파일을 열고 사용하려는 응용을 수행 시키면 우선 장치파일의 아이노드 객체를 찾아서 i_mode와 i_rdev를 확인한다. 지금의 경우 i_mode 필드의 값은 S_IFCHR 일 것이다. 따라서 문자형 장치 파일임을 인식하게 되고, 문자형 장치 파일이 가지고 있는 디폴트 open()인 chrdev_open()을 호출한다. 이 함수가 하는 일은 문자형 디바이스 드라이버를 위한 자료구조인 cdev_map에서 i_rdev 필드에 들어있던 주 번호를 인자로 인덱싱 하여 파일 연산 자료구조를 찾는다. 찾아낸 파일 연산 자료구조를 파일 객체의 f_op필드에 연결시켜 줌으로써 추후에 응용이 read()나 write()를 호출하면 디바이스 드라이버 개발자가 등록시켜놓은(mydrv_fops내의 함수)함수가 호출되도록 한다.

3. 블록 디바이스 드라이버 구조

블록 디바이스 드라이버의 주요 임무는 파일시스템에서(조금 더 구체적으로는 리눅스의 페이지캐시) 논리적인 블록에 대한 읽기/쓰기 요청이 발생했을 때 이 논리적인 블록을 물리적인 주소(헤더, 트랙, 섹터 및 몇 개의 섹터를 읽어야 하는지)로 변환하는 것이다. 그리고 그 물리적인 주소에서 실제 데이터를 주 메모리로(커널의 페이지캐시 공간으로) 읽어오는 것이다. 또한 디스크에서 사건의 발생을 알렸을 때(즉, 인터럽트가 발생했을 때) 그 사건을 처리하는 것 등을 수행해야 한다.

따라서 블록 디바이스 드라이버는 문자 디바이스 드라이버와 달리 사용자의 read()/write() 함수와 1:1로 연결되지 않는다. 대신 리눅스의 페이지캐시와 통신하게 되는데 이것은 블록 디바이스가 블록 단위로 입출력을 해야 하기 때문이다(디스크의 경우 4KB단위). 예를 들어 사용자가 파일에서 100Byte만 읽으려 한다고 가정하자. 사용자는 sys_read()를 호출하며 디스크에서 읽혀질 데이터를 위한 사용자 수준 공간을 할당할 것이다. 그런데 대부분의 사용자는 이 공간을 블록 크기만큼(4KB) 할당하지 않는다. 일반적으로 자신이 읽으려는 데이터의 크기만큼(이 예에서는 100Byte)할당할 것이다. 하지만 디스크에서는 100Byte 만큼만 읽을 수는 없다. 결국 커널의 어떤 영역에 4KB 만큼의 공간을 할당해야 하며, 이 공간에 디스크의 내용을 적재하고 이 공간에서 사용자가 요청한 100Byte만 전달해야 하는 것이다. 이때 커널의 어떤 영역이 바로 페이지 캐시이다.

그럼 이제 이전 장에서 알아본 내용을 바탕으로 블록 장치에 데이터가 기록되는 과정을 정리해보자. 디스크는 램보다 매우 느리기 때문에 운영체제는 되도록 자주, 다시 사용될 데이터를 되도록 많이 페이지 캐시에 유지하려 한다. 그러나 일반적으로 램의 크기가 디스크보다 작기 때문에 결국 페이지 캐시 내의 데이터는 언젠가는 페이지 교체 정책에 의해 디스크로 기록(flush)되어야 한다. 이때 호출되는 함수가 submit_bh() 혹은 ll_rw_block()함수이다 (그림 5.23 참조).

디스크의 몇 번째 섹터에 어떻게 기록할 것인가 하는 문제는 실제 파티션에 구축되어 있는 Ext4 등의 파일시스템이 결정한다. 파일시스템에 의해 데이터를 기록할 디스크 상의 위치가 결정되었다면 이를 블록 디바이스 드라이버로 내려 보내야 한다. 이때 사용되는 함수가 generic_make_request() 함수이다. 이 함수는 I/O 요청을 bio 구조체에 담는다.

리눅스 커널 내부구조

그러나 일반적인 하드디스크를 기준으로 디스크 I/O는 데이터 전송을 위한 지연시간이 존재한다 (그림 5.1 참조). 따라서 대부분의 운영체제는 발생된 I/O 요청 (request)을 그대로 블록 디바이스 드라이버로 보내는 대신, 성능 향상을 위해 I/O 요청의 순서를 바꾸거나 병합하는 I/O 스케줄링 기법을 사용한다. 예를 들어, 0, 4, 1, 3번 블록에 대한 읽기 요청이 발생되었다면, 이를 0, 1, 3, 4번 블록에 대한 요청으로 순서를 바꾸는 것이 디스크의 지연 시간을 줄이는데 효과적일 것이다 (SCAN이나 C-SCAN등의 알고리즘이 운영체제 이론 서적에 소개 되어 있다).

리눅스에는 총 4 가지의 I/O 스케줄러가 구현되어 있다. 첫째, CFQ(Completely Fair Queuing) 정책이다. 기본적으로 64개의 큐를 유지하며, 태스크의 PID 해쉬 값을 인덱스로 하여 I/O 요청을 각 큐에 나누어 저장한다. 각 큐에서 공평하게 I/O 요청을 꺼내어 디바이스 드라이버의 큐에 넣는다. 둘째, Deadline 정책이다. 이 정책에서는 블록번호로 정렬되어 있는 R/W sorted 큐와, deadline으로 정렬되어 있는 R/W deadline 큐를 유지하며, deadline큐에는 읽기 요청과 쓰기 요청이 완료되어야 하는 시간 (deadline)을 지정함으로써 특정 I/O 요청이 병합이나 순서 변경 등의 이유로 장시간 대기하는 것을 방지한다. 셋째, Anticipatory이다. 이 정책은 앞서 소개한 deadline과 유사한데, 시스템 성능 향상을 위해 두 가지 기법을 추가하였다 (다음 I/O 요청의 seek time이 현재 I/O 요청의 seek time 대비 1/2 이하일 때 순서 변경, 각 태스크의 I/O 통계 정보 바탕으로 I/O 요청 선택). 넷째, NOOP 이다. 이 정책은 이름 그대로 아무 일도 하지 않는다. 그럼 왜 존재하는가? 일반적인 하드디스크와 달리 I/O 스케줄링으로 인한 성능향상이 적은 SSD등의 저장장치가 존재하기 때문이다.

I/O 스케줄링 과정을 거쳐 실제 블록 디바이스 드라이버로 보낼 I/O 요청들이 결정되었다면, I/O 요청은 블록 디바이스 드라이버의 큐에 담기게 된다. 큐에 들어오는 요청은 크게 읽기와 쓰기로 나뉠 수 있으며 일반적으로는 읽기/쓰기 요청을 각각 최대 128개씩 담을 수 있다. I/O 스케줄러가 I/O 요청을 블록 디바이스 드라이버의 큐에 넣은 후에는, blk_queue_make_request()에서 지정된 드라이버의 함수를 호출함으로써 드라이버가 I/O 작업을 수행하게 한다.

디스크와 블록 장치파일, 그리고 블록 디바이스 드라이버간의 관계와 커널의 관리 구조를 그림 8.14에 보였다. 리눅스에서 하나의 디스크는 gendisk라는 구조체를 통해 관리되며, 디스크가 여러개의 파티션으로 나뉘어져 있는 경우 각각의 파티션은 hd_struct 구조체로 관리된다. gendisk 구조체는 해당 디스크에 데이터 읽기/쓰기 요청을 보낼 수 있는 큐를 가리키고 있다.

블록 장치 파일은 bdev라는 이름의 특수 파일 시스템에 의해 관리되며, 주/부 번호를 이용하여 해당 장치 파일의 block_device 구조체를 찾을 수 있게 해준다. 이 파일 시스템의 디렉토리 엔트리는 bdev_inode로 표현되는데 이 구조체는 VFS의 inode 구조체와, 각 블록 장치 파일 당 하나씩 존재하는 block_device 구조체로 구성되어 있다. block_device 구조체 내에는 자신과 연관된 파티션과 gendisk 구조체를 가리키는 필드 등이 존재한다.

예를 들어 사용자가 "mount /dev/sda1 ./mnt1" 이라는 명령어를 입력했다면, 리눅스 커널은 주/부 번호를 이용해 bdev 파일 시스템으로부터 block_device 구조체를 얻는다. 또한 이와 연결된 gendisk의 queue에 읽기 요청을 보냄으로써 슈퍼 블록 등 실제 디스크의 내용을 확인하여 마운트 작업을 완료하게 된다.

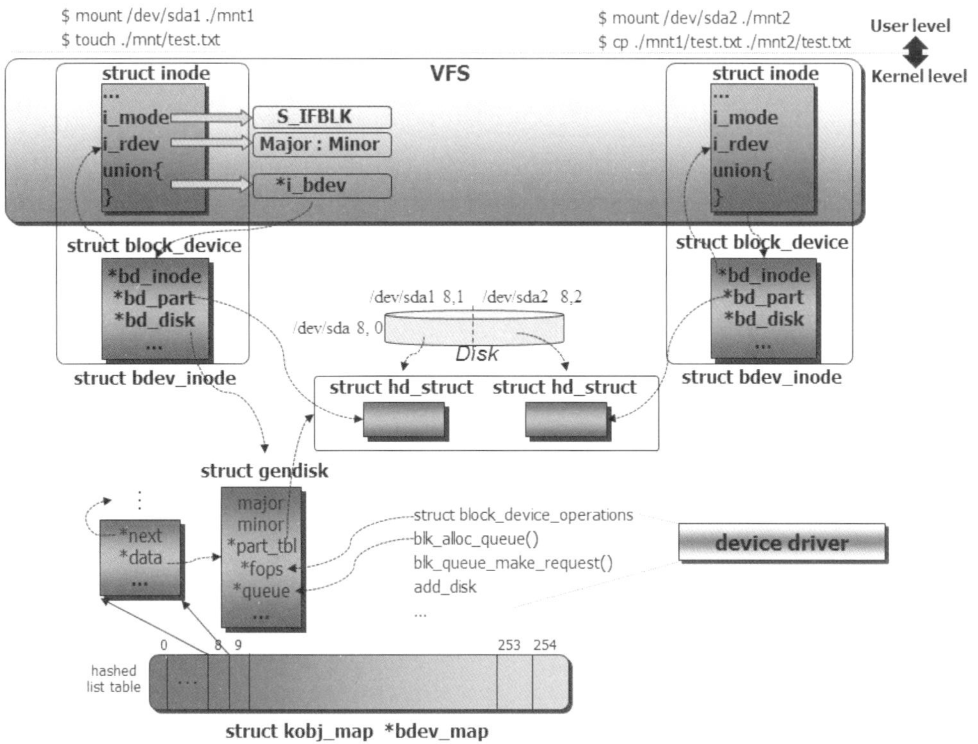

■ 그림 8.14 블록 디바이스 드라이버와 디스크 관리 구조

그럼 이제 간단한 가상 블록 디바이스 드라이버를 구현해 보자. 구현하려는 드라이버는 문자 디바이스 드라이버와 마찬가지로 메모리의 일부를 가상적인 디스크 공간으로 사용하며, 이 공간에 대한 I/O를 제공한다. 또한 매우 간단하며 단순한 기능만을 제공한다. 보다 확장된 버전은 리눅스 소스내의 ~/drivers/block/brd.c 를 참조하기 바란다.

그림 8.15에 간단한 블록 디바이스 드라이버의 소스를 보였다. 이 드라이버의 이름은 "mydrv"라고 정하였으며, 가상적인 디스크 공간은 총 8MB로 설정하였으며 mydrv_data 라는 전역변수에 가상적인 디스크로 사용할 공간을 vmalloc() 함수로 할당받아 저장한다. 드라이버가 insmod 되면 module_init() 매크로로 지정되어 있는 mydrv_init()함수가 호출된다. 이 함수 안에서는 register_blkdev() 함수를 이용하여 주 번호를 할당하고, alloc_disk() 함수를 이용하여 리눅스에 논리적인 디스크를 등록시키기 위한 자료구조(gendisk)를 할당받으며, blk_alloc_queue()함수를 호출하여 커널과 통신하기 위한 큐를 만든다. 그런 후 생성된 큐의 처리함수로 mydrv_make_request()함수를 지정하는 blk_queue_make_request() 함수를 호출하였으며, 리눅스와 통신하기 위한 블록 크기는 512Byte로 정하였다. 그런 뒤 add_disk()함수를 이용하여 커널에 디바이스 드라이버를 등록시켰다.

이제 해당 블록 장치 파일에 읽기/쓰기 요청이 발생하는 경우 등록한 mydrv_make_request() 함수가 호출될 것이다. 이 함수 안에서는 기본적인 인자검사를 수행한 후, 이상이 없다면 bio 구조체를 통해 현재 요청의 유형을 파악한다. 그런 뒤 READ/WRITE에 걸맞게 할당된 공간에 복사 작업을 수행함으로써 요청을 처리해 준다.

```c
#include <linux/string.h>
#include <linux/slab.h>
#include <asm/atomic.h>
#include <linux/bio.h>
#include <linux/module.h>
#include <linux/moduleparam.h>
#include <linux/init.h>
#include <linux/pagemap.h>
#include <linux/blkdev.h>
#include <linux/genhd.h>
#include <linux/buffer_head.h>
#include <linux/backing-dev.h>
```

```c
#include <linux/blkpg.h>
#include <linux/writeback.h>

#include <asm/uaccess.h>

#define DEVICE_NAME             "mydrv"
#define MYDRV_MAX_LENGTH        (8*1024*1024)
#define MYDRV_BLK_SIZE          512
#define MYDRV_TOTAL_BLK         (MYDRV_MAX_LENGTH >> 9)

static int MYDRV_MAJOR = 0;
static char * mydrv_data;
struct request_queue *mydrv_queue;
struct gendisk          *mydrv_disk;

static void mydrv_make_request(struct request_queue *q, struct bio *bio)
{
        struct block_device *bdev = bio->bi_bdev;
        int rw;
        struct bio_vec bvec;
        sector_t sector;
        struct bvec_iter iter;
        int err = -EIO;
        void * mem;
        char * data;

        sector = bio->bi_iter.bi_sector;
        if (bio_end_sector(bio) > get_capacity(bdev->bd_disk))
                goto out;
        if (unlikely(bio->bi_rw & REQ_DISCARD)) {
                err = 0;
                goto out;
        }

        rw = bio_rw(bio);
        if(rw == READA)
                rw = READ;

        bio_for_each_segment(bvec, bio, iter)
        {
                unsigned int len = bvec.bv_len;
                data  = mydrv_data + (sector * MYDRV_BLK_SIZE);
                mem = kmap_atomic(bvec.bv_page) + bvec.bv_offset;

                if (rw == READ) {
                        memcpy(mem + bvec.bv_offset, data, len);
```

```
                        flush_dcache_page(page);
                } else {
                        flush_dcache_page(page);
                        memcpy(data, mem + bvec.bv_offset, len);
                }
                kunmap_atomic(mem);
                data += len ;
                sector += len >> 9;
                err=0;
        }

out:
        bio_endio(bio, err);
}
int mydrv_open(struct block_device *dev, fmode_t mode)
{
        return 0;
}

void mydrv_release (struct gendisk *gd, fmode_t mode)
{
        return;
}

int mydrv_ioctl(struct block_device *bdev, fmode_t mode, unsigned int cmd, unsigned long arg)
{
        int err;
        if (cmd != BLKFLSBUF)
                return -ENOTTY;
        err = -EBUSY;
        if (bdev->bd_openers <= 1){
                kill_bdev(bdev);
                err = 0;
        }
        return err;
}

static struct block_device_operations mydrv_fops =
{
        .owner   = THIS_MODULE,
        .open    = mydrv_open,
        .release = mydrv_release,
        .ioctl   = mydrv_ioctl,
};

int mydrv_init(void)
```

```c
{
        if( (MYDRV_MAJOR = register_blkdev(MYDRV_MAJOR, DEVICE_NAME)) < 0 ){
                printk("<0> can't be registered\n");
                return -EIO;
        }
        printk("<0> major NO = %d\n", MYDRV_MAJOR);

        if( (mydrv_data = vmalloc(MYDRV_MAX_LENGTH)) == NULL ){
                unregister_blkdev(MYDRV_MAJOR, DEVICE_NAME);
                printk("<0> vmalloc failed\n");
                return -ENOMEM;
        }
        if( (mydrv_disk = alloc_disk(1)) == NULL ){
                printk("<0> alloc_disk failed\n");
                unregister_chrdev(MYDRV_MAJOR, DEVICE_NAME);
                vfree(mydrv_data);
                return -EIO;
        }

        if( (mydrv_queue = blk_alloc_queue(GFP_KERNEL)) == NULL ){
                printk("<0> blk_alloc_queue failed\n");
                put_disk(mydrv_disk);
                vfree(mydrv_data);
                unregister_chrdev(MYDRV_MAJOR, DEVICE_NAME);
                return -EIO;
        }

        blk_queue_make_request(mydrv_queue, &mydrv_make_request);
        blk_queue_max_hw_sectors(mydrv_queue, 512);
        mydrv_disk->major = MYDRV_MAJOR;
        mydrv_disk->first_minor = 0;
        mydrv_disk->fops = &mydrv_fops;
        mydrv_disk->queue = mydrv_queue;
        sprintf(mydrv_disk->disk_name, "mydrv");
        set_capacity(mydrv_disk, MYDRV_TOTAL_BLK);
        add_disk(mydrv_disk);

        return 0;
}

void mydrv_exit(void)
{
        del_gendisk(mydrv_disk);
        put_disk(mydrv_disk);
        blk_cleanup_queue(mydrv_queue);
        vfree(mydrv_data);
```


리눅스 커널 내부구조

```
        blk_unregister_region(MKDEV(MYDRV_MAJOR, 0), 1);
        unregister_blkdev(MYDRV_MAJOR,  DEVICE_NAME );
}


module_init(mydrv_init);
module_exit(mydrv_exit);
MODULE_LICENSE("GPL");
```

■ 그림 8.15 블록 디바이스 드라이버 구현

위 소스를 컴파일 하여 수행하는 예를 그림 8.16에 보였다. insmod 명령어를 통해 삽입한 모듈의 주 번호를 확인한다. 그런 다음 자동으로 생성된 /dev/mydrv라는 장치파일에 mkfs.ext4 명령어를 사용해 생성된 블록 장치파일(mydrv)에 ext4 파일시스템을 구축한다. 그리고 파일시스템 타입을 ext4로, loopback 옵션을 주어 mnt라는 디렉토리에 mydrv 장치파일을 마운트한다. 그럼 일반적인 하드디스크를 사용할 때처럼 ls, vi, gcc, cat등을 이용해 mydrv 장치에 데이터를 쓰고 읽을 수 있게 된다.

```
$ make
$ insmod  blk_test.ko
Major NO = 252
$ls -l /dev/mydrv
$mkfs.ext4 /dev/mydrv
$mkdir mnt
$mount -t ext4  -o loop /dev/mydrv ./mnt
$cd mnt
$vi hello.c
$ls
.   ..    hello.c
$gcc -O2 -o hello hello.c
$ls
.   ..    hello    hello.c
$
```

■ 그림 8.16 수행 순서

실습문제

1. 그림 8.10의 예제를 이용해 사용자 수준 응용 프로그램과 디바이스 드라이버가 ioctl()을 통해 통신할 수 있도록 수정해 보자.

2. 그림 8.14의 예제를 이용해 이 디바이스 드라이버가 지연시간과 같은 실제 하드 디스크의 동작 특성을 보다 정확히 반영할 수 있도록 수정해보자.

3. 그림 8.14의 예제를 이용해 이 디바이스 드라이버로 넘겨지는 데이터의 섹터 번호를 확인하고 이를 별도의 파일에 저장할 수 있도록 해보자.

4. 사용가능한 I/O 스케줄러를 확인하고, 다른 스케줄러를 사용해 보자. 이때 3번에서 제작한 드라이버를 이용하여 동일한 I/O를 수행했을 때 I/O 스케줄러에 따라 접근 되는 섹터 번호가 어떻게 바뀌는지 확인하라.

리눅스 커널 내부구조

Memo

리눅스 커널 내부구조

Memo

Chapter 9

네트워킹

네트워크는 커널에서 매우 중요하며 반드시 필요한 기능이다. 따라서 리눅스 커널 소스의 1/3이 네트워크와 관련된 소스라고 보는 사람이 있을 만큼 많은 양을 차지하고 있다. 이 장에서는 리눅스에서 네트워크가 어떻게 구현되었는지 설명한다. 우선 대표적인 통신 프로토콜인 TCP/IP의 구조를 논리적으로 살펴보고, TCP/IP가 구현될 때 사용한 주요 자료구조를 분석한다. 또한 네트워크를 통해 데이터를 전송하고 받는 과정을 소스 수준에서 분석해 볼 것이다.

1. 계층 구조

통신 프로토콜은 약속이다. 통신하려는 사람들끼리 지켜야 할 약속을 정의해 놓은 것이다. 이 약속을 지킨다면 네트워크에 연결되어 있는 누구와도 통신을 할 수 있다. 그런데 네트워크에서 '누구'라는 것은 어떻게 표현될까? 이는 NIC(Network Interface Card)마다 지정되어 있는 IP 주소를 통해 지정된다. 한 컴퓨터는 복수 개의 NIC를 장착하는 것이 가능하고, 이런 경우라면 당연히 IP 주소를 복수 개 가질 수도 있다. 그런데 한 컴퓨터에서 다양한 사용자 태스크 프로그램들이 한 개의 NIC를 통해 동시에 통신하려 한다면? 그런 경우라면 각각의 사용자 태스크를 구분하기 위한 고유한 번호가 필요해 진다. 이를 포트(port)번호라 부른다. 정리하면 통신 하려는 양측 단은 서로 IP주소와 포트 번호를 알고 있어야 하며 미리 정해진 약속, 즉 프로토콜을 지키는 경우에 통신이 가능해 진다.

그럼 프로토콜은 어떻게 구성되어 있는가? 통신 프로토콜은 층 구조(layered architecture)를 갖는다. 표준 프로토콜인 OSI 프로토콜은 7층을 가지며, 각 층마다 명세와 인터페이스가 명확히 정의되어 있다. 한편 리눅스같은 상용 시스템은 일반적으로 TCP/IP 프로토콜을 많이 사용한다. 그림 9.1은 TCP/IP 프로토콜의 층 구조를 표현한 것이다.

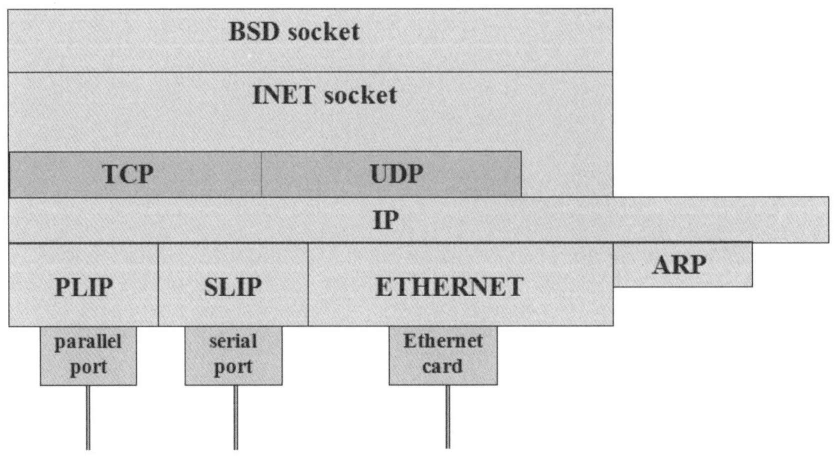

■ 그림 9.1 프로토콜 계층 구조

가장 상위 층은 사용자에게 소켓 인터페이스를 제공하는 BSD 소켓 층이다. 이 층에서 담당하는 것은 하위 계층의 모든 작업을 추상화시켜 사용자 태스크에게 소켓이라는 객체를 제공하는 것이다. 소켓은 통신 연결의 한쪽 끝으로 생각할 수 있는데, 통신하고 있는 두 태스크는 통신 연결에서 자신 쪽 끝에 해당하는 소켓을 가지게 된다. 결국 사용자 태스크는 소켓만을 인식하고 파일시스템 인터페이스를 통해 일관된 구조로 통신을 하게 된다.

대표적인 소켓 인터페이스는 socket(), bind(), connect(), accept(), listen(), send(), recv() 등이 있다. 통신을 위해서는 〈프로토콜, 보내는 호스트, 보내는 응용, 프로그램 목적지 호스트, 목적지 응용〉 프로그램 이라는 5가지가 결정되어 있어야 한다. 이때 프로토콜을 선택하는 인터페이스가 socket()이다. 그리고 자신의(보내는 쪽) 호스트 주소와 응용프로그램을 선택하는 인터페이스가 bind()이며, 목적지 호스트 주소와 응용 프로그램을 선택하는 인터페이스가 connect()이다. accept()는 서버가 클라이언트의 통신 요청을 받아들일 때 사용하며, listen()은 서버가 동시에 몇 개의 요청을 서비스 하겠다 등을 결정할 때 사용한다. 연결이 설정되면 이후 send()와 recv(), 또는 소켓 디스크립터에 대한 read()와 write()로 데이터 전송이 가능하다.

BSD 소켓 층에서 사용자는 프로토콜 패밀리(family, 또는 도메인이라고 불린다)를 선택할 수 있다. 리눅스에서 지원되는 대표적인 패밀리로는 INET(TCP/IP 프로토콜을 지원), UNIX(유닉스 도메인), IPX(노벨의 IPX 프로토콜), APPLETALK(애플 사의 Appletalk DDP 프로토콜) 등이 있다.

사용자가 INET 패밀리를 선택하면 그림 9.1의 INET 층으로 내려가게 된다. 여기서 사용자는 소켓의 유형(type)을 선택할 수 있다. 유형에는 스트림(Stream), 데이터그램(Datagram), 가공하지 않은(Raw) 유형, 도착 신뢰 메시지(Reliable Delivered Messages) 유형 등이 존재한다. 일반적으로 사용되는 유형은 스트림(TCP)과 데이터그램(UDP)이다. 스트림은 데이터 전송 중 분실, 오염, 또는 중복되지 않는다는 것을 보장하는 신뢰할 수 있는 양방향 순차 데이터 전송을 제공한다. 반면에 데이터그램은 양방향 데이터 전송을 제공하지만 스트림 소켓과는 달리 그 메시지가(제대로) 도착한다는 것을 보장하지는 않는다.

사용자가 스트림 유형의 소켓을 선택하였다면 TCP층으로 내려가게 된다. 반면에 사용자가 데이터그램 유형의 소켓을 선택하였다면 UDP 층으로 내려가게 된다. UDP(User Datagram Protocol)는 비 연결 지향 방식의 프로토콜(Connectionless protocol)인데 비해 TCP(Transmission Control Protocol)는 연결 지향 방식이 신뢰성 있는 프로토콜이다. UDP는 패킷을 전송할 때 그 패킷이 목적지에 안전하게 도착하였는지 알 수도 없고 신경을 쓰지도 않는다. 반면 TCP는 일련의 패킷들에게 번호(Sequence number와 acknowledgement number)를 설정하고 전송에 따라 상태를 유지하여 TCP 통로 양 끝(종점 호스트)간에 전송 데이터가 정확하게 수신되었는지를 확인한다.

하지만 스트림 유형, 즉 TCP를 너무 신뢰하지는 말기 바란다. 현재 사용 중인 INET 즉, IPv4는 원래 신뢰성이 없다. 그저 최선을 다해 노력할 뿐이다. 또한 현재의 네트워크 시스템이라면 특수한 경우를 제외하고는 TCP와 UDP 간의 속도 차이도 미미하다. IPv6에는 신뢰성을 향상 시키려는 다양한 기법이 추가되어 있다.

TCP층(또는 UDP 층)을 지나면 IP층으로 내려가게 된다. IP층은 인터넷 프로토콜을 구현한 층이다. 이 층에서는 IP주소를 사용해 통신한다. IP주소는 각 NIC마다 고유하다. 하지만 IP 주소는 숫자 열이라 기억하기 나쁘다. 따라서 각 호스트는 IP 주소에 대응되는 이름을 갖는데, 이 정보는 /etc/hosts나 DNS를 통해 알 수 있다. IP층은 자신의 IP 주소와 목적지 IP 주소를 이용해 패킷을 만든다. 또한 에러 처리를 위한 체크섬(checksum), 데이터가 너무 클 경우 단편화(fragmentation), 다른 호스트로 재전송(forwarding)등을 수행한다. 그리고 라우팅 정보와 목적지 IP를 보고 해당 네트워크 드라이버에게 패킷을 전송하며, 전송할 때 큐 정책(queue discipline)에 따라서 패킷 흐름 제어(shaping)등의 부가적인 기능을 수행한다.

IP계층 아래에는 PPP, SLIP, 또는 이더넷과 같은 데이터 링크 층이 존재한다. 이 층에는 8장에서 설명한 네트워크 디바이스가 존재하게 되며, 각 디바이스는 net_device 라는 자료구조에 자신의 정보 및 기능을 저장하여 IP층에게 제공하게 된다. 네트워크 디바이스라고 항상 물리적인 장치만을 가리키는 것은 아니다. 루프백 장치와 같은 몇몇 장치는 순전히 소프트웨어로만 작성되어 있다.

대표적인 데이터 링크 층 디바이스인 이더넷에는 많은 호스트가 실제 케이블 하나에 동시에 접속할 수 있다. 그리고 모든 이더넷 디바이스는 각각을 구분하기 위한 고유한 주소를 가진다. 이를 이더넷 주소 또는 MAC 주소라고 한다. 호스트는 자기 주소로 배달되는 모든 이더넷 프레임을 받지만, 같은 네트워크에 연결된 다른 호스트들은 이를 무시하게 된다. 특정 이더넷 주소는 멀티캐스트(multicast)목적으로 예약되어 있는데, 이런 주소로 보내지는 이더넷 프레임은 같은 네트워크 안에 있는 모든 호스트가 받는다.

이더넷과 같은 다중 접속 프로토콜을 통해 IP 패킷을 보내기 위해서는 IP 계층이 IP 호스트의 이더넷 주소를 알아야만 한다. IP 주소는 단지 개념적인 주소일 뿐이고, 고유한 물리적인 주소를 가지고 있는 것은 이더넷 디바이스이기 때문이다. 리눅스는 IP 주소를 이더넷 주소(결국 MAC 주소)로 변환하기 위해 ARP(Address Resolution Protocol)를 사용한다. 특정한 IP 주소가 담긴 ARP 요청 패킷을 멀티 캐스트 주소에 보내 모든 노드에 전달한다. 그 IP 주소를 가지고 있는 호스트는 자신의 이더넷 주소가 담긴 ARP 응답을 돌려준다. 이와는 반대로 RARP(Reverse Address Resolution Protocol)가 있는데, 이것은 이더넷 주소를 IP 주소로 변환한다.

전달될 데이터는 그림 9.1의 층 구조를 내려오면서 encapsulation된다. TCP/IP와 이더넷 층을 중심으로 데이터 전달과 encapsulation을 표현해 보면 그림 9.2와 같다.

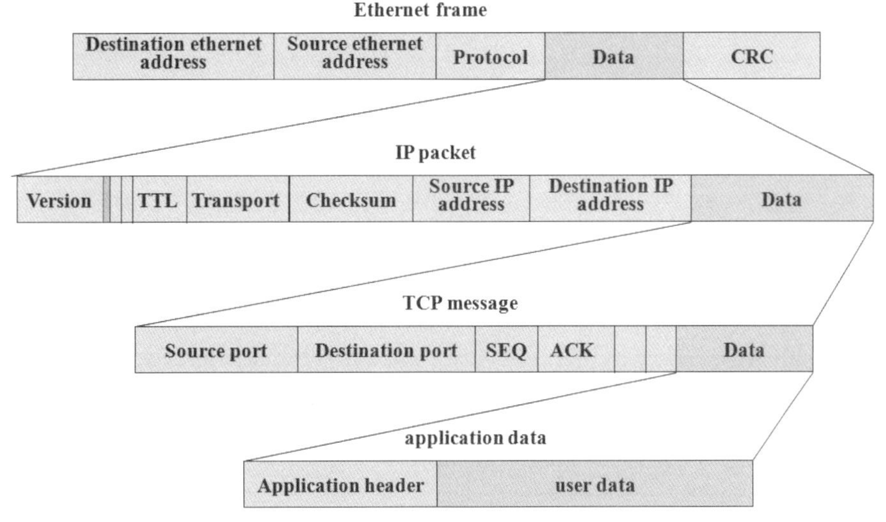

■ 그림 9.2 데이터 encapsulation

사용자가 응용 프로그램에게 전송할 데이터를 보내면, 응용은 자신의 제어에 필요한 데이터를 헤더에 추가한다. 이 헤더는 telnet, ftp, Web Browser 등 각 응용에 따라 고유한 구조를 갖는다. 응용 데이터가 TCP 층으로 전달되면, TCP층에서는 자신의 헤더를 이 데이터에 추가하여 메시지를 만든다. 이 메시지는 소스 포트 번호와 목적지 포트 번호를 갖는다. 포트 번호란 TCP층에서 응용을 구별하기 위한 번호로, 몇 가지 응용들은 잘 알려진 포트번호를 갖는다. 예를 들어 ftp는 21, telnet은 23, 그리고 www는 80번 포트를 사용한다. 이러한 등록된 포트 번호는 /etc/services에서 확인할 수 있다.

메시지에는 일련 번호(sequence number), 응답 번호(acknowledge number), 윈도우 크기 등의 정보가 있어 비동기적 데이터 전송에서 신뢰성 있는 데이터 전달을 지원한다. 또한 TCP 층은 연결 설정 시와 데이터 전송 시에 상태(state) 정보를 유지하여 에러 및 예외 처리를 수행한다.

메시지가 IP 층으로 전달되면 IP 층에서는 자신의 헤더를 이 메시지에 추가하여 패킷을 만든다(필요할 경우 단편화도 수행한다). 패킷의 헤더는 IP버전을 나타내는 version 필드를 갖는다. TTL(Time To Live)필드는 이 패킷이 목적지에 도달하기 위해 최대 몇 번이나 재전달(forwarding)될 수 있는지를 나타내는 필드이며, 이 필드 값이 0이 되면 IP층은 더 이상 다른 호스트로 forwarding 시키지 않고 패킷을 없애버린다. Transport 필드는 IP의 상위 층이 무엇인지 나타내며, 패킷을 받았을 때 어느 층으로 올려주어야 하는지를 의미한다. 대표적으로 이 필드의 값이 6이면 TCP이고, 이 값이 17이면 UDP이다. Checksum은 IP헤더에 대한 체크섬 값을 가지며 전송 시 에러 발생 여부를 파악할 때 이용된다. 그리고 헤더에는 보내는 호스트의 IP 주소와 목적지 호스트의 IP 주소, 실제 데이터 등으로 구성된다.

패킷이 이더넷 층으로 전달되면 이더넷 층에서는 자신의 헤더를 이 메시지에 추가하여 프레임을 만든다. 표준으로 정해진 것은 아니지만 일반적으로 네트워크를 연구하는 분들은 TCP 층의 전송 단위를 메시지, IP 층의 전송 단위를 패킷, 네트워크 층의 전송 단위를 프레임이라 부른다. 프레임은 보내는 호스트의 이더넷 주소와 목적지 호스트의 이더넷 주소(ARP로 구할 수 있다), 그리고 네트워크 층의 상위 층이 무엇인지 구별하는 프로토콜 필드 등으로 구성된다. 구체적으로 프로토콜 필드는 현재 네트워크 장치를 사용하는 프로토콜이 TCP/IP인지, IPX인지, Appletalk인지 등을 구별할 때 사용한다. 한편 프레임의 마지막 필드에는 전송 시 발생한 에러 파악을 위한 CRC(Cyclic Redundancy Check)가 있다.

지금까지 우리는 통신 프로토콜이 계층 구조를 가지고 있으며, 각 층에서 하는 일과 사용하는 전송 단위의 구조에 대해 알아보았다. 다음 절부터는 이러한 계층 구조가 리눅스에서 어떻게 구현되어 있는지 소스코드 수준에서 분석해 보겠다.

2. 주요 커널 내부 구조

통신 프로토콜은 계층 구조를 갖는다. 그리고 상위 층은 여러 하위 층과 연동할 수 있다. 예를 들어 그림 9.1에서 BSD 소켓 층은 사용자가 선택한 프로토콜 패밀리에 따라 INET 층, IPX 층 등 다양한 하위 층과 연동할 수 있다. 또 다른 예로 IP층의 경우 사용하려는 네트워크 디바이스에 따라 이더넷 층, SLIP층, 토큰 링 층 등 다양한 디바이스 드라이버 층과 연동할 수 있다. 결국 통신 프로토콜 층을 내려오면서 다양한 곳으로 제어 흐름이 분기할 수 있다는 의미가 된다.

리눅스는 제어 흐름이 다양한 곳으로 분기할 수 있는 상황을 효과적으로 지원하기 위해, 층 사이에서 제어가 전달될 때 자료구조를 이용한 간접 호출 방법으로 통신 프로토콜을 구현하였다. 즉 하위 층에서 제공하는 함수를 상위 층에서 이용할 때 상위 층에서 직접(direct) 이 함수를 호출하는 것이 아니라 하위 층이 자신이 제공하는 함수의 시작 주소를 특정 자료 구조(주로 테이블)에 등록하고, 상위 층에서는 단지 자료 구조에 등록된 함수를 호출하는 방식으로 하위 층의 함수를 간접(indirect) 호출하는 방식으로 구현한 것이다. 이 방식은 마치 파일 연산(file_operations) 자료 구조를 이용해 디바이스 드라이버 함수를 호출한 것과 유사하다.

이런 방식으로 구현하면 상위 층과 하위 층간에 종속 관계가 없어지며, 따라서 일부 층의 내용을 수정하거나 새로운 층을 추가할 때 커널의 변경이 간단해진다. 상위 층은 하위 층에 어떤 함수가 어떤 이름으로 구현되어 있는지 몰라도 되며, 단지 자료 구조에 등록된 함수를 호출하기만 하면 하위 층으로 데이터를 전달할 수 있다. 따라서 일부 층의 내용을 변경할 때(또는 새로운 층을 추가할 때), 변경된 층의 상위 층이나 하위 층의 내용은 변경될 필요가 없다. 단지 변경된 층의 내용을 자료 구조에 등록하기만 하면 된다. 이것은 SVR4 계열이나 Solaris에서 통신 프로토콜을 구현할 때 사용하였던 STREAM 기법과 유사하다.

하지만 자료 구조를 이용한 간접 호출 방법으로 통신 프로토콜을 구현하면 소스코드가 복잡해지고 분석하기도 어려워진다. 그리고 수행 시 성능에 문제가 될 수도 있다. 이제부터 통신 프로토콜이 사용하는 자료 구조를 분석해 보자. 그림 9.3은 리눅스에 구현된 통신 프로토콜이 사용하는 주요 자료 구조를 정리한 것이다.

VFS layer	struct file_operations /* include/linux/fs.h */	
BSD socket layer	struct net_proto_family /* include/linux/net.h */ struct socket /* include/linux/net.h */	
inet layer	struct sock /* include/net/sock.h */ struct proto_ops /* include/linux/net.h */	struct sk_buff /* include/linux/sk_buff.h */
transport layer	struct proto /* include/net/sock.h */	
IP layer	struct tcp_func /* include/net/tcp.h */ struct packet_type /* include/linux/netdevice.h */	
device layer	struct net_device /* include/net/netdevice.h */	

■ 그림 9.3 통신 프로토콜이 사용하는 주요 자료 구조

가장 상위 층에는 VFS 층이 존재한다. 리눅스에는 소켓이 파일시스템 인터페이스를 통해 접근할 수 있도록(즉, 파일 종류의 하나로 소켓을 다룸) 구현하였으며, 따라서 소켓을 위한 연산도 VFS에 존재 한다(5장의 그림 5.21참조). 한편 각 층마다 다양한 자료 구조가 있으며 이 중에서 BSD 소켓 층의 socket 자료 구조, TCP/IP 전 층에서 사용되는 sock 자료 구조, 디바이스 층의 net_device 자료 구조 등이 존재한다. 이러한 자료 구조를 중심으로 리눅스가 사용하는 커널 자료 구조를 상세히 표현하면 그림 9.4와 같다.

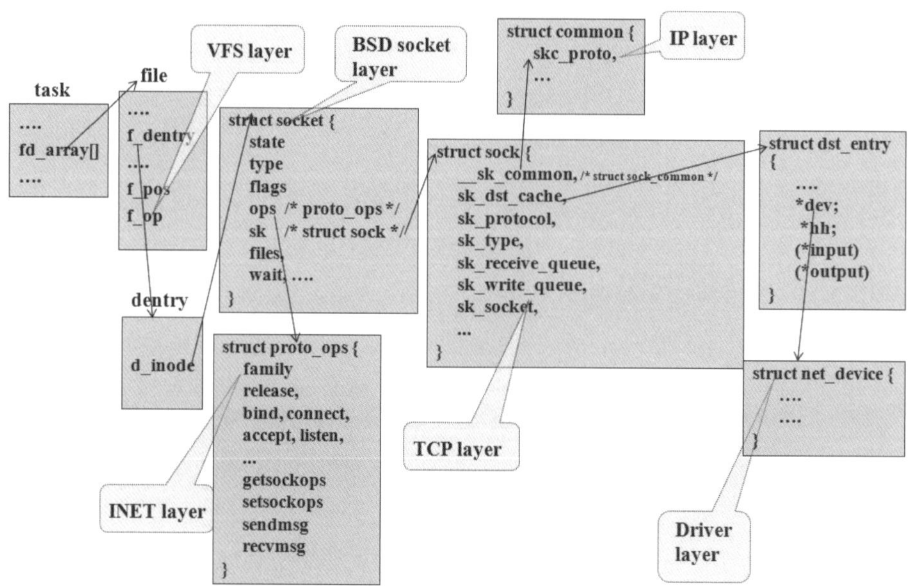

■ 그림 9.4 socket과 sock 자료 구조

그림 9.4의 구조는 socket()이라는 함수를 통해 구축된다. socket() 함수가 호출되면 커널은 우선 메모리를 할당 받고 socket이라는 자료 구조를 초기화한다. 그리고 자료 구조는 소켓 디스크립터를 인자로 fd_array[]의 한 항을 가지게 되며, 파일 구조 (struct file socket) 등의 자료 구조에 의해 socket()을 요청한 태스크와 연결된다(그림 9.4 및 5장의 그림 5.19 참조). 그리고 파일 구조의 f_op 변수에 소켓을 위한 파일 연산을 등록한다. 한편 socket()이 요청한 프로토콜 패밀리가 TCP/IP라면 다음 두 가지 일을 한다. 첫째, INET 층을 위한 함수들이 등록된 proto_ops라는 자료 구조를 socket 자료 구조의 ops라는 변수에 등록한다. 둘째, sock 자료 구조를 초기화 한다.

sock 자료 구조는 TCP/IP를 전체적으로 관리하는 자료 구조이다. 이 자료 구조에 존재하는 필드들은 크게 3가지 정도의 그룹으로 나눌 수 있다. 첫째, TCP/IP를 위한 소켓을 지원하는 필드이다. 둘째, 전송되는 데이터를 가리키기 위한 필드들이다. 셋째, INET의 하위 계층들이 제공하는 함수들이 등록되는 필드들이 있다. 그리고 sock 은 dst_entry를 거쳐 실제 네트워크 디바이스 드라이버를 관리하는 net_device 자료 구조로 연결된다. net_device는 8.4질에서 언급되었으며, 이후 그림 9.10에서 다시 설명된다.

사용자 태스크로부터 데이터가 전달되면 이를 하위 계층으로 전달하여 가장 하위 계층인 드라이버 층까지 내려 보내야 한다. 이때 매번 실제 복사 작업을 수행한다면 매우 비효율적일 것이다. 따라서 리눅스에서는 가상 복사(virtual copy) 개념을 지원하는 sk_buff 자료 구조를 사용한다.

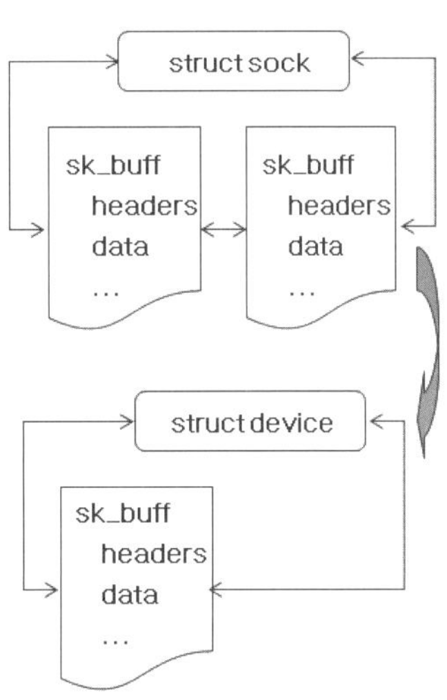

■ 그림 9.5 sk_buff 자료 구조

그림 9.5는 sk_buff 구조를 보여준다. 이 자료 구조는 TCP, IP, Data link 계층에서 사용되는 헤더를 가리키는 포인터들을 포함한다. 그리고 sk_buff 자료 구조의 data 필드는 전송할 데이터의 위치를 가리킨다. 이러한 자료 구조를 생성하고 초기화하는 일을 담당하는 함수는 dev_alloc_skb() 함수이다. 이 함수의 동작을 간단히 그림 9.6에 보였다.

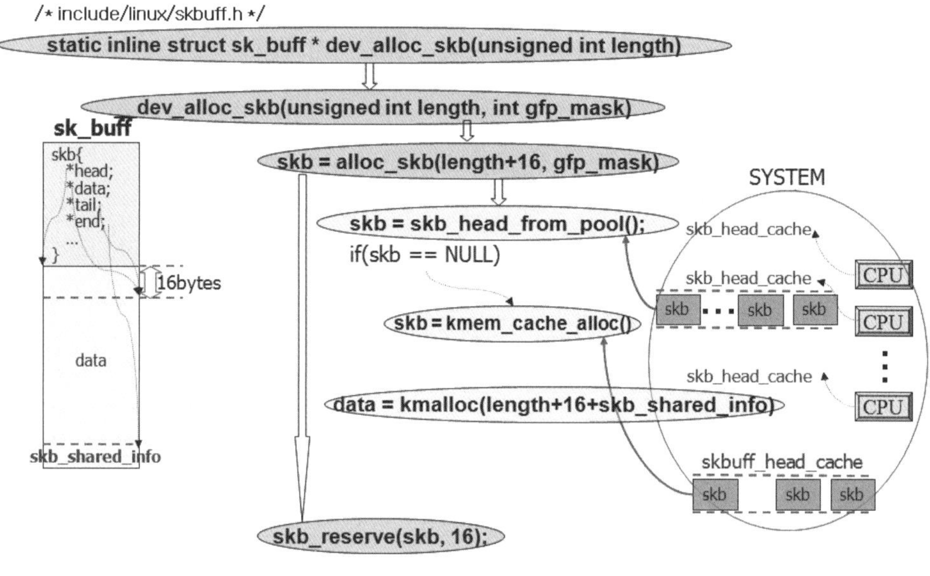

■ 그림 9.6 sk_buff 생성

이 함수는 빠른 할당/해제를 위해 각 CPU별로 유지하고 있는 sk_buff 캐시에서 skb 구조체를 할당받고, 실제 data를 담기 위해 필요한 공간을 할당받으며, skb 구조체가 data를 가리키기 위해 유지하는 포인터를 초기화 시켜 준다. 한편 TCP층에서 일단 sk_buff를 만들면 하위 층으로 내려가면서 각 헤더가 sk_buff에 추가적으로 생성된다. 결국 실제 데이터가 하위 층으로 내려갈 때 복사되는 것이 아니라 단지 헤더만 추가되는 형태로 구현된 것이다. skb_copy_expand()함수가 실제 이러한 작업을 수행한다.

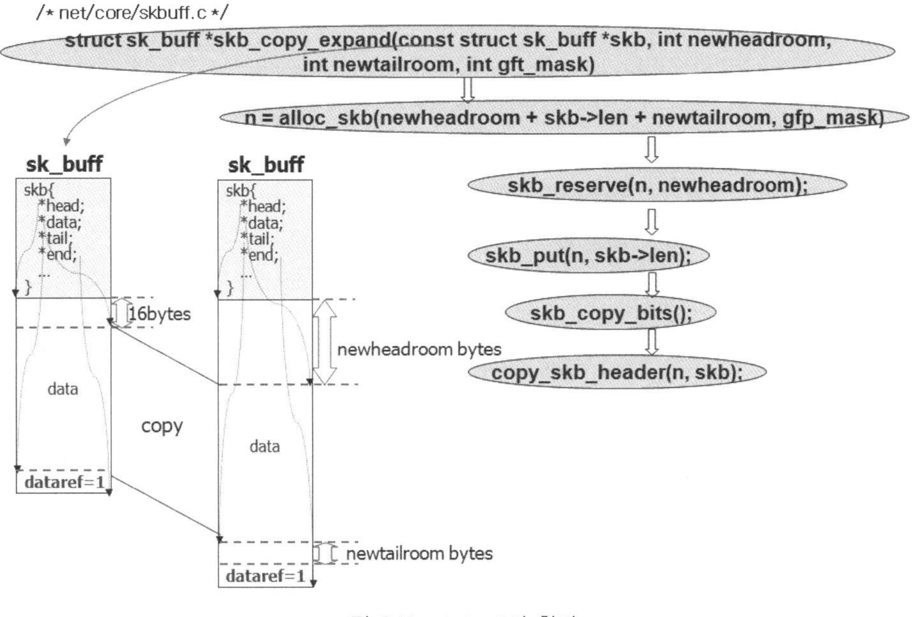

■ 그림 9.7 sk_buff의 확장

그림 9.7에 보이는 것과 같이 skb_copy_expand() 함수를 호출하면서 인자로 데이터의 앞부분과 뒷부분에 새로이 확장할 크기를 지정해 주면, 내부적으로 alloc_skb() 함수를 호출하여 이 요청을 해결해 준다. 이때 data와 tail은 상위 계층에서 넘겨받은 실제 데이터를 가리키며, head와 end는 데이터에 추가된 헤더 등을 나타낸다. 가장 아래 부분에 표시되어 있는 dataref 필드는 데이터 부분을 참조하고 있는 참조 카운트를 나타낸다.

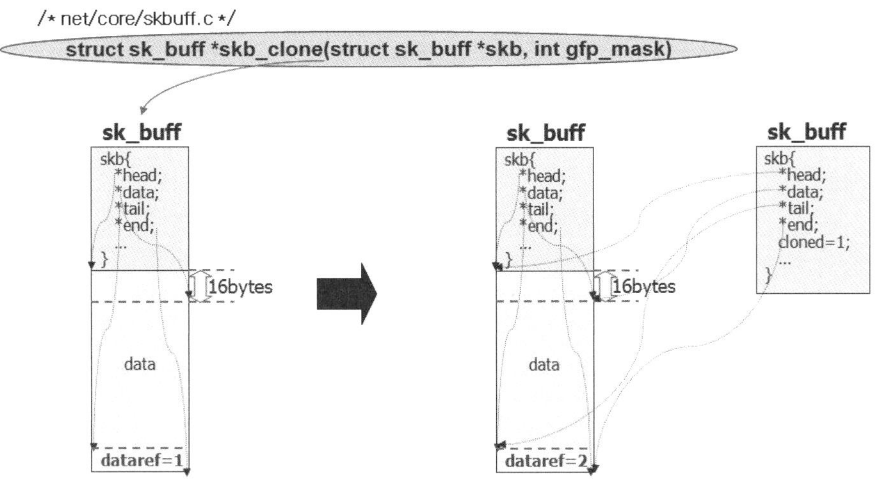

■ 그림 9.8 skb_clone()함수의 동작

한편 그림 9.8과 같이 skb_clone()을 호출하게 되면, 실제 데이터의 복사 작업 없이 skb 자료 구조만을 새로 할당하여 기존 데이터를 가리키게 해주며, 이때 데이터의 dataref 필드는 값이 증가하게 된다. 그리고 프로토콜 층에서 네트워크 디바이스 층으로 전달될 때 sk_buff가 sock 자료 구조에서 빠져 나와(dequeue), device 구조에 삽입된다(enqueue). 그럼 네트워크 드라이버가 자신의 프레임 헤더와 꼬리를 만들고, 이를 실제 물리적인 네트워크로 전송하게 되는 것이다.

3. 리눅스에서 통신 프로토콜의 제어 흐름

이전 절에서 우리는 socket, sock, sk_buff 등 리눅스가 통신 프로토콜에서 사용하는 주요 자료 구조에 대해 배웠다. 이 절에서는 실제 데이터를 전달하고 수신할 때 제어가 어떻게 흘러가고, 이때 위 자료 구조가 어떻게 사용되는지 알아보도록 하겠다. 그림 9.9는 TCP/IP 프로토콜과 3c509 이더넷 드라이버를 사용한다고 가정하고, 데이터가 전송될 때 제어 흐름을 함수 중심으로 정리한 것이다.

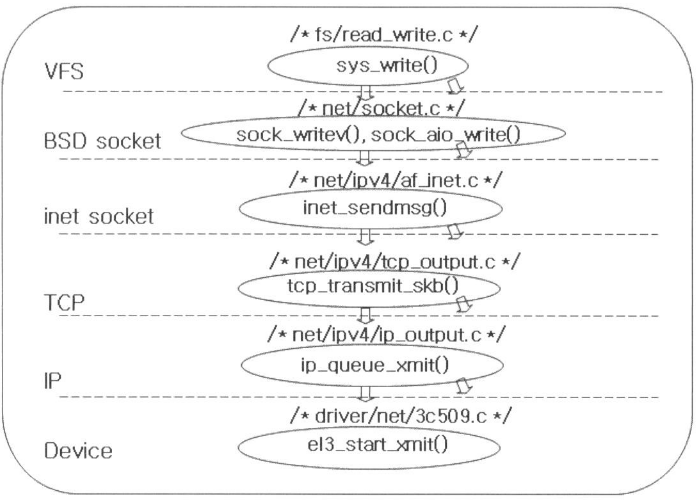

■ 그림 9.9 제어 흐름 : 데이터 전송

소켓이 만들어지면 사용자는 그 소켓에 sys_write()를 요청하여 데이터를 전달할 수 있다. 그럼 sys_write()는 파일 연산 구조에 등록된 sock_writev()나 sock_aio_write()를 호출한다. 이 함수는 socket 자료 구조에서 ops 변수의 sendmsg 에 등록된 함수를 호출한다. 현재 이 책은 사용자가 TCP/IP를 사용한다고 가정하고 있으며, 이 경우 여기에 등록된 함수는 inet_sendmsg()이다. 결국 INET 층으로 진입한 것이다. INET 층은 sock 자료 구조에서 prot 변수의 sendmsg라는 변수에 등록된 함수를 호출한다. 여기에는 tcp_transmit_skb()라는 함수가 등록되어 있다. 이 함수는 sk_buff를 만들고 필요한 초기화를 수행한 후, tcp_sock 자료 구조의 af_specific 필드의 queue_xmit에 등록된 함수를 호출한다. 여기에는 ip_queue_xmit() 함수가 등록되어 있다.

ip_queue_xmit() 함수는 sk_buff 구조에 IP헤더를 만들고, 네트워크 디바이스 이름(예를 들어 eth0)으로 해당 net_device 구조체를 찾고 그 구조의 hard_start_xmit라는 필드에 등록된 함수를 호출한다(사실 실제 리눅스에서 구현된 제어의 흐름은 가상 디바이스 층으로 인해 이것보다 약간 더 복잡하다). 이를 위해 리눅스 커널은 dev_base라는 변수에서 시작하는 리스트를 통해 net_device 구조를 관리한다. 이를 그림 9.10에 보였다.

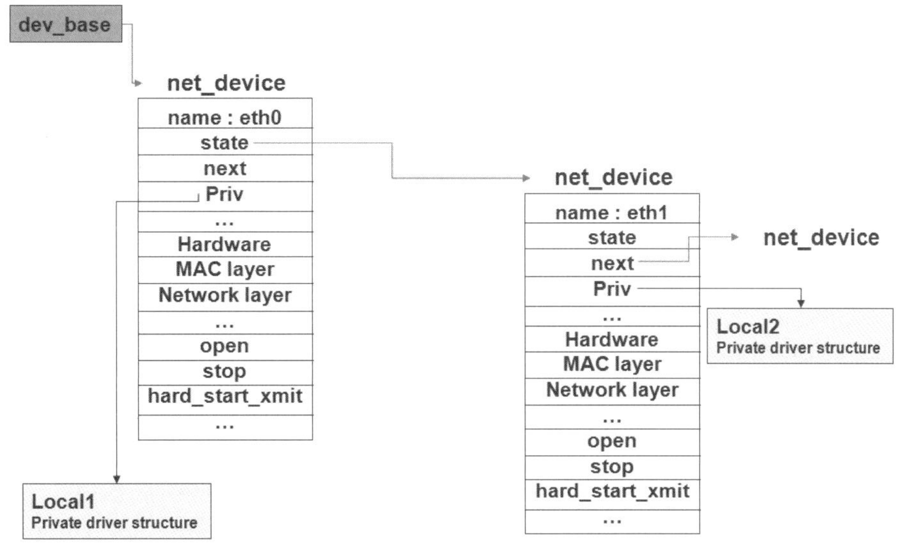

■ 그림 9.10 net_device 관리 구조

그림 9.11은 데이터를 수신할 때 제어의 흐름을 함수 중심으로 간단히 요약한 것이다. 사용자는 데이터 수신을 위해 소켓에 대해 sys_read()를 요청할 수 있다. 그림 sys_read()는 파일 연산 구조에 등록된 sock_readv()나, sodk_aio_read()를 호출한다. 이 함수는 socket 자료 구조에서 ops 변수의 inet_recvmsg에 등록된 함수를 호출하며, 결국 sock_common_recvmsg() 함수가 호출된다. 결국 INET 층으로 진입한 것이다. 이 함수는 tcp_recvmsg()라는 함수를 호출하며 결국 TCP층으로 진입하게 된다. 만일 sock에 수신한 sk_buff가 있으면 상위 계층으로 리턴하고, 없다면 수면에 들어간다.

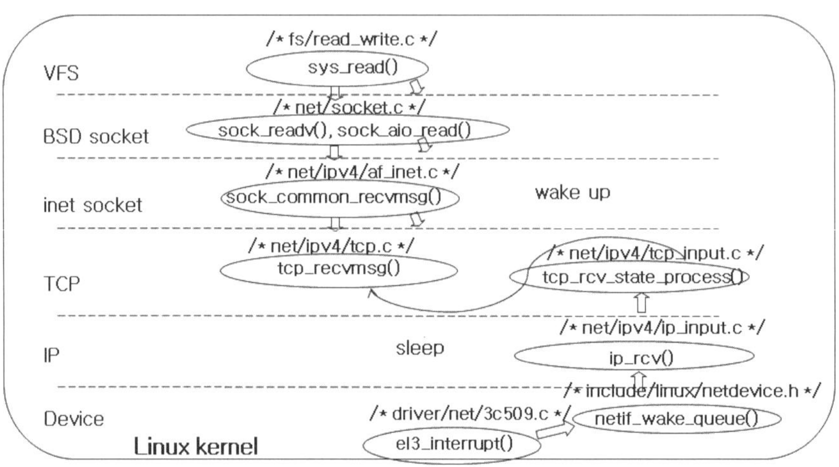

■ 그림 9.11   제어 흐름 : 데이터 수신

한편 네트워크 디바이스는 데이터가 수신되면 인터럽트를 발생시킨다. 그러면 el3_interrupt()가 호출된다. 이 함수는 수신된 데이터를 sk_buff로 만들어 net_device 구조에 추가하고 netif_wake_queue()를 호출하여 ip_rcv()가 수행되도록 한다. ip_rcv()가 호출되면 IP 헤더를 보고, 이 패킷이 자신에게 온 것인지 아니면 재전송해야 하는 것인지 결정한다. 자신에게 온 것이면 ip_local_deliver()를 호출하고, 재전송해야 하는 것이면 ip_forward()를 호출하게 된다. ip_local_deliver()는 단편화 되어 있는 경우 그것을 해결하고, IP 헤더의 transport 값에 따라 TCP나 UDP로 보내게 된다. 그리고 포트 번호를 기반으로 수면 중인 태스크를 깨워 데이터를 전달하며, 수면 중인 태스크가 없다면 미리 약속된 위치에 데이터를 유지해 두었다가 언젠가 수신을 요청하는 응용 프로그램이 생기면 그때 데이터를 그 응용 프로그램에게 전달한다.

실습문제

1. socket 함수를 이용하여 통신을 하는 서버와 클라이언트 프로그램을 작성해 보라.

2. 통신 프로토콜은 층 구조(layered architecture)로 구현되어 있다. 뿐만 아니라 파일 시스템, 가상 메모리 등도 층 구조로 구현되어 있다. 소프트웨어를 층 구조로 구현할 때 장점을 논의해 보자.

3. TCP/IP는 sk_buff를 이용해 가상 복사(virtual copy)를 지원한다. 가상 복사의 장점은 무엇인가?

4. TCP/IP 층에 새로운 층을 추가해 보자. 예를 들어 TCP와 IP 계층 사이에 데이터를 암호화 하는 계층을 추가해 보자. 또는 TCP와 IP 계층 사이에 데이터를 압축하는 계층을 추가해 보자.

5. 이더넷 네트워크 환경에서는 네트워크 선에 지나가는 모든 패킷을 접근할 수 있다. Ethereal 계열의 패킷 분석 도구를 이용하여 패킷을 분석해 보자.

6. 5의 기법과 7장 5번 문제를 통합하여 시스템과 네트워크 공격을 탐지할 수 있는 IDS (Intrusion Detection System)을 설계해 보자.

7. SMP(Symmetric Multi Processor) 환경에서 특정 CPU를 패킷 처리 전용으로 구성하려면 TCP/IP 프로토콜 스택이 어떻게 변경되어야 하는가? TOE(TCP/IP Offload Engine)이란 무엇인가?

리눅스 커널 내부구조

Memo

Memo

Chapter 10

운영체제 관련 실습

지금까지 우리는 리눅스 운영체제의 개념과 동작원리 그리고 내부구조에 대해 살펴보았다. 이번 장에서는 지금까지 배운 내용을 바탕으로 직접 쉘과 운영체제의 핵심 요소에 해당되는 스케줄러, 메모리 관리기법, 파일시스템, 디바이스 드라이버를 만들어 본다.

쉘은 응용프로그램 수준에서 동작하기 때문에 비교적 개발하는 것이 쉽다. 반면 스케줄러와 메모리 관리기법, 파일시스템, 디바이스 드라이버의 경우 직접 커널 내부에 구현해야만 테스트할 수 있으므로 개발하기가 상대적으로 어렵다. 따라서 본 필자들은 실제 커널 수준이 아니라 사용자 수준에서 시뮬레이션 환경을 기반으로 실습할 수 있도록 환경을 제공한다. 이 방법은 실제 작성해야 하는 스케줄링 기법, 버디 알고리즘, FAT 알고리즘, 드라이버의 동작원리에 집중할 수 있도록 해준다. 또한 여기서 실습한 내용에 운영체제 인터페이스 부분만 보완하면 실제 커널 내부에서 동작도 가능하다(실제로 이 장에서 소개되는 FAT 파일시스템을 커널 wrapper 부분만 추가하여 리눅스 커널 내부에서도 수행시켜 보았다).

시뮬레이터 기반 구현의 또 한 가지 장점은 본 교재에서 제공되는 라운드 로빈 스케줄러나 버디 할당자, FAT 파일 시스템 외에 다른 정책을 제공하는 스케줄러, 메모리 관리정책 그리고 파일시스템을 직접 만들어 테스트 해 볼 수 있다는 것이다. 모두에게 도움이 되길 기대한다.

본 필자는 다음 순서로 실습을 진행해 보기를 권한다. 우선 다음절에 예시된 대로 응용 수준에서 시뮬레이터를 기반으로 각 운영체제 구성요소를 작성해본다. 이를 통해 각 구성요소의 동작원리와 작동 방법에 익숙해 질 수 있다. 다음 단계로 각 구성요소를 리눅스 커널 내부에 구현해 보자. 이를 통해 리눅스 내부구조의 이해와 커널 프로그래밍 방법을 파악할 수 있을 것이다. 끝으로 직접 운영체제를 만들어 보자. 우리도 리누스 토발즈가 될 수 있다.

1. 쉘(Shell)

첫 번째로 소개할 내용은 쉘이다. 쉘은 사용자의 입력을 받아 적절한 프로그램을 수행시켜준다. bash, csh 등 다양한 쉘이 나와 있으며 쉘 마다 독특한 기능을 제공한다. 소개하는 쉘은 fork()와 exec()라는 기본적인 쉘의 구조를 이해하는데 중점을 맞추었으며 쉘을 만들 때 좋은 시작점이 될 수 있는 구조를 가지고 있다. 이 쉘은 추후 파이프 등의 부가 기능 구현, 내장 명령어 추가 등 다양한 방향으로 확장될 수 있다.

쉘의 소스는 단순히 Makefile과 shell.c 두 개로 이루어져 있다. 따라서 간단히 make를 수행하면 shell이라는 이름의 실행 파일이 생성된다. 이를 수행시켜보면 그림 10.1과 같이 몇 가지 내장 명령을 제공하는 정상 동작하는 쉘을 확인해 볼 수 있다.

```
[root@embeddedFC7 1_Shell]# ls
Makefile   shell.c
[root@embeddedFC7 1_Shell]# make
gcc shell.c -o shell
[root@embeddedFC7 1_Shell]# ls
Makefile   shell   shell.c
[root@embeddedFC7 1_Shell]# ./shell
/home/App/LKI/Chap10/1_Shell $
/home/App/LKI/Chap10/1_Shell $ ls
Makefile   shell   shell.c
/home/App/LKI/Chap10/1_Shell $
/home/App/LKI/Chap10/1_Shell $ file shell
shell: ELF 32-bit LSB executable, Intel 80386, version 1 (SYSV), dynamically lin
ked (uses shared libs), for GNU/Linux 2.6.9, not stripped
/home/App/LKI/Chap10/1_Shell $
/home/App/LKI/Chap10/1_Shell $ help
cd       : change directory
exit     : exit this shell
quit     : quit this shell
help     : show this help
?        : show this help
/home/App/LKI/Chap10/1_Shell $
```

■ 그림 10.1 쉘 프로그램의 동작확인

이 쉘의 main 함수에서는 사용자로부터 입력 받아서 run() 함수를 수행한다. 이때 사용자로부터 입력된 내용을 함수의 인자로 넘겨주는데, run() 함수는 이 입력 내용을 분석한다. 간단히 공백을 토큰으로 분리하는데, tokenize() 함수가 이 역할을 수행한다. 여러 개의 토큰으로 분리가 되면 첫 번째 토큰 값을 기준으로 내장(built in) 명령어인지 확인한다. 만약 쉘의 내장 명령어라면 해당 명령어를 수행하며, 내장 명령어 목록에 없는 명령어라면 해당 프로그램의 수행을 시도한다.

프로그램의 수행 과정은 간단히 fork 함수와 exec 함수로 이루어진다. fork 함수를 통해 자식 프로세스가 생성되면 자식 프로세스는 exec 함수로 사용자가 입력한 프로 그램을 수행시킨다. 이 때 만약 exec이 실패하면 존재하지 않거나, 실행 불가능한 프 로그램이므로 에러 메시지를 출력한다. exec 명령은 옵션에 따라 여러 종류의 라이브 러리 함수로 존재하는데, 본 쉘에서는 프로세스의 인자를 배열로 넘기며, 환경변수의 path에 등록된 경로에서 프로세스의 실행이 가능하도록 execvp() 함수를 이용하였다. fork이후 부모 프로세스는 자식 프로세스가 수행될 때까지 wait 함수를 통해서 대기 며, 만약 리턴 값이 0보다 작은 값인 경우 fork가 실패한 경우이므로 에러를 출력한다.

```c
#include <stdio.h>
#include <stdlib.h>
#include <string.h>
#include <unistd.h>
#include <stdbool.h>
#include <sys/wait.h>

struct COMMAND{
    char* name;
    char* desc;
    bool ( *func )( int argc, char* argv[] );
};

bool cmd_cd( int argc, char* argv[] );
bool cmd_exit( int argc, char* argv[] );
bool cmd_help( int argc, char* argv[] );

struct COMMAND        builtin_cmds[] ={
    { "cd",    "change directory", cmd_cd              },
    { "exit",  "exit this shell",      cmd_exit },
    { "quit",  "quit this shell",      cmd_exit },
    { "help",  "show this help",    cmd_help},
    { "?",                    "show this help",    cmd_help }
};

bool cmd_cd( int argc, char* argv[] )
{
    if( argc == 1 )
            chdir( getenv( "HOME" ) );
    else if( argc == 2 ) {
            if( chdir( argv[1] ) )
                    printf( "No directory\n" );
    }else
            printf( "USAGE: cd [dir]\n" );
    return true;
}
```

```c
bool cmd_exit( int argc, char* argv[] )
{
    return false;
}

bool cmd_help( int argc, char* argv[] )
{
    int i;
    for( i = 0; i < sizeof( builtin_cmds ) / sizeof( struct COMMAND ); i++ )
    {
        if( argc == 1 || strcmp( builtin_cmds[i].name, argv[1] ) == 0 )
            printf( "%-10s: %s\n", builtin_cmds[i].name, builtin_cmds[i].desc );
    }
}

int tokenize( char* buf, char* delims, char* tokens[], int maxTokens )
{
    int token_count = 0;
    char* token;
    token = strtok( buf, delims );
    while( token != NULL && token_count < maxTokens ){
        tokens[token_count] = token;
        token_count++;
        token = strtok( NULL, delims );
    }
    tokens[token_count] = NULL;
    return token_count;
}
bool run( char* line )
{
    char delims[] = " \r\n\t";
    char* tokens[128];
    int token_count;
    int i;
    int status;
    pid_t child;
    token_count = tokenize( line, delims, tokens, sizeof( tokens ) / sizeof( char* ) );
    if( token_count == 0 ) return true;
    for( i = 0; i < sizeof( builtin_cmds ) / sizeof( struct COMMAND ); i++ ){
        if( strcmp( builtin_cmds[i].name, tokens[0] ) == 0 )
            return builtin_cmds[i].func( token_count, tokens );
    }
    child = fork();
    if( child == 0 ){
        execvp( tokens[0], tokens );
        printf( "No such file\n" );
```

```
                _exit( 0 );
        } else if( child < 0 ){
                printf( "Failed to fork()!" );
                _exit( 0 );
        } else
                wait( &status );
        return true;
}


int main(void)
{
        char line[1024];
        while( -1 ){
                printf( "%s $ ", get_current_dir_name() );
                fgets( line, sizeof( line ) - 1, stdin );
                if( run( line ) == false )
                        break;
        }
        return 0;
}
```


2. 스케줄러와 시뮬레이팅 환경

이번에 소개하는 스케줄러와 시뮬레이팅 환경은 사용자 수준 응용 프로그램 내에서 가상적으로 세 개의 태스크를 생성한 뒤, 이 태스크를 라운드 로빈 정책에 따라 스케줄링하여 수행시켜준다. 현재 구현된 라운드 로빈 정책은 우선순위에 대한 고려가 없다. 추후 우선순위를 고려한 라운드 로빈 정책 및 FIFO(First In First Out), EDF(Earliest Deadline First), RM(Rate Monotonic) 등의 다양한 스케줄링 기법의 구현과 새로운 스케줄링 기법의 개발 등 다양한 분야로 확장 가능하다.

스케줄러와 시뮬레이팅 환경은 scheduler.h, scheduler.c, main.c의 소스로 구성되어 있다. main.c에서는 scheduler.c에서 제공하는 함수를 이용하여 세 개의 태스크를 생성하여 스케줄러를 테스트한다. scheduler.c에서는 scheduler() 함수를 통해 다음번 수행시킬 태스크를 선정하며, thread_switch() 함수를 통해 태스크간의 문맥 전환을 처리한다. 각 태스크별로 주어지는 구조체는(리눅스의 task_struct와 유사) scheduler.h 파일에 task_info_tag라는 이름으로 정의되어 있다. 새로운 스케줄링 기법을 구현할 때는 task_info_tag 구조체와 scheduler() 함수를 수정함으로써 가능하다.

그림 10.2는 1부터 시작하여 1씩 숫자를 증가시켜 화면에 출력하고 1초간 쉬는 태스크1과, 510부터 시작하여 10씩 숫자를 증가시켜 화면에 출력하고 1초간 쉬는 태스크2, 1001부터 시작하여 1씩 숫자를 증가시켜 화면에 출력하고 2초간 쉬는 태스크3이 라운드 로빈 정책에 의해 스케줄링되어 CPU를 나누어 사용하고 있는 것을 보이고 있다.

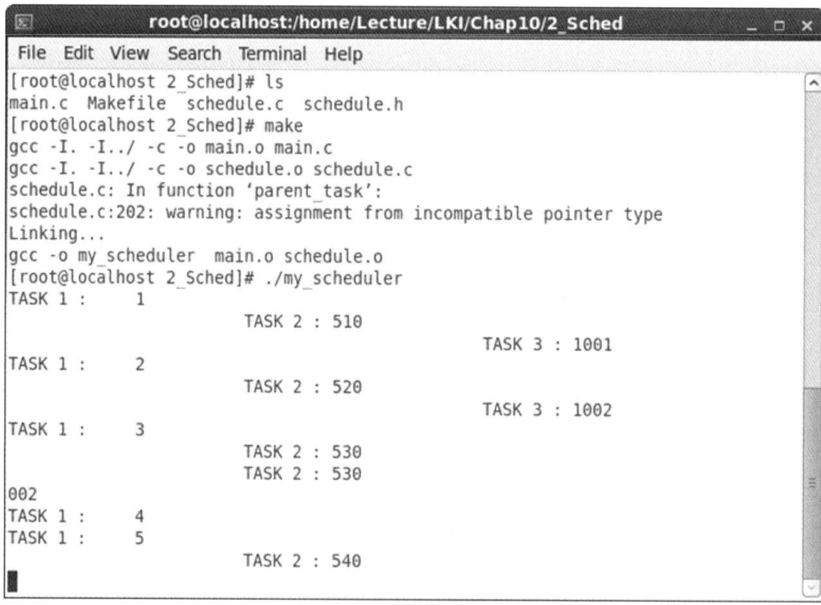

■ 그림 10.2 스케줄러와 시뮬레이팅 환경의 동작확인

```c
//scheduler.h

#ifndef SCHEDULER_H
#define SCHEDULER_H

#define THREAD_STACKSIZE 1024

// task의 상태
typedef enum {
    TASK_READY = 0,
    TASK_RUN,
    TASK_YIELD,
    TASK_SLEEP,
    TASK_KILL
}TaskStatus;

// 각 task를 위한 구조체
typedef struct task_info_tag {
    unsigned long stack[THREAD_STACKSIZE];
    unsigned long sp;
```

```c
    int task_id;

    TaskStatus status;

    struct task_info_tag *next;
    struct task_info_tag *prev;
}*TaskInfo;

typedef void (*TaskFunc)(void *context);

TaskInfo thread_create(TaskFunc callback, void *context);

void thread_init(void);
void thread_wait(void);
void thread_uninit(void);
void thread_switch(void);
void thread_kill(void);

#endif
```

```c
//scheduler.c

#include <stdio.h>
#include <unistd.h>
#include <signal.h>
#include <setjmp.h>
#include <malloc.h>
#include <memory.h>
#include <sys/time.h>
#include "schedule.h"

// task switching시 저장되어야 하는 정보
struct frame {
    unsigned long flags;
    unsigned long ebp;
    unsigned long edi;
    unsigned long esi;
    unsigned long edx;
    unsigned long ecx;
    unsigned long ebx;
    unsigned long eax;
    unsigned long retaddr;
    unsigned long retaddr2;
    unsigned long data;
};
```


● 리눅스 커널 내부구조

```c
typedef struct sch_handle_tag
{
    int child_task;

    TaskInfo running_task;
    TaskInfo root_task;
}SchHandle;

// global schedule handler
SchHandle gh_sch;

// task data struct
TaskInfo  task_get_runningtask();
void task_insert(TaskInfo taskinfo);
void task_delete(TaskInfo taskinfo);
void task_next();
void scheduler();
void parent_task();

/* thread_create : task를 생성하는 함수로 taskinfo 구조체를 할당하고 구성한다. */
TaskInfo thread_create(TaskFunc callback, void *context)
{
    TaskInfo taskinfo;
    // task를 위한 공간 할당
    taskinfo = malloc(sizeof(*taskinfo));
    memset(taskinfo, 0x00, sizeof(*taskinfo));

    {
        struct frame *f = (struct frame *)&taskinfo->stack[THREAD_STACKSIZE - sizeof(struct frame)/4];

        // taskinfo로 할당된 공간 중 stack부분 뒤쪽에 frame을 위한 공간으로 할당
        // 이에 task가 수행되면서 stack공간을 활용
        int i;
        for(i = 0; i < THREAD_STACKSIZE; ++i) {         // stack overflow check
            taskinfo->stack[i] = i;
        }
        memset(f, 0, sizeof(struct frame));
        f->retaddr = (unsigned long)callback;
        f->retaddr2 = (unsigned long)thread_kill;
        f->data    = (unsigned long)context;
        taskinfo->sp    = (unsigned long)&f->flags;
        f->ebp     = (unsigned long)&f->eax;
    }
    // task 생성에 따라 gh_sch에 child task가 늘었음을 표시
    gh_sch.child_task ++;
    // gh_sch.child_task 값으로 task_id 할당
```

```c
        taskinfo->task_id = gh_sch.child_task;
        // task 생성시 TASK_READY로 상태를 설정함
        taskinfo->status = TASK_READY;
        // taskinfo구조체들의 linkedlist에 새 thread의 taskinfo 구조체를 삽입
        task_insert(taskinfo);

        return taskinfo;
}

/* thread_init : 초기화 함수로 main함수가 처음에 호출하여, */
/* global scheduler handeler를 초기화하고, parent_task를 생성한다. */
void thread_init()
{

        gh_sch.root_task = NULL;
        gh_sch.running_task = NULL;

        gh_sch.child_task = 0;

        thread_create(parent_task, NULL);
}

/* thread_switch : 수행중이던 task가 다른 대기중인 task에게 cpu사용을 양보하게 하는 함수로,
    현재 cpu레지스터의 값이 수행중이던 task의 stack부분에 차례차례 저장되게 되며,
    다음에 수행될 것으로 선택된 task의 taskinfo의 stack정보가 레지스터로 올려진다.*/
static unsigned long spsave, sptmp;
void thread_switch()
{
        asm(    "push %%rax\n \t"
                "push %%rbx\n \t"
                "push %%rcx\n \t"
                "push %%rdx\n \t"
                "push %%rsi\n \t"
                "push %%rdi\n \t"
                "push %%rbp\n \t"
                "push %%rbp\n \t"
                "mov %%rsp, %0"
                : "=r" (spsave)
        );

        gh_sch.running_task->sp = spsave

        scheduler();
        sptmp = gh_sch.running_task->sp

        asm(    "mov %0, %%rsp\n \t"
```

```c
            "pop %%rbp\n \t"
            "pop %%rbp\n \t"
            "pop %%rdi\n \t"
            "pop %%rsi\n \t"
            "pop %%rdx\n \t"
            "pop %%rcx\n \t"
            "pop %%rbx\n \t"
            "pop %%rax\n \t"
            ::"r" (sptmp)
        );
}


// 다음 수행될 task를 선택하는 함수
void scheduler(void)
{
    TaskInfo task;
    // gh_sch의 running_task가 가르키고 있는 taskinfo 받음
    task = task_get_runningtask();

    switch ( task->status ) {
            // task상태가 TASK_RUN이나 TASK_SLEEP이면 선택됨
            case TASK_RUN:
            case TASK_SLEEP:
                    break;
            // task상태가 TASK_KILL이면 delete하고, swiching함수 다시 호출
            case TASK_KILL:
                    task_delete(task);
                    scheduler();
                    break;
            // task상태가 TASK_YIELD이면 상태를 TASK_RUN으로 바꾸고 선택됨
            case TASK_YIELD:
                    task->status = TASK_RUN;
                    break;
            // task상태가 TASK_READY이면 싱테를 TASK_RUN으로 바꾸고 선택됨
            case TASK_READY:
                    task->status = TASK_RUN;
                    break;
    }
    // gh_sch의 running_task를 linkedlist의 다음 task로 설정
    task_next();
}


void thread_wait(void)
{
    parent_task(NULL);
}
```

```c
// task 상태를 TASK_KILL로 설정 후, thread_yield
void thread_kill(void)
{
    TaskInfo task;
    task = task_get_runningtask();
    task->status = TASK_KILL;
    thread_switch();
}

void thread_uninit(void)
{
    return;
}

// child thread가 더이상 없을때까지 thread_switch
void parent_task(void *context)
{
    // signal 처리를 위한 정보를 위한 구조체
    struct sigaction act;
    sigset_t masksets;
    pid_t pid;

    // signal set 초기화
    sigemptyset( &masksets );
    // signal handler로 thread_switch() 등록
    act.sa_handler = thread_switch;
    act.sa_mask = masksets;
    act.sa_flags = SA_NODEFER;

    // signal 수신 때 취할 action 설정
    sigaction( SIGUSR1, &act, NULL );

    if( ( pid = fork() ) ==  0 ) {
            while(1) {
                    sleep(1);
                    kill( getppid(), SIGUSR1 );
            }
    } else{
            while (1) {
                    // child_task가 1개 남았을 때, 즉, parent_task만 남았을 때
                    if ( gh_sch.child_task == 1 ){
                            kill( pid, SIGINT );
                            break;
                    }
            };
    }
```

```
}
// linkedlist에 새로운 taskinfo 삽입
void task_insert(TaskInfo taskinfo)
{
        if ( gh_sch.root_task == NULL ) {
                gh_sch.root_task = taskinfo;
                gh_sch.running_task = taskinfo;
        } else {
                TaskInfo temp;
                temp = gh_sch.root_task;
                while ( temp->next != NULL ) {
                        temp = temp->next;
                }
                temp->next = taskinfo;
                taskinfo->prev = temp;
        }
}

// linkedlist에서 gh_sch.running_task가 가르키고 있는 task 리턴
TaskInfo task_get_runningtask(void)
{
        return gh_sch.running_task;
}

// linkedlist에서 gh_sch.running_task가 가르키고 있는 task의 다음 task 리턴
void task_next(void)
{
        TaskInfo temp;
        temp = gh_sch.running_task;
        // gh_sch.running_task가 null이 아니면
        if ( temp->next != NULL ) {
                gh_sch.running_task = temp->next;
        }
        // gh_sch.running_task가 null이면, parent task를 가르킴
        else {
                gh_sch.running_task = gh_sch.root_task;
        }
}

// linkedlist에서 task를 지움
void task_delete(TaskInfo taskinfo)
{
        TaskInfo temp = taskinfo->prev;
        if ( gh_sch.root_task == taskinfo ) {
                gh_sch.root_task = NULL;
                gh_sch.running_task = NULL;
```

```c
                gh_sch.child_task = 0;
        } else {

                temp->next = taskinfo->next;

                if ( taskinfo == gh_sch.running_task ) {
                        if ( temp->next != NULL ) {
                                (taskinfo->next)->prev = temp;
                                gh_sch.running_task = temp->next;
                        } else
                                gh_sch.running_task = temp;
                }
                gh_sch.child_task--;
        }
        free(taskinfo);
}
```

```c
//main.c

#include <unistd.h>
#include <stdio.h>
#include "schedule.h"

// 스케줄링 대상이 되는 태스크
void test_func_one(void* context)
{
        int i = 0;
        while (1)
        {
                i++;
                printf("TASK 1 : %5d\n", i);
                sleep(1);
                if ( i == 15 ){
                        break;
                }
        }
}

void test_func_two(void* context)
{
        int i = 500;
        while (1)
        {
                i = i+10;
                printf("\t\t\tTASK 2 : %3d\n", i);
                sleep(1);
```


리눅스 커널 내부구조

```c
                if ( i == 600 ){
                        break;
                }
        }
}

void test_func_three(void* context)
{
        int i = 1000;
        while (1)
        {
                i++;
                printf("\t\t\t\t\t\tTASK 3 : %4d\n", i);

                sleep(1);
                sleep(1);

                if ( i == 1005){
                        break;
                }
        }
}

// my_scheduler의 main 함수
int main(void )
{
        thread_init();

        thread_create(test_func_one, NULL);
        thread_create(test_func_two, NULL);
        thread_create(test_func_three, NULL);

        thread_wait();

        return 0;
}
```

3. 버디 할당자와 시뮬레이팅 환경

이번에 소개하는 버디 할당자 시뮬레이터는 할당받은 메모리를 사용하여 사용자 수준에서 동작하는 버디 할당자로써 4장에서 살펴본 리눅스의 버디 할당자의 개념대로 구현되어 있다. 따라서 할당/해제와 관련된 함수나 자료 구조 등도 리눅스의 그것과 매우 유사하다. 이 간단한 버디 할당자를 시뮬레이팅 환경에서 구현해 봄으로써 리눅스의 메모리 관리기법에 대한 깊은 이해를 할 수 있기 바란다. 본 버디 할당자와 시뮬레이팅 환경은 추후 버디 할당자 상위에 슬랩 할당자의 구현 실험, 새로운 메모리 할당 매커니즘 개발 등 다양한 분야로 확장 가능하다.

버디 할당자 시뮬레이터는 Makefile과 buddy.c라는 이름의 버디 자체 소스와 버디에서 사용되는 리스트가 구현되어 있는 list.c라는 이름의 소스, 이를 테스트하기 위한 main.c 그리고 헤더파일들로 구성되어 있다. 따라서 간단히 make라고 명령을 내리면 버디 할당자와 시뮬레이팅 환경이 컴파일되어 buddy라는 실행파일이 생성된다. 생성된 buddy 파일을 수행시키면 테스트할 메모리 공간을 KB 단위로 입력받는다 (main()의 input_size() 함수). 그림 10.3에서는 설명을 위해 64KB를 입력하였다고 가정한다. 이 경우 총 16개의 페이지 프레임이 버디에 의해 관리된다.

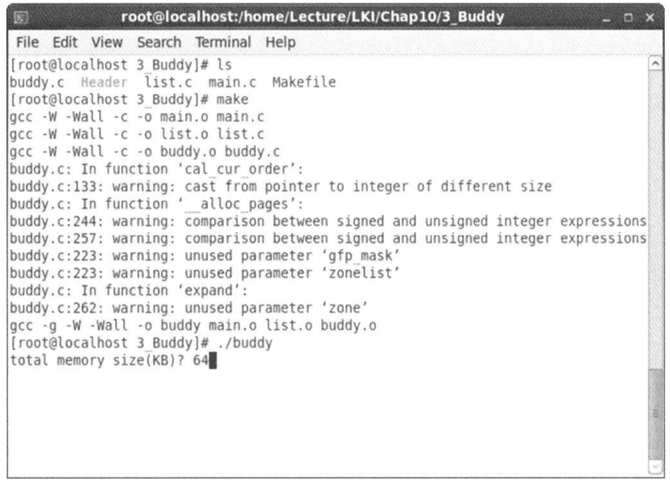

■ 그림 10.3 버디 할당자와 시뮬레이팅 환경의 동작 확인 – 1

그런 뒤 main()에서 바디 구조를 초기화 하고, alloc_pages()가 됨에 따라 페이지들이 할당된다. 그림 10.4는 order1(4KB), order2(8KB), order3(16KB)를 요청했을 때 변화를 각각 (a), (b), (c)에서 보여준다. 순서로 페이지를 할당하고 free_list의 상황을 화면에 출력한다.

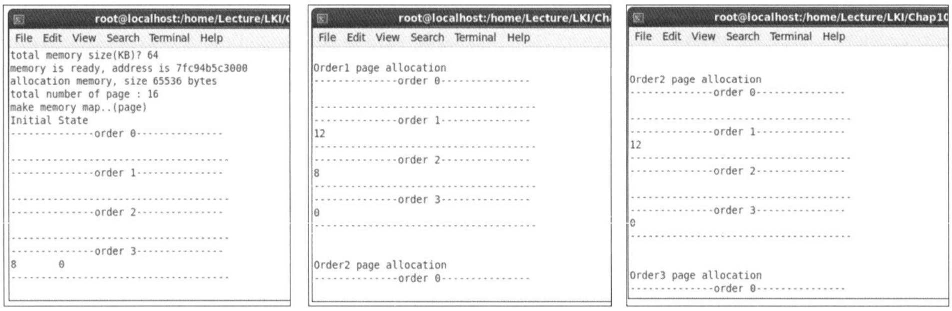

(a) 4KB 할당 요청

(b) 8KB 할당 요청

(c) 16KB 할당 요청

■ 그림 10.4 버디 할당자와 시뮬레이팅 환경의 동작 확인 - 2

```c
/* Header/buddy.h */

#ifndef _BUDDY_H_
#define _BUDDY_H_

#include "list.h"
#include <sys/mman.h>
#include <unistd.h>
#include <stdio.h>
#include <string.h>
#include <sys/types.h>
#include <sys/stat.h>

#define PAGE_SHIFT              12
#define PAGE_SIZE               (1UL << PAGE_SHIFT) //한개의 페이지 크기 4096 byte
#define PAGE_MASK               (~(PAGE_SIZE-1)) //addr의 값을 페이지 크기(4096바이트)에 맞게
                                정렬
#define PAGE_ALIGN(addr)        (((addr)+PAGE_SIZE-1)&PAGE_MASK)
#define LONG_ALIGN(x) (((x)+(sizeof(long))-1)&~((sizeof(long))-1))
#define BUDDY_MAX_ORDER         10 //버디의 최상위 order는 512개 page들을 관리
#define TOTAL_PAGES(size)       (size >> PAGE_SHIFT)

//GET_NR_PAGE(addr) addr에 해당하는 페이지 번호를 반환
#define GET_NR_PAGE(addr)       ((addr) - ((unsigned long)real_memory + \
                                    mem_offset) ) >> (PAGE_SHIFT)

//page의 물리 주소
#define page_address( page ) ((page)->addr)
unsigned int mem_size; //시뮬레이터의 메모리 크기
unsigned long mem_offset;

void* real_memory; //mmap 인터페이스로 받아온 메모리 영역
```

```
unsigned long free_pages;

//free page들을 관리하기 위한 구조체.
typedef struct free_area_struct
{
      struct list_head free_list;
      unsigned long *map;
} free_area_t;
free_area_t free_area[BUDDY_MAX_ORDER]; //free page는 10개의 order로 구성

typedef struct page
{
      struct list_head list; //free_area_t 구조체와 연결하기 위한 리스트 구조체
      unsigned long flags; //nothing to do!
      void *addr; //page의 실제 메모리 주소
      int order;
} mem_map_t;
mem_map_t *lmem_map;

//struct zone
//실제 리눅스의 메모리 할당, 해제 함수의 인터페이스와 동일한 인자를 받도록
//만들어주기 위해 생성.
typedef struct zonelist_struct
{
      int i;//zone member
}zonelist_t;

typedef struct zone_struct
{
      int j;
}zone_t;

// 함수 원형 선언부

void init_memory( void );
void input_size( void );
void free_memory( void );
void init_buddy( void );

void alloc_bitmap( unsigned long*, unsigned long );
void ready_for_memory( void );
void* get_address_map( int );
void mapping_page( mem_map_t * );

#define ADDR   (*(volatile long*)addr)
unsigned long __get_free_pages( unsigned int, unsigned int );
```

```c
struct page* alloc_pages( unsigned int, unsigned int );
struct page* __alloc_pages( unsigned int , unsigned int, zonelist_t * );

struct page* expand( zone_t *, struct page *, unsigned long ,int , int , free_area_t *);

void _free_pages( void *ptr );
void __free_pages( struct page*, unsigned int );
void __free_pages_ok( struct page*, unsigned int );

int cal_cur_order( unsigned long );
void _show_free_order_list( int );
void _show_free_list_map( int );

#endif
```

266


```c
/* buddy.c */

#include "./Header/buddy.h"

#ifndef NULL
#define NULL   0
#endif

//free_area 구조체, page 구조체 자료구조를 위한 공간을 위해
#define STRUCT_DATA            ( 1 * 1024 * 1024 )

/* 메모리 할당 함수, size에 대해 버디에서 페이지를 할당 */
/* mmap 인터페이스를 통해 메모리를 할당한다.*/
void ready_for_memory( void )
{
    real_memory = mmap( 0, mem_size + STRUCT_DATA, PROT_READ
              | PROT_WRITE | PROT_EXEC, MAP_ANON|MAP_PRIVATE, -1, 0 );
    printf( "memory is ready, address is %lx \n", (unsigned long)real_memory);
}
/* 버디 시스템을 위한 특정 자료구조의 공간 할당을 위한 함수 */
void* get_address_map( int size )
{
    char* addr;
    addr = (char *)((char *)real_memory + mem_offset);
    memset( addr,(int)0, size );
    mem_offset += size;
    return addr;
}
```

```c
/* 실제 물리적인 메모리는 page 크기만큼 분할하여 사용하는데 각각의 물리적인 page는 page 구조체 하
나로 표현한다. 그래서 모든 가용한 메모리에 대해 page 구조체를 할당 해주어야 한다. */
void mapping_page( mem_map_t *mem_map )
{
    unsigned long temp = mem_offset;
    while( mem_offset <= mem_size + STRUCT_DATA ){
        mem_map->addr = ( unsigned long *)((char *)real_memory + mem_offset);
        mem_offset += PAGE_SIZE;
        mem_map++;
    }
    mem_offset = temp;
}


// 요청된 크기의 order를 구하여 반환
int cal_cur_order( unsigned long mem )
{
    int i = BUDDY_MAX_ORDER - 1;
    while( i >= 0 ){
        if( (mem) == ( PAGE_SIZE << i ) ) {
            return i;
        }
        i--;
    }
    if( mem > ( PAGE_SIZE << (BUDDY_MAX_ORDER - 1 )))  return (BUDDY_MAX_ORDER);
    return NULL;
}
//버디 시스템의 비트맵의 비트를 변경 및 확인 시켜주는 함수
/* 특정 위치의 bit 값을 확인 */
static __inline__ int constant_test_bit( int nr, const volatile void* addr )
{
    return ((1UL << (nr & 31)) &
            (((const volatile unsigned int *) addr)[nr >> 5])) != 0;
}


/* 특정 위치의 bit 값을 변경, 0이면 1, 1이면 0 */
static __inline__ void __change_bit( int nr, volatile void* addr )
{
    if( constant_test_bit(nr, addr) == 1){
        (((volatile unsigned int *) addr)[nr >> 5])
                        &= (0xFFFFFFFF ^ (1UL << (nr & 31)));
    }else{
        (((volatile unsigned int *) addr)[nr >> 5])
                        |= (1UL << (nr & 31));
    }
}
```

```c
/* 특정 위치의 bit 값을 변경 시키고, 변경 시키전의 값을 확인 */
static __inline__ int __test_and_change_bit( int nr, volatile void* addr )
{
        int oldbit;
        if( (oldbit = constant_test_bit(nr, addr)) == 1){
                (((volatile unsigned int *) addr)[nr >> 5])
                                        &= (0xFFFFFFFF ^ (1UL << (nr & 31)));
        }else{
                (((volatile unsigned int *) addr)[nr >> 5])
                                        |= (1UL << (nr & 31));
        }
        return oldbit;
}
/* 버디에서 order의 특정 비트 값을 변경 해주기 위한 매크로 */
#define MARK_USED(index, order, area) \
                __change_bit((index) >> (1+(order)), (area)->map)

/* buddy 시스템을 초기화 */
void init_memory( void )
{
        int i;
        unsigned long cur_size = 0;

        if( ( mem_size <= 0 ) || ( mem_size % PAGE_SIZE ) != 0 )
        {
                printf( "allocate size %d bytes,
                                        not permited \t \n", mem_size );
                _exit( -1 );
        }
        ready_for_memory();//mmap을 통한 메모리 영역 확보

        printf( "allocation memory, size %d bytes \t \n", mem_size );
        free_pages = TOTAL_PAGES(mem_size);
        printf( "total number of page : %ld\n", free_pages );

        //mem_offset 현재 할당 해야 할 메모리 영역의 offset
        mem_offset = sizeof( struct page ) * TOTAL_PAGES( mem_size );
        //메모리를 page구조체로 맵핑하기 위한 구조체
        lmem_map = (struct page*)real_memory;

        //struct free_area_t 초기화
        for( i = 0; i < BUDDY_MAX_ORDER; i++ )
        {
                unsigned long bitmap_size;
                // free_area에 page 구조체를 연결 시켜주기 위해 head설정
                INIT_LIST_HEAD( &free_area[i].free_list );
```

```c
                // 현재 메모리를 위한 order별 비트맵 할당
                bitmap_size = ( mem_size - 1 ) >> ( i + 4 );
                bitmap_size = LONG_ALIGN( bitmap_size + 1 );

                free_area[i].map = (unsigned long*)get_address_map( bitmap_size );
                *(free_area[i].map) = 0;
        }
        mem_offset = STRUCT_DATA;
        mapping_page( lmem_map );//페이지를 메모리와 맵핑
        init_buddy(); //버디 초기화 최초 free page를 리스트에 연결
}
void init_buddy( void )
{
        unsigned long nr_next, nr_prev;
        int cur_order = BUDDY_MAX_ORDER - 1;
        unsigned long total_page = free_pages;
        unsigned long top_buddy_size = PAGE_SIZE << cur_order;
        free_area_t *area = &free_area[cur_order];
        if( (top_buddy_size * 2) >= ( mem_size ))
        {
                cur_order = cal_cur_order( mem_size );
                area = &free_area[--cur_order];
        }
        top_buddy_size = PAGE_SIZE << cur_order;
        unsigned long order_page = TOTAL_PAGES( top_buddy_size );
        //first list entry free_list to page
        list_add( &(lmem_map[0]).list, &(area)->free_list );
        nr_prev = 0; nr_next = 0;
        //page to page in free_area list
        while( 1 ){
                nr_prev = nr_next;
                nr_next = nr_prev + ( 1UL << cur_order );
                if( nr_next + order_page >= total_page )
                {
                        list_add( &(lmem_map[nr_next]).list, &(area)->free_list );
                        MARK_USED( nr_prev,cur_order, area);
                        break
                }
                while( ( total_page - nr_next ) <= order_page )
                {
                        if( cur_order == 0 )
                                break
                        cur_order--;
                        area--;

                        order_page = 1 << cur_order;
```

```
                }
                nr_prev = nr_next;
                list_add( &(lmem_map[nr_prev]).list, &(area)->free_list );
                MARK_USED( nr_prev,cur_order, area);
        }
}
unsigned long __get_free_pages( unsigned int gfp_mask, unsigned int order ) //요청한 order page의
주소를 반환
{
        struct page *page;
        page = alloc_pages( gfp_mask, order );
        if( !page ) return 0;
        return (unsigned long )page_address( page );
}
struct page* alloc_pages( unsigned int gfp_mask, unsigned int order )
{
        return __alloc_pages( gfp_mask, order,  NULL );
}
struct page* __alloc_pages( unsigned int gfp_mask, unsigned int order, zonelist_t *zonelist )
{
        struct page* page;
        unsigned int curr_order = order;
        free_area_t *area = &free_area[order];
        //요청한 order에 page가 있는지 검사
        //있다면, 페이지 할당 없다면 상위 order 검사
        struct list_head *head, *curr;
        do {
                head = &area->free_list;
                curr = head->next;
                if( curr != head ){
                        unsigned long index;
                        page = list_entry( curr, struct page, list );
                        list_del( curr );
                        index = GET_NR_PAGE( (unsigned long)page->addr );
                        if( curr_order != BUDDY_MAX_ORDER - 1 )
                                MARK_USED( index, curr_order, area );
                        free_pages -= 1UL << order;
                        //상위 order의 page를 가져와하는 경우
                        page = expand( NULL, page, index, order,
                                                        curr_order, area );
                        page->order = order;
                        return page;
                }
                curr_order++;
                area++;
        } while( curr_order < BUDDY_MAX_ORDER );
```

```c
        return NULL;
}
//상위 order의 페이지 검사 후, 버디 알고리즘에 의해 반으로 나뉘어 지고 하위
//order로 연결해주는 함수
struct page* expand( zone_t *zone, struct page *page, unsigned long index, int low, int high,
free_area_t *area )
{
        unsigned long size = 1 << (high);

        while( high > low ){
                area--;
                high--;
                size >>= 1;
                list_add( &(page)->list, &(area)->free_list );
                MARK_USED( index, high, area );
                index += size;
                page += size;
        }

        return page;
}


//할당된 페이지 해제를 위한 함수
void _free_pages( void *ptr )
{
        int i;
        i = (((char *)ptr - (char *)lmem_map[0].addr ) >> PAGE_SHIFT );
        __free_pages( &lmem_map[i], lmem_map[i].order );
}

void __free_pages( struct page* page, unsigned int order )
{
        //if page checking
        __free_pages_ok( page, order );
}
void __free_pages_ok( struct page* page, unsigned int order )
{
        unsigned long index, page_idx, mask;
        free_area_t *area;
        struct page* base;

        mask = (~0UL) << order;
        base = lmem_map;
        page_idx = GET_NR_PAGE( (unsigned long)page->addr );

        //해제 하려는 page의 현재 order에서 비트맵 위치 계산
```

```
        index = page_idx >> ( 1 + order );

        area = &free_area[order];
        free_pages -= mask;
        /* 페이지의 해제 후 현재 order및 상위 order에서 버디가 합쳐질 수 있는지 확인 후, 합쳐지는 경우라
면 상위 order의 리스트에 연결하고 현재 order 리스트에서는 제거 해준다. */
        while( mask + (1 << (BUDDY_MAX_ORDER-1)))
        {
                struct page *buddy1, *buddy2;
                if( area >= free_area + BUDDY_MAX_ORDER )
                {
                        printf( "over free_area boundary \n" );
                        break
                }
                if( !_test_and_change_bit( index, area->map ) ){
                        break
                }

                buddy1 = &lmem_map[( (page_idx) ^ -mask )];
                buddy2 = &lmem_map[page_idx];

                list_del( &buddy1->list );
                mask <<= 1;
                area++;
                index >>= 1;
                page_idx &= mask;
        }

        list_add( &lmem_map[page_idx].list, &area->free_list );
}

// mmap 으로 할당된 메모리 해제
void free_memory( void )
{
        munmap( real_memory, mem_size );
        printf( "Free allocated real memory.. \n" );
}
// 시뮬레이터의 메모리 사이즈 입렵(kb 단위)
void input_size( void )
{
        printf( "total memory size(KB)? " );
        scanf( "%d", &mem_size );
        mem_size *= 1024;
}
// order에 연결되어 있는 페이지 번호를 출력
void _show_free_order_list( int order )
```

```c
{
    free_area_t *area = &free_area[order];
    struct page *p, *q;
    int i=0;

    p = (struct page*)(area)->free_list.next;
    q = (struct page*)&(area)->free_list;
    printf( "————————order %d————————\n", order );
    while( p != q )
    {
        printf( "%ld \t", GET_NR_PAGE((unsigned long)p->addr) );
        p = (struct page*)p->list.next;
        if (++i == 7) {printf("\n");i=0;}
    }
    printf( "\n————————————————————\n" );
}
```

273


```c
/* list.h */

// double linked list 관리
struct list_head{
    struct list_head *next, *prev;
};

#define INIT_LIST_HEAD(ptr) \
        (ptr)->next = (ptr); (ptr)->prev = (ptr);
#define list_entry( ptr, type, member ) \
    ((type*)((char*)(ptr)-(unsigned long)(&((type *)0)->member)))

void list_add( struct list_head*, struct list_head *);
void __list_add( struct list_head *, struct list_head*, struct list_head* );
void list_del( struct list_head * );
void __list_del( struct list_head *, struct list_head * );
void list_add_tail( struct list_head*, struct list_head *);

/* list.c */
#include "Header/list.h"

void list_add( struct list_head *new, struct list_head *head )
{
```

```c
	__list_add( new, head, head->next );
}

void __list_add( struct list_head *new, struct list_head *prev, struct list_head *next )
{
	next->prev = new
	new->next = next;
	new->prev = prev;
	prev->next = new
}

void list_del( struct list_head *entry )
{
	__list_del( entry->prev, entry->next );
	entry->next = (void*)0;
	entry->prev = (void*)0;
}

void __list_del( struct list_head *prev, struct list_head *next )
{
	next->prev = prev;
	prev->next = next;
}

void list_add_tail( struct list_head *new, struct list_head *head )
{
	__list_add( new, head->prev, head );
}
```

```c
/* main.c */
#include "Header/buddy.h"

int main( void )
{
	input_size();

	int i = 0;
	struct page* page;
	struct page* page1;

	init_memory();

	page = alloc_pages(0, 2);
	page1 = alloc_pages(0, 1);
```

```
        _free_pages( page->addr );
        _free_pages( page1->addr );


        for( i = 0; i <= 9; i++ )
                        _show_free_order_list( i );
        printf( "\n\n" );


        free_memory();
        return 0;
}
```

4. FAT 파일시스템과 디스크 에뮬레이팅 환경

이번에 소개할 내용은 사용자 수준 응용 프로그램에서 파일시스템을 개발할 수 있게 해주는 디스크 에뮬레이터와 5장에서 소개된 FAT 파일시스템의 구현이다. 본 FAT 파일시스템과 디스크 에뮬레이팅 환경은 추후 파일시스템 자체의 기능 추가, 작성이 완료된 파일시스템을 모듈 형태로 만들어 리눅스에 붙이는 과정, 혹은 새로운 구조의 파일시스템 개발, 정확한 타이밍을 제공하는 디스크 에뮬레이터 개발 등의 방향으로 확장 가능하다.

포함되어 있는 FAT 파일시스템 쉘은 FAT 파일시스템을 테스트해볼 수 있도록 제작된 간단한 프로그램이다. 파일시스템의 format, create, open, write, read등의 파일시스템 함수들을 테스트 해볼 수 있으며, 사용법은 유닉스의 bash/csh 쉘과 비슷하다.

우선 그림 10.5와 같이 제공된 소스를 압축 해제하고 해당 디렉터리로 이동하여 make 명령을 수행한다. 결과물 shell이 보일 것이다. 이 실행파일이 바로 파일시스템과 이를 테스트할 수 있는 환경이 합쳐진 실행파일이다.

```
root@localhost:/home/Lecture/LKI/Chap10/4_FAT
File Edit View Search Terminal Help
[root@localhost 4_FAT]# make
cc    -c -o shell.o shell.c
shell.c: In function 'shell_cmd_exit':
shell.c:233: warning: incompatible implicit declaration of built-in function '_e
xit'
cc    -c -o fat.o fat.c
fat.c:19: warning: conflicting types for built-in function 'toupper'
fat.c:20: warning: conflicting types for built-in function 'isalpha'
fat.c:21: warning: conflicting types for built-in function 'isdigit'
cc    -c -o disksim.o disksim.c
cc    -c -o fat_shell.o fat_shell.c
cc    -c -o entrylist.o entrylist.c
cc    -c -o clusterlist.o clusterlist.c
cc -o shell shell.o fat.o disksim.o fat_shell.o entrylist.o clusterlist.o -Wall
[root@localhost 4_FAT]# ls
clusterlist.c  disk.h     entrylist.c  fat.o        Makefile  shell.o
clusterlist.h  disksim.c  entrylist.o  fat_shell.c  shell     types.h
clusterlist.o  disksim.h  fat.c        fat_shell.h  shell.c
common.h       disksim.o  fat.h        fat_shell.o  shell.h
[root@localhost 4_FAT]#
```

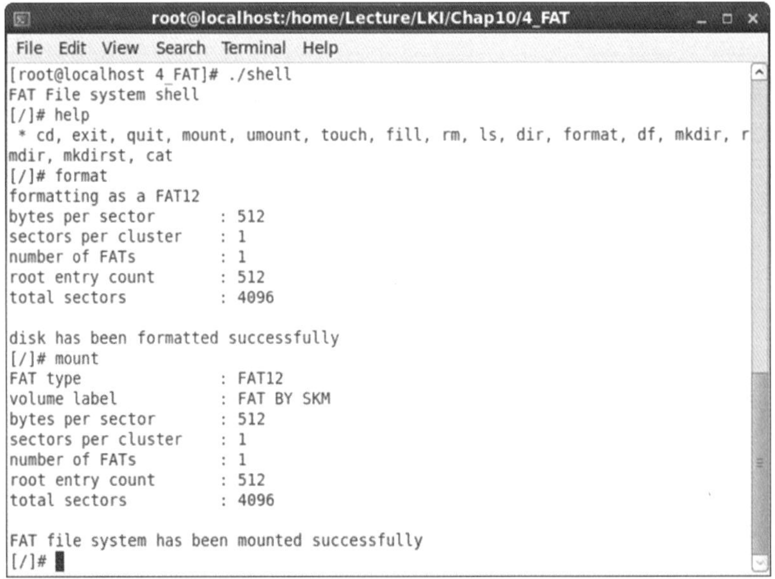

■ 그림 10.5 FAT 파일 시스템과 시뮬레이팅 환경의 동작 확인 – 1

그림 10.6과 같이 생성된 실행 파일을 수행시켜 보자. 간단한 셸이 수행된다. 이 셸에서의 입력은 파일시스템 내부 함수를 호출하도록 구현되어 있다. 파일시스템을 테스트하기 위해서는 우선 format, mount 명령을 수행해야 한다.

```
root@localhost:/home/Lecture/LKI/Chap10/4_FAT
File Edit View Search Terminal Help
[root@localhost 4_FAT]# ./shell
FAT File system shell
[/]# help
 * cd, exit, quit, mount, umount, touch, fill, rm, ls, dir, format, df, mkdir, r
mdir, mkdirst, cat
[/]# format
formatting as a FAT12
bytes per sector       : 512
sectors per cluster    : 1
number of FATs         : 1
root entry count       : 512
total sectors          : 4096

disk has been formatted successfully
[/]# mount
FAT type               : FAT12
volume label           : FAT BY SKM
bytes per sector       : 512
sectors per cluster    : 1
number of FATs         : 1
root entry count       : 512
total sectors          : 4096

FAT file system has been mounted successfully
[/]#
```

■ 그림 10.6 FAT 파일 시스템과 시뮬레이팅 환경의 동작 확인 – 2

그런 뒤 제공되는 그림 10.7과 같이 다양한 명령어를 통해 파일시스템의 동작을 테스트해 볼 수 있다.

```
root@localhost:/home/Lecture/LKI/Chap10/4_FAT            _  □  ×
File  Edit  View  Search  Terminal  Help
[/]# touch test
[/]# ls
[File names] [D] [File sizes]
TEST            0              0

[/]# fill test2 102
[/]# ls
[File names] [D] [File sizes]
TEST            0              0
TEST2           0            102

[/]# mkdir dir
[/]# ls
[File names] [D] [File sizes]
TEST            0              0
TEST2           0            102
DIR             1              0

[/]# cd dir
[DIR/]# ls
[File names] [D] [File sizes]
.               1              0
..              1              0

[DIR/]# ▌
```

■ 그림 10.7   쉘 프로그램의 동작확인

파일시스템의 동작을 간략히 설명하면 다음과 같다.

4-1 파일시스템 마운트

FAT 파일시스템의 코드는 파일시스템의 마운트 시 처음 호출된다. 예제 코드에서는 myfat_read_superblock 함수가 이 역할을 수행한다. 마운트를 위한 코드는 크게 두 부분으로 나누어지는데, 디스크의 0번 섹터로부터 부트 파라미터 블록(BPB)을 읽어 들여 내용이 유효한지 검사하는 부분과 클러스터 리스트(cluster list)를 초기화하고 File Allocation Table로부터 프리 리스트(free list)를 구성하는 부분이다. 프리 리스트는 추후 파일의 생성 등에 필요한 클러스터를 할당할 때에 사용되며, 프리가 아닌 클러스터들은 요청 시마다 디스크로부터 읽어 들인다.

4-2 파일의 생성 및 쓰기

myfat_create함수는 주어진 부모 디렉터리 아래에 파일을 생성한다. 이를 위해 먼저 새로 만들어질 파일의 엔트리를 생성한다. 이후 lookup_entry함수를 이용해 디렉터리 내에 같은 이름을 갖는 파일이 있는지 검사한다. 같은 파일이 존재한다면 에러를 반환하고, 존재하지 않으면 insert_entry 함수를 이용해 엔트리를 추가한다.

insert_entry 함수는 부모 디렉터리에 엔트리를 추가해주는 함수로써, 남아있는 엔트리 공간이 있다면 그곳에 추가하고, 엔트리가 더 이상 남아있지 않으면 새로운 클러스터를 할당 받아 엔트리를 추가한다.

디렉터리를 생성하는 함수인 myfat_mkdir 역시 myfat_create와 역할이 비슷하나, 속성이 디렉터리인 엔트리를 생성하며, 새로운 클러스터를 한 개 할당받아 이름으로 각각 '.'과 '..'을 갖는 두 개의 엔트리를 추가한다. 새로운 클러스터는 마운트 시 구성한 프리 리스트로부터 할당 받으며, File Allocation Table에 사용 중인 클러스터라는 표시를 해둔다.

myfat_write 함수는 파일에 내용을 기록할 때에 호출되는 함수로써, 인자로 파일의 구조체, 오프셋, 길이, 버퍼를 입력 받는다. 가장 먼저 주어진 오프셋에 해당하는 클러스터를 검색하여 내용을 임시공간에 읽어 들인 후 버퍼의 내용을 복사하고 디스크에 기록한다. 이 때 파일의 크기보다 내용이 길어질 수도 있으며, 이 경우 새로운 클러스터를 할당 받아 기록한다. 마지막으로 변화된 파일 크기를 적용하여 엔트리를 다시 기록하는 것으로 함수는 끝난다.

4-3 파일의 탐색 및 읽기

파일의 탐색은 디렉터리 내 파일목록을 읽어 들이는 것에서부터 시작된다. myfat_read_dir함수는 ls명령어와 같이 디렉터리 목록을 볼 때에 필요한 함수다. 단순히 디렉터리 내 클러스터 체인을 순회하며 유효한 상태의 엔트리들을 리스트에 추가해 주는 역할을 한다. 이 때 인자로 넘어온 adder함수포인터를 이용해 함수를 호출한다.

파일이나 디렉터리를 열 때에는 myfat_lookup함수를 이용하는데, lookup_entry 함수를 이용해 디렉터리 내 엔트리가 존재하면 찾은 엔트리를 넘겨주고, 그렇지 않으면 에러를 반환한다. 파일의 내용을 읽기 위해서는 myfat_read 함수를 이용한다. myfat_write와 마찬가지로 오프셋에 해당하는 클러스터부터 순차적으로 요청한 길이만큼 읽어 들인다. 오프셋과 길이의 합이 파일의 크기보다 큰 경우는, 파일의 끝까지만 읽어 들인 후 읽어 들인 길이를 반환한다.

4-4 파일의 삭제

파일의 삭제는 myfat_remove에서 이루어지며, 엔트리에서 파일 이름의 첫 번째 바이트에 파일의 삭제표시인 0xE5를 설정하여 다시 기록하며, 클러스터 체인을 해제한다. 클러스터 체인의 해제는 해당 파일이 사용 중이던 클러스터들을 모두 프리리스트에 추가시키며, File Allocation Table에 클러스터들이 프리 상태임을 표시하는 것으로 완료된다.

디렉터리의 삭제 역시 비슷한데, myfat_rmdir에서는 우선 디렉터리 내에 서브 디렉터리 혹은 파일이 존재하는지 검사 후, 파일이 존재하지 않으면 삭제표시를 하고 클러스터 체인을 해제한다.

```c
//common.h

#ifndef _COMMON_H_
#define _COMMON_H_

#include <stdio.h>
#include <stdlib.h>
#include <memory.h>

#include "types.h"

#ifndef ZeroMemory
#define ZeroMemory( a, b )      memset( a, 0, b )
#endif

#define PRINTF                          printf
#define SECTOR                          DWORD

#define STRINGIFY(x)            #x
#define TOSTRING(x)             STRINGIFY(x)

#ifndef __FUNCTION__
#define __LOCATION__            __FILE__ "(" TOSTRING(__LINE__) ") "
#else
#define __LOCATION__            __FILE__ "(" TOSTRING(__LINE__) ", " __FUNCTION__ ")"

#endif

#define WARNING( ... )          PRINTF( __VA_ARGS__ )
```


리눅스 커널 내부구조

```c
#ifndef _DEBUG
#define TRACE
#else
#define TRACE                   PRINTF
#endif
#define STEP( a )                               { PRINTF( "%s(%d): %s:\n", __FILE__, __LINE__, # a ); a;
}


#define FAT_ERROR               -1
#define FAT_SUCCESS             0


#endif
```

```c
//fat.h
#ifndef _FAT_H_
#define _FAT_H_

#include "common.h"
#include "disk.h"
#include "clusterlist.h"

#define FAT12                                   0
#define FAT16                                   1
#define FAT32                                   2

#define MAX_SECTOR_SIZE                 512
#define MAX_NAME_LENGTH                 256
#define MAX_ENTRY_NAME_LENGTH           11

#define ATTR_READ_ONLY                  0x01
#define ATTR_HIDDEN                     0x02
#define ATTR_SYSTEM                     0x04
#define ATTR_VOLUME_ID                  0x08
#define ATTR_DIRECTORY                  0x10
#define ATTR_ARCHIVE                    0x20
#define ATTR_LONG_NAME                  ATTR_READ_ONLY | ATTR_HIDDEN |
ATTR_SYSTEM | ATTR_VOLUME_ID

#define VOLUME_LABEL                    "FAT BY SKM "
#define DIR_ENTRY_FREE                  0xE5
#define DIR_ENTRY_NO_MORE               0x00
#define DIR_ENTRY_OVERWRITE             1

#define SHUT_BIT_MASK16                 0x8000
#define ERR_BIT_MASK16                  0x4000
```

```c
#define SHUT_BIT_MASK32                         0x08000000
#define ERR_BIT_MASK32                          0x04000000

#define EOC12                                           0x0FF8
#define EOC16                                           0xFFF8
#define EOC32                                           0x0FFFFFF8
#define FREE_CLUSTER                            0x00

#define MS_EOC12                                0x0FFF
#define MS_EOC16                                0xFFFF
#define MS_EOC32                                0x0FFFFFFF

#define SET_FIRST_CLUSTER( a, b )       { ( a ).firstClusterHI = ( b ) >> 16; ( a ).firstClusterLO = (
WORD )( ( b ) & 0xFFFF ); }
#define GET_FIRST_CLUSTER( a )          ( ( ( ( DWORD )( a ).firstClusterHI ) << 16 ) | ( a
).firstClusterLO )
//#define IS_POINT_ROOT_ENTRY( a )     ( ( a ).attribute & ATTR_VOLUME_ID )
#define IS_POINT_ROOT_ENTRY( a )       ( ( ( a ).attribute & ATTR_VOLUME_ID ) || ( ( ( a
).attribute & ATTR_DIRECTORY ) && ( ( a ).firstClusterLO == 0 ) ) || ( a ).name[0] == 32 )

/* FAT structures are written based on MS Hardware White Paper */
#ifdef _WIN32
#pragma pack(push,fatstructures)
#endif
#pragma pack(1)

typedef struct
{
    BYTE      driveNumber;
    BYTE      reserved1;
    BYTE      bootSignature;
    DWORD  volumeID;
    BYTE      volumeLabel[11];
    BYTE      filesystemType[8];
} FAT_BOOTSECTOR;

typedef struct
{
    BYTE      jmpBoot[3];
    BYTE      OEMName[8];

    UINT16    bytesPerSector;
    UINT8     sectorsPerCluster;
    UINT16    reservedSectorCount;
    UINT8     numberOfFATs;
    UINT16    rootEntryCount;
```

```c
        UINT16    totalSectors;

        BYTE      media;

        UINT16    FATSize16;
        UINT16    sectorsPerTrack;
        UINT16    numberOfHeads;
        UINT32    hiddenSectors;
        UINT32    totalSectors32;

        union
        {
                FAT_BOOTSECTOR bs;

                struct
                {
                        UINT32    FATSize32;
                        WORD      extFlags;
                        WORD      FSVersion;
                        UINT32    rootCluster;
                        WORD      FSInfo;
                        UINT16    backupBootSectors;
                        BYTE      reserved[12];
                        FAT_BOOTSECTOR bs;
                } BPB32;

                char padding[512 - 36];
        };
} FAT_BPB;

typedef struct
{
        DWORD     leadSignature;
        BYTE      reserved1[480];
        DWORD     structSignature;
        UINT32    freeCount;
        UINT32    nextFree;
        BYTE      reserved2[12];
        DWORD     trailSignature;
} FAT_FSINFO;

typedef struct
{
        BYTE      name[11];
        BYTE      attribute;
        BYTE      NTReserved;
```

```c
        BYTE        createdTimeThen;
        WORD        createdTime;
        WORD        createdDate;

        WORD        lastAccessDate;

        WORD        firstClusterHI;

        WORD        writeTime;
        WORD        writeData;

        WORD        firstClusterLO;

        UINT32      fileSize;
} FAT_DIR_ENTRY;

#ifdef _WIN32
#pragma pack(pop, fatstructures)
#else
#pragma pack()
#endif

typedef struct
{
        BYTE                    FATType;
        DWORD                   FATSize;
        DWORD                   EOCMark;
        FAT_BPB                 bpb;
        CLUSTER_LIST    freeClusterList;
        DISK_OPERATIONS*        disk;

        union
        {
                FAT_FSINFO      info32;
                struct
                {
                        UINT32  freeCount;
                        UINT32  nextFree;
                } info;
        };
} FAT_FILESYSTEM;

typedef struct
{
        WORD    year;
} FAT_FILETIME;
```

```c
typedef struct
{
    UINT32   cluster;
    UINT32   sector;
    INT32    number;                /* in the sector */
} FAT_ENTRY_LOCATION;

typedef struct
{
    FAT_FILESYSTEM*         fs;
    FAT_DIR_ENTRY           entry;
    FAT_ENTRY_LOCATION      location;
} FAT_NODE;

typedef int ( *FAT_NODE_ADD )( void*, FAT_NODE* );

void fat_umount( FAT_FILESYSTEM* fs );
int fat_read_superblock( FAT_FILESYSTEM* fs, FAT_NODE* root );
int fat_read_dir( FAT_NODE* dir, FAT_NODE_ADD adder, void* list );
int fat_mkdir( const FAT_NODE* parent, const char* entryName, FAT_NODE* retEntry );
int fat_rmdir( FAT_NODE* node );
int fat_lookup( FAT_NODE* parent, const char* entryName, FAT_NODE* retEntry );
int fat_create( FAT_NODE* parent, const char* entryName, FAT_NODE* retEntry );
int fat_read( FAT_NODE* file, unsigned long offset, unsigned long length, char* buffer );
int fat_write( FAT_NODE* file, unsigned long offset, unsigned long length, const char* buffer );
int fat_remove( FAT_NODE* file );
int fat_df( FAT_FILESYSTEM* fs, UINT32* totalSectors, UINT32* usedSectors );

#endif
```

```c
//fat.c

#include "fat.h"
#include "clusterlist.h"

#define MIN( a, b )                                       ( ( a ) < ( b ) ? ( a ) : ( b ) )
#define MAX( a, b )                                       ( ( a ) > ( b ) ? ( a ) : ( b ) )
#define NO_MORE_CLUSER()                        WARNING( "No more clusters are remained\n" );

unsigned char toupper( unsigned char ch );
int isalpha( unsigned char ch );
int isdigit( unsigned char ch );

/* calculate the 'sectors per cluster' by some conditions */
DWORD get_sector_per_clusterN( DWORD diskTable[][2], UINT64 diskSize, UINT32 bytesPerSector )
{
    int i = 0;

    do
    {
            if( ( ( UINT64 )( diskTable[i][0] * 512 ) ) >= diskSize )
                    return diskTable[i][1] / ( bytesPerSector / 512 );
    }
    while( diskTable[i++][0] < 0xFFFFFFFF );

    return 0;
}

DWORD get_sector_per_cluster16( UINT64 diskSize, UINT32 bytesPerSector )
{
    DWORD   diskTableFAT16[][2] =
    {
            { 8400,                       0         },
            { 32680,          2        },
            { 262144,         4        },
            { 524288,         8        },
            { 1048576,                    16          },
            /* The entries after this point are not used unless FAT16 is forced */
            { 2097152,                    32         },
            { 4194304,                    64         },
            { 0xFFFFFFFF,     0         }
    };

    return get_sector_per_clusterN( diskTableFAT16, diskSize, bytesPerSector );
}
```

```
DWORD get_sector_per_cluster32( UINT64 diskSize, UINT32 bytesPerSector )
{
        DWORD   diskTableFAT32[][2] =
        {
                { 66600,                0       },
                { 532480,               1       },
                { 16777216,                     8       },
                { 33554432,                     16      },
                { 67108864,                     32      },
                { 0xFFFFFFFF,   64      }
        };


        return get_sector_per_clusterN( diskTableFAT32, diskSize, bytesPerSector );
}


DWORD get_sector_per_cluster( BYTE FATType, UINT64 diskSize, UINT32 bytesPerSector )
{
        switch( FATType )
        {
                case 0:                 /* FAT12 */
                        return 1;
                case 1:                 /* FAT16 */
                        return get_sector_per_cluster16( diskSize, bytesPerSector );
                case 2:                 /* FAT32 */
                        return get_sector_per_cluster32( diskSize, bytesPerSector );
        }

        return 0;
}


/* fills the field FATSize16 and FATSize32 of the FAT_BPB */
void fill_fat_size( FAT_BPB* bpb, BYTE FATType )
{
        UINT32  diskSize = ( bpb->totalSectors32 == 0 ? bpb->totalSectors : bpb->totalSectors32 );
        UINT32  rootDirSectors = ( ( bpb->rootEntryCount * 32 ) + (bpb->bytesPerSector - 1) ) /
bpb->bytesPerSector;
        UINT32  tmpVal1 = diskSize - ( bpb->reservedSectorCount + rootDirSectors );
        UINT32  tmpVal2 = ( 256 * bpb->sectorsPerCluster ) + bpb->numberOfFATs;
        UINT32  FATSize;

        if( FATType == FAT32 )
                tmpVal2 = tmpVal2 / 2;

        FATSize = ( tmpVal1 + ( tmpVal2 - 1 ) ) / tmpVal2;

        if( FATType == 32 )
```

```c
        {
                bpb->FATSize16 = 0;
                bpb->BPB32.FATSize32 = FATSize;
        }
        else
                bpb->FATSize16 = ( WORD )( FATSize & 0xFFFF );
}

int fill_bpb( FAT_BPB* bpb, BYTE FATType, SECTOR numberOfSectors, UINT32 bytesPerSector )
{
        QWORD diskSize = numberOfSectors * bytesPerSector;
        FAT_BOOTSECTOR* bs;
        BYTE    filesystemType[][8] = { "FAT12   ", "FAT16   ", "FAT32   " };
        UINT32  sectorsPerCluster;

        if( FATType > 2 )
                return FAT_ERROR;

        ZeroMemory( bpb, sizeof( FAT_BPB ) );

        bpb->jmpBoot[0] = 0xEB;
        bpb->jmpBoot[1] = 0x00;                              /* ?? */
        bpb->jmpBoot[2] = 0x90;
        memcpy( bpb->OEMName, "MSWIN4.1", 8 );

        sectorsPerCluster                       = get_sector_per_cluster( FATType, diskSize,
bytesPerSector );
        if( sectorsPerCluster == 0 )
        {
                WARNING( "The number of sector is out of range\n" );
                return -1;
        }

        bpb->bytesPerSector                      = bytesPerSector;
        bpb->sectorsPerCluster           = sectorsPerCluster;
        bpb->reservedSectorCount    = ( FATType == FAT32 ? 32 : 1 );
        bpb->numberOfFATs                        = 1;
        bpb->rootEntryCount                      = ( FATType == FAT32 ? 0 : 512 );
        bpb->totalSectors                = ( numberOfSectors < 0x10000 ? ( UINT16 )
numberOfSectors : 0 );

        bpb->media                                       = 0xF8;
        fill_fat_size( bpb, FATType );
        bpb->sectorsPerTrack             = 0;
        bpb->numberOfHeads               = 0;
        bpb->totalSectors32                      = ( numberOfSectors >= 0x10000 ?
```

```c
numberOfSectors : 0 );

    if( FATType == FAT32 )
    {
            bpb->BPB32.extFlags              = 0x0081;          /* active FAT : 1, only
one FAT is active */
            bpb->BPB32.FSVersion     = 0;
//          bpb->BPB32.rootCluster   = 2;
            bpb->BPB32.FSInfo        = 1;
            bpb->BPB32.backupBootSectors     = 6;
            bpb->BPB32.backupBootSectors     = 0;
            ZeroMemory( bpb->BPB32.reserved, 12 );
    }

    if( FATType == FAT32 )
            bs = &bpb->BPB32.bs;
    else
            bs = &bpb->bs;

    if( FATType == FAT12 )
            bs->driveNumber   = 0x00;
    else
            bs->driveNumber   = 0x80;

    bs->reserved1            = 0;
    bs->bootSignature  = 0x29;
    bs->volumeID             = 0;
    memcpy( bs->volumeLabel, VOLUME_LABEL, 11 );
    memcpy( bs->filesystemType, filesystemType[FATType], 8 );

    return FAT_SUCCESS;
}

int get_fat_type( FAT_BPB* bpb )
{
    UINT32   totalSectors, dataSector, rootSector, countOfClusters, FATSize;

    rootSector = ( ( bpb->rootEntryCount * 32 ) + ( bpb->bytesPerSector - 1 ) ) / bpb-
>bytesPerSector;

    if( bpb->FATSize16 != 0 )
            FATSize = bpb->FATSize16;
    else
            FATSize = bpb->BPB32.FATSize32;

    if( bpb->totalSectors != 0 )
```

```
                totalSectors = bpb->totalSectors;
    else
                totalSectors = bpb->totalSectors32;

    dataSector = totalSectors - ( bpb->reservedSectorCount + ( bpb->numberOfFATs * FATSize )
+ rootSector );
    countOfClusters = dataSector / bpb->sectorsPerCluster;

    if( countOfClusters < 4085 )
            return FAT12;
    else if( countOfClusters < 65525 )
            return FAT16;
    else
            return FAT32;

    return FAT_ERROR;
}

FAT_ENTRY_LOCATION get_entry_location( const FAT_DIR_ENTRY* entry )
{
    FAT_ENTRY_LOCATION        location;

    location.cluster      = GET_FIRST_CLUSTER( *entry );
    location.sector               = 0;
    location.number               = 0;

    return location;
}

/* fills the reserved fields of FAT */
int fill_reserved_fat( FAT_BPB* bpb, BYTE* sector )
{
    BYTE    FATType;
    DWORD*  shutErrBit12;
    WORD*   shutBit16;
    WORD*   errBit16;
    DWORD*  shutBit32;
    DWORD*  errBit32;

    FATType = get_fat_type( bpb );
    if( FATType == FAT12 )
    {
            shutErrBit12 = ( DWORD* )sector;

            *shutErrBit12 = 0xFF0 << 20;
            *shutErrBit12 |= ( ( DWORD )bpb->media & 0x0F ) << 20;
```

```
                        *shutErrBit12 |= MS_EOC12 << 8;
        }
        else if( FATType == FAT16 )
        {
                shutBit16 = ( WORD* )sector;
                errBit16 = ( WORD* )sector + sizeof( WORD );

                *shutBit16 = 0xFFF0 | bpb->media;
                *errBit16 = MS_EOC16;
        }
        else
        {
                shutBit32 = ( DWORD* )sector;
                errBit32 = ( DWORD* )sector + sizeof( DWORD );

                *shutBit32 = 0x0FFFFFF0 | bpb->media;
                *errBit32 = MS_EOC32;
        }

        return FAT_SUCCESS;
}

int clear_fat( DISK_OPERATIONS* disk, FAT_BPB* bpb )
{
        UINT32    i, end;
        UINT32    FATSize;
        SECTOR  fatSector;
        BYTE      sector[MAX_SECTOR_SIZE];

        ZeroMemory( sector, sizeof( sector ) );
        fatSector = bpb->reservedSectorCount;

        if( bpb->FATSize16 != 0 )
                FATSize = bpb->FATSize16;
        else
                FATSize = bpb->BPB32.FATSize32;

        end = fatSector + ( FATSize * bpb->numberOfFATs );

        fill_reserved_fat( bpb, sector );
        disk->write_sector( disk, fatSector, sector );

        ZeroMemory( sector, sizeof( sector ) );

        for( i = fatSector + 1; i < end; i++ )
                disk->write_sector( disk, i, sector );
```

```c
        return FAT_SUCCESS;
}

int create_root( DISK_OPERATIONS* disk, FAT_BPB* bpb )
{
        BYTE      sector[MAX_SECTOR_SIZE];
        SECTOR  rootSector = 0;
        FAT_DIR_ENTRY*    entry;

        ZeroMemory( sector, MAX_SECTOR_SIZE );
        entry = ( FAT_DIR_ENTRY* )sector;

        memcpy( entry->name, VOLUME_LABEL, 11 );
        entry->attribute = ATTR_VOLUME_ID;

        /* Mark as no more directory is in here */
        entry++;
        entry->name[0] = DIR_ENTRY_NO_MORE;

        if( get_fat_type( bpb ) == FAT32 )
        {
                /* Not implemented yet */
        }
        else
                rootSector = bpb->reservedSectorCount + ( bpb->numberOfFATs * bpb->FATSize16 );

        disk->write_sector( disk, rootSector, sector );

        return FAT_SUCCESS;
}

int get_fat_sector( FAT_FILESYSTEM* fs, SECTOR cluster, SECTOR* fatSector, DWORD* fatEntryOffset )
{
        DWORD  fatOffset;

        switch( fs->FATType )
        {
        case FAT32:
                fatOffset = cluster * 4;
                break;
        case FAT16:
                fatOffset = cluster * 2;
                break;
        case FAT12:
                fatOffset = cluster + ( cluster / 2 );
```


● 리눅스 커널 내부구조

```
                break;
        default:
                WARNING( "Illegal file system type\n" );
                fatOffset = 0;
                break;
        }


        *fatSector          = fs->bpb.reservedSectorCount + ( fatOffset / fs->bpb.bytesPerSector );
        *fatEntryOffset     = fatOffset % fs->bpb.bytesPerSector;

        return FAT_SUCCESS;
}

int prepare_fat_sector( FAT_FILESYSTEM* fs, SECTOR cluster, SECTOR* fatSector, DWORD*
fatEntryOffset, BYTE* sector )
{
        get_fat_sector( fs, cluster, fatSector, fatEntryOffset );
        fs->disk->read_sector( fs->disk, *fatSector, sector );

        if( fs->FATType == FAT12 && *fatEntryOffset == fs->bpb.bytesPerSector - 1 )
        {
                fs->disk->read_sector( fs->disk, *fatSector + 1, &sector[fs->bpb.bytesPerSector] );
                return 1;
        }

        return 0;
}


/* Read a FAT entry from FAT Table */
DWORD get_fat( FAT_FILESYSTEM* fs, SECTOR cluster )
{
        BYTE    sector[MAX_SECTOR_SIZE * 2];
        SECTOR  fatSector;
        DWORD   fatEntryOffset;

        prepare_fat_sector( fs, cluster, &fatSector, &fatEntryOffset, sector );

        switch( fs->FATType )
        {
        case FAT32:
                return ( *( ( DWORD* )&sector[fatEntryOffset] ) ) & 0xFFFFFFFF;
        case FAT16:
                return ( DWORD )( *( ( WORD *)&sector[fatEntryOffset] ) );
        case FAT12:
                if( cluster & 1 )       /* Cluster number is ODD    */
                        return ( DWORD )( *( ( WORD *)&sector[fatEntryOffset] ) >> 4 );
```

```c
        else                                          /* Cluster number is EVEN   */
                return ( DWORD )( *( ( WORD *)&sector[fatEntryOffset] ) & 0xFFF );
    }

    return FAT_ERROR;
}

/* Write a FAT entry to FAT Table */
int set_fat( FAT_FILESYSTEM* fs, SECTOR cluster, DWORD value )
{
    BYTE    sector[MAX_SECTOR_SIZE * 2];
    SECTOR  fatSector;
    DWORD   fatEntryOffset;
    int              result;

    result = prepare_fat_sector( fs, cluster, &fatSector, &fatEntryOffset, sector );

    switch( fs->FATType )
    {
    case FAT32:
            value &= 0x0FFFFFFF;
            *( ( DWORD* )&sector[fatEntryOffset] ) &= 0xF0000000;
            *( ( DWORD* )&sector[fatEntryOffset] ) |= value;
            break;
    case FAT16:
            *( ( WORD* )&sector[fatEntryOffset] ) = ( WORD )value;
            break;
    case FAT12:
            if( cluster & 1 )
            {
                    value <<= 4;
                    *( ( WORD* )&sector[fatEntryOffset] ) &= 0x000F;
            }
            else
            {
                    value &= 0x0FFF;
                    *( ( WORD* )&sector[fatEntryOffset] ) &= 0xF000;
            }
            *( ( WORD* )&sector[fatEntryOffset] ) |= ( WORD )value;
            break;
    }

    fs->disk->write_sector( fs->disk, fatSector, sector );
    if( result )
            fs->disk->write_sector( fs->disk, fatSector + 1, &sector[fs->bpb.bytesPerSector] );
```

```c
	return FAT_SUCCESS;
}


/***************************************************************************/
/* Format disk as a specified file system                               */
/***************************************************************************/
int fat_format( DISK_OPERATIONS* disk, BYTE FATType )
{
	FAT_BPB bpb;

	if( fill_bpb( &bpb, FATType, disk->numberOfSectors, disk->bytesPerSector ) != FAT_SUCCESS )
		return FAT_ERROR;

	disk->write_sector( disk, 0, &bpb );

	PRINTF( "bytes per sector      : %u\n", bpb.bytesPerSector );
	PRINTF( "sectors per cluster   : %u\n", bpb.sectorsPerCluster );
	PRINTF( "number of FATs        : %u\n", bpb.numberOfFATs );
	PRINTF( "root entry count      : %u\n", bpb.rootEntryCount );
	PRINTF( "total sectors         : %u\n", ( bpb.totalSectors ? bpb.totalSectors : bpb.totalSectors32 ) );
	PRINTF( "\n" );

	clear_fat( disk, &bpb );
	create_root( disk, &bpb );

	return FAT_SUCCESS;
}

int validate_bpb( FAT_BPB* bpb )
{
	int FATType;

	if( !( bpb->jmpBoot[0] == 0xEB && bpb->jmpBoot[2] == 0x90 ) &&
			!( bpb->jmpBoot[0] == 0xE9 ) )
		return FAT_ERROR;

	FATType = get_fat_type( bpb );

	if( FATType < 0 )
		return FAT_ERROR;

	return FAT_SUCCESS;
}
```

```c
/* when FAT type is FAT12 or FAT16 */
int read_root_sector( FAT_FILESYSTEM* fs, SECTOR sectorNumber, BYTE* sector )
{
    SECTOR rootSector;

    rootSector = fs->bpb.reservedSectorCount + ( fs->bpb.numberOfFATs * fs->bpb.FATSize16 );

    return fs->disk->read_sector( fs->disk, rootSector + sectorNumber, sector );
}

int write_root_sector( FAT_FILESYSTEM* fs, SECTOR sectorNumber, const BYTE* sector )
{
    SECTOR rootSector;

    rootSector = fs->bpb.reservedSectorCount + ( fs->bpb.numberOfFATs * fs->bpb.FATSize16 );

    return fs->disk->write_sector( fs->disk, rootSector + sectorNumber, sector );
}

/* Translate logical cluster and sector numbers to a physical sector number */
SECTOR      calc_physical_sector( FAT_FILESYSTEM* fs, SECTOR clusterNumber, SECTOR
sectorNumber )
{
    SECTOR firstDataSector;
    SECTOR firstSectorOfCluster;
    SECTOR rootDirSectors;

    rootDirSectors = ( ( fs->bpb.rootEntryCount * 32 ) + ( fs->bpb.bytesPerSector - 1 ) ) / fs-
>bpb.bytesPerSector ;
    firstDataSector = fs->bpb.reservedSectorCount + ( fs->bpb.numberOfFATs * fs->FATSize ) +
rootDirSectors;
    firstSectorOfCluster = ( ( clusterNumber - 2 ) * fs->bpb.sectorsPerCluster ) + firstDataSector;

    return firstSectorOfCluster + sectorNumber;
}

int read_data_sector( FAT_FILESYSTEM* fs, SECTOR clusterNumber, SECTOR sectorNumber, BYTE*
sector )
{
    return fs->disk->read_sector( fs->disk, calc_physical_sector( fs, clusterNumber, sectorNumber
), sector );
}

int write_data_sector( FAT_FILESYSTEM* fs, SECTOR clusterNumber, SECTOR sectorNumber, const
BYTE* sector )
{
```

```
        return fs->disk->write_sector( fs->disk, calc_physical_sector( fs, clusterNumber, sectorNumber
), sector );
}


/* search free clusters from FAT and add to free cluster list */
int search_free_clusters( FAT_FILESYSTEM* fs )
{
        UINT32    totalSectors, dataSector, rootSector, countOfClusters, FATSize;
        UINT32    i, cluster;

        rootSector = ( ( fs->bpb.rootEntryCount * 32 ) + ( fs->bpb.bytesPerSector - 1 ) ) /
fs->bpb.bytesPerSector;

        if( fs->bpb.FATSize16 != 0 )
                FATSize = fs->bpb.FATSize16;
        else
                FATSize = fs->bpb.BPB32.FATSize32;

        if( fs->bpb.totalSectors != 0 )
                totalSectors = fs->bpb.totalSectors;
        else
                totalSectors = fs->bpb.totalSectors32;

        dataSector = totalSectors - ( fs->bpb.reservedSectorCount + ( fs->bpb.numberOfFATs *
FATSize ) + rootSector );
        countOfClusters = dataSector / fs->bpb.sectorsPerCluster;

        for( i = 2; i < countOfClusters; i++ )
        {
                cluster = get_fat( fs, i );
                if( cluster == FREE_CLUSTER )
                        add_free_cluster( fs, i );
        }

        return FAT_SUCCESS;
}

int fat_read_superblock( FAT_FILESYSTEM* fs, FAT_NODE* root )
{
        INT                result;
        BYTE     sector[MAX_SECTOR_SIZE];

        if( fs == NULL || fs->disk == NULL )
        {
                WARNING( "DISK_OPERATIONS : %p\nFAT_FILESYSTEM : %p\n", fs, fs->disk );
                return FAT_ERROR;
```

```c
}

if( fs->disk->read_sector( fs->disk, 0, &fs->bpb ) )
        return FAT_ERROR;
result = validate_bpb( &fs->bpb );

if( result )
{
        WARNING( "BPB validation is failed\n" );
        return FAT_ERROR;
}

fs->FATType = get_fat_type( &fs->bpb );
if( fs->FATType > FAT32 )
        return FAT_ERROR;

if( read_root_sector( fs, 0, sector ) )
        return FAT_ERROR;

ZeroMemory( root, sizeof( FAT_NODE ) );
memcpy( &root->entry, sector, sizeof( FAT_DIR_ENTRY ) );
root->fs = fs;

fs->EOCMark = get_fat( fs, 1 );
if( fs->FATType == 2 )
{
        if( fs->EOCMark & SHUT_BIT_MASK32 )
                WARNING( "disk drive did not dismount correctly\n" );
        if( fs->EOCMark & ERR_BIT_MASK32 )
                WARNING( "disk drive has error\n" );
}
else
{
        if( fs->FATType == 1)
        {
                if( fs->EOCMark & SHUT_BIT_MASK16 )
                        PRINTF( "disk drive did not dismounted\n" );
                if( fs->EOCMark & ERR_BIT_MASK16 )
                        PRINTF( "disk drive has error\n" );
        }
}

if( fs->bpb.FATSize16 != 0 )
        fs->FATSize = fs->bpb.FATSize16;
else
        fs->FATSize = fs->bpb.BPB32.FATSize32;
```

```
        init_cluster_list( &fs->freeClusterList );
        search_free_clusters( fs );

        memset( root->entry.name, 0x20, 11 );
        return FAT_SUCCESS;
}

/***************************************************************************/
/* On unmount file system                                               */
/***************************************************************************/
void fat_umount( FAT_FILESYSTEM* fs )
{
        release_cluster_list( &fs->freeClusterList );
}

int read_dir_from_sector( FAT_FILESYSTEM* fs, FAT_ENTRY_LOCATION* location, BYTE* sector,
FAT_NODE_ADD adder, void* list )
{
        UINT                i, entriesPerSector;
        FAT_DIR_ENTRY*      dir;
        FAT_NODE            node;

        entriesPerSector = fs->bpb.bytesPerSector / sizeof( FAT_DIR_ENTRY );
        dir = ( FAT_DIR_ENTRY* )sector;

        for( i = 0; i < entriesPerSector; i++ )
        {
                if( dir->name[0] == DIR_ENTRY_FREE )
                        ;
                else if( dir->name[0] == DIR_ENTRY_NO_MORE )
                        break;
                else if( !( dir->attribute & ATTR_VOLUME_ID ) )
                {
                        node.fs = fs;
                        node.location = *location;
                        node.location.number = i;
                        node.entry = *dir;
                        adder( list, &node );               /* call the callback function that adds
entries to list */
                }

                dir++;
        }

        return ( i == entriesPerSector ? 0 : -1 );
}
```

```c
DWORD get_MS_EOC( BYTE FATType )
{
	switch( FATType )
	{
	case FAT12:
		return MS_EOC12;
	case FAT16:
		return MS_EOC16;
	case FAT32:
		return MS_EOC32;
	}

	WARNING( "Incorrect FATType(%u)\n", FATType );
	return -1;
}

int is_EOC( BYTE FATType, SECTOR clusterNumber )
{
	switch( FATType )
	{
	case FAT12:
		if( EOC12 <= ( clusterNumber & 0xFFF ) )
			return -1;

		break;
	case FAT16:
		if( EOC16 <= ( clusterNumber & 0xFFFF ) )
			return -1;

		break;
	case FAT32:
		if( EOC32 <= ( clusterNumber & 0x0FFFFFFF ) )
			return -1;
		break;
	default:
		WARNING( "Incorrect FATType(%u)\n", FATType );
	}

	return 0;
}

/**************************************************************************/
/* Read all entries in the current directory                            */
/**************************************************************************/
int fat_read_dir( FAT_NODE* dir, FAT_NODE_ADD adder, void* list )
{
```

```c
        BYTE     sector[MAX_SECTOR_SIZE];
        SECTOR   i, j, rootEntryCount;
        FAT_ENTRY_LOCATION location;

        if( IS_POINT_ROOT_ENTRY( dir->entry ) && ( dir->fs->FATType == FAT12 || dir->fs->FATType == FAT16 ) )
        {
                if( dir->fs->FATType != FAT32 )
                        rootEntryCount = dir->fs->bpb.rootEntryCount;

                for( i = 0; i < rootEntryCount; i++ )
                {
                        read_root_sector( dir->fs, i, sector );
                        location.cluster = 0;
                        location.sector = i;
                        location.number = 0;
                        if( read_dir_from_sector( dir->fs, &location, sector, adder, list ) )
                                break;
                }
        }
        else
        {
                i = GET_FIRST_CLUSTER( dir->entry );
                do
                {
                        for( j = 0; j < dir->fs->bpb.sectorsPerCluster; j++ )
                        {
                                read_data_sector( dir->fs, i, j, sector );
                                location.cluster = i;
                                location.sector = j;
                                location.number = 0;

                                if( read_dir_from_sector( dir->fs, &location, sector, adder, list ) )
                                        break;
                        }
                        i = get_fat( dir->fs, i );
                } while( !is_EOC( dir->fs->FATType, i ) && i != 0 );
        }

        return FAT_SUCCESS;
}

int add_free_cluster( FAT_FILESYSTEM* fs, SECTOR cluster )
{
        return push_cluster( &fs->freeClusterList, cluster );
}
```

```c
SECTOR alloc_free_cluster( FAT_FILESYSTEM* fs )
{
	SECTOR	cluster;

	if( pop_cluster( &fs->freeClusterList, &cluster ) == FAT_ERROR )
		return 0;

	return cluster;
}

SECTOR span_cluster_chain( FAT_FILESYSTEM* fs, SECTOR clusterNumber )
{
	UINT32	nextCluster;

	nextCluster = alloc_free_cluster( fs );

	if( nextCluster )
	{
		set_fat( fs, clusterNumber, nextCluster );
		set_fat( fs, nextCluster, get_MS_EOC( fs->FATType ) );
	}

	return nextCluster;
}

int find_entry_at_sector( const BYTE* sector, const BYTE* formattedName, UINT32 begin, UINT32 last,
UINT32* number )
{
	UINT32	i;
	const FAT_DIR_ENTRY*		entry = ( FAT_DIR_ENTRY* )sector;

	for( i = begin; i <= last; i++ )
	{
		if( formattedName == NULL )
		{
			if( entry[i].name[0] != DIR_ENTRY_FREE && entry[i].name[0] !=
DIR_ENTRY_NO_MORE )
			{
				*number = i;
				return FAT_SUCCESS;
			}
		}
		else
		{
			if( ( formattedName[0] == DIR_ENTRY_FREE || formattedName[0] ==
DIR_ENTRY_NO_MORE ) &&
```

```c
                                  ( formattedName[0] == entry[i].name[0] ) )
                {
                        *number = i;
                        return FAT_SUCCESS;
                }

                if( memcmp( entry[i].name, formattedName, MAX_ENTRY_NAME_LENGTH ) == 0 )
                {
                        *number = i;
                        return FAT_SUCCESS;
                }
        }

        if( entry[i].name[0] == DIR_ENTRY_NO_MORE )
        {
                *number = i;
                return -2;
        }
    }

    *number = i;
    return -1;
}

int find_entry_on_root( FAT_FILESYSTEM* fs, const FAT_ENTRY_LOCATION* first, const BYTE*
formattedName, FAT_NODE* ret )
{
    BYTE      sector[MAX_SECTOR_SIZE];
    UINT32    i, number;
    UINT32    lastSector;
    UINT32    entriesPerSector, lastEntry;
    INT32     begin = first->number;
    INT32     result;
    FAT_DIR_ENTRY*    entry;

    entriesPerSector    = fs->bpb.bytesPerSector / sizeof( FAT_DIR_ENTRY );
    lastEntry           = entriesPerSector - 1;
    lastSector          = fs->bpb.rootEntryCount / entriesPerSector;

    for( i = first->sector; i <= lastSector; i++ )
    {
            read_root_sector( fs, i, sector );
            entry = ( FAT_DIR_ENTRY* )sector;

            result = find_entry_at_sector( sector, formattedName, begin, lastEntry, &number );
```

```c
                begin = 0;

                if( result == -1 )
                        continue;
                else
                {
                        if( result == -2 )
                                return FAT_ERROR;
                        else
                        {
                                memcpy( &ret->entry, &entry[number], sizeof( FAT_DIR_ENTRY ) );

                                ret->location.cluster = 0;
                                ret->location.sector  = i;
                                ret->location.number            = number;

                                ret->fs = fs;
                        }

                        return FAT_SUCCESS;
                }
        }

        return FAT_ERROR;
}

int find_entry_on_data( FAT_FILESYSTEM* fs, const FAT_ENTRY_LOCATION* first, const BYTE*
formattedName, FAT_NODE* ret )
{
        BYTE    sector[MAX_SECTOR_SIZE];
        UINT32  i, number;
        UINT32  entriesPerSector, lastEntry;
        UINT32  currentCluster;
        INT32   begin = first->number;
        INT32   result;
        FAT_DIR_ENTRY*  entry;

        currentCluster          = first->cluster;
        entriesPerSector        = fs->bpb.bytesPerSector / sizeof( FAT_DIR_ENTRY );
        lastEntry               = entriesPerSector - 1;

        while( -1 )
        {
                UINT32  nextCluster;

                for( i = first->sector; i < fs->bpb.sectorsPerCluster; i++ )
```

```
            {
                read_data_sector( fs, currentCluster, i, sector );
                entry = ( FAT_DIR_ENTRY* )sector;

                result = find_entry_at_sector( sector, formattedName, begin, lastEntry,
&number );
                begin = 0;

                if( result == -1 )
                        continue;
                else
                {
                        if( result == -2 )
                                return FAT_ERROR;
                        else
                        {
                                memcpy( &ret->entry, &entry[number], sizeof(
FAT_DIR_ENTRY ) );

                                ret->location.cluster = currentCluster;
                                ret->location.sector = i;
                                ret->location.number        = number;

                                ret->fs = fs;
                        }

                        return FAT_SUCCESS;
                }
            }

            nextCluster = get_fat( fs, currentCluster );

            if( is_EOC( fs->FATType, nextCluster ) )
                    break;
            else if( nextCluster == 0)
                    break;

            currentCluster = nextCluster;
    }

    return FAT_ERROR;
}

/* entryName = NULL -> Find any valid entry */
int lookup_entry( FAT_FILESYSTEM* fs, const FAT_ENTRY_LOCATION* first, const BYTE* entryName,
FAT_NODE* ret )
```

```c
{
        if( first->cluster == 0 && ( fs->FATType == FAT12 || fs->FATType == FAT16 ) )
                return find_entry_on_root( fs, first, entryName, ret );
        else
                return find_entry_on_data( fs, first, entryName, ret );
}

int set_entry( FAT_FILESYSTEM* fs, const FAT_ENTRY_LOCATION* location, const FAT_DIR_ENTRY*
value )
{
        BYTE      sector[MAX_SECTOR_SIZE];
        FAT_DIR_ENTRY*    entry;

        if( location->cluster == 0 && ( fs->FATType == FAT12 || fs->FATType == FAT16 ) )
        {
                read_root_sector( fs, location->sector, sector );

                entry = ( FAT_DIR_ENTRY* )sector;
                entry[location->number] = *value;

                write_root_sector( fs, location->sector, sector );
        }
        else
        {
                read_data_sector( fs, location->cluster, location->sector, sector );

                entry = ( FAT_DIR_ENTRY* )sector;
                entry[location->number] = *value;

                write_data_sector( fs, location->cluster, location->sector, sector );
        }

        return FAT_ERROR;
}

int insert_entry( const FAT_NODE* parent, FAT_NODE* newEntry, BYTE overwrite )
{
        FAT_ENTRY_LOCATION        begin;
        FAT_NODE                          entryNoMore;
        BYTE                              entryName[2] = { 0, };

        begin.cluster = GET_FIRST_CLUSTER( parent->entry );
        begin.sector = 0;
        begin.number = 0;

        if( !( IS_POINT_ROOT_ENTRY( parent->entry ) && ( parent->fs->FATType == FAT12 ||
```

```
parent->fs->FATType == FAT16 ) ) && overwrite )
    {
            begin.number = 0;

            set_entry( parent->fs, &begin, &newEntry->entry );
            newEntry->location = begin;

            /* End of entries */
            begin.number = 1;
            ZeroMemory( &entryNoMore, sizeof( FAT_NODE ) );
            entryNoMore.entry.name[0] = DIR_ENTRY_NO_MORE;
            set_entry( parent->fs, &begin, &entryNoMore.entry );

            return FAT_SUCCESS;
    }

    /* find empty(unused) entry */
    entryName[0] = DIR_ENTRY_FREE;
    if( lookup_entry( parent->fs, &begin, entryName, &entryNoMore ) == FAT_SUCCESS )
    {
            set_entry( parent->fs, &entryNoMore.location, &newEntry->entry );
            newEntry->location = entryNoMore.location;
    }
    else
    {
            if( IS_POINT_ROOT_ENTRY( parent->entry ) && ( parent->fs->FATType == FAT12
|| parent->fs->FATType == FAT16 ) )
            {
                    UINT32 rootEntryCount = newEntry->location.sector * (
parent->fs->bpb.bytesPerSector / sizeof( FAT_DIR_ENTRY ) ) + newEntry->location.number;
                    if( rootEntryCount >= parent->fs->bpb.rootEntryCount )
                    {
                            WARNING( "Cannot insert entry into the root entry\n" );
                            return FAT_ERROR;
                    }
            }

            /* add new entry to end */
            entryName[0] = DIR_ENTRY_NO_MORE;
            if( lookup_entry( parent->fs, &begin, entryName, &entryNoMore ) == FAT_ERROR )
                    return FAT_ERROR;

            set_entry( parent->fs, &entryNoMore.location, &newEntry->entry );
            newEntry->location = entryNoMore.location;
            entryNoMore.location.number++;
```

```c
                if( entryNoMore.location.number == ( parent->fs->bpb.bytesPerSector / sizeof(
FAT_DIR_ENTRY ) ) )
                {
                        entryNoMore.location.sector++;
                        entryNoMore.location.number = 0;

                        if( entryNoMore.location.sector == parent->fs->bpb.sectorsPerCluster )
                        {
                                if( !( IS_POINT_ROOT_ENTRY( parent->entry ) && (
parent->fs->FATType == FAT12 || parent->fs->FATType == FAT16 ) ) )
                                {
                                        entryNoMore.location.cluster = span_cluster_chain(
parent->fs, entryNoMore.location.cluster );

                                        if( entryNoMore.location.cluster == 0 )
                                        {
                                                NO_MORE_CLUSER();
                                                return FAT_ERROR;
                                        }
                                        entryNoMore.location.sector = 0;
                                }
                        }
                }

                /* End of entries */
                set_entry( parent->fs, &entryNoMore.location, &entryNoMore.entry );
        }

    return FAT_SUCCESS;
}

void upper_string( char* str, int length )
{
    while( *str && length-- > 0 )
    {
        *str = toupper( *str );
        str++;
    }
}

int format_name( FAT_FILESYSTEM* fs, char* name )
{
    UINT32  i, length;
    UINT32  extender = 0, nameLength = 0;
    UINT32  extenderCurrent = 8;
    BYTE    regularName[MAX_ENTRY_NAME_LENGTH];
```

```
        memset( regularName, 0x20, sizeof( regularName ) );
        length = strlen( name );

        if( strncmp( name, "..", 2 ) == 0 )
        {
                memcpy( name, "..          ", 11 );
                return FAT_SUCCESS;
        }
        else if( strncmp( name, ".", 1 ) == 0 )
        {
                memcpy( name, ".          ", 11 );
                return FAT_SUCCESS;
        }


        if( fs->FATType == FAT32 )
        {
        }
        else
        {
                upper_string( name, MAX_ENTRY_NAME_LENGTH );

                for( i = 0; i < length; i++ )
                {
                        if( name[i] != '.' && !isdigit( name[i] ) && !isalpha( name[i] ) )
                                return FAT_ERROR;

                        if( name[i] == '.' )
                        {
                                if( extender )
                                        return FAT_ERROR;          /* dot character is
allowed only once */
                                extender = 1;
                        }
                        else if( isdigit( name[i] ) || isalpha( name[i] ) )
                        {
                                if( extender )
                                        regularName[extenderCurrent++] = name[i];
                                else
                                        regularName[nameLength++] = name[i];
                        }
                        else
                                return FAT_ERROR;                  /* non-ascii name is not
allowed */
                }

                if( nameLength > 8 || nameLength == 0 || extenderCurrent > 11 )
```

```c
                        return FAT_ERROR;
        }

        memcpy( name, regularName, sizeof( regularName ) );
        return FAT_SUCCESS;
}

/***************************************************************************/
/* Create new directory                                                    */
/***************************************************************************/
int fat_mkdir( const FAT_NODE* parent, const char* entryName, FAT_NODE* ret )
{
        FAT_NODE                        dotNode, dotdotNode;
        DWORD                           firstCluster;
        BYTE                            name[MAX_NAME_LENGTH];
        int                             result;

        strncpy( name, entryName, MAX_NAME_LENGTH );

        if( format_name( parent->fs, name ) )
                return FAT_ERROR;

        /* newEntry */
        ZeroMemory( ret, sizeof( FAT_NODE ) );
        memcpy( ret->entry.name, name, MAX_ENTRY_NAME_LENGTH );
        ret->entry.attribute = ATTR_DIRECTORY;
        firstCluster = alloc_free_cluster( parent->fs );

        if( firstCluster == 0 )
        {
                NO_MORE_CLUSER();
                return FAT_ERROR;
        }
        set_fat( parent->fs, firstCluster, get_MS_EOC( parent->fs->FATType ) );

        SET_FIRST_CLUSTER( ret->entry, firstCluster );
        result = insert_entry( parent, ret, 0 );
        if( result )
                return FAT_ERROR;

        ret->fs = parent->fs;

        /* dotEntry */
        ZeroMemory( &dotNode, sizeof( FAT_NODE ) );
        memset( dotNode.entry.name, 0x20, 11 );
        dotNode.entry.name[0] = '.';
```

```
        dotNode.entry.attribute = ATTR_DIRECTORY;
        SET_FIRST_CLUSTER( dotNode.entry, firstCluster );
        insert_entry( ret, &dotNode, DIR_ENTRY_OVERWRITE );

        /* dotdotEntry */
        ZeroMemory( &dotdotNode, sizeof( FAT_NODE ) );
        memset( dotdotNode.entry.name, 0x20, 11 );
        dotdotNode.entry.name[0] = '.';
        dotdotNode.entry.name[1] = '.';
        dotdotNode.entry.attribute = ATTR_DIRECTORY;
        SET_FIRST_CLUSTER( dotdotNode.entry, GET_FIRST_CLUSTER( parent->entry ) );
        insert_entry( ret, &dotdotNode, 0 );

        return FAT_SUCCESS;
}

int free_cluster_chain( FAT_FILESYSTEM* fs, DWORD firstCluster )
{
        DWORD   currentCluster = firstCluster;
        DWORD   nextCluster;

        while( !is_EOC( fs->FATType, currentCluster ) && currentCluster != FREE_CLUSTER )
        {
                nextCluster = get_fat( fs, currentCluster );
                set_fat( fs, currentCluster, FREE_CLUSTER );
                add_free_cluster( fs, currentCluster );
                currentCluster = nextCluster;
        }

        return FAT_SUCCESS;
}

int has_sub_entries( FAT_FILESYSTEM* fs, const FAT_DIR_ENTRY* entry )
{
        FAT_ENTRY_LOCATION      begin;
        FAT_NODE                subEntry;

        begin = get_entry_location( entry );
        begin.number = 2;              /* Ignore the '.' and '..' entries */

        if( !lookup_entry( fs, &begin, NULL, &subEntry ) )
                return FAT_ERROR;

        return FAT_SUCCESS;
}
```

```c
/**************************************************************************/
/* Remove directory                                                       */
/**************************************************************************/
int fat_rmdir( FAT_NODE* dir )
{
      if( has_sub_entries( dir->fs, &dir->entry ) )
            return FAT_ERROR;

      if( !( dir->entry.attribute & ATTR_DIRECTORY ) )              /* Is directory? */
            return FAT_ERROR;

      dir->entry.name[0] = DIR_ENTRY_FREE;
      set_entry( dir->fs, &dir->location, &dir->entry );
      free_cluster_chain( dir->fs, GET_FIRST_CLUSTER( dir->entry ) );

      return FAT_SUCCESS;
}

/**************************************************************************/
/* Lookup entry(file or directory)                                        */
/**************************************************************************/
int fat_lookup( FAT_NODE* parent, const char* entryName, FAT_NODE* retEntry )
{
      FAT_ENTRY_LOCATION      begin;
      BYTE      formattedName[MAX_NAME_LENGTH] = { 0, };

      begin.cluster = GET_FIRST_CLUSTER( parent->entry );
      begin.sector = 0;
      begin.number = 0;

      strncpy( formattedName, entryName, MAX_NAME_LENGTH );

      if( format_name( parent->fs, formattedName ) )
            return FAT_ERROR;

      if( IS_POINT_ROOT_ENTRY( parent->entry ) )
            begin.cluster = 0;

      return lookup_entry( parent->fs, &begin, formattedName, retEntry );
}

/**************************************************************************/
/* Create new file                                                        */
/**************************************************************************/
int fat_create( FAT_NODE* parent, const char* entryName, FAT_NODE* retEntry )
{
```

```c
    FAT_ENTRY_LOCATION          first;
    BYTE                                name[MAX_NAME_LENGTH] = { 0, };
    int                                 result;

    strncpy( name, entryName, MAX_NAME_LENGTH );

    if( format_name( parent->fs, name ) )
            return FAT_ERROR;

    /* newEntry */
    ZeroMemory( retEntry, sizeof( FAT_NODE ) );
    memcpy( retEntry->entry.name, name, MAX_ENTRY_NAME_LENGTH );

    first.cluster = parent->entry.firstClusterLO;
    first.sector = 0;
    first.number = 0;
    if( lookup_entry( parent->fs, &first, name, retEntry ) == FAT_SUCCESS )
            return FAT_ERROR;

    retEntry->fs = parent->fs;
    result = insert_entry( parent, retEntry, 0 );
    if( result )
            return FAT_ERROR;

    return FAT_SUCCESS;
}

/**************************************************************************/
/* Read file                                                            */
/**************************************************************************/
int fat_read( FAT_NODE* file, unsigned long offset, unsigned long length, char* buffer )
{
    BYTE    sector[MAX_SECTOR_SIZE];
    DWORD   currentOffset, currentCluster, clusterSeq = 0;
    DWORD   clusterNumber, sectorNumber, sectorOffset;
    DWORD   readEnd;
    DWORD   clusterSize, clusterOffset = 0;

    currentCluster = GET_FIRST_CLUSTER( file->entry );
    readEnd = MIN( offset + length, file->entry.fileSize );

    currentOffset = offset;

    clusterSize = ( file->fs->bpb.bytesPerSector * file->fs->bpb.sectorsPerCluster );
    clusterOffset = clusterSize;
    while( offset > clusterOffset )
```

```c
        {
                currentCluster = get_fat( file->fs, currentCluster );
                clusterOffset += clusterSize;
                clusterSeq++;
        }

        while( currentOffset < readEnd )
        {
                DWORD   copyLength;

                clusterNumber      = currentOffset / ( file->fs->bpb.bytesPerSector *
file->fs->bpb.sectorsPerCluster );
                if( clusterSeq != clusterNumber )
                {
                        clusterSeq++;
                        currentCluster = get_fat( file->fs, currentCluster );
                }
                sectorNumber       = ( currentOffset / ( file->fs->bpb.bytesPerSector ) ) %
file->fs->bpb.sectorsPerCluster;
                sectorOffset       = currentOffset % file->fs->bpb.bytesPerSector;

                if( read_data_sector( file->fs, currentCluster, sectorNumber, sector ) )
                        break;

                copyLength = MIN( file->fs->bpb.bytesPerSector - sectorOffset, readEnd -
currentOffset );

                memcpy( buffer,
                                &sector[sectorOffset],
                                copyLength );

                buffer += copyLength;
                currentOffset += copyLength;
        }

        return currentOffset - offset;
}


/**************************************************************************/
/* Write file                                                            */
/**************************************************************************/
int fat_write( FAT_NODE* file, unsigned long offset, unsigned long length, const char* buffer )
{
        BYTE    sector[MAX_SECTOR_SIZE];
        DWORD   currentOffset, currentCluster, clusterSeq = 0;
        DWORD   clusterNumber, sectorNumber, sectorOffset;
```

```
DWORD  readEnd;
DWORD  clusterSize;

currentCluster = GET_FIRST_CLUSTER( file->entry );
readEnd = offset + length;

currentOffset = offset;

clusterSize = ( file->fs->bpb.bytesPerSector * file->fs->bpb.sectorsPerCluster );
while( offset > clusterSize )
{
        currentCluster = get_fat( file->fs, currentCluster );
        clusterSize += clusterSize;
        clusterSeq++;
}

while( currentOffset < readEnd )
{
        DWORD  copyLength;

        clusterNumber    = currentOffset / ( file->fs->bpb.bytesPerSector *
file->fs->bpb.sectorsPerCluster );

        if( currentCluster == 0 )
        {
                currentCluster = alloc_free_cluster( file->fs );
                if( currentCluster == 0 )
                {
                        NO_MORE_CLUSER();
                        return FAT_ERROR;
                }

                SET_FIRST_CLUSTER( file->entry, currentCluster );
                set_fat( file->fs, currentCluster, get_MS_EOC( file->fs->FATType ) );
        }

        if( clusterSeq != clusterNumber )
        {
                DWORD nextCluster;
                clusterSeq++;

                nextCluster = get_fat( file->fs, currentCluster );
                if( is_EOC( file->fs->FATType, nextCluster ) )
                {
                        nextCluster = span_cluster_chain( file->fs, currentCluster );
```

```c
                                if( nextCluster == 0 )
                                {
                                        NO_MORE_CLUSER();
                                        break;
                                }
                        }
                        currentCluster = nextCluster;
                }
                sectorNumber        = ( currentOffset / ( file->fs->bpb.bytesPerSector ) ) %
file->fs->bpb.sectorsPerCluster;
                sectorOffset        = currentOffset % file->fs->bpb.bytesPerSector;

                copyLength = MIN( file->fs->bpb.bytesPerSector - sectorOffset, readEnd -
currentOffset );

                if( copyLength != file->fs->bpb.bytesPerSector )
                {
                        if( read_data_sector( file->fs, currentCluster, sectorNumber, sector ) )
                                break;
                }

                memcpy( &sector[sectorOffset],
                                buffer,
                                copyLength );

                if( write_data_sector( file->fs, currentCluster, sectorNumber, sector ) )
                        break;

                buffer += copyLength;
                currentOffset += copyLength;
        }

        file->entry.fileSize = MAX( currentOffset, file->entry.fileSize );
        set_entry( file->fs, &file->location, &file->entry );

        return currentOffset - offset;
}

/************************************************************************/
/* Remove file                                                          */
/************************************************************************/
int fat_remove( FAT_NODE* file )
{
        if( file->entry.attribute & ATTR_DIRECTORY )                 /* Is directory? */
                return FAT_ERROR;
```


리눅스 커널 내부구조

```
        file->entry.name[0] = DIR_ENTRY_FREE;
        set_entry( file->fs, &file->location, &file->entry );
        free_cluster_chain( file->fs, GET_FIRST_CLUSTER( file->entry ) );

        return FAT_SUCCESS;
}


/***************************************************************************/
/* Disk free spaces                                                      */
/***************************************************************************/
int fat_df( FAT_FILESYSTEM* fs, UINT32* totalSectors, UINT32* usedSectors )
{
        if( fs->bpb.totalSectors != 0 )
                *totalSectors = fs->bpb.totalSectors;
        else
                *totalSectors = fs->bpb.totalSectors32;

        *usedSectors = *totalSectors - ( fs->freeClusterList.count * fs->bpb.sectorsPerCluster );

        return FAT_SUCCESS;
```


● 리눅스 커널 내부구조

```
//types.h

#ifndef _TYPES_H_
#define _TYPES_H_

#define BYTE                            unsigned char
#define WORD                            unsigned short
#define DWORD                                   unsigned int
#define QWORD                                   unsigned long long int
#define SHORT                           short
#define USHORT                                  unsigned short
#define INT                                     int
#define UINT                            unsigned int
#define INT8                            char
#define UINT8                           unsigned char
#define INT16                           SHORT
#define UINT16                          USHORT
#define INT32                           INT
#define UINT32                          UINT
#define INT64                           long long int
#define UINT64                          unsigned INT64

#endif
```

```c
//clusterlist.h

#ifndef _CLUSTERLIST_H_
#define _CLUSTERLIST_H_

#include "common.h"

#define CLUSTERS_PER_ELEMENT 1023

typedef struct CLUSTER_LIST_ELEMENT
{
    SECTOR                          clusters[CLUSTERS_PER_ELEMENT];

    struct CLUSTER_LIST_ELEMENT*    next;
} CLUSTER_LIST_ELEMENT;

typedef struct
{
    UINT32                          count;
    UINT32                          pushOffset;
    UINT32                          popOffset;

    CLUSTER_LIST_ELEMENT*   first;
    CLUSTER_LIST_ELEMENT*   last;
} CLUSTER_LIST;

int    init_cluster_list( CLUSTER_LIST* );
int    push_cluster( CLUSTER_LIST*, SECTOR );
int pop_cluster( CLUSTER_LIST*, SECTOR* );
void  release_cluster_list( CLUSTER_LIST* );

#endif
```

317

리눅스 커널 내부구조

```c
//clusterlist.c

#include "common.h"
#include "clusterlist.h"

int     init_cluster_list( CLUSTER_LIST* clusterList )
{
      if( clusterList == NULL )
              return FAT_ERROR;

      ZeroMemory( clusterList, sizeof( CLUSTER_LIST ) );

      return FAT_SUCCESS;
}

int     push_cluster( CLUSTER_LIST* clusterList, SECTOR cluster )
{
      CLUSTER_LIST_ELEMENT*    entry;

      if( clusterList == NULL )
              return FAT_ERROR;

      if( clusterList->first == NULL ||                                /* first push or */
              clusterList->pushOffset == CLUSTERS_PER_ELEMENT )     /* the item is full*/
      {
              entry = ( CLUSTER_LIST_ELEMENT* )malloc( sizeof( CLUSTER_LIST_ELEMENT ) );
              if( entry == NULL )
                      return FAT_ERROR;

              entry->next = NULL;

              if( clusterList->first == NULL )
                      clusterList->first = entry;
              if( clusterList->last )
                      clusterList->last->next = entry;

              clusterList->last = entry;

              clusterList->pushOffset = 0;
      }
entry = clusterList->last;
      entry->clusters[clusterList->pushOffset++] = cluster;
      clusterList->count++;

      return FAT_SUCCESS;
}
```

```c
int pop_cluster( CLUSTER_LIST* clusterList, SECTOR* cluster )
{
        CLUSTER_LIST_ELEMENT*    entry;

        if( clusterList == NULL || clusterList->count == 0 )
                return FAT_ERROR;

        entry = clusterList->first;
        if( entry == NULL )
                return FAT_ERROR;

        *cluster = entry->clusters[clusterList->popOffset++];
        clusterList->count--;

        /* the item is empty */
        if( clusterList->popOffset == CLUSTERS_PER_ELEMENT )
        {
                entry = entry->next;
                free( clusterList->first );
                clusterList->first = entry;

                clusterList->popOffset = 0;
        }

        return FAT_SUCCESS;
}

void release_cluster_list( CLUSTER_LIST* clusterList )
{
        CLUSTER_LIST_ELEMENT* entry;
        CLUSTER_LIST_ELEMENT* nextEntry;

        if( clusterList == NULL )
                return;

        entry = clusterList->first;

        while( entry )
        {
                nextEntry = entry->next;
                free( entry );
                entry = nextEntry;
        }

        clusterList->first = clusterList->last = NULL;
        clusterList->count = 0;
}
```

```c
//entrylist.c

#include "common.h"
#include "shell.h"
#ifndef NULL
#define NULL   ( ( void* )0 )
#endif
int init_entry_list( SHELL_ENTRY_LIST* list )
{       memset( list, 0, sizeof( SHELL_ENTRY_LIST ) );
        return 0;
}int add_entry_list( SHELL_ENTRY_LIST* list, SHELL_ENTRY* entry )
{       SHELL_ENTRY_LIST_ITEM*    newItem;
        newItem = ( SHELL_ENTRY_LIST_ITEM* )malloc( sizeof( SHELL_ENTRY_LIST_ITEM ) );
        newItem->entry      = *entry;
        newItem->next       = NULL;
        if( list->count == 0 )
                list->first = list->last = newItem;
        else
        {
                list->last->next = newItem;
                list->last = newItem;
        }
        list->count++;
        return 0;
}void release_entry_list( SHELL_ENTRY_LIST* list )
{       SHELL_ENTRY_LIST_ITEM*    currentItem;
        SHELL_ENTRY_LIST_ITEM*    nextItem;
        if( list->count == 0 )
                return;
        nextItem = list->first;
        do
        {
                currentItem = nextItem;
                nextItem = currentItem->next;
                free( currentItem );
        } while( nextItem );
        list->count           = 0;
        list->first  = NULL;
        list->last  = NULL;
}
```

```c
//disk.h

#ifndef _DISK_H_
#define _DISK_H_

#include "common.h"

typedef struct DISK_OPERATIONS
{
    int                 ( *read_sector      )( struct DISK_OPERATIONS*, SECTOR, void* );
    int                 ( *write_sector     )( struct DISK_OPERATIONS*, SECTOR, const void* );
    SECTOR  numberOfSectors;
    int                 bytesPerSector;
    void*       pdata;
} DISK_OPERATIONS;

#endif
```


리눅스 커널 내부구조

```c
//disksim.h

#ifndef _DISKSIM_H_
#define _DISKSIM_H_
#include "common.h"
int disksim_init( SECTOR, unsigned int, DISK_OPERATIONS* );
void disksim_uninit( DISK_OPERATIONS* );
#endif
```

```c
//disksim.c

#include <stdlib.h>
#include <memory.h>
#include "fat.h"
#include "disk.h"
#include "disksim.h"
typedef struct
{   char*       address;
} DISK_MEMORY;
int disksim_read( DISK_OPERATIONS* this, SECTOR sector, void* data );
int disksim_write( DISK_OPERATIONS* this, SECTOR sector, const void* data );
int disksim_init( SECTOR numberOfSectors, unsigned int bytesPerSector, DISK_OPERATIONS* disk )
{   if( disk == NULL )
            return -1;
    disk->pdata = malloc( sizeof( DISK_MEMORY ) );
```

```c
        if( disk->pdata == NULL )
        {
                disksim_uninit( disk );
                return -1;
        }
        ( ( DISK_MEMORY* )disk->pdata )->address = ( char* )malloc( bytesPerSector *
numberOfSectors );
        if( disk->pdata == NULL )
        {
                disksim_uninit( disk );
                return -1;
        }
        disk->read_sector  = disksim_read;
        disk->write_sector  = disksim_write;
        disk->numberOfSectors        = numberOfSectors;
        disk->bytesPerSector         = bytesPerSector;
        return 0;
}void disksim_uninit( DISK_OPERATIONS* this )
{       if( this )
        {
                if( this->pdata )
                        free( this->pdata );
        }
}int disksim_read( DISK_OPERATIONS* this, SECTOR sector, void* data )
{       char* disk = ( ( DISK_MEMORY* )this->pdata )->address;
        if( sector < 0 || sector >= this->numberOfSectors )
                return -1;
        memcpy( data, &disk[sector * this->bytesPerSector], this->bytesPerSector );
        return 0;
}int disksim_write( DISK_OPERATIONS* this, SECTOR sector, const void* data )
{       char* disk = ( ( DISK_MEMORY* )this->pdata )->address;
        if( sector < 0 || sector >= this->numberOfSectors )
                return -1;
        memcpy( &disk[sector * this->bytesPerSector], data, this->bytesPerSector );
        return 0;
}
```

```c
//fat_shell.h

#ifndef _FAT_SHELL_H_
#define _FAT_SHELL_H_
#include "fat.h"
#include "shell.h"
void shell_register_filesystem( SHELL_FILESYSTEM* );
#endif
```

```c
//fat_shell.c

#include <stdio.h>
#include <stdlib.h>
#include <memory.h>
#include "fat_shell.h"
#define FSOPRS_TO_FATFS( a )            ( FAT_FILESYSTEM* )a->pdata
typedef struct
{       union
        {
                WORD    halfCluster[2];
                DWORD   fullCluster;
        };
        BYTE    attribute;
} PRIVATE_FAT_ENTRY;
char* my_strncpy( char* dest, const char* src, int length )
{       while( *src && *src != 0x20 && length-- > 0 )
                *dest++ = *src++;
        return dest;
}int my_strnicmp( const char* str1, const char* str2, int length )
{       char    c1, c2;
        while( ( ( *str1 && *str1 != 0x20 ) || ( *str2 && *str2 != 0x20 ) ) && length-- > 0 )
        {
                c1 = toupper( *str1 );
                c2 = toupper( *str2 );
                if( c1 > c2 )
                        return -1;
                else if( c1 < c2 )
                        return 1;
                str1++;
                str2++;
        }
        return 0;
}int fat_entry_to_shell_entry( const FAT_NODE* fat_entry, SHELL_ENTRY* shell_entry )
{       FAT_NODE* entry = ( FAT_NODE* )shell_entry->pdata;
        BYTE*   str;
        memset( shell_entry, 0, sizeof( SHELL_ENTRY ) );
        if( fat_entry->entry.attribute != ATTR_VOLUME_ID )
        {
                str = shell_entry->name;
                str = my_strncpy( str, fat_entry->entry.name, 8 );
                if( fat_entry->entry.name[8] != 0x20 )
                {
                        str = my_strncpy( str, ".", 1 );
                        str = my_strncpy( str, &fat_entry->entry.name[8], 3 );
                }
```

```c
			}
	if( fat_entry->entry.attribute & ATTR_DIRECTORY ||
			fat_entry->entry.attribute & ATTR_VOLUME_ID )
			shell_entry->isDirectory = 1;
	else
			shell_entry->size = fat_entry->entry.fileSize;
	*entry = *fat_entry;
	return FAT_SUCCESS;
}int shell_entry_to_fat_entry( const SHELL_ENTRY* shell_entry, FAT_NODE* fat_entry )
{	FAT_NODE* entry = ( FAT_NODE* )shell_entry->pdata;
	*fat_entry = *entry;
	return FAT_SUCCESS;
}int	fs_create( DISK_OPERATIONS* disk, SHELL_FS_OPERATIONS* fsOprs, const SHELL_ENTRY*
parent, const char* name, SHELL_ENTRY* retEntry )
{	FAT_NODE		FATParent;
	FAT_NODE		FATEntry;
	int					result;
	shell_entry_to_fat_entry( parent, &FATParent );
	result = fat_create( &FATParent, name, &FATEntry );
	fat_entry_to_shell_entry( &FATEntry, retEntry );
	return result;
}int	fs_remove( DISK_OPERATIONS* disk, SHELL_FS_OPERATIONS* fsOprs, const SHELL_ENTRY*
parent, const char* name )
{	FAT_NODE		FATParent;
	FAT_NODE		file;
	shell_entry_to_fat_entry( parent, &FATParent );
	fat_lookup( &FATParent, name, &file );
	return fat_remove( &file );
}int	fs_read( DISK_OPERATIONS* disk, SHELL_FS_OPERATIONS* fsOprs, const SHELL_ENTRY*
parent, SHELL_ENTRY* entry, unsigned long offset, unsigned long length, char* buffer )
{	FAT_NODE		FATEntry;
	shell_entry_to_fat_entry( entry, &FATEntry );
	return fat_read( &FATEntry, offset, length, buffer );
}int	fs_write( DISK_OPERATIONS* disk, SHELL_FS_OPERATIONS* fsOprs, const SHELL_ENTRY*
parent, SHELL_ENTRY* entry, unsigned long offset, unsigned long length, const char* buffer )
{	FAT_NODE		FATEntry;
	shell_entry_to_fat_entry( entry, &FATEntry );
	return fat_write( &FATEntry, offset, length, buffer );
}static SHELL_FILE_OPERATIONS g_file =
{	fs_create,
	fs_remove,
	fs_read,
	fs_write
};
int fs_stat( DISK_OPERATIONS* disk, SHELL_FS_OPERATIONS* fsOprs, unsigned int* totalSectors,
unsigned int* usedSectors )
```

```c
{       FAT_NODE            entry;
        return fat_df( FSOPRS_TO_FATFS( fsOprs ), totalSectors, usedSectors );
}int adder( void* list, FAT_NODE* entry )
{       SHELL_ENTRY_LIST*            entryList = ( SHELL_ENTRY_LIST* )list;
        SHELL_ENTRY                     newEntry;
        fat_entry_to_shell_entry( entry, &newEntry );
        add_entry_list( entryList, &newEntry );
        return FAT_SUCCESS;
}int fs_read_dir( DISK_OPERATIONS* disk, SHELL_FS_OPERATIONS* fsOprs, const SHELL_ENTRY*
parent, SHELL_ENTRY_LIST* list )
{       FAT_NODE            entry;
        if( list->count )
                release_entry_list( list );
        shell_entry_to_fat_entry( parent, &entry );
        fat_read_dir( &entry, adder, list );
        return FAT_SUCCESS;
}int is_exist( DISK_OPERATIONS* disk, SHELL_FS_OPERATIONS* fsOprs, const SHELL_ENTRY*
parent, const char* name )
{       SHELL_ENTRY_LIST            list;
        SHELL_ENTRY_LIST_ITEM*     current;
        init_entry_list( &list );
        fs_read_dir( disk, fsOprs, parent, &list );
        current = list.first;
        while( current )                                    /* is directory already exist? */
        {
                if( my_strnicmp( current->entry.name, name, 12 ) == 0 )
                {
                        release_entry_list( &list );
                        return FAT_ERROR;            /* the directory is already exist */
                }
                current = current->next;
        }
        release_entry_list( &list );
        return FAT_SUCCESS;
}int fs_mkdir( DISK_OPERATIONS* disk, SHELL_FS_OPERATIONS* fsOprs, const SHELL_ENTRY*
parent, const char* name, SHELL_ENTRY* retEntry )
{       FAT_NODE                 FATParent;
        FAT_NODE                 FATEntry;
        int                                             result;
        if( is_exist( disk, fsOprs, parent, name ) )
                return FAT_ERROR;
        shell_entry_to_fat_entry( parent, &FATParent );
        result = fat_mkdir( &FATParent, name, &FATEntry );
        fat_entry_to_shell_entry( &FATEntry, retEntry );
        return result;
}int fs_rmdir( DISK_OPERATIONS* disk, SHELL_FS_OPERATIONS* fsOprs, const SHELL_ENTRY*
```

```
parent, const char* name )
{       FAT_NODE              FATParent;
        FAT_NODE              dir;
        shell_entry_to_fat_entry( parent, &FATParent );
        fat_lookup( &FATParent, name, &dir );
        return fat_rmdir( &dir );
}int fs_lookup( DISK_OPERATIONS* disk, SHELL_FS_OPERATIONS* fsOprs, const SHELL_ENTRY*
parent, SHELL_ENTRY* entry, const char* name )
{       FAT_NODE              FATParent;
        FAT_NODE              FATEntry;
        int                            result;
        shell_entry_to_fat_entry( parent, &FATParent );
        result = fat_lookup( &FATParent, name, &FATEntry );
        fat_entry_to_shell_entry( &FATEntry, entry );
        return result;
}static SHELL_FS_OPERATIONS      g_fsOprs =
{       fs_read_dir,
        fs_stat,
        fs_mkdir,
        fs_rmdir,
        fs_lookup,
        &g_file,
        NULL
};
int fs_mount( DISK_OPERATIONS* disk, SHELL_FS_OPERATIONS* fsOprs, SHELL_ENTRY* root )
{       FAT_FILESYSTEM* fat;
        FAT_NODE          fat_entry;
        int               result;
        char    FATTypes[][8] = { "FAT12", "FAT16", "FAT32" };
        char    volumeLabel[12] = { 0, };
        *fsOprs = g_fsOprs;
        fsOprs->pdata = malloc( sizeof( FAT_FILESYSTEM ) );
        fat = FSOPRS_TO_FATFS( fsOprs );
        ZeroMemory( fat, sizeof( FAT_FILESYSTEM ) );
        fat->disk = disk;
        result = fat_read_superblock( fat, &fat_entry );
        if( result == FAT_SUCCESS )
        {
                if( fat->FATType == 2)
                        memcpy ( volumeLabel, fat->bpb.BPB32.bs.volumeLabel, 11 );
                else
                        memcpy ( volumeLabel, fat->bpb.bs.volumeLabel, 11 );
                printf( "FAT type              : %s\n", FATTypes[fat->FATType] );
                printf( "volume label          : %s\n", volumeLabel );
                printf( "bytes per sector      : %d\n", fat->bpb.bytesPerSector );
                printf( "sectors per cluster   : %d\n", fat->bpb.sectorsPerCluster );
```

```c
                printf( "number of FATs        : %d\n", fat->bpb.numberOfFATs );
                printf( "root entry count       : %d\n", fat->bpb.rootEntryCount );
                printf( "total sectors          : %u\n", ( fat->bpb.totalSectors ? fat->bpb.totalSectors
: fat->bpb.totalSectors32 ) );
                printf( "\n" );
        }
        fat_entry_to_shell_entry( &fat_entry, root );
        return result;
}void fs_umount( DISK_OPERATIONS* disk, SHELL_FS_OPERATIONS* fsOprs )
{       if( fsOprs && fsOprs->pdata )
        {
                fat_umount( FSOPRS_TO_FATFS( fsOprs ) );
                free( fsOprs->pdata );
                fsOprs->pdata = 0;
        }
}int fs_format( DISK_OPERATIONS* disk, void* param )
{       unsigned char FATType;
        char*   FATTypeString[3] = { "FAT12", "FAT16", "FAT32" };
        char*   paramStr = ( char* )param;
        int                 i;
        if( param )
        {
                for( i = 0; i < 3; i++ )
                {
                        if( my_strnicmp( paramStr, FATTypeString[i], 100 ) == 0 )
                        {
                                FATType = i;
                                break;
                        }
                }
                if( i == 3 )
                {
                        PRINTF( "Unknown FAT type\n" );
                        return -1;
                }
        }
        else
        {
                if( disk->numberOfSectors <= 8400 )
                        FATType = 0;
                else if( disk->numberOfSectors <= 66600 )
                        FATType = 1;
                else
                        FATType = 2;
        }
        printf( "formatting as a %s\n", FATTypeString[FATType] );
```


● 리눅스 커널 내부구조

```
        return fat_format( disk, FATType );
}static SHELL_FILESYSTEM g_fat =
{       "FAT",
        fs_mount,
        fs_umount,
        fs_format
};
void shell_register_filesystem( SHELL_FILESYSTEM* fs )
{       *fs = g_fat;
}
```

```
//shell.h

#ifndef _SHELL_H_
#define _SHELL_H_

#include "disk.h"

typedef struct
{
        unsigned short      year;
        unsigned char       month;
        unsigned char       day;

        unsigned char       hour;
        unsigned char       minute;
        unsigned char       second;
} SHELL_FILETIME;

typedef struct
{
        unsigned char       owner;
        unsigned char       group;
        unsigned char       other;
} SHELL_PERMITION;

typedef struct SHELL_ENTRY
{
        struct SHELL_ENTRY*         parent;

        unsigned char               name[256];
        unsigned char               isDirectory;
        unsigned int                size;

        SHELL_PERMITION             permition;
```

```c
        SHELL_FILETIME                  createTime;
        SHELL_FILETIME                  modifyTime;


    /* SHELL_ENTRY would be created frequently.
     * In that case, dynamic allocation of a private data is not efficient    */
    char                                pdata[1024];
} SHELL_ENTRY;

typedef struct SHELL_ENTRY_LIST_ITEM
{
    struct SHELL_ENTRY                                  entry;
    struct SHELL_ENTRY_LIST_ITEM*       next;
} SHELL_ENTRY_LIST_ITEM;

typedef struct
{
    unsigned int                                count;
    SHELL_ENTRY_LIST_ITEM*              first;
    SHELL_ENTRY_LIST_ITEM*              last;
} SHELL_ENTRY_LIST;

struct SHELL_FILE_OPERATIONS;

typedef struct SHELL_FS_OPERATIONS
{
    int       ( *read_dir )( DISK_OPERATIONS*, struct SHELL_FS_OPERATIONS*, const
SHELL_ENTRY*, SHELL_ENTRY_LIST* );
    int       ( *stat )( DISK_OPERATIONS*, struct SHELL_FS_OPERATIONS*, unsigned int*,
unsigned int* );
    int ( *mkdir )( DISK_OPERATIONS*, struct SHELL_FS_OPERATIONS*, const SHELL_ENTRY*,
const char*, SHELL_ENTRY* );
    int ( *rmdir )( DISK_OPERATIONS*, struct SHELL_FS_OPERATIONS*, const SHELL_ENTRY*,
const char* );
    int ( *lookup )( DISK_OPERATIONS*, struct SHELL_FS_OPERATIONS*, const SHELL_ENTRY*,
SHELL_ENTRY*, const char* );

    struct SHELL_FILE_OPERATIONS*       fileOprs;
    void*       pdata;
} SHELL_FS_OPERATIONS;

typedef struct SHELL_FILE_OPERATIONS
{
    int       ( *create )( DISK_OPERATIONS*, SHELL_FS_OPERATIONS*, const SHELL_ENTRY*,
const char*, SHELL_ENTRY* );
    int ( *remove )( DISK_OPERATIONS*, SHELL_FS_OPERATIONS*, const SHELL_ENTRY*, const
char* );
```

```c
        int        ( *read )( DISK_OPERATIONS*, SHELL_FS_OPERATIONS*, const SHELL_ENTRY*,
SHELL_ENTRY*, unsigned long, unsigned long, char* );
        int        ( *write )( DISK_OPERATIONS*, SHELL_FS_OPERATIONS*, const SHELL_ENTRY*,
SHELL_ENTRY*, unsigned long, unsigned long, const char* );
} SHELL_FILE_OPERATIONS;

typedef struct
{
    char*      name;
    int                ( *mount )( DISK_OPERATIONS*, SHELL_FS_OPERATIONS*,
SHELL_ENTRY* );
        void      ( *umount )( DISK_OPERATIONS*, SHELL_FS_OPERATIONS* );
        int                ( *format )( DISK_OPERATIONS*, void* );
} SHELL_FILESYSTEM;

int            init_entry_list( SHELL_ENTRY_LIST* list );
int            add_entry_list( SHELL_ENTRY_LIST*, struct SHELL_ENTRY* );
void   release_entry_list( SHELL_ENTRY_LIST* );

#endif


//shell.c

#include <stdio.h>
#include <stdlib.h>
#include <memory.h>
#include "shell.h"
#include "disksim.h"

#define SECTOR_SIZE                          512
#define NUMBER_OF_SECTORS        4096

#define COND_MOUNT                      0x01
#define COND_UMOUNT                     0x02

typedef struct
{
    char*      name;
    int                  ( *handler )( int, char** );
    char       conditions;
} COMMAND;

extern void shell_register_filesystem( SHELL_FILESYSTEM* );

void do_shell( void );
```

```c
void unknown_command( void );
int seperate_string( char* buf, char* ptrs[] );

int shell_cmd_cd( int argc, char* argv[] );
int shell_cmd_exit( int argc, char* argv[] );
int shell_cmd_mount( int argc, char* argv[] );
int shell_cmd_umount( int argc, char* argv[] );
int shell_cmd_touch( int argc, char* argv[] );
int shell_cmd_fill( int argc, char* argv[] );
int shell_cmd_rm( int argc, char* argv[] );
int shell_cmd_ls( int argc, char* argv[] );
int shell_cmd_format( int argc, char* argv[] );
int shell_cmd_df( int argc, char* argv[] );
int shell_cmd_mkdir( int argc, char* argv[] );
int shell_cmd_rmdir( int argc, char* argv[] );
int shell_cmd_mkdirst( int argc, char* argv[] );
int shell_cmd_cat( int argc, char* argv[] );

static COMMAND g_commands[] =
{
    { "cd",       shell_cmd_cd,       COND_MOUNT   },
    { "exit",   shell_cmd_exit,       0            },
    { "quit",   shell_cmd_exit,       0            },
    { "mount",    shell_cmd_mount,  COND_UMOUNT  },
    { "umount",   shell_cmd_umount, COND_MOUNT   },
    { "touch", shell_cmd_touch,   COND_MOUNT   },
    { "fill",   shell_cmd_fill,      COND_MOUNT   },
    { "rm",       shell_cmd_rm,       COND_MOUNT   },
    { "ls",       shell_cmd_ls,       COND_MOUNT   },
    { "dir",    shell_cmd_ls,        COND_MOUNT   },
    { "format",   shell_cmd_format, COND_UMOUNT  },
    { "df",       shell_cmd_df,       COND_MOUNT   },
    { "mkdir", shell_cmd_mkdir,   COND_MOUNT   },
    { "rmdir", shell_cmd_rmdir,   COND_MOUNT   },
    { "mkdirst",shell_cmd_mkdirst, COND_MOUNT   },
    { "cat",    shell_cmd_cat,       COND_MOUNT   }
};

static SHELL_FILESYSTEM           g_fs;
static SHELL_FS_OPERATIONS        g_fsOprs;
static SHELL_ENTRY                g_rootDir;
static SHELL_ENTRY                g_currentDir;
static DISK_OPERATIONS        g_disk;

int g_commandsCount = sizeof( g_commands ) / sizeof( COMMAND );
int g_isMounted;
```

```c
int main( int argc, char* argv[] )
{
	if( disksim_init( NUMBER_OF_SECTORS, SECTOR_SIZE, &g_disk ) < 0 )
	{
		printf( "disk simulator initialization has been failed\n" );
		return -1;
	}

	shell_register_filesystem( &g_fs );

	do_shell();

	return 0;
}

int check_conditions( int conditions )
{
	if( conditions & COND_MOUNT && !g_isMounted )
	{
		printf( "file system is not mounted\n" );
		return -1;
	}

	if( conditions & COND_UMOUNT && g_isMounted )
	{
		printf( "file system is already mounted\n" );
		return -1;
	}

	return 0;
}

void do_shell( void )
{
	char buf[1000];
	char command[100];
	char* argv[100];
	int argc;
	int i;

	printf( "%s File system shell\n", g_fs.name );

	while( -1 )
	{
		printf( "[%s/]# ", g_currentDir.name );
		fgets( buf, 1000, stdin );
```

```c
                argc = seperate_string( buf, argv );

                if( argc == 0 )
                        continue;

                for( i = 0; i < g_commandsCount; i++ )
                {
                        if( strcmp( g_commands[i].name, argv[0] ) == 0 )
                        {
                                if( check_conditions( g_commands[i].conditions ) == 0 )
                                        g_commands[i].handler( argc, argv );

                                break;
                        }
                }
                if( argc != 0 && i == g_commandsCount )
                        unknown_command();
        }
}

void unknown_command( void )
{
    int i;

    printf( " * " );
    for( i = 0; i < g_commandsCount; i++ )
    {
            if( i < g_commandsCount - 1 )
                    printf( "%s, ", g_commands[i].name );
            else
                    printf( "%s", g_commands[i].name );
    }
    printf( "\n" );
}

int seperate_string( char* buf, char* ptrs[] )
{
    char prev = 0;
    int count = 0;

    while( *buf )
    {
            if( isspace( *buf ) )
                    *buf = 0;
            else if( prev == 0 ) /* continually space */
                    ptrs[count++] = buf;
```

```c
                prev = *buf++;
        }

        return count;
}

/**************************************************************************/
/* Shell commands...                                                      */
/**************************************************************************/
int shell_cmd_cd( int argc, char* argv[] )
{
        SHELL_ENTRY         newEntry;
        int                 result;
        static SHELL_ENTRY  path[256];
        static int          pathTop = 0;

        path[0] = g_rootDir;

        if( argc > 2 )
        {
                printf( "usage : %s [directory]\n", argv[0] );
                return 0;
        }

        if( argc == 1 )
                pathTop = 0;
        else
        {
                if( strcmp( argv[1], "." ) == 0 )
                        return 0;
                else if( strcmp( argv[1], ".." ) == 0 && pathTop > 0 )
                        pathTop--;
                else
                {
                        result = g_fsOprs.lookup( &g_disk, &g_fsOprs, &g_currentDir, &newEntry,
argv[1] );

                        if( result )
                        {
                                printf( "directory not found\n" );
                                return -1;
                        }
                        else if( !newEntry.isDirectory )
                        {
                                printf( "%s is not a directory\n", argv[1] );
                                return -1;
```

```c
                    }
                    path[++pathTop] = newEntry;
            }
    }

    g_currentDir = path[pathTop];

    return 0;
}

int shell_cmd_exit( int argc, char* argv[] )
{
    disksim_uninit( &g_disk );
    _exit( 0 );

    return 0;
}

int shell_cmd_mount( int argc, char* argv[] )
{
    int result;

    if( g_fs.mount == NULL )
    {
            printf( "The mount functions is NULL\n" );
            return 0;
    }

    result = g_fs.mount( &g_disk, &g_fsOprs, &g_rootDir );
    g_currentDir = g_rootDir;

    if( result < 0 )
    {
            printf( "%s file system mounting has been failed\n", g_fs.name );
            return -1;
    }
    else
    {
            printf( "%s file system has been mounted successfully\n", g_fs.name );
            g_isMounted = 1;
    }

    return 0;
}

int shell_cmd_umount( int argc, char* argv[] )
```

```c
{
        g_isMounted = 0;

        if( g_fs.umount == NULL )
                return 0;

        g_fs.umount( &g_disk, &g_fsOprs );
        return 0;
}

int shell_cmd_touch( int argc, char* argv[] )
{
        SHELL_ENTRY     entry;
        int                     result;

        if( argc < 2 )
        {
                printf( "usage : touch [files...]\n" );
                return 0;
        }

        result = g_fsOprs.fileOprs->create( &g_disk, &g_fsOprs, &g_currentDir, argv[1], &entry );

        if( result )
        {
                printf( "create failed\n" );
                return -1;
        }

        return 0;
}

int shell_cmd_fill( int argc, char* argv[] )
{
        SHELL_ENTRY     entry;
        char*                   buffer;
        char*                   tmp;
        int                     size;
        int                     result;

        if( argc != 3 )
        {
                printf( "usage : fill [file] [size]\n" );
                return 0;
        }
```

```c
        sscanf( argv[2], "%d", &size );

        result = g_fsOprs.fileOprs->create( &g_disk, &g_fsOprs, &g_currentDir, argv[1], &entry );
        if( result )
        {
                printf( "create failed\n" );
                return -1;
        }

        buffer = ( char* )malloc( size + 13 );
        tmp = buffer;
        while( tmp < buffer + size )
        {
                memcpy( tmp, "Can you see? ", 13 );
                tmp += 13;
        }
        g_fsOprs.fileOprs->write( &g_disk, &g_fsOprs, &g_currentDir, &entry, 0, size, buffer );
        free( buffer );

        return 0;
}

int shell_cmd_rm( int argc, char* argv[] )
{
        int i;

        if( argc < 2 )
        {
                printf( "usage : rm [files...]\n" );
                return 0;
        }

        for( i = 1; i < argc; i++ )
        {
                if( g_fsOprs.fileOprs->remove( &g_disk, &g_fsOprs, &g_currentDir, argv[i] ) )
                        printf( "cannot remove file\n" );
        }

        return 0;
}

int shell_cmd_ls( int argc, char* argv[] )
{
        SHELL_ENTRY_LIST                list;
        SHELL_ENTRY_LIST_ITEM*  current;
```

```c
        if( argc > 2 )
        {
                printf( "usage : %s [path]\n", argv[0] );
                return 0;
        }

        init_entry_list( &list );
        if( g_fsOprs.read_dir( &g_disk, &g_fsOprs, &g_currentDir, &list ) )
        {
                printf( "Failed to read_dir\n" );
                return -1;
        }

        current = list.first;

        printf( "[File names] [D] [File sizes]\n" );
        while( current )
        {
                printf( "%-12s  %1d  %12d\n",
                                        current->entry.name,        current->entry.isDirectory,
current->entry.size );
                current = current->next;
        }
        printf( "\n" );

        release_entry_list( &list );
        return 0;
}

int shell_cmd_format( int argc, char* argv[] )
{
        int             result;
        char*   param = NULL;

        if( argc >= 2 )
                param = argv[1];

        result = g_fs.format( &g_disk, param );

        if( result < 0 )
        {
                printf( "%s formatting is failed\n", g_fs.name );
                return -1;
        }

        printf( "disk has been formatted successfully\n" );
```

```c
        return 0;
}

double get_percentage( unsigned int number, unsigned int total )
{
        return ( ( double )number ) / total * 100.;
}

int shell_cmd_df( int argc, char* argv[] )
{
        unsigned int used, total;
        int result;

        g_fsOprs.stat( &g_disk, &g_fsOprs, &total, &used );

        printf( "free sectors : %u(%.2lf%%)\tused sectors : %u(%.2lf%%)\ttotal : %u\n",
                        total - used, get_percentage( total - used, g_disk.numberOfSectors ),
                        used, get_percentage( used, g_disk.numberOfSectors ),
                        total );

        return 0;
}

int shell_cmd_mkdir( int argc, char* argv[] )
{
        SHELL_ENTRY        entry;
        int result;

        if( argc != 2 )
        {
                printf( "usage : %s [name]\n", argv[0] );
                return 0;
        }

        result = g_fsOprs.mkdir( &g_disk, &g_fsOprs, &g_currentDir, argv[1], &entry );

        if( result )
        {
                printf( "cannot create directory\n" );
                return -1;
        }

        return 0;
}

int shell_cmd_rmdir( int argc, char* argv[] )
```


● 리눅스 커널 내부구조

```
{
    int result;

    if( argc != 2 )
    {
            printf( "usage : %s [name]\n", argv[0] );
            return 0;
    }

    result = g_fsOprs.rmdir( &g_disk, &g_fsOprs, &g_currentDir, argv[1] );

    if( result )
    {
            printf( "cannot remove directory\n" );
            return -1;
    }

    return 0;
}

int shell_cmd_mkdirst( int argc, char* argv[] )
{
    SHELL_ENTRY     entry;
    int             result, i, count;
    char    buf[10];

    if( argc != 2 )
    {
            printf( "usage : %s [count]\n", argv[0] );
            return 0;
    }

    sscanf( argv[1], "%d", &count );
    for( i = 0; i < count; i++ )
    {
            sprintf( buf, "%d", i );
            result = g_fsOprs.mkdir( &g_disk, &g_fsOprs, &g_currentDir, buf, &entry );

            if( result )
            {
                    printf( "cannot create directory\n" );
                    return -1;
            }
    }

    return 0;
```

```c
}

int shell_cmd_cat( int argc, char* argv[] )
{
	SHELL_ENTRY		entry;
	char			buf[1025] = { 0, };
	int					result;
	unsigned long		offset = 0;

	if( argc != 2 )
	{
		printf( "usage : %s [file name]\n", argv[0] );
		return 0;
	}

	result = g_fsOprs.lookup( &g_disk, &g_fsOprs, &g_currentDir, &entry, argv[1] );
	if( result )
	{
		printf( "%s lookup failed\n", argv[1] );
		return -1;
	}

	while( g_fsOprs.fileOprs->read( &g_disk, &g_fsOprs, &g_currentDir, &entry, offset, 1024, buf )
> 0 )
	{
		printf( "%s", buf );
		offset += 1024;
		memset( buf, 0, sizeof( buf ) );
	}
	printf( "\n" );
}
```

Memo

부록 A

리눅스와 가상화 그리고 XEN

최근 다중 운영체제를 지원하는, 가상화 기술(virtualization technology)에 대한 관심이 급증하고 있다. 이 장에서는 가상화의 원리와 주요 기술을 소개한다. 또한 가상화 기술을 이용하여 리눅스와 윈도 XP를 동시에 사용할 수 있는 환경 구축 방법을 소개한다.

1. 가상화 기법의 이해

가상화는 물리적인 자원과 사용자가 사용하는 자원을 분리하는 것이다. 인텔 64-bit Xeon dual core CPU에 MS 윈도 운영체제와 리눅스 운영체제를 동시에 동작시키며 사용자 중심의 다양한 독립된 컴퓨팅 환경을 제공하는 것, 또는 IBM 스토리지 서버가 다양한 위치에 존재하는 디스크들을 단일한 인터페이스로 관리하며 고성능과 신뢰성을 제공하는 것 등이 가상화의 대표적인 예이다.

사실 가상화는 새로운 개념이 아니다. 60년대부터 IBM을 중심으로 컴퓨터 하드웨어를 독립된 여러 가상 머신(virtual machine)으로 구분하고 각 가상 머신에 서로 다른 운영체제를 수행시키는 연구가 진행 되었다. 90년대 초에는 SUN 등을 중심으로 언어 수준에서 제공한 가상 머신 상에 상호 연동(interoperability) 가능한 응용 프로그램을 수행하는 기법이 제안되었으며, 2000년대에는 Xen, VMware, MS 등을 중심으로 시스템을 논리적으로 분할하고 추상화된 자원을 제공하는 VMM(Virtual Machine Monitor)에 대한 연구가 활발히 진행되었다.

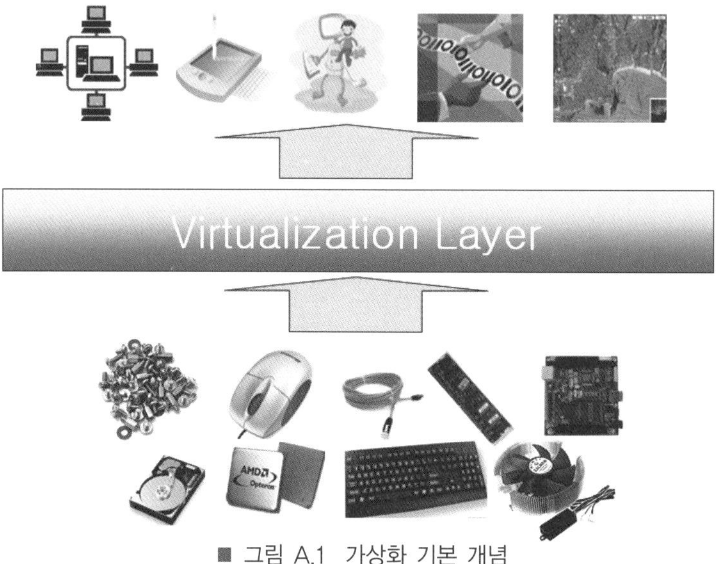

■ 그림 A.1 가상화 기본 개념

그림 A.1은 가상화 기술의 기본 개념을 보여준다. 가상화는 물리적인 자원과 논리적인 자원을 구분하며, 이를 위해 가상화 층(virtualization layer)을 도입한다. 이 층은 실제 물리적 자원의 복잡함을 숨기고 단일하며 일관된 가상 자원들을 제공한다. 이 층은 하나의 물리 자원을 여러 개의 가상 자원으로 나누어 제공할 수도 있으며, 반대로 다양한 물리 자원들을 하나의 논리 자원으로 통합하여 제공할 수도 있다.

가상화 기술은 다음과 같은 장점을 제공한다. 첫째, 가상화는 서버의 이용률(uti-lization)을 높이고 관리 부하를 줄일 수 있다. 최근 각 회사 컴퓨터 시스템을 활용 측면에서 분석하면 전체 자원의 10~20%만 사용하며, 많은 시스템들에 대한 관리 비용이 급격히 증가하고 있다. 가상화는 다양한 응용들과 시스템 소프트웨어들을 하나의 시스템에서 통합(consolidation) 운영할 수 있기 때문에 이용률이 증가하며, 가상화 층에서 통합 관리가 가능하므로 관리 비용을 줄일 수 있다.

둘째, 가상화는 각 사용자의 수행 환경을 다른 환경들로부터 고립(isolation) 시킬 수 있다. 각 사용자는 물리 자원을 직접 접근하는 것이 아니라 가상화 층에서 제공한 가상 자원만을 접근하며, 따라서 사용자의 비정상적인 행위와 결함을 그 사용자의 가상 머신으로 제한할 수 있어 신뢰성이 증가한다. 또한 다른 사용자의 정보는 단일한 가상화 층을 통해서만 접근 가능하며 이를 통해 안전한 환경(trusted environment)을 제공할 수 있어 보안 수준을 높일 수 있다.

셋째, 가상화는 여러 물리 자원들을 단일한 가상 자원으로 집합(aggregation)할 수 있다. 물리적으로 떨어져 있는 저장 공간들을 논리적으로 연결하고 동일한 인터페이스를 통해 접근하게 함으로써 큰 저장 용량과 병렬 접근을 지원할 수 있으며, 서로 독립된 PC들을 연결하여 고성능 클러스터 시스템이나 GRID 시스템을 만들 수 있다. 실제로 가상화 기술을 선도하고 있는 기업 중에 하나인 VMware 사는 MPP(Massively Parallel Processing) 시스템을 위해 가상화 층의 연구를 시작하였다고 한다.

넷째, 가상화는 시스템의 이동성(mobility)을 증가시킨다. 응용 프로그램과 OS는 가상화 층이 제공한 가상 자원을 이용하며, 따라서 동일한 가상 자원을 이용한다면 실제 물리적인 자원의 종류에 무관하게 응용 프로그램과 OS가 이주(migration) 될 수 있다. 이러한 특징은 결함 감내, 가용성, 부하 균등, 확장성, 빠른 suspend/resume 등에 효과적으로 사용될 수 있으며, 특히 다양한 하드웨어들의 효과적인 상호 운용(interoperability) 정도를 크게 향상시킬 수 있다.

다섯째, 가상화는 새로운 시스템이나 아직 개발되지 않는 하드웨어를 모의실험(emulation)하는 기능을 제공한다. 가상화 기술의 핵심은 물리 자원을 가상 자원으로 추상화 시키는 것이며, 이 기술은 실재 존재하지 않은 물리 자원에 대한 가상 자원의 생성도 가능하게 한다. 따라서 가상화는 하드웨어의 설계 및 제작과 동시에 모의실험을 통한 성능 평가를 가능하게 하며, 가상 자원에 결함을 주입하고 이를 처리하는 방법에 대한 실질적인 실험을 가능하게 한다.

결국 가상화는 통합(consolidation), 고립(isolation), 집합(aggregation), 이동(mobility), 에뮬레이션(emulation) 등의 장점을 제공하며, 이 때문에 현재 많은 회사에서 가상화에 대한 연구를 진행하고 있다. 예를 들어 IBM은 virtualize everything, openness, collaborative innovation을 전략으로 서버, 스토리지, 응용 수준에서 가상화 기술을 연구하고 있다. Microsoft, VMware, XenSource는 효과적인 가상 자원 추상화 방법을 연구하고 있으며, 인텔과 AMD는 Multi-core를 중심으로 가상화를 위한 하드웨어 솔루션을 제안하고 있다. 캠브리지 대학의 Xen, 프린스턴 대학 등의 PlanetLab, 위싱턴 대학의 Denali, 칼스루에 대학의 L4ka, 미시건 대학의 가상화 보안 등 대학과 연구소에서도 가상화에 대한 새로운 시도가 진행 중이다.

그럼 이제 가상화 기술을 분류해보자. 컴퓨터 시스템을 분석하는 쉬운 방법 중에 하나는 층 구조(Layered architecture) 접근 방법이다. 시스템은 크게 하드웨어 층과 소프트웨어 층으로 구분할 수 있으며, 소프트웨어 층은 다시 시스템 소프트웨어와 응용 소프트웨어 층으로 구분된다. 시스템 소프트웨어는 다시 운영체제, 미들웨어, 프로그램 언어와 런타임 라이브러리 등의 층으로 세분될 수 있다.

가상화 기술은 컴퓨터 시스템의 층 구조에 새로운 가상화 층(virtualization layer)을 도입한다. 이때 가상화 층을 어디에 도입하느냐에 따라 가상화 방법을 구분할 수 있다. 하드웨어 위에 물리 자원을 가상화하는 새로운 층을 추가할 수도 있으며, OS 수준에서 가상화 층을 제공할 수도 있다. 한편 미들웨어 수준에서 가상화 층을 제공할 수도 있으며 응용 프로그램 수준에서 가상화를 제공할 수도 있다. 그림 A.2는 가상화 구현 층에 따른 가상화 방법을 구분한 예이다.

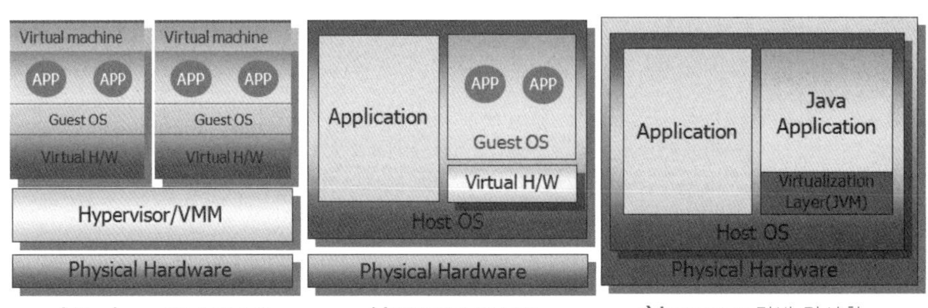

■ 그림 A.2 가상화 구분: 구현 계층

그림 A.2의 a)는 하드웨어 기반 가상화 방법을 보여준다. 이 방법은 물리 자원과 그 물리 자원을 사용하는 운영체제 사이에 VMM(Virtual Machine Monitor) 또는 hypervisor라 불리는 소프트웨어 추상화 계층을 추가한다. VMM은 물리 자원을 가상 자원으로 추상화시키고 이러한 가상 자원 위에 상에 리눅스, BSD, Windows XP 등의 Guest OS가 수행된다. 결국 가상 자원과 GuestOS, 그리고 응용들이 하나의 추상화된 가상 기계(virtual machine)를 구성하게 된다. XenSource의 Xen, VMware의 ESX Server, HP의 Integrity Server, University of Washington의 Denali 등이 이 방법의 대표적인 예이다.

그림 A.2의 b)는 운영체제 기반 가상화 방법을 보여준다. 이 방법은 하드웨어와 가상 기계 사이에 VMM 같은 별도의 가상화 층이 없으며, 그 대신 OS 내부에서 가상 자원들을 생성하고 이 자원 상에서 Guest OS가 동작한다. 결국 이 방법은 OS가 물리 자원에 대한 추상화를 제공할 수 있다는 측면을 확장하여 가상 자원 형태로 제공할 수 있도록 한 것이다. 이 방법은 실제 OS 업체에서 채택하기 편한 접근 방법으로, MS의 Virtual Server와 Virtual PC, VMware의 VMware Workstation, PlanetLab의 컨테이너 기반 가상화, 사용자 수준 리눅스 등이 운영체제 기반 가상화의 대표적인 예이다.

그림 A.2의 c)는 미들웨어 기반 가상화의 방법을 보여준다. 이 방법은 프로그래밍 언어 또는 런타임 라이브러리 수준에서 가상 머신을 제공하고, 이 가상 머신 상에 하드웨어 독립적인 프로그램이 수행된다. SUN의 JAVA VM, MS의 CLR (Common Language Runtime) 등이 이 방법의 대표적인 예이다. 이 방법은 시스템의 이용률을 향상 시키려는 목표보다는 이식성과 상호 호환성을 향상하려는 목표가 더욱 크다.

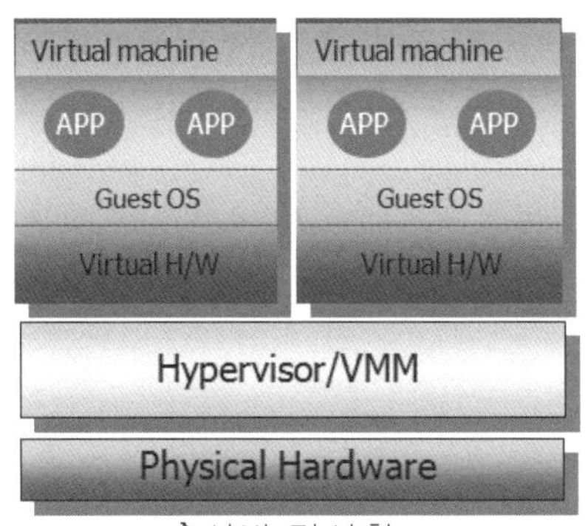

a) 서버 가상화

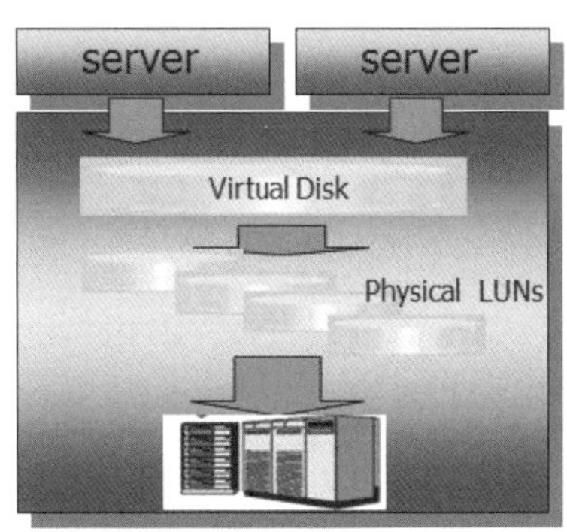

b) 스토리지 가상화

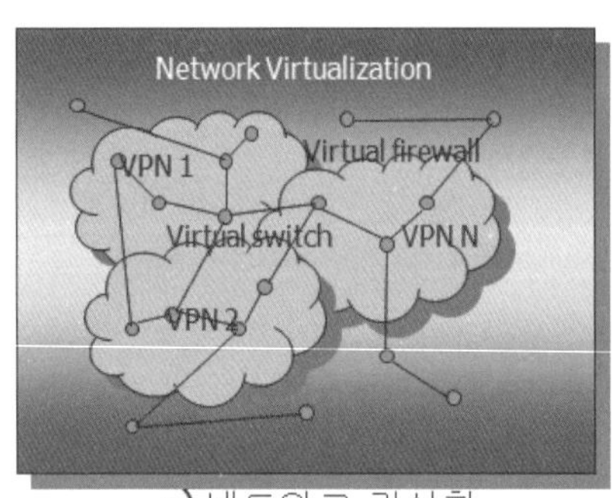

c) 네트워크 가상화

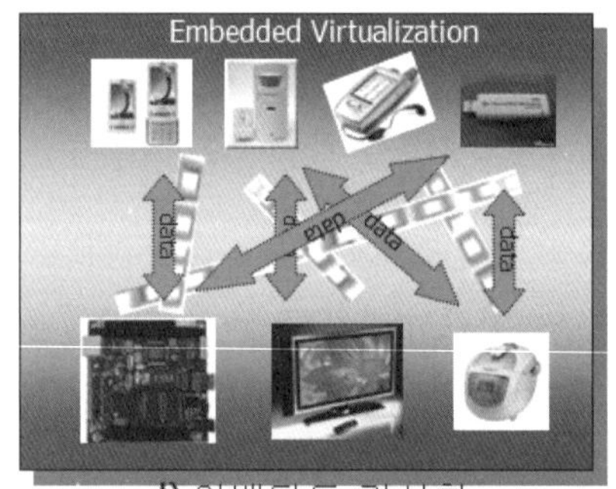

d) 임베디드 가상화

■ 그림 A.3 가상화 구분: 목표 시스템

한편 가상화는 목표로 하는 시스템에 따라 구분할 수 있다. 그림 A.3은 목표 시스템에 따른 가상화 기술 분류 예이다. 그림 A.3의 a)는 서버 가상화이다. 이것은 하나의 시스템 상에 존재하는 하드웨어들을 여러 개의 가상 자원들로 추상화시키고, 각 가상 자원에 서로 다른 OS들을 동시에 수행시키는 방법을 연구한다. 서버 가상화는 하나의 시스템에 대한 다중 사용자 접근을 가능하게 하며, 결국 시스템의 이용률을 향상시킬 수 있다. 한편 그림 A.3의 b)는 저장 공간에 대한 가상화이다. 이 가상화는 여러 개의 물리 저장 공간을 단일한 가상 저장 공간으로 집합하며, 이를 통해 빠른 I/O 성능과 신뢰성을 제공하는 방법을 연구한다.

그림 A.3의 c)는 네트워크에 대한 가상화이다. 가상화 층을 이용해 네트워크를 독립된 가상 사설 네트워크(VPN: Virtual Private Network)로 파티션하며, 각 파티션 간에 접근 제어와 통제 방법을 연구한다. 마지막으로 그림 A.3의 d)는 내장형 시스템에서 가상화이다. 내장형 시스템에서 가상화는 최근 연구가 시작된 분야로, 전통적인 서버 가상화에서 추구하였던 통합(consolidation)과 고립(isolation) 뿐만 아니라 다양한 내장형 장치를 가상화시켜 표준화된 인터페이스로 접근하며 이를 통해 이동성과 상호 호환성을 향상 시키는 기법을 연구한다.

2. 가상화 기술

가상화의 핵심 기술은 물리 자원을 가상 자원으로 추상화 하는 기술이다. 그림 A.4는 가상화 기술을 제공하는 대표적인 가상화 층인 VMM이 물리 자원을 가상 자원으로 추상화 하는 예를 보여 준다.

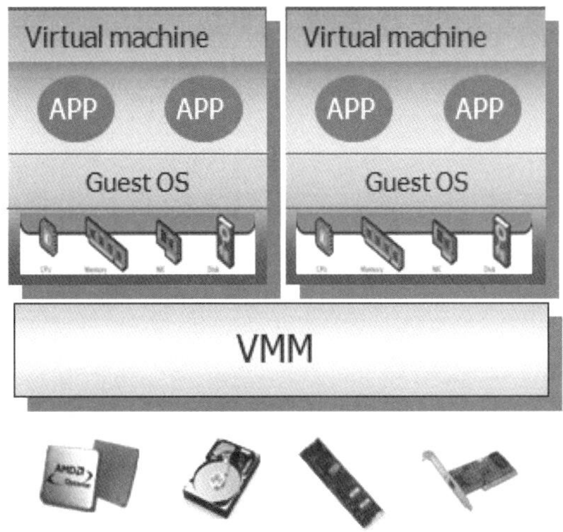

■ 그림 A.4 물리 자원과 가상 자원

실제 시스템에는 CPU, memory, storage, network 등 다양한 물리 자원이 존재하며, VMM은 물리 자원을 가상 머신에서 사용할 수 있는 여러 가상 자원들로 변환한다. Linux, BSD, Windows XP 같은 GuestOS는 이러한 가상 자원을 기반으로 동작한다. VMM은 물리 자원을 여러 GuestOS가 공평하게 사용할 수 있도록 효율적으로 공유시켜야 하며, 또한 여러 GuestOS들을 효과적으로 보호할 수 있어야 한다.

물리 자원을 가상 자원으로 추상화할 때 다음의 2가지 상반되는 요구 조건이 발생한다. 첫째, VMM이 생성하는 가상 자원은 실제 물리 자원과 비견될 수 있는 인터페이스를 제공해야 하며, 결국 GuestOS는 물리 자원을 접근할 때와 동일한 방식으로 가상 자원을 접근할 수 있어야 한다. 둘째, VMM은 GuestOS의 동작을 제어할 수 있어야 하며, 필요할 경우 GuestOS의 자원 접근을 통제할 수 있어야 한다. 동일한 방식으로 접근하려는 요구와 VMM 통제의 필요성은 tradeoff 관계에 있으며, 설계 시 어디에 비중을 두느냐에 따라 VMM의 특성이 달라지게된다.

VMM의 설계 방법은 크게 전가상화 (Fully Virtualization)와 반가상화 (Para Virtualization)로 구분할 수 있다. 전가상화는 VMM이 범용적인 가상 자원들을 제공하기 때문에 GuestOS는 전혀 수정 없이 있는 그대로 수행 가능하다. 반면 반가상화는 효과적인 GuestOS 제어와 성능 향상을 위해 VMM과 GuestOS 간에 의존 관계를 가지며 이 때문에 GuestOS의 일부 수정이 필요하다. 전가상화의 대표적인 예는 VMware의 ESX Server와 HP의 Integrity Server 등이 있으며 반가상화의 대표적인 예는 Xen과 Virtual Iron, 워싱턴 대학의 Denali 등이 있다.

이제부터 VMM에서 가상화 기술을 구체적으로 살펴보자. 가상화 기술은 CPU 가상화 기술, 메모리 가상화 기술, I/O 가상화 기술 등으로 세분할 수 있다. 그림 A.5는 CPU 가상화 기술을 보여 준다.

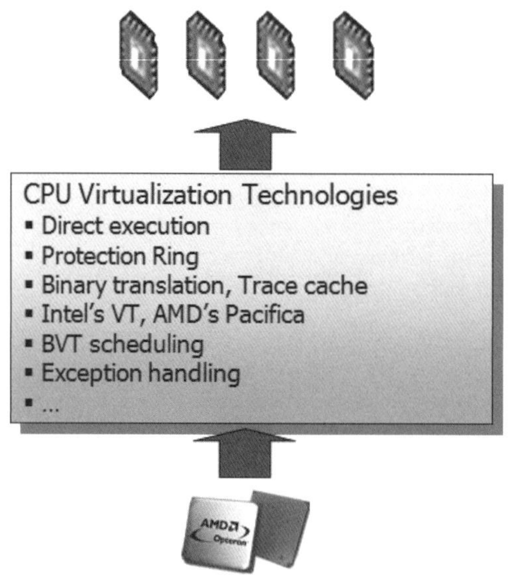

■ 그림 A.5 CPU Virtualization

CPU 가상화는 물리 CPU에 대한 논리적인 CPU들을 생성하고 이것들을 공평성과 효율성에 맞게 각 가상 기계에게 할당하는 것을 의미한다. CPU 가상화에서 중요한 기술 중에 하나는 Direct Execution의 지원이다. Direct Execution이란 "가상 머신을 실제 머신 상에서 직접 수행할 수 있으며 동시에 CPU에 대한 제어는 전적으로 VMM이 담당"을 의미한다. 이를 위해서는 VMM의 수행 특권과 가상 머신 상에서 수행되는 GuestOS 및 응용 프로그램의 수행 특권이 구분되어야 한다. 그리고 GuestOS 및 응용 프로그램이 일반 명령을 수행할 때에는 VMM에 투명하게 직접 수행되지만, 특권 명령을 수행할 때에는 VMM에게 trap 또는 hypercall 같은 기법을 통해 알려야 한다.

Direct Execution이 필요한 이유를 예로 설명해 보자. 한 GuestOS가 인터럽트를 불허(disable) 한다고 가정해보자. 실제로 많은 상용 OS는 상호 배제를 위해 인터럽트 불허를 빈번하게 사용한다. 가상화를 사용하지 않은 시스템에서는 인터럽트 불허 요청이 실제 CPU에 적용된다(예를 들어 IA-32의 eflags 또는 ARM의 CPSR 레지스터의 해당 비트가 켜짐). 반면 가상화를 사용할 경우 한 GuestOS의 인터럽트 불허 요청이 실제 CPU에 적용되어서는 안 된다. 요청한 GuestOS만 인터럽트를 불허했을 뿐이지 다른 GuestOS는 인터럽트를 수신할 수 있어야 하기 때문이다. 따라서 인터럽트 불허 요청은 VMM으로 전달되어야 하며, VMM은 GuestOS가 사용하는 가상의 CPU에서 인터럽트가 불허되었다고 표시해 두고 이후 인터럽트가 발생했을 때 해당 GuestOS에게만 전달하지 않고 다른 GuestOS 들에게는 전달할 수 있어야 한다.

그런데, 실제 direct execution을 구현하기가 쉽지는 않다. 대부분의 CPU가 VMM의 존재를 고려하지 않고 설계가 되었으며, 결국 VMM으로 trap을 발생하지 않기 때문이다. 예를 들어 가장 많이 사용하는 IA-32의 경우, eflags를 접근하려 하면 (예를 들어 POPE 명령) trap을 발생시키는 것이 아니라 그대로 CPU에 적용되거나(커널 수준 수행의 경우) 무시 된다 (사용자 수준 수행의 경우). 또한 어떤 명령어들은 응용 프로그램 수준에서 특권 상태를 trap을 발생 시키지 않고 직접 읽을 수도 있다. 결국 GuestOS의 특권 명령 수행이 VMM에게 전달되어야 하는데, 현재 CPU는 그 정보를 모두 알려 주지 않는 것이다.

이를 해결하기 위해 Xen은 GuestOS의 소스를 일부 수정한다. 즉, trap을 발생하지 않는 특권 명령 사용 부분을 trap을 발생시키도록 인위적으로 수정하는 것이다. 이 때문에 Xen은 GuestOS의 수정이 필요한 반가상화 기술을 사용하는 VMM으로 분류된다. 반면 전가상화 기술을 사용하는 VMware ESX 서버의 경우 runtime binary translator를 이용해 수행 중에 특권 명령어를 trap이 발생하는 명령으로 변경한다. 따라서 GuestOS는 소스 수정 없이 있는 그대로 수행 가능하다. 하지만 VMware ESX는 수행 중 변환이 필요하기 때문에 성능이 저하된다. 이를 해결하기 위해 VMware에서는 변화 내용을 캐싱하는 trace cache, 불필요한 trap 자동 제거 등의 기법을 개발하였다.

한편, Intel과 AMD는 이러한 문제를 해결하기 위해 CPU에서 VMM이 동작하는 새로운 특권과 가상화 기술을 지원하는 CPU 제품을 출시하고 있다. Intel의 VT-i, VT-x와 AMD의 Pacifica 등이 가상화 기술을 채택한 대표적인 CPU이다. 예를 들어 VT-x는 VMM을 위한 새로운 특권(VMX root)을 지원하며, 이 특권 모드로 전이를 위한 VM entry, VM exit를 지원한다. 이러한 CPU의 사용은 VMM에서 direct execution 지원을 훨씬 간단하게 한다.

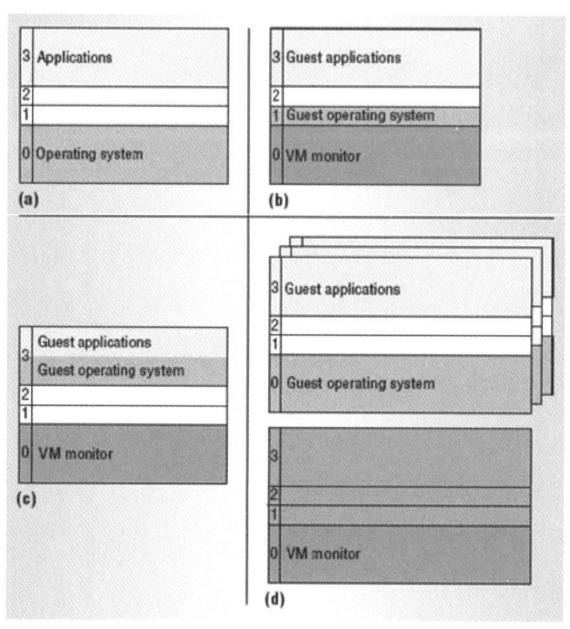

■ 그림 A.6 인텔 가상화 기술이 지원하는 새로운 특권 층

그림 A.6은 Intel의 VT-x에서 특권층을 보여준다. 그림 A.6의 a)는 기존의 IA-32 아키텍처에서 지원하는 수행 특권층이다. IA-32는 4 계층의 특권을 지원하며 일반적으로 0 계층에서 운영체제가 동작하며 3 계층에서 응용이 동작한다. 이 구조에서 VMM을 도입하고 direct execution을 지원하려면 0 계층에서 VMM이 동작하고, 운영체제는 1 계층이나 3 계층에서 동작해야한다(그림 A.6의 b)와 c)). 반면 가상화 기술을 제공하는 IA-32에서는 기존 IA-32이 동작하는 특권과 VMM이 동작하는 특권 계층을 구분하였다(그림 A.6의 d)). 인텔에서는 응용 프로그램들과 GuestOS 특권에서 동작하는 연산을 VMX non-root operation이라 하며, VMM 특권에서 동작하는 연산을 VMX root operation이라 한다.

CPU 가상화에서 중요한 기술 중에 하나는 물리 CPU를 여러 가상 CPU들에게 효율적이며 공평하게 할당해 주는 것이다. 이를 위해 VMM은 공평성 원칙을 기반으로 한 다양한 스케줄링 기법을 지원한다. 예를 들어 Xen은 BVT (Borrowed Virtual Time) Scheduling을 지원한다. 이 기법은 기본적으로 fair share 원칙에 따라 CPU를 각 가상 기계에 할당하며 동시에 Virtual time warp을 도입하여 오랫동안 대기한 가상 기계가 event를 받으면 빠르게 CPU를 할당한다. 결국 기본적으로는 QoS 따라 CPU를 할당하면서 fast dispatch를 지원하는 것이다.

그림 A.7은 메모리 가상화 기술을 보여 준다. 메모리 가상화의 목표는 물리 메모리를 GuestOS가 이용하기 쉬운 형태의 가상 메모리로 추상화 시켜 지원함과 동시에 각 가상 머신이 trashing 없이 효과적으로 동작할 수 있도록 각 가상 머신의 요구에 맞게 메모리를 동적 할당하는 것이다.

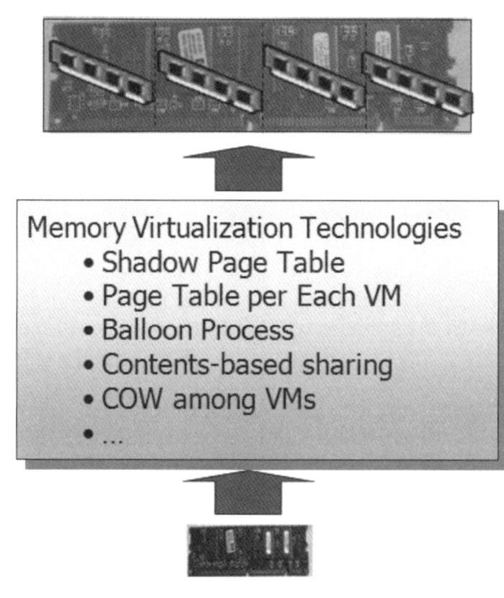

■ 그림 A.7 Memory Virtualization

VMM에서 메모리 가상화를 구현하는 전통적인 방법은 shadow page table을 사용하는 것이다. Shadow page table은 VMM에서 관리되며 모든 가상 머신의 페이지 테이블의 내용을 동일하게 담고 있다. 즉, 특정 가상 머신에서 페이지 테이블 내용이 바뀌면, 이것이 VMM에게 알려지고 VMM은 shadow page table에 이 수정을 반영한다. 이를 통해 VMM은 모든 물리 메모리에 대한 제어를 할 수 있으며, 어떤 물리 메모리가 어떤 가상 머신에게 할당 되었는지 파악할 수 있다. MMU는 주소 변환을 위해 shadow page table을 사용한다. VMware ESX는 이 방법을 사용 한다

반면 Xen은 GuestOS가 각각 자신의 메모리 공간에 대한 페이지 테이블을 갖는다. MMU는 이 테이블을 이용해 주소 변환을 한다. 그리고 페이지 테이블이 수정될 경우 GuestOS는 수정을 VMM에게 알린다. VMM은 GuestOS의 권한을 검증하고 사용 가능한 페이지일 경우 페이지 테이블 수정을 허용한다. 한편, Xen은 GuestOS와 VMM 간에 빈번한 모드 전환을 줄이기 위해 batch page table update를 지원한다.

메모리 가상화에서 주요한 기술 중에 하나는 동적 회수와 할당이다. 메모리를 각 가상 머신에 할당해 주는 가장 쉬운 방법은 공평하게 같은 크기로 나누어 할당하는 것이

다. 하지만 각 가상 머신의 워크로드는 서로 특징이 다르며, 따라서 사용하는 페이지 개수, 즉 워킹 셋(working set)도 다르다. 또한 시간에 따라 워킹 셋의 크기가 동적으로 변하며, 따라서 VMM은 이에 맞도록 각 가상 머신에게 필요한 메모리를 더 할당해 주거나 사용하지 않는 공간을 회수할 수 있어야 한다.

이를 위해 VMware ESX와 Xen은 Balloon process를 사용한다. 이 프로세스는 GuestOS 상에서 동작하며 inflating 또는 deflating 작업을 수행한다. 그림 A.8은 balloon 프로세스 관련 논문을 발췌하여, 이의 동작을 예시한 것이다.

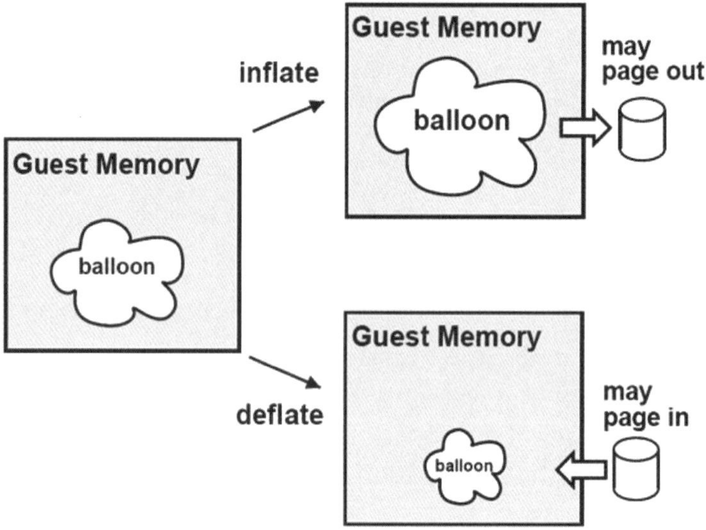

■ 그림 A.8 Balloon 프로세스의 inflate, deflate 작업(출처: C. Waldspurger, et. al, "Memory Resource Management in VMware ESX Server", OSDI 2002)

구체적으로 VMM이 가상 머신으로부터 메모리를 회수할 때에는 balloon에게 inflating을 요구한다. 그럼 balloon은 가상 머신으로부터 메모리를 할당받고 이 공간을 VMM에게 반납한다. 이때 가상 머신이 가장 사용하지 않을 페이지들을 balloon에게 할당해 주었을 것이기 때문에, 페이지 회수에 따른 가상 머신의 성능 저하는 적다. 만일 가상 머신에게 페이지를 더 할당해 주고 싶으면 balloon에게 deflate를 요청하고 결국 기존에 할당받은 페이지를 가상 머신에게 반납하게 된다.

한편 VMware ESX 서버는 Contents-based page sharing 기법을 지원하는데, 이것은 각 가상 머신에 동일한 페이지를 사용할 경우 서로 다른 복사본을 갖는 것이 아닌 하나를 공유하는 기법이다. 또한 쓰기 가능한 페이지에 대해서 COW(Copy-On-Write) 기법을 사용하여 공유의 가능성을 극대화 한다. 이때 COW란 쓰기가 발생하기 전 까지는 계속 공유를 하고 있다가 쓰기가 발생하면 그때 새로운 페이지를 할당 받아 복사하고 쓰기를 처리하는 것을 말한다. 필요한 작업을 최대한 지연하는 lazy evaluation approach의 대표적인 방법 중에 하나이다.

그림 A.9는 디스크나 네트워크 등 I/O에 대한 가상화 기술을 보여 준다. I/O 가상화는 각 가상 머신 간에 간섭을 없애며 동시에 각 가상 머신이 예약한 입출력 품질을 보장할 수 있도록 가상화 되어야 한다. I/O 가상화의 어려운 점은 입출력 장치가 너무나 종류가 많고 다양해서 단일한 인터페이스로 추상화가 어렵다는 것이다. 예를 들어 IA-32 기반 컴퓨팅 환경은 다양한 업체의 입출력 장치를 다양한 프로그래밍 인터페이스를 통해 접근할 수 있도록 허용한다. 또한 최근 graphic 장치나 네트워크 장치는 고성능을 요구하기 때문에 가상화의 부하가 크면 문제가 될 수 있다.

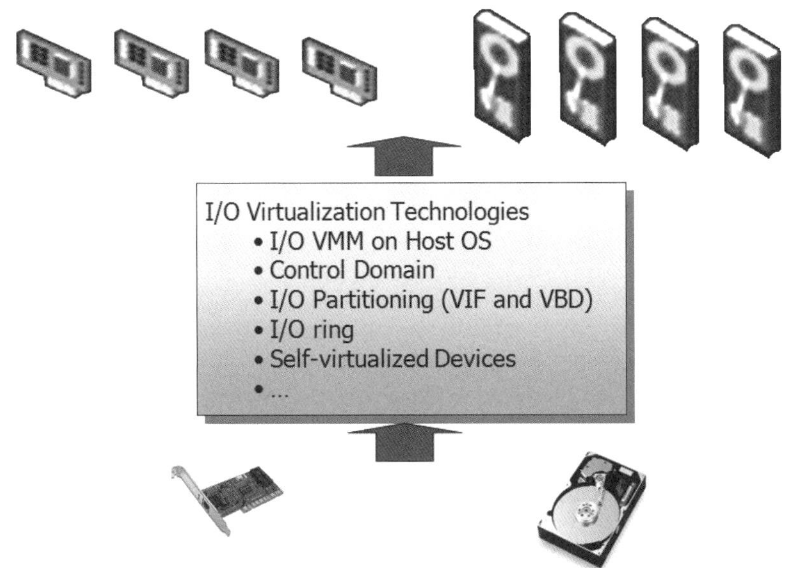

■ 그림 A.9 I/O Virtualization

이 문제를 해결하는 전통적인 I/O 가상화 기법은 전용 I/O CPU(예를 들어 IBM channel processor)를 이용하는 것이다. 전용 CPU는 I/O 요청 인터페이스를 제공하며 장치 제어를 직접 담당하기 때문에 I/O 가상화의 부하를 크게 줄일 수 있다.

I/O 가상화를 위한 VMware Workstation의 접근 방법은 운영체제 기반 I/O 가상화이다. 이 방법은 VMM이 HostOS의 드라이버를 이용해 I/O 가상화를 제공한다. 즉, GuestOS가 VMM에게 I/O를 요청하면, 이것을 HostOS의 디바이스 드라이버에게 전달하고 실제 서비스는 HostOS가 담당한다. 이 방법은 리눅스나 Windows XP

● 리눅스 커널 내부구조

가 사용하는 드라이버를 모두 그대로 사용할 수 있어 I/O 가상화 구현의 부담은 적어진다. 반면 요청을 VMM에서 다시 Host OS로 전달해야 하므로 성능 저하의 가능성이 있다.

VMware ESX Server의 I/O 가상화는 Host OS 없이 직접 I/O 장치를 추상화하였다. 또한 성능 향상을 위해 GuestOS가 직접 물리 장치를 접근할 수 있게 허용하였다. 이것은 수행 특권과 장치 접근 제어 권한을 유연하게 제어함으로써 가능하다. 요즘 출시되는 USB, SCSI 디스크 같은 고성능 장치는 channel-like한 인터페이스를 지원하고 있어 I/O 가상화 부하를 크게 줄일 수 있다. 가상화를 지원하는 장비에 대한 연구 또한 최근 활발하게 진행되고 있다. 이때 가상화를 지원하는 장비란 다중 가상 머신의 존재를 알고 이를 위한 다중 가상 인터페이스를 제공하는 장비를 의미한다.

Xen의 I/O 가상화는 각 가상 머신이 가상의 네트워크와 디스크 자원을 사용하며, 가상 자원의 접근은 매우 효율적으로 실제 자원에게 전달되어 처리되도록 구현되었다. 구체적으로 Xen은 가상 머신이 수행하는 공간을 도메인(domain)이라 부르는데, 시스템 초기화될 때 초기 도메인(initial domain or domain 0)이 네트워크와 디스크를 VIF(Virtual network InterFace)들과 VBD(Virtual Block Disk)들로 추상화하고 다른 도메인(domain U라고 부름)들에게 할당한다. VIF나 VBD에 대한 접근은 Xen 통해 실제 네트워크와 디스크에 대한 접근이 된다. 도메인과 Xen은 공유 메모리를 이용해 데이터를 주고받는데, 공유 메모리는 I/O ring으로 관리된다.

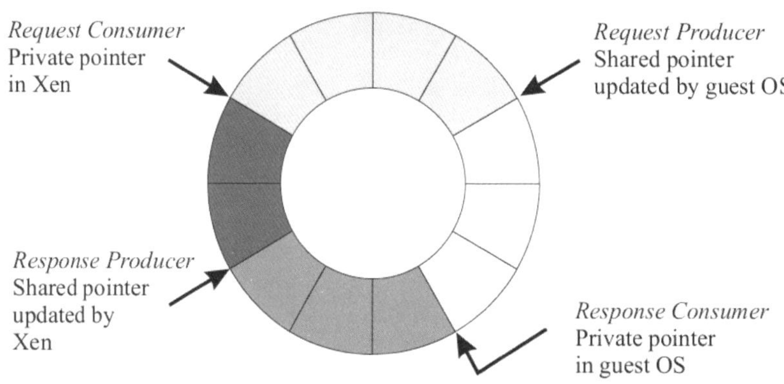

■ 그림 A.10 Xen의 I/O ring 구조(출처: Paul Barham, et. al, "Xen and the Art of Virtualization", ACM SOSP 2003)

그림 A.10은 I/O ring 구조를 Xen논문에서 발췌하여 보였다. I/O ring은 원형 큐 구조이며 각 도메인이 생성하고 Xen과 통신을 위해 사용한다. I/O ring은 비동기적 데이터 전송을 사용하며, zero copy 구조이기 때문에 데이터 전송 속도가 빠르다. 또한 많은 장치에 적용 가능하도록 generic interface가 될 수 있도록 설계하였다. 그리고 I/O ring은 요청의 처리 순서를 제어할 수 있으며, 이를 이용하면 자원 제어와 QoS 보장 등이 가능하다. 한편, Xen은 하드웨어 인터럽트를 이벤트로 변화시켜 도메인에게 전달한다.

지금까지 우리는 CPU, 메모리, I/O 등 각 자원들에 대한 추상화 기술을 살펴보았다. 각 자원의 추상화 기술은 자원 고립(isolation)과 효율(efficiency) 간에 균형을 맞추며 추상 자원들을 구성하고, 이 추상 자원 위해 여러 운영체제가 동작하게 되는 것이다. 그림 A.11은 Xen논문에서 발췌한 그림으로써, Xen의 전체 구조와 지금까지 살펴보았던 각 자원의 추상화 기술이 어떻게 통합되어 있는지 보여준다.

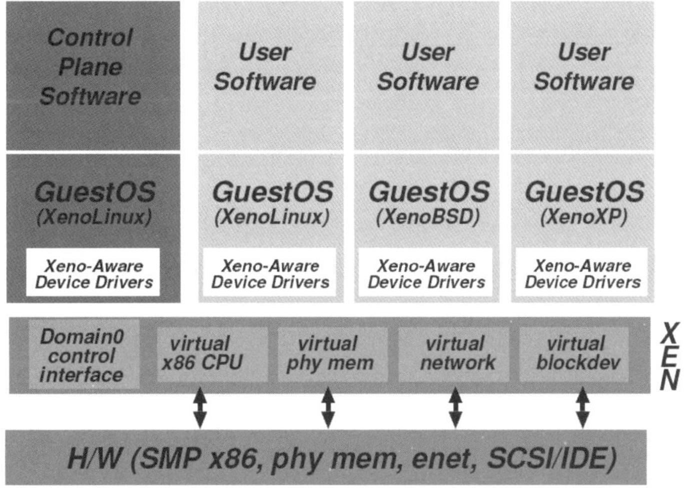

■ 그림 A.11 Xen Hypervisor 구조(출처: Paul Barham, et. al, "Xen and the Art of Virtualization", ACM SOSP 2003)

Xen은 하드웨어 상에 Hypervisor라 불리는 VMM을 사용한다. Hypervisor는 물리 자원을 추상화하여 가상 CPU, 메모리, 디스크, 네트워크 등을 생성한다. 그리고 이 추상화된 자원 위에 GuestOS가 동작한다. Xen은 반가상화를 사용하기 때문에 기존 OS를 가상화에 맞도록 수정한 XenoLinux, XenoBSD, XenoXP 등이 GuestOS로 사용된다(최근에 출시된 XEN 3.0 이후 버전은 진 가상화도 지원한다. 이를 HUM 이라고 한다). GuestOS와 응용들이 하나의 가상 머신을 이루며 가상 머신이 동작하는 공간을 도메인이라고 한다. 위 그림에서 Control Plane Software가 동작하는 도메인을 Domain 0이라고 하며 시스템 제어 및 I/O 가상화를 주관한다. 반면 일반 사용자 소프트웨어가 동작하는 도메인을 Domain U라고 한다. 응용의 GuestOS 접근은 system call을 통해 이루어지며, GuestOS의 hypervisor에 대한 접근은 hyper-call에 의해 이루어진다.

Xen을 비롯한 많은 가상화 기술에 대한 최근의 움직임은 매우 다양하다. 첫째, 가상화를 지원하는 하드웨어의 등장과 이를 이용하는 가상화 기술이다. 인텔, AMD 등에서 가상화를 지원하는 CPU를 발표하고 있으며, 가상화를 고려한 장치들이 업체와 학교에서 연구되고 있다. 인텔의 VT-x의 경우 VMM을 위한 새로운 특권 모드를 하드웨어 수준에서 지원하며 이는 VMM의 설계를 쉽게 한다. 또한 기존 OS가 모든 메모리를 접근할 수 있으며 동시에 VMM이 사용하는 공간을 보호하는 address-space compression, 의도되지 않은 특권에서 명령 수행 문제인 ring aliasing, 특권 정보에 대한 no fault access, 인터럽트 가상화 등의 문제를 간단하게 해결할 수 있게 한다. 한편 다중 가상 머신의 존재를 이해하고 이들을 분리하여 서비스하는 가상화 기술 지원 장치는 VMM에서 가장 장치의 사용을 쉽게 한다. 결국 가상화 기술을 지원하는 하드웨어의 등장은 VMM의 효과적인 구현을 가능하게 하며, 결국 가상화의 상용화를 가속시킬 것이다.

둘째, 새로운 가상화 접근 방법에 대한 발전이다. 가상화를 지원하는 층에 대한 논의와 가상화 기술의 구현 방법에 대한 논쟁은 아직도 활발하게 진행되고 있으며, 가상화에 대한 새로운 접근 방법도 많이 제안되고 있다. 전가상화(fullvirtualization)와 반가상화(paravirtualization)에 대한 성능 논쟁은 계속되고 있으며, 최근에는 반가상화와는 다른 접근 방법인 paenevirtualization에 대한 제안도 나오고 있다. 그림 A.12는 반가상화와 paenevirtualization을 비교한 그림이다.

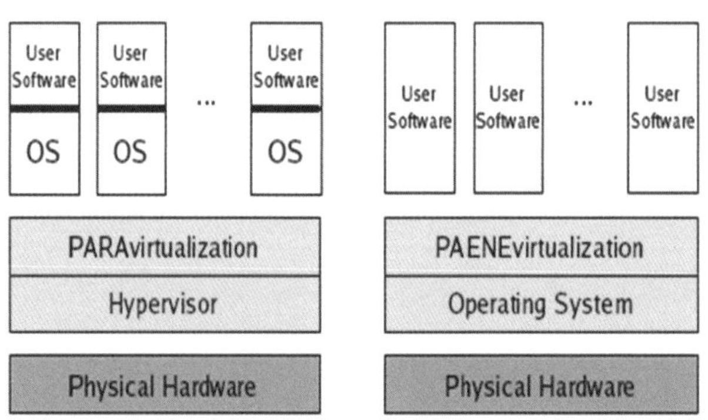

■ 그림 A.12 PAENEvirtualization과 Paravirtualization 비교

반가상화는 하드웨어 기반 가상화 기술임에 비해 paenevirtualization는 운영체제 기반 가상화 기술이다. Paenevirtualization는 container라는 개념을 사용하는데, 이것은 자원 고립(resource isolation), 이름 공간 고립(name space isolation), 보안 고립(security isolation), 결함 고립(fault isolation)등을 제공하는 수행 공간이다. 이 기법의 제안자들은 paenevirtualization이 반가상화와 비견되는 고립을 제공함과 동시에 효율은 더 좋다고 주장한다. VServer, Solaris 10, Virtuozzo 등이 paenevirtualization 접근 방법을 사용한 대표적인 예이며, Planet LAB의 각 node 에 실제 적용되어 이용되고 있다.

한편, Previrtualization이라는 새로운 가상화 기술을 제안되었는데, 그림 A.13은 Previrtualization의 기본 idea를 보여준다.

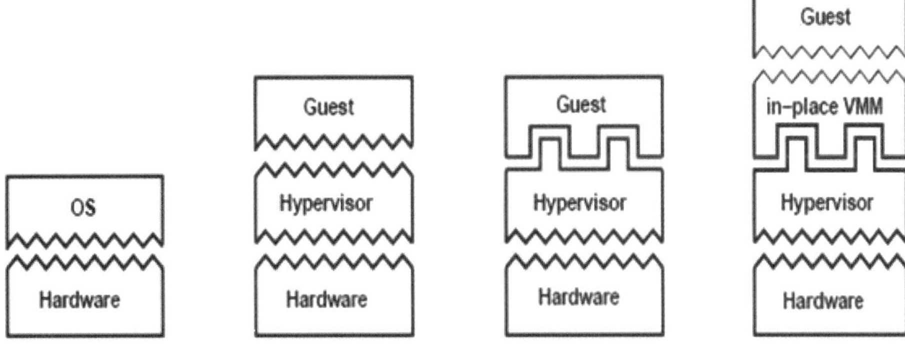

■ 그림 A.13 Previrtualization과 다른 기법 비교

그림 A.13에서 가장 왼쪽에 있는 그림은 가상화 기술을 사용하지 않는 컴퓨팅 환경 이다. 반면 두 번째 그림은 전가상화(Fullvirtualization) 방법이며, 세 번째 그림은 반가상화(Paravirtualization) 방법이다. 그리고 마지막 그림이 Previrtualization을 사용하는 방법이다. 전가상화는 GuestOS를 수정하지 않기 때문에 기존 legacy OS 를 그대로 사용할 수 있다. 하지만 실제 자원과 동일한 가상 자원을 지원하기 위한 부 하 때문에 성능상의 단점이 있다. 반면 반가상화는 기존 GuestOS의 내용을 수정하여 효율적인 가상화 환경을 제공한다.

Previrtualization도 기존 GuestOS의 일부 수정이 필요하다는 면에서 반가상화와 비슷하다. 하지만 실제 수정해야 하는 부분이 무척 적으며 이 때문에 반가상화에서 발 생한 GuestOS와 VMM간에 종속을 없앨 수 있다. 구체적으로 Previrtualization는 soft layering이라는 층 구조를 사용하며, 이를 통해 가상화 구성 요소들 간에 모듈성

(modularity)을 증가시킨다. 또한 명령어 수준, 구조적 수준의 수정은 허용함으로써 반가상화에 비견되는 성능을 제공한다. Previrtualization은 독일 Karlsruhe 대학과 호주 NSW(New South Wales) 대학의 L4ka 프로젝트에서 실제 사용되고 있다.

가상화 기술 발전의 세 번째 방향은 경량화 된 가상화 기술의 등장이다. 가상화 층이 내장형 시스템에서 사용될 경우 다양한 시스템들 간에 상호 호환성을 제공할 수 있을 뿐만 아니라 개발 과정에서 복잡도를 완화할 수 있을 것으로 기대되고 있다. 이 때문에 내장형 시스템에서 사용할 수 있는 경량 가상화 (lightweight virtualization) 기술에 대한 연구가 시작되고 있다. 이것은 가상화 층을 위한 소프트웨어의 크기와 부하가 작으며 동시에 가상화의 장점인 고립과 이동성을 충분히 지원하는 특성을 갖는다.

결국 가상화 기술은 fullvirtualization, paravirtualization, paenevirtualization, previrtualization 등의 접근 방법으로 연구되고 있다. 그럼 향후 각 기술은 어떻게 발전/진화할 것인가? 각 기술은 자원의 공유(sharing)와 고립(isolation), GuestOS와 VMM의 관계, 경량화(lightweight) 등에 대해 서로 다른 철학을 가지며, 따라서 서로 다른 방향으로 진화 발전할 것이다.

구체적으로 fullvirtualization와 paravirtualization은 각 가상 기계(virtual machine)에 강한 고립(strong isolation)을 제공하며, 따라서 단일한 고성능 하드웨어 상에 여러 가상 기계를 제공하는 환경에서 효과적으로 사용될 것이다. 실제로 VMware의 ESX와 XEN은 하나의 시스템에 메일 서버, DB 서버, 웹 서버 등 다양한 서버들을 동시에 구동하는 분야에 활발하게 사용되고 있다. 또한 이 방법은 결함 고립, 보안 수준 향상, 가용성 향상 등에도 효과적이다.

일반적으로 paravirtualization이 fullvirtualization에 비해 더 좋은 성능을 제공하는 것으로 보고되고 있다. 이는 자원 가상화에 야기되는 인텔 CPU의 제한을 동적 수행 중에 해결하는 것이 아닌 GuestOS의 소스 내용 수정을 통해 극복하였기 때문이다. 하지만 GuestOS의 수정은 GuestOS와 VMM간에 상호 종속성을 야기할 수 있으며, 이것은 paravirtualization의 큰 단점이 된다. 실제 XenoLinux의 일부 버전은 XEN의 특정 버전에서만 동작하기도 한다. 향후 가상화 기술을 지원하는 인텔, AMD CPU가 본격적으로 생산되면 fullvirtualization 방법도 효율적인 성능을 제공할 것으로 예상된다. 한편, paravirtualization 방법은 표준 VMI (Virtual Machine Interface)를 정의하여 종속성을 줄이는 방향과 GuestOS 수정에 대한 자동화 방향으로 발전할 것이다.

한편, Paenevirtualization은 약한 고립(weak isolation), 즉 자원에 대한 가상 기계들 간에 공유의 가능성을 더욱 확대하였다. 따라서 상호 협력이 필요한 응용들을 수행하는 환경에 효과적으로 사용될 수 있다. 실제로 paenevirtualization 방법을 적용한 Linux Vserver는 PlanetLab에 사용되고 있으며, 하나의 시스템에 여러 웹 서버를 제공하는 분야에도 효과적으로 이용되고 있다.

마지막으로 previrtualization은 경량화에 장점이 있다. 마이크로커널을 기반으로 하기 때문에 기존의 VMM보다 경량이며, soft layering을 도입하여 각 요소들 간에 모듈화 시켜 놓았기 때문에 동적 재구성(configuration)이 용이하다. 따라서 내장형 시스템 환경에 효과적으로 이용될 수 있다. 실제로 퀄컴은 previrtualization 방법을 적용한 L4/Iguana를 차기 MSM 칩에 사용하기로 하였다.

3. Xen

그럼 이제 공개 소스 기반 가상화 기술 중 대부분의 리눅스 배포판에 기본적으로 포함되어 있는 Xen에 대해 자세히 살펴보도록 하자.

XenSource 사에서 지원을 받아 영국의 캠브리지 대학에서 개발한 Xen은 공개소스 기반의 Virtual Machine Monitor(또는 hypervisor)이다. Xen을 Hardware Virtual Machine Software라고 부르기도 하며, x86, Itanium, PowerPC 등의 아키텍처를 지원한다. Virtual PC, VMWare가 가상머신 상에서 다수의 운영체제들이 수정하지 않고도 작동될 수 있는 전가상화(full virtualization)인 반면 Xen은 특정 하드웨어 구조에 맞게 운영체제를 수정해야 하는 반가상화(para virtualization)란 기술을 사용하였다. 하지만 최근 버전부터는 인텔의 Vanderpool (VT-x) 확장을 지원하며 운영체제를 수정하지 않고도 사용할 수 있는 전가상화도 지원한다. 이 경우 다소 성능은 떨어질 수 있으나 소스가 공개되지 않는 윈도 운영체제조차도 사용할 수 있음을 의미한다. 또한 클러스터 관리 도구 기능을 확장하고 새로운 GUI 관리 도구를 가지며 x86 프로세서뿐만 아니라 다른 플랫폼에 적용될 수 있도록 하드웨어 호환성이 향상되었다.

Xen은 프로젝트는 현재 Linux Foundation의 관리 하에, Amazon, ARM,

Google, Intel 등의 회사의 등의 지원을 받고 있으며 이들은 프로그래밍 지원이나 소프트웨어 제공 등의 방법으로 Xen을 지원하고 있다. 그림에서 볼 수 있듯이, Xen은 한 대의 컴퓨터 상에 다양한 OS를 동시에 사용할 수 있게 하여 준다. Xen은 현재 가장 속도가 빠르고 가장 안전한 hypervisor중에 하나이며, 공개 소스 소프트웨어이다. 즉, 거의 모든 OS를 지원하는 고성능과 높은 보안성을 가진 '공개 산업체 표준 코드 기반'(common, open industry standard code base)이다.

이제부터 리눅스에서 Xen을 사용하는 방법을 알아보자. 리눅스를 가장 쉽게 설치하는 방법은 자신의 컴퓨터에 적당한 배포판 CD/DVD를 통해 설치하는 것이다. 수많은 배포판을 무료로 손쉽게 구할 수 있으며, 배포판 CD/DVD로 리눅스를 설치하는 것은 Windows 운영체제를 설치하는 것만큼 쉬운 일이다. 이 책을 선택한 독자라면 대부분 자신의 시스템에 그리 어렵지 않게 리눅스를 설치할 수 있을 것이라 믿는다.

이 책에서는 여러 가지 배포판 중 가장 보편적이며 다양한 개발 환경에 있어서 표준이라 볼 수 있는 환경을 제공하는 레드햇 계열의 배포판인 Fedora core를 기준으로 설명하겠다. 배포판을 통해 시스템에 리눅스를 설치하는 것은 수많은 책과 인터넷상의 문서에 자세히 소개되어 있으므로 이 책에서 이부분을 자세히 다루지는 않는다.

대신 Xen을 통한 가상화 기술을 지원하는 최근 Fedora core를 이용해 배포판을 설치한 뒤 Xen을 통해 가상 머신을 생성하고, 이 가상 머신에 Guest OS를 설치하는 과정을 자세히 설명하도록 하겠다. A.2절에서 설명한대로 Xen은 반가상화와 전가상화 모두를 지원한다. 우선 전가상화 기법을 이용하여 Xen Domain에 리눅스를 설치하는 과정을 살펴보고, 그런 뒤 Xen Domain에 윈도우즈를 설치하는 과정을 알아보자.

3-1 전가상화 기술을 이용한 리눅스 설치

우선 현재 리눅스 시스템에 Xen이 설치되어 있는지 확인한다. 그림 A.21을 참조하면 간단히 확인할 수 있다. 모두 설치되어 있는 독자라면 A.22번부터 보아도 무방하다. 만약 Xen이 설치되어 있지 않다면 yum 명령어를 사용하여 Xen 자체와 수행에 필요한 도구들을 간단하게 설치할 수 있다. 우선 그림 A.14와 같이 Xen을 설치하기 위해 필요한 프로그램을 설치한다. 그림 A.14의 예에서는 dev86, iasl, yajl-devel, glibc-devel.i686 패키지를 설치하였다. 만약 위에 열거된 패키지만으로 이후 과정의 설치가 정상적으로 진행되지 않더라도 당황하지 말고 yum명령어를 통해 필요한 패키지를 적절히 설치하기 바란다.

```
File  Edit  View  Search  Terminal  Help
[root@localhost hv]# yum install dev86 iasl yajl-devel glibc-devel.i686
```

■ 그림 A.14 필수 패키지 설치

그런 뒤, Xen 홈페이지에서 설치하기를 원하는 버전의 Xen 소스를 다운 받는다. 그런 이후 그림 A.15의 상단부에 보인 바와 같이 "./configure --libdir=/usr/lib64" 명령을 수행 한다 (만약 32bit 시스템인 경우 "./configure" 명령만 입력하면 된다). 다음으로는 "make install"명령어를 이용하여 컴파일 한다. 그림 A.15의 하단부에는 "make install"명령이후 Xen이 컴파일 되고 있는 화면을 보였다. 해당 명령어가 정상적으로 수행되고 난 이후에는 설치 과정이 자동으로 수행된다.

```
파일(F)  편집(E)  보기(V)  검색(S)  터미널(T)  도움말(H)
[root@localhost xen-4.2.1-ori]# ./configure libdir=/usr/lib64
checking build system type... x86_64-unknown-linux-gnu
checking host system type... x86_64-unknown-linux-gnu
checking for gcc... gcc
checking whether the C compiler works... yes
checking for C compiler default output file name... a.out
checking for suffix of executables...
checking whether we are cross compiling... no
checking for suffix of object files... o
checking whether we are using the GNU C compiler... yes
checking whether gcc accepts -g... yes
checking for gcc option to accept ISO C89... none needed
checking whether make sets $(MAKE)... yes
checking for a BSD-compatible install... /usr/bin/install -c
checking for bison... /usr/bin/bison
checking for flex... /usr/bin/flex
checking for perl... /usr/bin/perl
checking for ocamlc... no
checking for ocaml... no
checking for ocamldep... no
checking for ocamlmktop... no
checking for ocamlmklib... no
checking for ocamldoc... no
checking for ocamlbuild... no
checking for bash... /bin/sh
checking for python... /usr/bin/python
checking for python version >= 2.3 ... yes
checking how to run the C preprocessor... gcc -E
checking for grep that handles long lines and -e... /bin/grep
checking for egrep... /bin/grep -E
checking for ANSI C header files... yes
checking for sys/types.h... yes
checking for sys/stat.h... yes
checking for stdlib.h... yes
checking for string.h... yes
checking for memory.h... yes
```

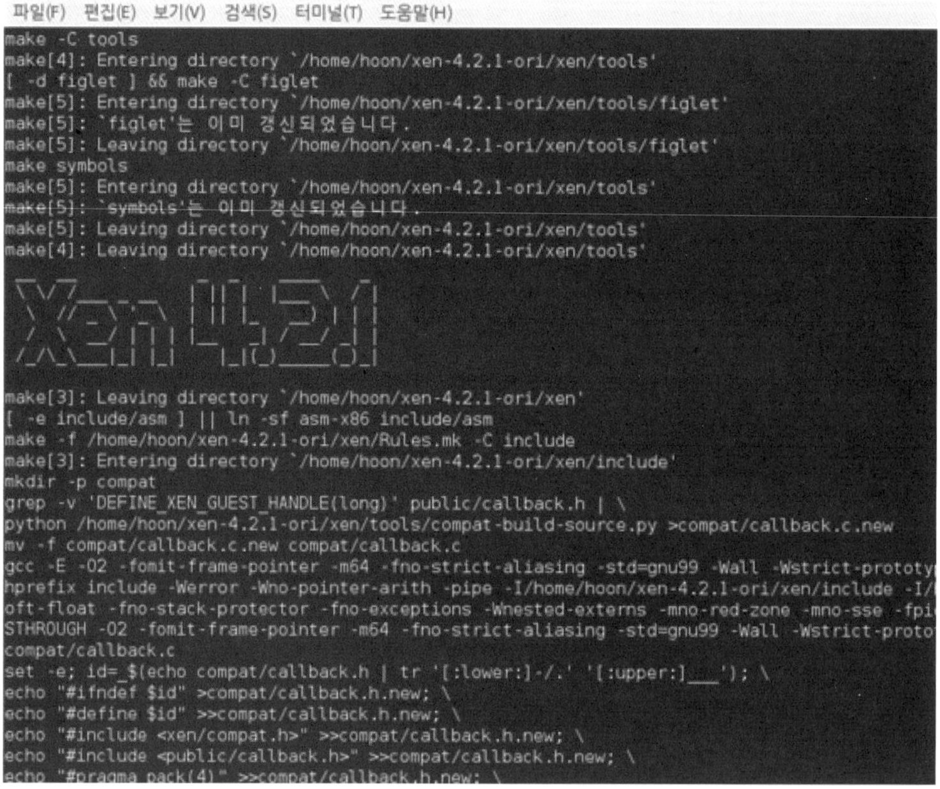

■ 그림 A.15   Xen configure 및 컴파일 화면

시스템에 정상적으로 Xen이 설치되었다면 그림 A.16과 같이 /boot 디렉터리 밑에 xen-X.X.X.gz 등의 사용하려는 파일이 존재하는 것을 확인 할 수 있을 것이다.

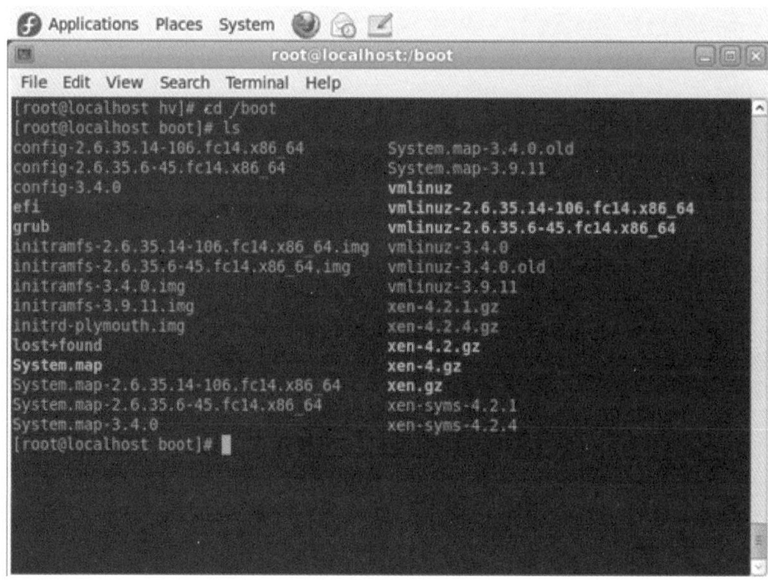

■ 그림 A.16   /boot 디렉터리의 파일 확인

이제, 새로 설치한 Xen이 정상적으로 동작되기 위해 필요한 데몬들이 부팅 시 자동으로 수행될 수 있도록 그림 A.17에 보인 바와 같이 chkconfig 명령을 사용하여 필수 데몬의 자동 실행을 설정한다.

```
파일(F)  편집(E)  보기(V)  검색(S)  터미널(T)  도움말(H)
[root@localhost hv]# chkconfig --add xendomains
[root@localhost hv]# chkconfig --add xencommons
[root@localhost hv]#
[root@localhost hv]#
[root@localhost hv]# chkconfig xendomains on
[root@localhost hv]# chkconfig xencommons on
[root@localhost hv]#
```

■ 그림 A.17 부팅 시 자동으로 수행할 데몬 설정

다음으로 새로운 Xen으로 새로이 부팅하기 위해 부트로더의 설정파일을 수정하자. 최근 배포판에 적용되어 있는 Grub2의 경우 그림 A.18에 보인 바와 같이 "grub2-mkconfig -o /boot/grub2/grub.cfg" 명령어를 통해 수정과정을 마칠 수 있다.

```
파일(F)  편집(E)  보기(V)  검색(S)  터미널(T)  도움말(H)
[root@localhost boot]# grub2-mkconfig -o /boot/grub2/grub.cfg
Generating grub.cfg ...
Found theme: /boot/grub2/themes/system/theme.txt
Found linux image: /boot/vmlinuz-3.16.0
Found initrd image: /boot/initramfs-3.16.0.img
Found linux image: /boot/vmlinuz-3.11.10-100.fc18.x86_64
Found initrd image: /boot/initramfs-3.11.10-100.fc18.x86_64.img
Found linux image: /boot/vmlinuz-3.6.10-4.fc18.x86_64
Found initrd image: /boot/initramfs-3.6.10-4.fc18.x86_64.img
Found linux image: /boot/vmlinuz-2.6.32.motive
Found initrd image: /boot/initramfs-2.6.32.motive.img
Found linux image: /boot/vmlinuz-2.6.32.motive.old
Found initrd image: /boot/initramfs-2.6.32.motive.img
Found linux image: /boot/vmlinuz-3.11.10-100.fc18.x86_64
Found initrd image: /boot/initramfs-3.11.10-100.fc18.x86_64.img
Found linux image: /boot/vmlinuz-3.6.10-4.fc18.x86_64
Found initrd image: /boot/initramfs-3.6.10-4.fc18.x86_64.img
Found linux image: /boot/vmlinuz-3.11.10-100.fc18.x86_64
Found initrd image: /boot/initramfs-3.11.10-100.fc18.x86_64.img
Found linux image: /boot/vmlinuz-3.6.10-4.fc18.x86_64
Found initrd image: /boot/initramfs-3.6.10-4.fc18.x86_64.img
Found linux image: /boot/vmlinuz-3.11.10-100.fc18.x86_64
Found initrd image: /boot/initramfs-3.11.10-100.fc18.x86_64.img
Found linux image: /boot/vmlinuz-3.6.10-4.fc18.x86_64
Found initrd image: /boot/initramfs-3.6.10-4.fc18.x86_64.img
Found linux image: /boot/vmlinuz-3.11.10-100.fc18.x86_64
Found initrd image: /boot/initramfs-3.11.10-100.fc18.x86_64.img
Found linux image: /boot/vmlinuz-3.6.10-4.fc18.x86_64
Found initrd image: /boot/initramfs-3.6.10-4.fc18.x86_64.img
Found Windows 7 (loader) on /dev/sdb1
done
[root@localhost boot]#
```

■ 그림 A.18   부트로더 설정 업데이트

위 명령어가 정상적으로 수행되었다면 그림 A.19에 보인 바와 같이 Xen 관련 항목이 추가된 것을 확인 할 수 있다.

리눅스 커널 내부구조

```
파일(F)  편집(E)  보기(V)  검색(S)  터미널(T)  도움말(H)
197
198 ### BEGIN /etc/grub.d/20_linux_xen ###
199 menuentry 'Fedora, with Xen hypervisor' --class fedora --class gnu-linux --class gnu --class os --class
200         insmod part_msdos
201         insmod ext2
202         set root='hd0,msdos2'
203         if [ x$feature_platform_search_hint = xy ]; then
204           search --no-floppy --fs-uuid --set=root --hint-bios=hd1,msdos2 --hint-efi=hd1,msdos2 --hint-
205         else
206           search --no-floppy --fs-uuid --set=root cb34b219-48b1-4f5a-8af1-ee7beb9f7017
207         fi
208         echo      'Loading Xen xen ...'
209         multiboot        /xen.gz placeholder
210         echo      'Loading Linux 3.11.10-100.fc18.x86_64 ...'
211         module  /vmlinuz-3.11.10-100.fc18.x86_64 placeholder root=/dev/mapper/fedora-root ro rd.lvm.lv
212         echo      'Loading initial ramdisk ...'
213         module  /initramfs-3.11.10-100.fc18.x86_64.img
214 }
```

■ 그림 A.19   /boot/grub2/menu.lst 파일 확인

이제 시스템을 재부팅 시켜 보자. 새로이 설치한 Xen 관련 항목이 부트로더의 선택
창에 나타날 것이다. 해당 항목을 선택하여 부팅 시켜보자. 시스템의 재부팅이 완료
되었다면 "xl list" 명령을 수행했을 때 그림 A.20과 같이 Domain-0이 활성화 되어
있는 것을 확인할 수 있다.

```
파일(F)  편집(E)  보기(V)  검색(S)  터미널(T)  도움말(H)
[root@localhost ~]# xl list
Name                                       ID   Mem VCPUs      State   Time(s)
Domain-0                                    0 22867    16      r-----   147003.9
[root@localhost ~]#
```

■ 그림 A.20   Xen 설치 확인

그럼 이제부터 새로운 가상 머신(Domain)을 생성하고, 생성된 Domain 위에 리눅
스를 구동시켜 보도록 하자. 이를 위해 수행해야 하는 명령어를 그림 A.21에 보였다.
사실 이 과정은 X-Windows상에서 GUI를 통한 프로그램으로도 수행하는 것이 가능
하지만 여기서는 명령어를 이용한 수행과정을 보인다. 우선 새로 생성되는 Domain
에게 할당해줄 디스크 공간을 이미지 파일로 생성한다(dd).

```
파일(F)  편집(E)  보기(V)  검색(S)  터미널(T)  도움말(H)
[root@localhost hv]# dd if=/dev/zero of=./disk bs=1MB count=10240
10240+0 records in
10240+0 records out
10240000000 bytes (10 GB) copied, 103.732 s, 98.7 MB/s
[root@localhost hv]#
```

■ 그림 A.21   새로운 Domain 구동을 위한 가상 디스크 생성

다음 작업은 Xen에게 새로 생성될 Domain에 대한 정보를 주는 것이다. vi 에디터
를 사용하여 hvm.sample이라는 이름의 파일을 생성하였으며 해당 내용을 그림
A.22에 보였다. 새로 생성되는 가상 머신의 이름은 "vm_sample"이라고 하였으며,

네트워크 장치에 대한 정보를 부여하였다. 그런 뒤, 그림 A.21에서 생성한 디스크 공간을 사용할 수 있도록 지정해 주었으며, 새로이 설치할 guest 운영체제의 설치를 위한 Fedora 배포판 ISO 이미지 파일의 위치 역시 지정해 주었다. 또한, boot 옵션을 통해 부팅 순서를 지정해 주었다. 한편, 가상 머신의 메모리 크기, CPU의 개수 등 다양한 하드웨어 관련 사항을 지정하였다. 만약, 네트워크 장치가 필요하지 않은 경우 bridge=xenbr0 항목을 삭제할 수 있으며, 해당 장치가 존재하지 않는 경우 일반적인 랜 카드와 동일하게 설정할 수 있다.

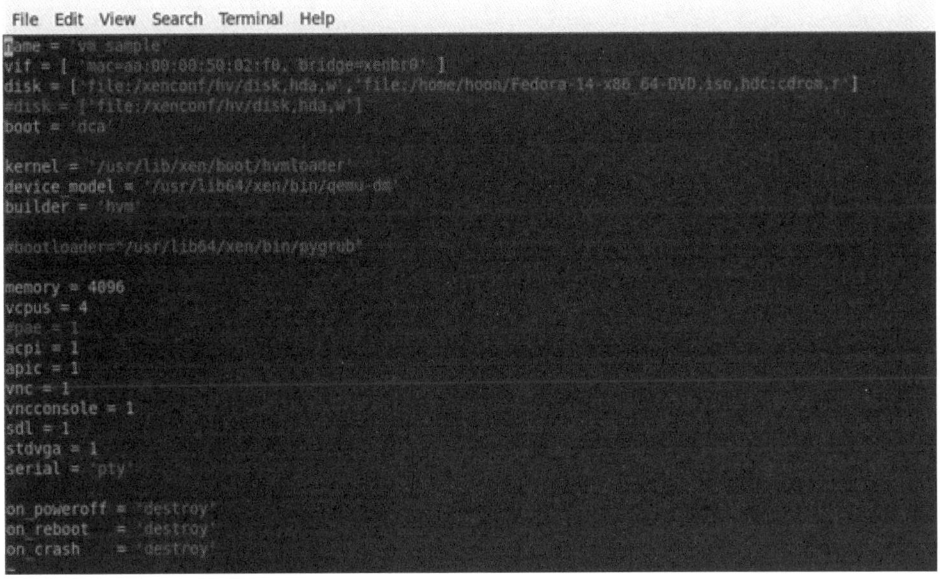

■ 그림 A.22 hvm.sample configuration 파일 작성

이제 모든 준비가 완료되었다. "xl create hvm.sample" 명령어를 이용하여 새로운 Domain을 구동시켜 보자. 그림 A.23과 같은 화면을 볼 수 있다면 지금까지의 과정이 성공적으로 수행된 것이다. 이후 과정은 기존 리눅스 배포판을 설치하던 것과 동일하다. 다만 설치과정이 종료된 이후에는 hvm.sample 파일을 열어서 배포판 ISO 이미지 파일과 관련된 문구를 ('file:./../Fedora-14-x86_64-DVD.iso,hdc:cdrom,r') 삭제하길 바란다.

■ 그림 A.23 새로운 Domain 구동 및 Domain상의 리눅스 부팅 확인

3-2 전가상화 기술을 이용한 윈도즈 설치

이번에는 Xen이 지원하는 전가상화 기술을 이용해 Domain을 생성한 뒤, 생성된 Domain에 Windows 운영체제를 설치하는 과정을 알아보자. 이 과정은 VT기술이 적용된 Intel Xeon Dual Core 시스템에서 수행되었다. 우선 리눅스를 위한 Domain의 생성과정과 동일하게 윈도우즈 Domain이 사용할 디스크 공간, 즉 이미지 파일을 생성한다 (그림 A.21 참조). 다음으로 새로운 Domain을 위한 설정파일을 만든다. 본 예에서는 hvm.sample2라는 이름으로 설정파일을 생성하였다.

파일(F) 편집(E) 보기(V) 검색(S) 터미널(T) 도움말(H)

```
name = 'vm_sample2'
vif = [ 'mac=aa:00:00:59:02:f8, bridge=xenbr0' ]
disk = ['file:/home/hoon/disk2,hda,w','file:/home/hoon/window7/WIN7_22in1_KO_DVD.iso,hdc:cdrom,r']
#disk = ['file:/home/hoon/disk2,hda,w']
boot = 'dca'

kernel = '/usr/lib/xen/boot/hvmloader'
device_model = '/usr/lib64/xen/bin/qemu-dm'
builder = 'hvm'

#bootloader="/usr/lib64/xen/bin/pygrub"

memory = 4096
vcpus = 4
#pae = 1
acpi = 1
apic = 1
vnc = 1
vncconsole = 1
sdl = 1
stdvga = 1
serial = 'pty'

on_poweroff = 'destroy'
on_reboot   = 'destroy'
on_crash    = 'destroy'
~
```

■ 그림 A.24 HVM Domain을 위한 설정 파일

이제 "xl create hvm.sample2" 명령을 이용하여 새로운 Domain을 구동시켜 보자. 이를 그림 A.25에 보였다. 이제, 그림 A.25에서 볼 수 있듯이 일반적으로 윈도우즈를 설치하던 것과 동일한 화면을 확인할 수 있다.

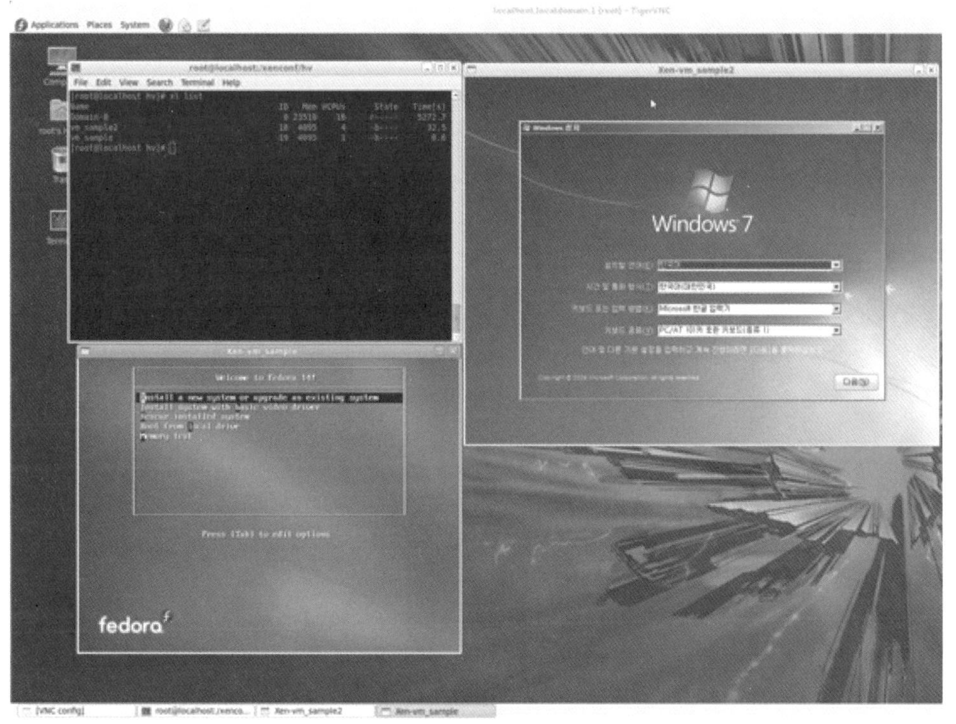

■ 그림 A.25 윈도우즈 Domain의 구동

이제 설치가 완료되면 그림 A.26처럼 리눅스의 Xen이 제공하는 Domain들 내에서 윈도우즈 운영체제와 리눅스 운영체제가 동시에 구동되는 것을 확인할 수 있다. 이러한 가상 머신은 필요에 따라 복 수개를 동시에 수행 시킬 수 도 있다.

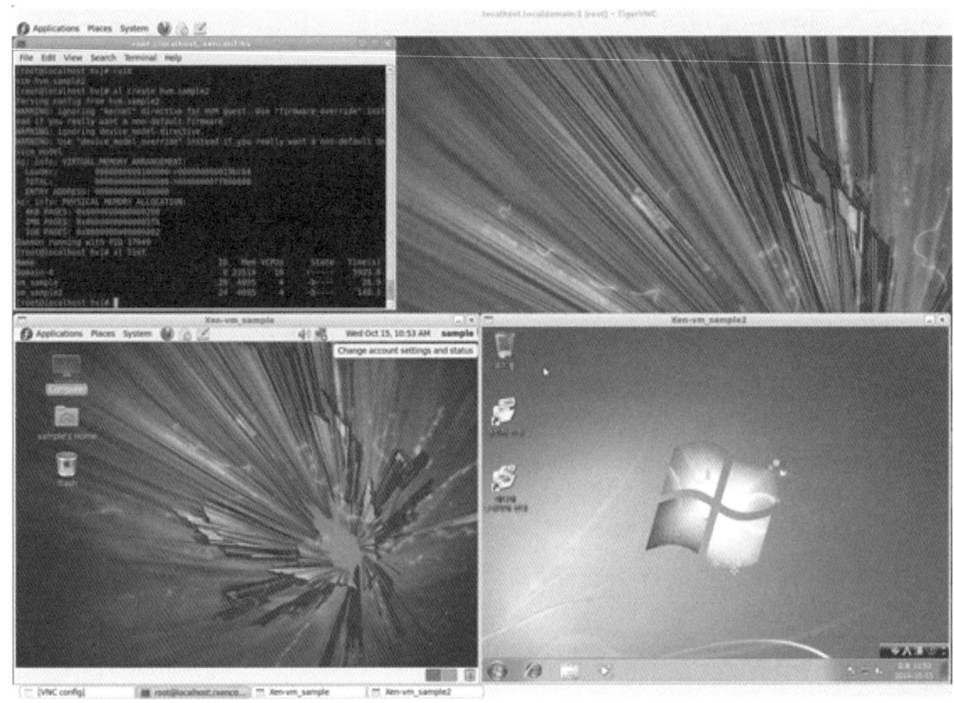

■ 그림 A.26 Guest OS들의 동작 확인

부록 B

MTD와 YAFFS

이 번 장에서는 플래시 메모리(Flash memory)에 대한 소개를 한다. 또한 리눅스가 플래시 메모리를 지원하기 위해 도입한 MTD(Memory Technology Device), 그리고 YAFFS(Yet Another Flash File System)라는 플래시 메모리 전용 파일시스템에 대해 소개한다.

1. 플래시 메모리의 이해

플래시 메모리는 디지털 카메라, MP3 Player, 휴대전화, SSD(Solid State Disk) 등의 다양한 기기에서 사용되고 있으며 그 사용범위를 점차 확장해 나가고 있다. 현재 일반적으로 사용되고 있는 플래시 메모리는 크게 NOR 플래시 메모리와 NAND 플래시 메모리로 구분할 수 있다. 우선 플래시 메모리의 특징에 대해 살펴보도록 하자.

플래시 메모리는 읽기, 쓰기, 삭제라는 세 가지 기본 연산을 지원하며 종류에 따라 copy-back 등의 부가적인 연산을 지원하기도 한다. 플래시 메모리의 읽기와 쓰기 연산은 NOR 플래시 메모리인 경우 바이트(Byte)단위로 NAND 플래시 메모리인 경우 페이지(Page) 단위로 수행되며, 삭제 연산은 블록(block) 단위로 수행된다. 따라서 연산 수행 단위의 비대칭성이라는 플래시 메모리의 첫 번째 특성이 존재한다. 플래시 메모리의 연산 단위 차이(difference of operational unit) 특징은 플래시 메모리 파일 시스템의 성능에 크게 영향을 준다.

한편 플래시 메모리는 덮어쓰기가 불가능하다. 즉, 플래시 메모리는 EEPROM처럼 이미 쓰여진 공간에 덮어쓰기(Overwrite)를 할 수 없다. 결국, 이미 쓰여진 공간에 덮어쓰기를 하기 위해서는 삭제 연산(erase operation)이 선행되어야 한다. 또한 각 블록 당 제한된 숫자의 삭제 연산 횟수가 정해져 있기 때문에 플래시 메모리를 위한 소프트웨어는 마모도 평준화(Wear leveling)를 고려해야 한다. 그리고 플래시 메모리는 탐색 시간이 없다. 즉, 플래시 메모리는 임의 접근을 지원하며, 따라서 데이터의 위치에 따른 접근 시간의 차이는 없고, 블록 내에서 페이지에 대한 쓰기는 오름차순으로만 가능하다.

또한 일반적인 NAND 플래시 메모리의 읽기 연산의 수행시간은 20us, 쓰기연산의 수행시간은 200us, 삭제연산의 수행시간은 1.5ms로써 각 연산 수행시간의 비대칭성이라는 플래시 메모리의 또 다른 특성이 존재한다(NOR 플래시 메모리 역시 수행 시간은 비대칭임). 이것은 읽기와 쓰기 시간이 같은 DRAM이나 디스크와는 구별되는 플래시 메모리의 특징이다. 그림 B.1은 앞서 언급한 플래시 메모리의 쓰기 전에 삭제 연산이 필요하다는 특징과 삭제 연산을 제한된 횟수 이상 수행하면 문제가 발생한다는 특징을 비유적으로 보여준다.

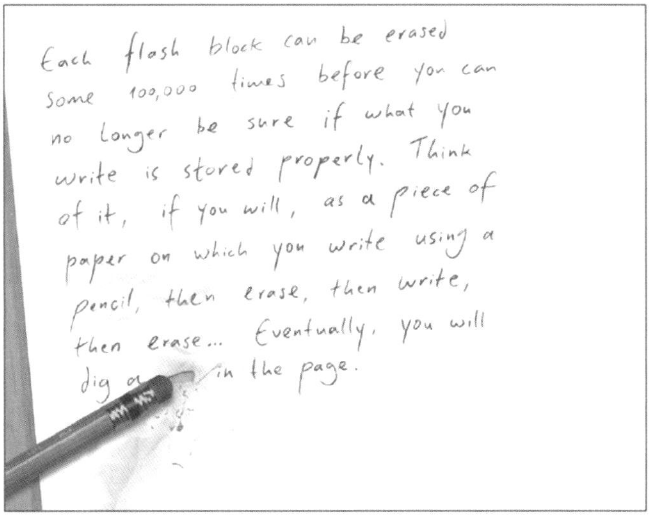

■ 그림 B.1 플래시 메모리(출처 : http://www.m-systems.com, "Flash_management_soft-ware.pdf"

리눅스 커널 내부구조

　대용량 저장 장치 용도로 주로 사용되는 NAND 플래시 메모리의 구조는 그림 B.2 와 같다. NAND 플래시 메모리는 페이지가 복수 개 모여서 블록(block)을 형성한다. 페이지와 블록의 크기와 개수에 따라 NAND 플래시 메모리는 소블록(small block) NAND와 대블록(large block) NAND 두 종류로 구분된다. 소블록 NAND의 경우 528 bytes(512 bytes for data + 16 bytes for spare area) 크기의 페이지가 32개 모여 한 개 블록을 구성하고, 대블록 NAND의 경우 2112 bytes(2048 bytes for data + 64 bytes for sparc area) 크기의 페이지가 64개 모여 블록을 구성한다. 물론 최근 출시되는 NAND 플래시 메모리들은 보다 큰 페이지 크기와 더 많은 블록 당 페이지 개수를 가지는 추세이다.

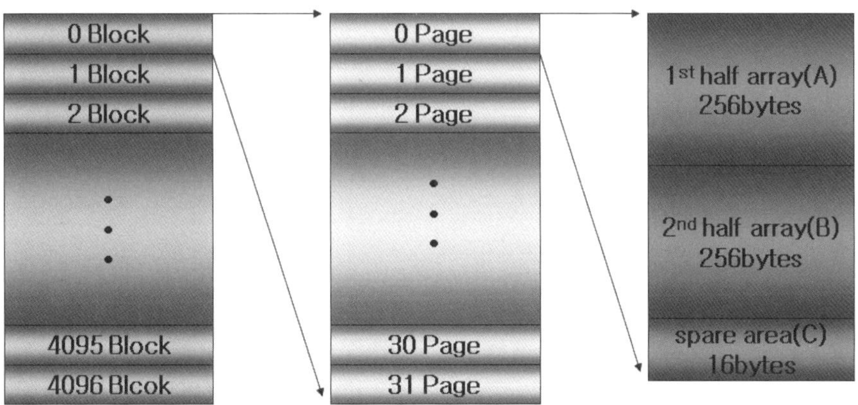

■ 그림 B.2 NAND 플래시 메모리의 구조(소블록)

플래시 메모리를 사용하는 방법은 크게 두 가지로 나눌 수 있다. 첫째, 플래시 메모리의 특성을 고려하여 설계된 플래시 메모리 전용 파일시스템을 사용하는 것이다. YAFFS, JFFS등의 파일시스템이 이에 해당된다. 두 번째 방법은 플래시 메모리를 일반 하드 디스크처럼 상위 계층에 보여주는 소프트웨어인 FTL(Flash Translation Layer)를 통해 FAT 등의 기존 파일시스템을 사용하는 방법이다. 이 경우 안정화된 기존 파일시스템을 사용할 수 있으며, 기존 시스템과의 호환성을 유지할 수 있다는 장점을 가진다.

위에서 언급한 두 가지 경우 모두 플래시 메모리의 덮어쓰기 제한(Overwrite limitation)을 해결하기 위해 리매핑(re-mapping) 방법을 사용한다. 이 방법은 기존 데이터를 수정할 때 원래 데이터가 존재하던 위치에 새로운 데이터를 덮어쓰는 것이 아니라, 공간을 새로 할당받고 여기에 새로운 데이터를 기록한 뒤, 기존의 공간은 무효화(invalidate)하며, 매핑 정보를 수정하여 데이터가 새로운 위치에 저장되었음을 표시한다. 이 방법은 LFS (Log-structured file system)에서 쓰기 요청을 서비스하는 방법과 유사하다. 실제로 LFS는 디스크를 append only 저장 장치로 간주하며, 수정 요청을 덮어 쓰기가 아닌 새로운 위치에 쓰기와 기존 데이터 무효화로 서비스 한다는 관점에서 플래시 메모리에서의 처리와 동일하다. 즉, 기존 디스크 기반 파일시스템에 update 요청이 오는 경우 아래 그림 B.3의 a)와 같이 기존 위치에 새로운 데이터를 덮어쓰면 되지만 플래시 메모리인 경우에는 b)와 같이 공간을 할당 받은 뒤 새로운 데이터를 쓰고 리매핑하는 과정이 필요하게 된다.

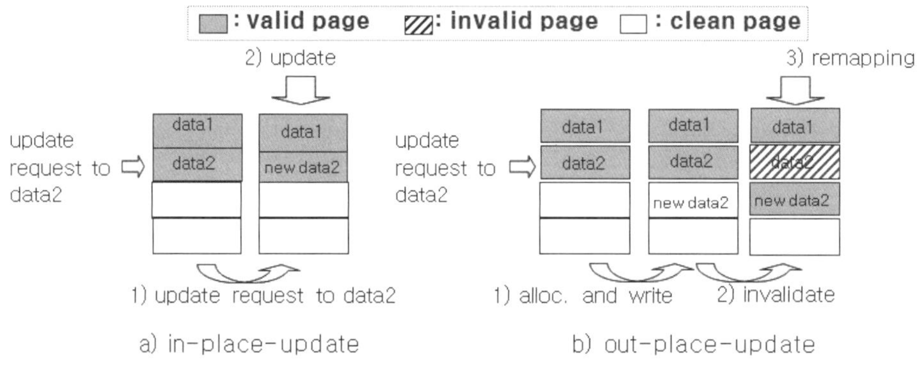

■ 그림 B.3 플래시 메모리의 데이터 갱신

기존 저장장치인 디스크와는 다르게 파일시스템이 수행됨에 따라 연산 수행의 최소 단위인 페이지의 상태는 유효, 무효, 클린 이라는 세 가지 상태가 존재 한다. 이를 전이도를 통해 표현하면 그림 B.4와 같다.

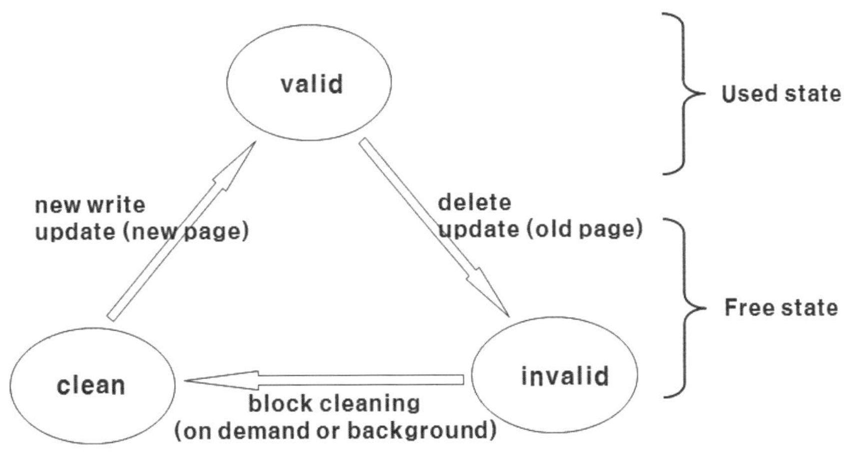

■ 그림 B.4 페이지의 상태와 전이

삭제 연산을 수행하면 해당 블록 내의 페이지는 모두 클린(clean) 상태가 된다. 데이터를 기록하면 페이지는 유효(valid) 상태가 되며, 해당페이지의 데이터를 삭제 또는 갱신하여 더 이상 유효한(valid) 데이터를 담고 있지 않으면 기존 페이지는 무효(invalid) 상태가 된다. 그렇기 때문에 Flash memory에 유효한 페이지가 없더라도 클린한 페이지가 존재하지 않을 수 있다. 따라서 블록을 삭제하여 무효한 페이지를 클린한 상태로 바꿔놓는 작업이 필요해진다. 필요하다면 유효한 데이터를 새로 할당받은 곳으로 복사하고 블록을 삭제하여 무효한 페이지를 클린상태로 바꿔놓는 작업을 블록 클리닝(block cleaning 또는 reclaiming 또는 garbage collection)이라고 한다.

따라서 플래시 메모리 기반 소프트웨어는 기존의 디스크 기반 파일시스템 들과 다르게 위에서 언급한 특성을 모두 고려하여 설계/구현되어야 하는데 특히 앞서 살펴본 바와 같이 삭제 연산의 수행시간이 매우 길기 때문에 블록 클리닝이 플래시 메모리 기반 소프트웨어의 성능에 큰 영향을 끼치게 된다. 이는 응용의 수행 중 요구 삭제(on-demand erase)를 최소화 시켜야만 한다는 것을 의미한다.

2. MTD

리눅스는 MTD(Memory Technology Device)라는 소프트웨어 계층을 통해 플래시 메모리를 효율적으로 사용할 수 있도록 지원한다. 구체적으로 MTD는 다양한 종류의 플래시 메모리 디바이스 드라이버와 플래시 메모리 전용 파일시스템, 또한 NOR와 NAND 플래시 메모리 각각을 위한 FTL을 제공한다. MTD의 전체 구조는 그림 B.5와 같다.

MTD는 크게 세 부분으로 나뉜다. 첫째, MTD chip driver이다. 실제 플래시 메모리에 명령을 내려 저 수준 I/O를 처리하며 MTD Glue Logic에 일관된 인터페이스를 제공한다. 대부분의 플래시 메모리에 대한 디바이스 드라이버들이 이미 구현되어 있다. 둘째, MTD user module이다. 플래시 메모리의 종류에 관계없이 MTD Glue Logic이 제공하는 인터페이스를 사용하여 YAFFS, JFFS 등과 같은 플래시 전용 파일시스템이나 FTL 등의 소프트웨어를 제공한다. 셋째, MTD Glue Logic이다. 시스템에 존재하는 플래시 메모리의 종류가 무엇이고, 전체 용량은 얼마나 되며, 어떻게 나누어 쓸 것인지(mtd partition) 등에 대한 정보를 제공하며, MTD user module에서 I/O를 요청한 경우 이를 MTD chip driver에서 제공하는 함수로의 연결해 주는 일을 담당한다.

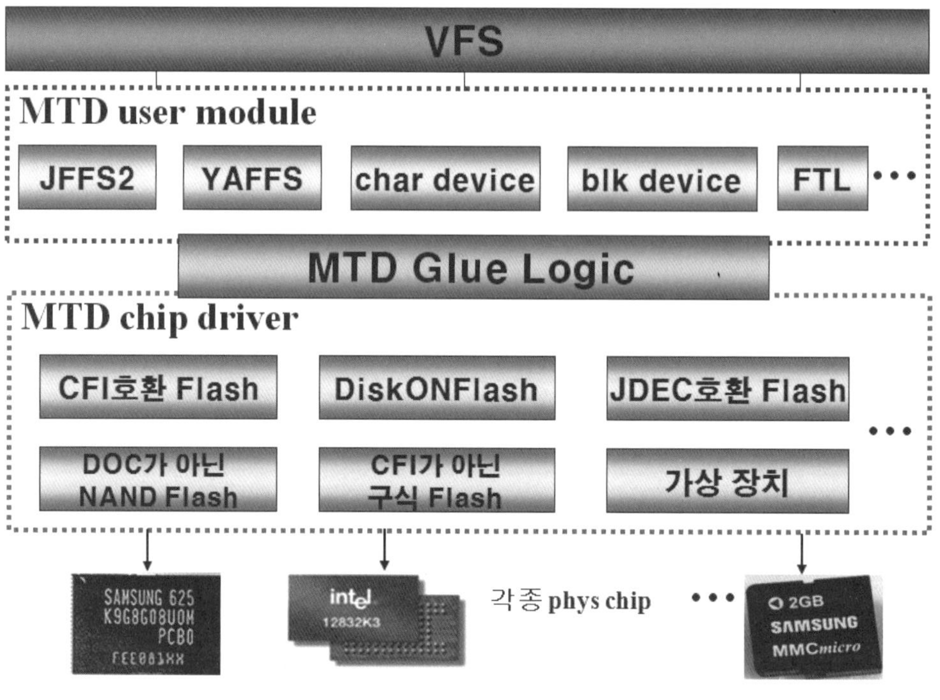

■ 그림 B.5 MTD의 내부 구조

3. YAFFS

YAFFS는 영국회사 Aleph One 회사에서 개발한 NAND 플래시 메모리를 위한 파일시스템이다. 이 절에서는 리눅스에서 실행되고 있는 YAFFS의 구조와 특징에 관해서 설명한다.

YAFFS는 NAND 플래시 메모리의 각 페이지를 chunk라고 부르며, 각 페이지의 스페어 영역을 tag라고 부른다. 각 chuck은 헤더(header)나 데이터(data)이다. 데이터에는 실제 사용자가 쓴 데이터가 저장되며, 헤더에는 파일 이름, 크기, 속성, 변경 시간 등 파일의 관리 정보가 저장된다. 결국 한 파일이 생성되면 그 파일의 관리 정보가 헤더 chunk에, 그리고 그 파일 자체의 내용은 데이터 chunk에 저장되는 것이다.

chunk에 저장된 내용이 어떤 파일의 것인지에 대한 식별자(objectId), 데이터 chunk인 경우 파일 내부에서 chunk의 위치(chunkId), 갱신 연산 시 증가되는 일련 번호(serialnumber), chunk 내에 유효한 바이트 수(bytesCount), 에러 검출을 위한 ECC 등의 정보가 각 chunk의 tag에 기록된다. ChunkId가 0이면 chunk에는 헤더 즉, 파일의 속성 정보를 유지하며, 0보다 큰 수이면 chunk에는 파일의 실제 데이터가 저장되어 있다. 아래 그림 B.8은 tag의 자세한 구성을 보여준다.

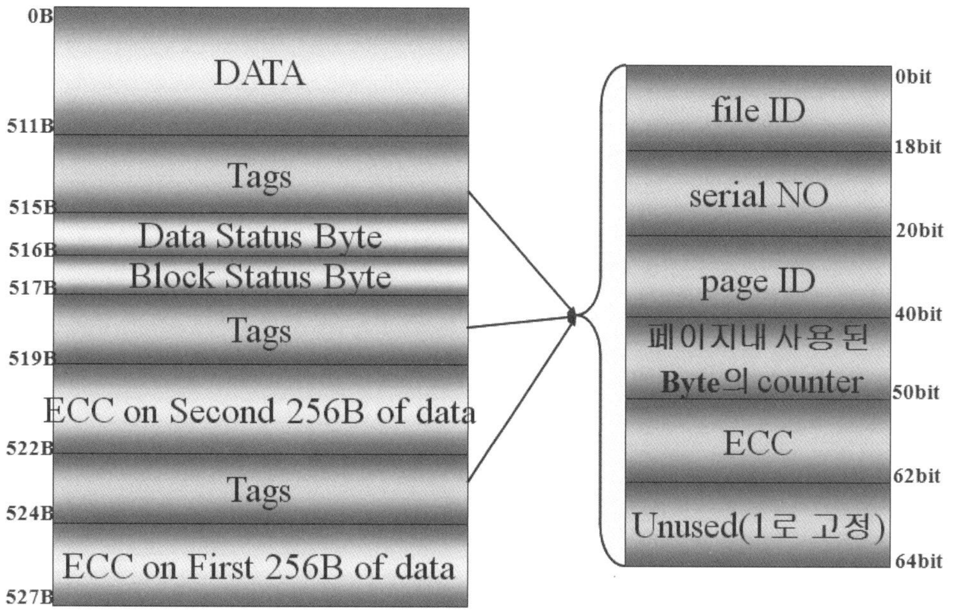

■ 그림 B.6 YAFFS의 Tag 구조

YAFFS는 마운팅할 때 플래시 메모리에서 모든 헤더 chunk들을 RAM으로 읽어 파일시스템 구조를 생성한다. 생성되는 주요 파일시스템 자료구조는 yaffs_Object, yaffs_Tnode, yaffs_ObjectHeader 등이 있다. 그림 B.7은 yaffs_Object의 구조를 보여준다. yaffs_Object는 파일시스템에 생성되는 객체마다 하나씩 존재한다. 결국 플래시 메모리의 내용을 토대로 RAM 상에 yaffs_Object가 구축되고, yaffs_Object 안의 parent와 siblings 라는 포인터로 디렉터리 구조도 같이 구축된다.

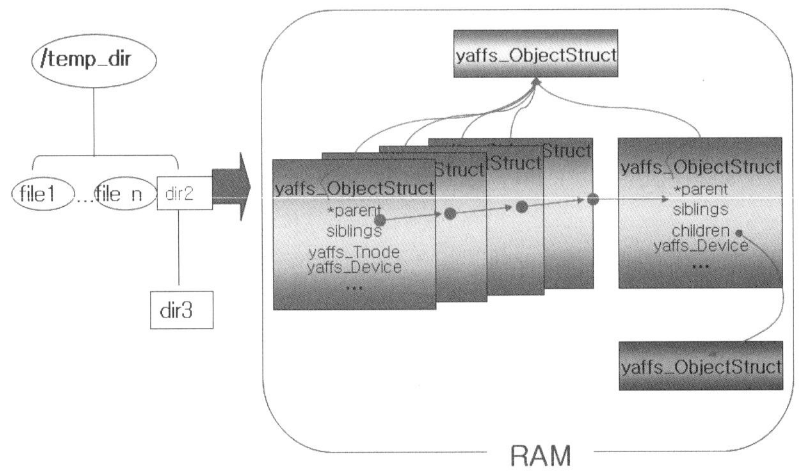

■ 그림 B.7 YAFFS 구조

그림 B.8은 yaffs_Tnode의 구조를 보여준다. yaffs_Tnode 자료구조는 파일 안에서 데이터chunk를 검색할 때 쓰이며, 트리구조로 이루어져 있다. 파일 크기가 커질수록 트리 계층(level)도 늘어난다. Tnode의 크기는 32bytes이고, 가장 낮은 계층 level 0은 chunkId를 검색하는 데 쓰이는 인덱스가 2-bytes로 총 16개를 갖고 있다. 더 높은 level일 때 즉 파일크기가 커져서 level이 많아 졌을 때, 더 낮은 level를 가리키는 4-byte 포인터 엔트리 8개로 구성된다. 그림 B.9는 Tnode로 page를 검색하는 경우의 예를 도시한 것이다. 0x235 페이지를 찾고자 하면 먼저 첫 자리부터 3비트씩 구분하고 그 숫자가 각 level의 값이 된다. 각 level값은 다음 낮은 level의 포인터이고, level 0에서는 page를 가리키게 된다.

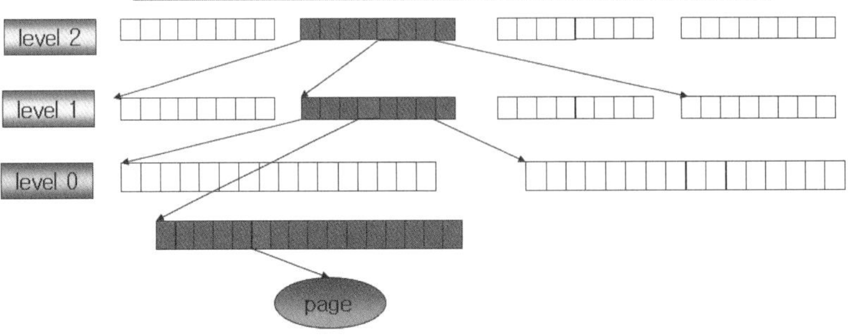

Level	Bits	Selected value
3 or more if they exist	>= 10	Zero
2	9 to 7	100 binary = 4
1	6 to 4	011 binary = 3
0	3 to 0	0101 binary = 5

■ 그림 B.8 Tnode 구조

앞에서 설명한 내용을 정리하면 각 헤더 chunk마다 yaffs_Object라는 객체가 RAM에 만들어 지며, 이 객체들은 서로 연결되어 파일시스템의 트리 구조를 형성한다. 또한 각 객체는 자신이 관리하는 파일에 속한 데이터 chunk들의 위치를 yaffs_Tnode라는 구조를 이용해 해당 객체를 찾고, 이후 read()/write() 요청은 객체의 Tnode를 이용해 서비스 된다. 결국 yaffs_Trade와 yaffs_Object가 5장에서 배웠던 inode의 역할과 directory의 역할을 담당하는 것이다. 만일 파일 내용이 수정되면 수정된 데이터 chunk와 헤더 chunk는 즉시 플래시 메모리의 프리 페이지에 쓰이며, 위치와 일련 번호 등의 관리 정보들이 갱신된다.

YAFFS의 디폴트 페이지 할당 기법은 순차 할당이다. 구체적으로 dev->allocationBlock과 dev->allocationPage라는 2개의 변수가 있어, 이 변수가 가리키는 블록에서 페이지를 할당하고 dev->allocationPage를 1 증가시킨다. 만일 dev->allocationPage가 블록 크기를 벗어나면 클린 상태의 블록에 첫 번째 페이지를 위 변수들이 가리키도록 수정한다.

한편, YAFFS의 디폴트 블록 클리닝 기법은 다음과 같다. 일단 블록 클리닝은 매 쓰기 요청을 서비스할 때마다 시도된다. 그리고 블록 클리닝 방법은 normal mode와 aggressive mode라는 두 가지 모드로 구분되어 수행된다. Normal mode에서는 우선, 임의 개수의 블록들 중에서 (YAFFS의 디폴트 설정은 200개) 무효 상태의 페이지가 가장 많은 블록을 하나 선택한다. 그리고 이 블록에서 유효 상태의 페이지 개수가 3보다 적으면 이 블록을 클리닝한다. 반면 aggressive mode에서는 플래시 메모리 전체 블록 중에서 무효 상태인 페이지가 존재하는 블록을 하나 선택하고, 이 블록을 무조건 클리닝 시킨다. 클린 상태의 블록이 미리 지정된 개수 (YAFFS의 디폴트 설정은 6개) 이하이면 aggressive mode가 되고, 아니면 normal mode가 된다. 결국 클린 블록이 충분하면 보수적인 방법으로 클리닝을 시도하고, 부족하면 적극적인 방법으로 클리닝을 시도하는 것이다.

YAFFS는 리눅스 커널과 VFS (Virtual File System) 및 MTD (Memory Technology Device) 층을 통해 연결된다. 그림 B.9는 리눅스 커널 내부에서 YAFFS와 VFS간의 함수 호출 흐름을 나타낸다. YAFFS는 VFS를 통해 open(), read(), write() 등의 사용자 인터페이스를 제공하며, 그림 B.5에서 설명한 MTD glue logic이 제공하는 readchunkfromnand(), writechunktonand(), eraseblockinnand() 등의 인터페이스를 이용해 플래시 메모리를 제어한다

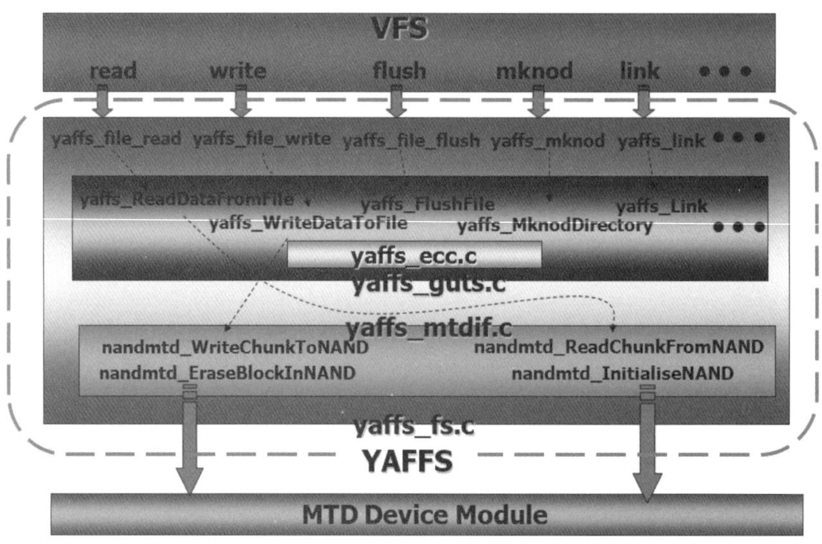

■ 그림 B.9 VFS와 YAFFS간의 함수 호출 흐름

지금까지 설명에서 우리는 YAFFS의 두 가지 단점을 발견할 수 있다. 첫째, 마운팅 할 때 yaffs_Object라는 객체를 RAM상에 구축하기 위해 플래시 메모리의 모든 chunk 들을 순차적으로 탐색해야 한다는 것이다. 둘째, 헤더 chunk는 파일 속성 정보를 유지한다는 특성상 갱신 빈도가 높은데, 갱신할 때 마다 신뢰성을 위해 플래시 메모리에 써야 한다는 것이다. 따라서 파일을 반복하여 갱신하는 경우 헤더 갱신을 위한 많은 오버헤드가 수반된다.

최근 YAFFS2가 발표되었다. YAFFS2는 대블록 NAND 플래시 메모리를 지원하며 기존 YAFFS와 완벽하게 하위 호환된다. 또한 기존 YAFFS의 단점으로 지적되던 긴 마운팅 시간을 해결하기 위해 umount시 RAM 상의 정보를 플래시 메모리로 체크 포인팅 하고 다음번 mount시엔 이 정보를 사용하여 RAM 상의 정보를 구축해냄으로써 마운팅 시간을 획기적으로 줄였다.

부록 C

MAP of the LINUX

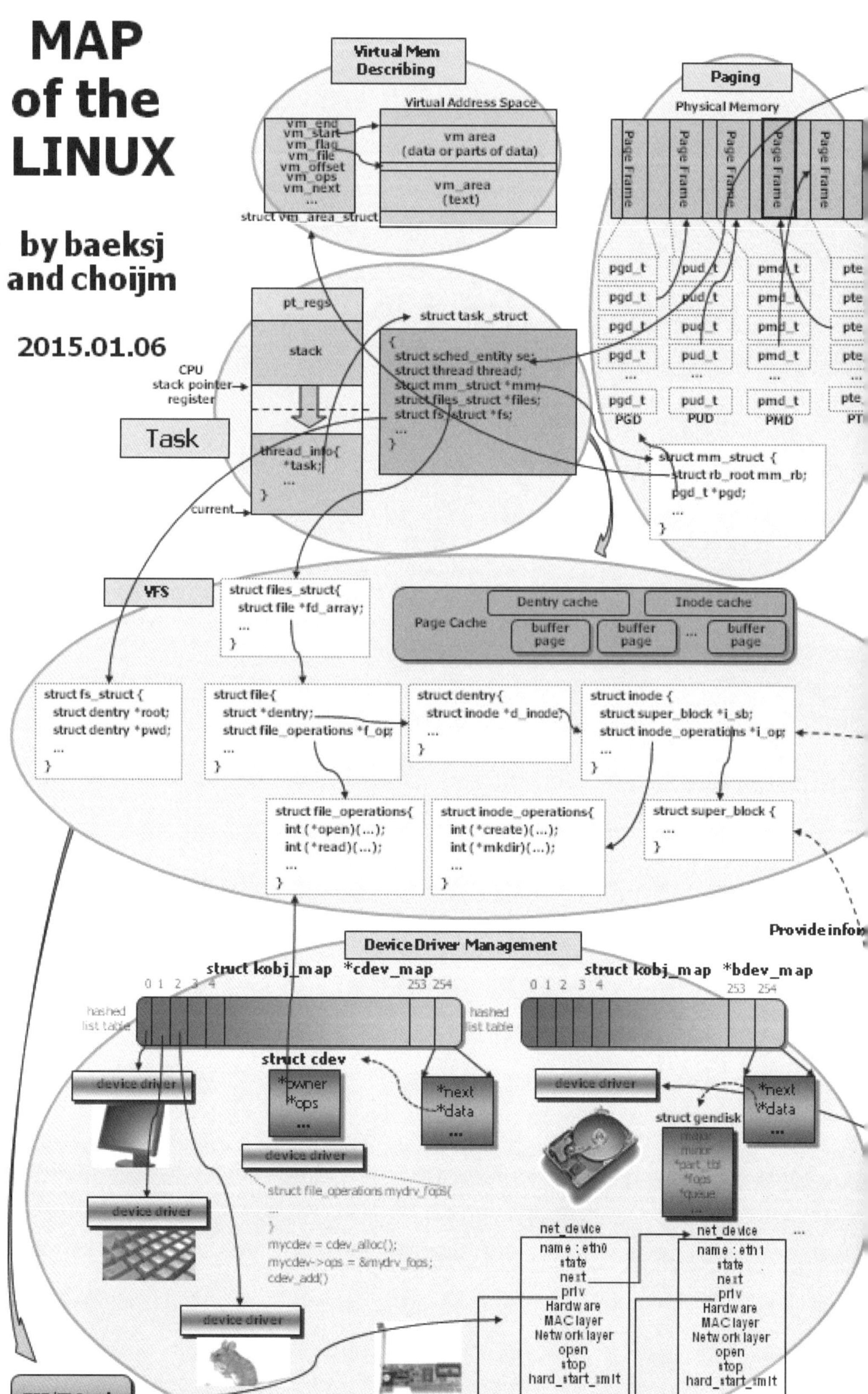

MAP
of the
LINUX
by baeksj
and choijm
2015.01.06
Task
Virtual Mem Describing
Virtual Address Space
vm area
(data or parts of data)
vm_area
(text)
vm_end
vm_start
vm_flag
vm_file
vm_offset
vm_ops
vm_next
struct vm_area_struct
Paging
Physical Memory
Page Frame
pgd_t
pud_t
pmd_t
pte
PGD
PUD
PMD
PT
pt_regs
stack
CPU
stack pointer
register
thread_info{
*task;
...
}
current
struct task_struct
{
struct sched_entity se;
struct thread thread;
struct mm_struct *mm;
struct files_struct *files;
struct fs_struct *fs;
...
}
struct mm_struct {
struct rb_root mm_rb;
pgd_t *pgd;
...
}
VFS
struct files_struct{
struct file *fd_array;
...
}
Page Cache
Dentry cache
Inode cache
buffer page
buffer page
buffer page
struct fs_struct {
struct dentry *root;
struct dentry *pwd;
...
}
struct file{
struct *dentry;
struct file_operations *f_op;
...
}
struct dentry{
struct inode *d_inode;
...
}
struct inode {
struct super_block *i_sb;
struct inode_operations *i_op;
...
}
struct file_operations{
int (*open)(...);
int (*read)(...);
...
}
struct inode_operations{
int (*create)(...);
int (*mkdir)(...);
...
}
struct super_block {
...
}
Provide info
Device Driver Management
struct kobj_map *cdev_map
0 1 2 3 4
253 254
hashed list table
struct kobj_map *bdev_map
0 1 2 3 4
253 254
hashed list table
device driver
struct cdev
*owner
*ops
...
*next
*data
...
device driver
struct file_operations mydrv_fops{
...
}
mycdev = cdev_alloc();
mycdev->ops = &mydrv_fops;
cdev_add()
device driver
struct gendisk
major
minor
*part_tbl
*fops
*queue
...
*next
*data
...
net_device
name : eth0
state
next
priv
Hardware
MAC layer
Network layer
open
stop
hard_start_xmit
net_device
name : eth1
state
next
priv
Hardware
MAC layer
Network layer
open
stop
hard_start_xmit
TCP/IP Stack

리눅스 커널 내부구조

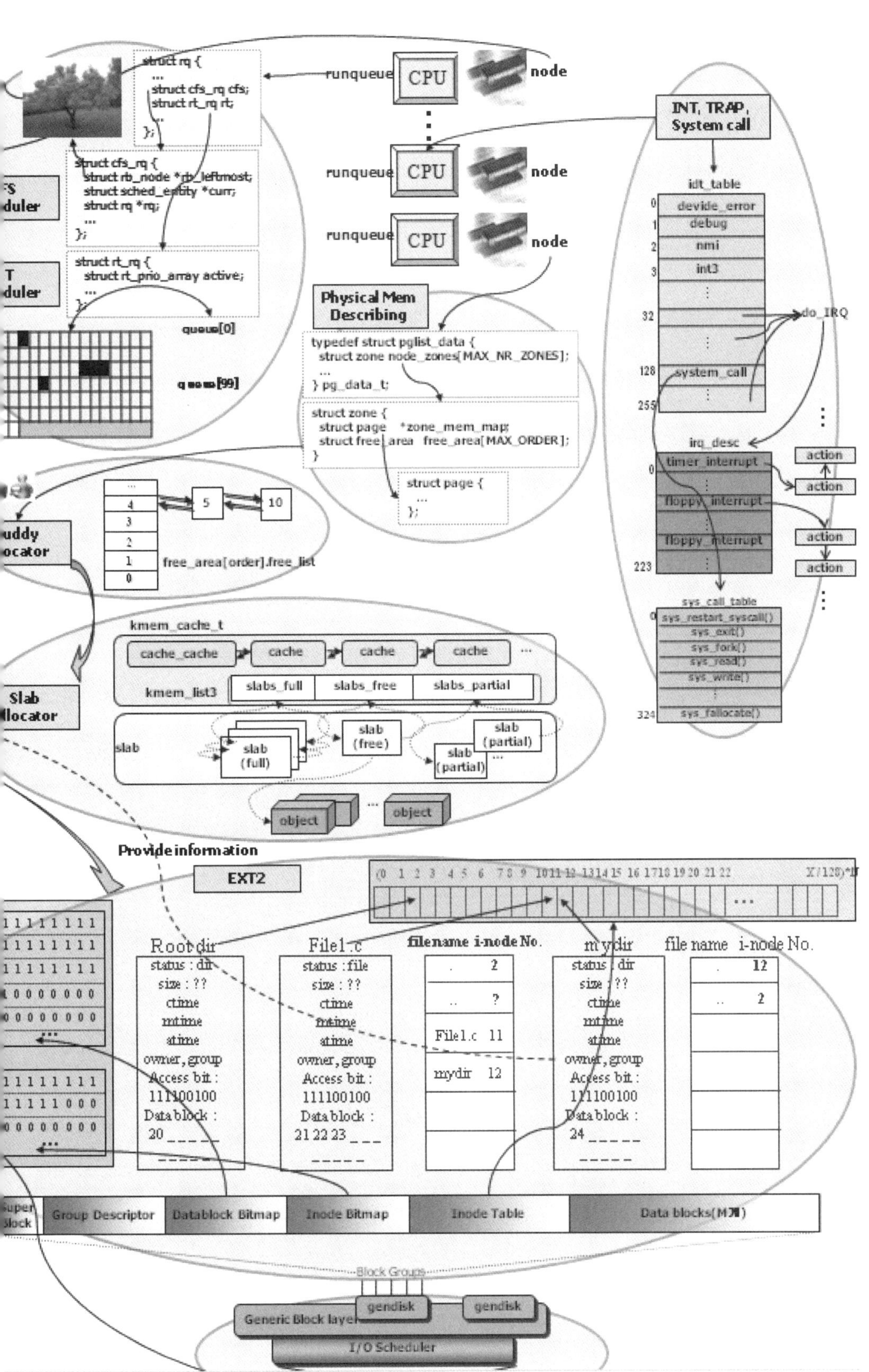

struct rq {
...
struct cfs_rq cfs;
struct rt_rq rt;
};
struct cfs_rq {
struct rb_node *rb_leftmost;
struct sched_entity *curr;
struct rq *rq;
...
};
struct rt_rq {
struct rt_prio_array active;
...
};
CFS Scheduler
RT Scheduler
queue[0]
queue[99]
runqueue
CPU
node
Physical Mem Describing
typedef struct pglist_data {
struct zone node_zones[MAX_NR_ZONES];
...
} pg_data_t;
struct zone {
struct page   *zone_mem_map;
struct free_area   free_area[MAX_ORDER];
}
struct page {
...
};
Buddy allocator
free_area[order].free_list
4 5 10
3
2
1
0
Slab allocator
kmem_cache_t
cache_cache cache cache cache
kmem_list3 slabs_full slabs_free slabs_partial
slab
slab (full)
slab (free)
slab (partial)
slab (partial)
object
object
Provide information
EXT2
(0 1 2 3 4 5 6 7 8 9 10 11 12 13 14 15 16 17 18 19 20 21 22   X/128)*1
Root dir
status : dir
size : ??
ctime
mtime
atime
owner, group
Access bit :
111100100
Data block :
20 _ _ _ _ _
File1.c
status : file
size : ??
ctime
mtime
atime
owner, group
Access bit :
111100100
Data block :
21 22 23 _ _ _
filename i-node No.
.   2
..   ?
File1.c 11
mydir 12
mydir
status : dir
size : ??
ctime
mtime
atime
owner, group
Access bit :
111100100
Data block :
24 _ _ _ _ _
file name i-node No.
.   12
..   2
Super Block
Group Descriptor
Datablock Bitmap
Inode Bitmap
Inode Table
Data blocks(M개)
Block Groups
Generic Block layer
gendisk
gendisk
I/O Scheduler
INT, TRAP, System call
idt_table
0 devide_error
1 debug
2 nmi
3 int3
32
128 system_call
255
do_IRQ
irq_desc
0 timer_interrupt
floppy_interrupt
floppy_interrupt
223
action
action
action
action
sys_call_table
0 sys_restart_syscall()
sys_exit()
sys_fork()
sys_read()
sys_write()
324 sys_fallocate()

저 자 약 력

◆ 1998. 3. ~ 2005. 2.　단국대학교 전기전자컴퓨터공학부 공학사
◆ 2005. 1. ~ 2011. 6.　비트교육센터 강사
◆ 2005. 3. ~ 2007. 2.　단국대학교 정보컴퓨터학과 이학 석사
◆ 2007. 3. ~ 2010. 2.　단국대학교 컴퓨터학과 공학 박사
◆ 2010. 1 ~ 2011. 6.　(주)프롬나이 책임연구원
◆ 2011. 7 ~ 2013. 9.　University of Pittsburgh, Post-doctoral Research Associate
◆ 2014. 1 ~ 현재　　　단국대학교 컴퓨터학과 조교수
E-Mail : baeksj@dankook.ac.kr

백 승 재

◆ 1988. 3. ~ 1993. 2.　서울대학교 해양학과 이학사
◆ 1993. 3. ~ 1995. 2.　서울대학교 컴퓨터공학과 공학 석사
◆ 1995. 3. ~ 2001. 2.　서울대학교 컴퓨터공학과 공학 박사
◆ 2001. 3. ~ 2003. 2.　(주) 유비쿼스 책임 연구원
◆ 2003. 3. ~ 현재　　　단국대학교 교수
◆ 2005. 8. ~ 2006. 8.　University of California, Santa Cruz, Visiting Researcher
◆ 2014. 3 ~ 2015. 2　Carnegie Melon University, Visiting Researcher

최 종 무　E-Mail : choijm@dankook.ac.kr